EICHMANN IN JERUSALEM

A REPORT ON THE BANALITY OF EVIL

艾希曼在耶路撒冷

一份关于平庸的恶的报告

[美国] 汉娜 · 阿伦特◎著

安尼 译

译林出版社

图书在版编目（CIP）数据

艾希曼在耶路撒冷：一份关于平庸的恶的报告 /（美）汉娜·阿伦特（Hannah Arendt）著；安尼译. — 南京：译林出版社，2017.1（2024.11 重印）

书名原文：Eichmann in Jerusalem: A Report on the Banality of Evil

ISBN 978-7-5447-6494-0

Ⅰ.①艾…　Ⅱ.①汉…②安…　Ⅲ.①第二次世界大战－史料　Ⅳ.①K152

中国版本图书馆 CIP 数据核字（2016）第 158835 号

著作权合同登记号　图字：10－2019－012 号

艾希曼在耶路撒冷：一份关于平庸的恶的报告　［美国］汉娜·阿伦特 / 著　安　尼 / 译

责任编辑　王　蕾　王瑞琪
装帧设计　水玉银文化
责任印制　董　虎

原文出版　Penguin，2006
出版发行　译林出版社
地　　址　南京市湖南路1号A楼
邮　　箱　yilin@yilin.com
网　　址　www.yilin.com
市场热线　025-86633278
排　　版　南京展望文化发展有限公司
印　　刷　江苏凤凰通达印刷有限公司
开　　本　718毫米 × 1000毫米　1/16
印　　张　26.5
版　　次　2017年1月第1版
印　　次　2024年11月第25次印刷
书　　号　ISBN 978-7-5447-6494-0
定　　价　59.00元

导言：对汉娜·阿伦特的绝罚

阿莫斯·埃隆

一

1966年12月，大名鼎鼎的哲学家、思想史家以赛亚·伯林到友人、著名美国学者埃德蒙·威尔逊处做客。威尔逊在一则日记里提到，两人此间有过一次争论。伯林"变得很激动，有时对人充满非理性的偏见"，威尔逊写道，"比如[对]汉娜·阿伦特，尽管他从未读过她那本关于艾希曼的书"。在1987年发表在《耶鲁评论》上的一篇回忆录里，伯林以同样的罪名讨伐威尔逊，并在1991年同威尔逊日记编辑的一次采访中细述此事。[①] 我们不知道这次争执的最终结果，不过有一点我们是知道的：尽管距离汉娜·阿伦特的《艾希曼在耶路撒冷：一份关于平庸的恶的报告》出版已经过去三年多，但它在美国和欧洲知识分子圈引发的论战依然如火如荼。安东尼·

① Lewis M. Dabney, editor, and Edmund Wilson, *The Sixties* (New York: Farrar Straus & Giroux, 1993), pp. 560, 562. 也参见 Seyla Benhabib, *The Reluctant Modernism of Hannah Arendt* (Thousand Oaks, CA: Sage Publications, 1996) and "Arendt in Zion," a paper delivered at an international colloquium on Arendt at Potsdam by Idith Zertal of Tel Aviv University。

格拉夫顿曾描述过这场席卷纽约家庭（包括他自己的在内）的辩论。他后来写道，汉娜·阿伦特在《纽约客》上发表的关于艾希曼审判的文章以及后续专著的影响力空前。没有哪个话题能如此令人着迷、如此引人注目，并引发如此严肃的讨论。该书出版三年之后，不同读者的观点依然针锋相对。在人们的记忆中，没有哪本书能够激起如此的巨浪。美国犹太人组织似乎对作者下达了绝罚令①。争论从未平息。这些争论通常会经历冷却、升温到再度爆发。眼下，伊拉克战争高度充满争议，越来越多的人在这个时候阅读阿伦特的著作恐怕绝非偶然。单是《艾希曼在耶路撒冷》这一本就销
vii 售了近三十万册。新版由企鹅出版社出版。

《艾希曼在耶路撒冷》在欧洲也依旧吸引着新的读者和译者。按照1960年这场庭审秀的设计师大卫·本—古里安想要的方式，大屠杀在以色列一直被简化为一条连贯线索上的一个制高点，这条线索从埃及法老、巴比伦王尼布甲尼撒一直延伸到希特勒和阿拉法特。年轻人对这本书的兴趣与日俱增，说明有必要以不同的视角进行研究。最近，该书新的希伯来语版在万众期待中问世。过去，许多以色列人觉得阿伦特这本书难以接受；此外还存在另一个难题（阿伦特本人早就预见到了），即从道德和政治层面应对流散的巴勒斯坦人的苦难。巴勒斯坦人对欧洲文化的崩塌并无任何过错，到头来却要因此而受罚。

在欧洲，极权的解体重燃了人们对阿伦特作品的兴趣。过去几

---

① Excommunication，指被永久逐出教会，这在犹太教里是最高的惩罚。—— 译注

年间出版的阿伦特同卡尔·雅斯贝尔斯、玛丽·麦卡锡、赫尔曼·布洛赫、库尔特·布鲁门菲尔德、马丁·海德格尔以及她的丈夫海因里希·布吕歇的大量书信进一步点燃了公众兴趣。[①] 所有这些书信见证了一份对于友情、智慧和热爱的珍贵才能。阿伦特同布吕歇之间的信件，更是伴随终身婚姻关系的深入交谈；对于两个惶恐颠沛的逃亡者而言，这种交谈不啻为黑暗岁月中的避风港。“在我看来，既享有真爱，又保持自我人格，这简直不可思议。”她在1937年给布吕歇的信中如是写道。这封信堪称二十世纪最动人的情书之一。“然而只有当我拥有其中之一时我才能拥有另一个。我也终于明白了幸福是什么。”

这些书信也使人能够洞悉她的思想和一些私密的情感。正是这些情感促成了《艾希曼在耶路撒冷》。“只有你能理解我在任何其他情况下都不可能承认的事，”她写给玛丽·麦卡锡道，“也就是说，我是在一种极度好奇的兴奋状态下完成这本书的。”就像阿伦特在移居美国前写的那本传记《拉结·范哈根：浪漫主义时期一个德国犹太女人的生涯》一样，《艾希曼在耶路撒冷》也是一部高度个性 viii
化的作品。作为犹太人、前复国主义者、曾经的德国人，她身上背负了沉重的负担；而写作，有助于减轻她的负担，也就是她对玛丽·麦

① Hannah Arendt and Karl Jaspers, *Correspondence, 1926—1969*, edited by Lotte Köhler and Hans Saner, translated by Robert and Rita Kimber (New York: Harcourt Brace, 1992); Hannah Arendt and Mary McCarthy, *Between Friends*, edited by Carol Brightman (New York: Harcourt Brace, 1995); Hannah Arendt and Kurt Blumenfeld, "*in keinem Besitz verwurzelt*": *Die Korrespondenz*, edited by Ingeborg Nordman and Iris Philling (Nordlingen: Rotbuch, 1995); Hannah Arendt and Hermann Broch, *Briefwechsel 1946 bis 1951* (Frankfurt: Jdischer Verlag, 1996); Hannah Arendt and Heinrich Blücher, *Briefe 1936—1968*, edited by Lotte Köhler (Munich: Piper, 1996); and Hannah Arendt and Martin Heidegger, *Letters: 1925—1975*, edited by Ursula Ludz (New York: Harcourt, 2003).

卡锡提到的那些"留待以后解决"的迟未治愈的痛苦。[①]

《艾希曼在耶路撒冷》的副标题已经总结出该书的主旨,尽管并不十分贴切。要追溯四十多年前的那些热点话题的确有些奇怪,有时甚至令人摸不到头脑。欧文·豪在他的回忆录中称,美国人之所以争论不休,部分是由于,尽管负罪感铺天盖地、无法遏制,却极少公开曝光。出于这个原因,豪认为,重读阿伦特可以催生出一些好的东西来。

一些针对发表在《纽约客》上第一版的文风和语气的谴责有理有据,此版本中删去了这些引发谴责的地方,例如,她把莱奥·贝克描述成犹太人的"元首"。而其他的批评显然是不对的,比如,说阿伦特"赦免"艾希曼的罪而"转嫁给犹太人"。她从未做过这样的事,也没有反对整个庭审过程,她指责的只是检控官夸张的措辞。她支持法庭作出的死刑判决,但希望能有一种不同的表达方式。与人们对她的频繁谴责恰恰相反,她从未质疑过由以色列法官在以色列审判的合法性,也没有像别人常说的那样,因受害者"不抵抗"而指责他们遭受杀戮是咎由自取。事实上,她激烈声讨那位作出这般冷酷言辞的检控官。尽管如此,针对阿伦特的这番谴责还是被写进了《犹太大百科全书》。[②] 阿伦特还被以相似的口吻污蔑成宣扬艾希曼是皈依"复国主义"乃至"犹太主义"的狂热分子。尽管针对这本书的所谓评论尚未得到验证,却还是有各种二手评论纷至沓来。

---

① 也参见 Elisabeth Young-Bruehl, *Hannah Arendt: For the Love of the World* (New Haven: Yale University Press, 1982)。

② 词条"汉娜·阿伦特"错误地指出,在《艾希曼在耶路撒冷》中,她特别主张"受害者因没有进行抵抗而应部分地为屠杀负责"。本书从没有写过这样的话。

辩论并未局限在学术圈，还汇聚了各个年龄、各行各业的人，如历史学家、哲学家、记者，比如抨击者之一、格拉夫顿的父亲；还有多种宗教信仰中的教士、无神论者、社团领袖、职业宣传家。攻击言论通常都有很强烈的个人色彩。公开发表的观点中，许多都严肃、公正、鞭辟入里；而另一些则视角偏颇、充满人身攻击，甚至在知识水准上迂腐平庸，恶意讥讽，含沙射影。现在，这本书引发的争议似乎不像四十年前那么多了，因为新一代的学者们正怀着崭新的、更为公正的眼光去看待阿伦特其他关于犹太历史、以色列和犹太复国主义的著作。 ix

今天，若结合她的其他文章来阅读《艾希曼在耶路撒冷》，则可以达到最佳效果。那些文章大多早在《艾希曼在耶路撒冷》之前很久就发表在各个出版物（有些已经停刊）上，比如犹太杂志《烛台》、纽约德语难民周刊《建设》，以及《政治评论》、《犹太前线》、《犹太社会研究》等。[①] 它们大声道出一个（在《艾希曼在耶路撒冷》中只是暗示性的）信念，跟其他十九世纪民族主义一样，犹太复国主义已经超出了其诞生时的土壤条件；阿伦特曾写道，它正一步步沦为“我们时代废墟中的厉鬼”。[②] 十年或者更早以前，她还是德国犹太复国主义领袖库尔特·布鲁门菲尔德（“后同化主义的犹太复国主义”之父）的狂热信徒，主张同巴勒斯坦人和解、领土共享或建立一个联合治理的、非宗教意义的二元民族国家；撰写《艾希曼在耶路撒冷》时，她对此前的想法已经不抱希望，并一针见血地预见到持续数十

---

① 罗恩·H. 费尔德曼（Ron H. Feldman）将阿伦特在1942—1966年间的文章编成《作为贱民的犹太人：现代犹太身份与政治》（*The Jew as Pariah: Jewish Identity and Politics in the Modern Age*, New York: Grove Press, 1978），对这些文章做了精挑细选，尽管可能不够详尽。书中还收录了她在《艾希曼在耶路撒冷》出版之后同编辑进行的通信，以及同肖勒姆就此书所写的那些著名书信。

② “Zionism Reconsidered,” *Menorah Journal*, vol. 23, no. 2 (October-December, 1945), p. 172.

年的战争和巴以之间的流血冲突。在二十世纪三十年代,她就已经预先提出对隔都内犹太委员会的批判,抵制复国主义者同纳粹之间的货物转移协定。这一协定准许德国犹太人把部分冻结资产转移到巴勒斯坦,然而税率十分苛刻,最终导致全球犹太人抵制德国商品。对于复国主义者而言,移民到巴勒斯坦是重中之重,所以他们把这种暴力事件定义为“硬币的另一面”。

到这个时候,阿伦特没什么耐心去应付所有的世界观了。她对巴勒斯坦的官方复国主义政策越来越失望,因为它不能同阿拉伯人取得暂时和解。她预见到宗教和民族原教旨主义在以色列的蔓延。在当时,这些警告似乎跟她的《艾希曼在耶路撒冷》一样具有挑衅性。她的论证既饱含道德根基又具备现实依据,她坚持认为以色列人必须同巴勒斯坦的阿拉伯人分权而治。回溯从前,我们会发现她
x 的警告展现出重要的前瞻性。今天的读者,从各自的情况出发,会更乐于接受她的文章和这本关于艾希曼的书。

《艾希曼在耶路撒冷》甫问世时,当然不是这番景象。大部分犹太读者和许多非犹太人都被激怒。友情也因此葬送。那之前不久,以色列大使成功说服加拿大犹太人人权同盟相信,对犹太复国主义或以色列的批评就是一种反犹主义。针对阿伦特这本书的某些公开抨击,语气强烈到毫无节制,令人瞠目。跟美国相比,以色列的反应倒更加复杂。这里的批判之音相对微弱,愤怒也少了些许,大概因为,初读此书时,阿伦特对纳粹占领下的欧洲境内犹太社团领袖的批判,隐约契合了复国主义者对“流散犹太人”的一贯描述——奴性的、被动的羔羊,对屠杀只有唯命是从。

一些批评阿伦特的人对自己以往的狂热态度已表现出了悔恨。当这样的道歉传来，阿伦特早已不在人世。她从不恭顺于任何制度，不相信任何过于笼统的理论。如今，她对政治性罪恶之本质的天然敏感，可能会为她赢得比当年更多的热心听众。正如她所看到的，罪恶的实施者中并不一定只有恶魔，还会有白痴和笨蛋；特别是，正如我们亲眼所见，一旦他们的行为得到宗教权威的支持，必将造成灾难性的后果。尽管她无视传统的学问和学术范式，但她依然是一位振奋人心的知识分子。三四十年前，一部融合社会分析、新闻学、哲学反思、心理学、文学典故、逸事的杂合体，在她最好的作品中遭遇了狂轰滥炸式的批评；而今，它令人着迷，魅力四射。

二

1961 年，阿伦特以《纽约客》特派记者身份奔赴耶路撒冷。并非《纽约客》主动找到她，而是她毛遂自荐。她觉得自己就应该去参加审判，原因在于，她是一个社会评论家、一个流亡者、一个见证人，也是一名幸存者。她致信洛克菲勒基金会时写道，她从未见过
艾希曼这样的纳粹屠夫，“这恐怕是[她的]唯一机会了”。参加这 xi
个审判，是她对过去应尽的责任。她很想理解艾希曼的想法（假如他的确有想法），想通过法庭证词去揭示“纳粹造成欧洲文明社会道德坍塌的全部真相”。

结果，刊登在《纽约客》上的系列文章以及后来出版的专著，基本上是审判报告，是一种尝试，尝试去检验：在遭遇法律典籍中前所未有的罪行时，法庭会在多大程度上伸张正义的要求。这本书结

合了哲学与日常观察，其充满暗示性的文笔和讽刺挖苦的语气，不禁让人联想到卡尔·马克思的《路易·波拿巴的雾月十八日》。

这颗石子之所以能够激起千层浪，主要是因为阿伦特把艾希曼刻画成了一个老黄牛似的、“平庸的”办公室罪犯。（“平庸”一词实际上只在全书最后一页才出场，却潜在地贯穿整部作品。）艾希曼的平庸和乏味性格在开庭第一天就冲击着阿伦特。她将自己那种印象式的第一反应写进了给雅斯贝尔斯、麦卡锡、布吕歇的信里。她写道，他甚至都算不上凶恶（她用的是德语常见词 unheimlich，有阴森恐怖之意，也可译作“离奇的”）。他像一个“巫师药汤里的鬼魂”；此外，他还感冒了，在防弹玻璃间里直打喷嚏。

她本应知道，就算希特勒站在那里也不过如此。大多数失势的暴君和连环杀手看起来都一脸惨相、没有杀伤力，甚至可怜兮兮。想想萨达姆·侯赛因蓬头垢面地钻出洞穴时的那副样子吧。在这个初期阶段，她是否陷入了所谓以貌取人的泥潭？我们偶尔都会犯这样的错。阿伦特不仅对外表感兴趣，更对笔迹感兴趣。“面相学”在她青年时代曾风靡德国知识界（对于如希特勒一样想当总理的人，卡尔·雅斯贝尔斯说光看一眼就不寒而栗，而阿伦特的老师马丁·海德格尔的态度则大相径庭，惊叹“瞧瞧他的手啊！”）。然而庭审开始几天后，阿伦特有意识地不再拘泥于表面印象。在听到艾
xii 希曼的一次对诉后，她写信给雅斯贝尔斯说：“他其实挺笨的，不过在某种意义上，也不笨。”阿伦特从耶路撒冷寄出的私人信件，使我们可以追溯其思想逐步形成的轨迹。她仔细研读以色列警官阿夫纳·莱斯上校在庭审前对艾希曼做的三千页审讯笔录，并渐渐形成

这样的认识，就像她起初提到的那样：多半是艾希曼的“不思考”①注定让他成为没有个性的死亡执行官，成为所有时代中最恶劣的罪犯。她强调艾希曼在道德和智识上很空洞，内心是虚无的。因此他向莱斯描述因晕血而不能做医生的论述，不太像是谎言。

她总结，艾希曼庭审中语言连贯上的无能同他思考能力的欠缺，或者说缺乏换位思考的能力之间密不可分。他的空洞绝不等同于愚蠢。他骨子里既不充满仇恨也不癫狂，也没有无尽的嗜血欲，但更加可怕的是，他体现了纳粹罪恶本身的无个性化性质（faceless nature of Nazi evil）——在一个封闭体制内、由病态的暴徒实施、目标旨在消灭受害者的人格个性。纳粹成功翻转了他头脑中的合法秩序，把谬误与恶意变成一个新式“正义”的基础。在第三帝国，人们对罪恶已经麻木，认定了其平常性。纳粹将之重新定义为“市民规范”。传统的善成了一种诱惑，大多数德国人则迅速学习来抵制这种诱惑。在这个黑白颠倒的世界里，艾希曼（也许跟四十年后的波尔布特一样）似乎并未意识到自己在行凶作恶。在基本道德问题上，阿伦特警告世人，那些一度被视作正直的本能，再也不是理所应当的。

在《极权主义的起源》一书中，她仍然坚守康德对根本恶的看法；这种恶到了纳粹时代，破坏了道德律令的根基，分裂了法律范畴，践踏了人性的判断力。在《艾希曼在耶路撒冷》里，以及在接踵而至的争论声中，她坚称只有善才拥有深度。善可以是根本性的，

① 玛丽·麦卡锡很快就责备她，而且不是第一次。因为她用了不思考（Gedankenlosigkeit）这个词，而这个德语词跟英语的 thoughtlessness 意思不对等，后者指健忘或者忽略。麦卡锡建议用“没有能力思考”更好。

而恶从来不是。恶只能是极端的，因为它既不具备深度，也不具备
xiii 魔性维度——而这正是它的恐怖之处，它可以像真菌一样散布在地球表面，把整个世界变成一片荒芜。恶来源于思维的缺失。当思维坠落于恶的深渊，试图检验其根源的前提和原则时，总会一无所获。恶泯灭了思维。这就是恶的平庸性。

艾希曼有事业心，并且迫切希望获得晋升，但他不会通过杀掉上司而谋其位。他也没有展现出任何与众不同的想法。阿伦特断言，是他的“平庸性”注定他成为那个时代最大的罪犯之一。她不满地指出，在审判艾希曼的过程中，说他是大屠杀背后的设计师、智囊实在是荒唐，竟从没人提出或讨论过：他根本就没有脑子。之所以无人讨论，一方面是由于这一点很难理解，还有一个原因，艾希曼审判是一场由本—古里安导演的庭审秀，至少部分源于政治需要——证明大屠杀就是史上最大的反犹迫害事件。

艾希曼的所谓平庸性是这本书引发如此轩然大波的主要原因。大多数人仍然以为谋杀犯都是暴徒或恶魔。另一个原因来自该书对纳粹钦定的“犹太委员会”所作的简短评价。犹太委员会中的显要人物无法看穿纳粹的阴谋，徒劳地希望他们为本地犹太人的利益作出最大贡献，却在不经意间成了纳粹以最小行政成本和财力在最大程度上消灭犹太人之决策的工具。当然，以上两点都并不新鲜。盖尔索姆·肖勒姆在致阿伦特的一封公开信里指责她没有良心，而若是换作陀思妥耶夫斯基，他定不会视阿伦特的“平庸的恶”为廉价的口号。当魔鬼造访卡拉马佐夫时，他成了一个寒酸的、愚笨的、粗俗的蠢蛋。在阿伦特之前已有人强调过，对于希特勒或斯大林这

样的魔头，人格的平庸同他们向世界发泄穷凶极恶之间是存在差异的。几乎每个参加过战后集体屠杀犯审判的人（其中不乏声名卓著的医生和药剂师），离席时都惴惴不安，因为杀人犯看起来跟你我没什么两样。以色列法庭的心理专家在给艾希曼进行过身体检查后， xiv
发现他是一个“完全正常的人，甚至某种程度上比给他做完检查的我还要正常”，这暗示出正常与无比残忍并存在他的身体里。这一暗示粉碎了我们通常的认知，并且揭示出审判中的真正谜团。西蒙娜·德·波伏瓦以同样的口吻说过，法国纳粹头目皮埃尔·赖伐尔在战后接受审判时看似平淡无奇、无足轻重，就是一个缺乏想象力、垂头丧气的小瘪三。

无独有偶。早于阿伦特的书出版前很久，在以色列以及其他地方就有许多人指责犹太委员会是纳粹阴谋的帮凶。本书问世六年前，在一宗耸人听闻的诽谤案上，耶路撒冷地方法院的主审法庭对犹太委员会和犹太人助纣为虐的批判远远狠过阿伦特在那短短一段中所言。多年以来，在知名作品中都不乏相似的指控，比如让—弗朗索瓦·施坦纳的《特里布林卡》、塔德乌什·博罗夫斯基的《女士们先生们，这是通往毒气室之路》，当然还有劳尔·希尔伯格那本里程碑式的《欧洲犹太人的毁灭》，阿伦特也曾多次征引此书。

阿伦特的论述新颖且别具挑衅之处在于，她固执地挑战犹太社团领袖层。他们有无其他选择？她只是秉着她对真相之政治功能的看法，试探性地给出答案。如果犹太委员会的人知道那些犹太人将被遣送至何处，他们应该说出真相吗？假如他们知道真相，又有多少人可以实现自救？犹太委员会的高层人士为什么对权威如此卑躬屈膝、俯首帖耳？

一些社团领袖十分清楚，被遣送者将直接抵达奥斯维辛（而并非纳粹所说的某个东方定居点）。在那种情况下，公开反抗当然是不可思议的。另一方面，犹太委员会的领袖们为什么不拒绝接受纳粹指派的任务？他们毕竟拥有道德权威，为什么不建议犹太人逃跑或者潜藏起来？阿伦特在暗示，假如根本不存在犹太人的组织或犹
xv 太委员会，遣送机器不可能运转得如此顺畅。纳粹可能不得不把上百万人一个个拖出家门。如果是这样，难道不会有更多犹太人获救吗？

假如犹太委员会不是这般"德国式"地守纪律，假如他们没有把潜在的被遣送者汇成详细名单，假如他们没有把这些名单上交给纳粹，假如他们没有为纳粹搜集钥匙、罗列清空住房的明细以转交给"雅利安人"使用，假如他们没有召唤被遣送者在某一天某一时刻到某个火车站集合，带上三四天的口粮踏上旅程，是否会少死一些人呢？此前也有人提出过类似问题。但是阿伦特走得更远，她暗示犹太领袖不经意间让自己掉进了一个恶毒的陷阱，并成为受害体系中的一部分。

她写道："全部真相是，假如犹太人民真的没有组织、没有领导的话，的确会乱成一团、惨不忍睹；但是那样一来，受害者的数目也就不可能达到四百五十万到六百万。"

为什么许多人听到这句话时既麻木不仁又莫名震惊？理由很清楚，因为众所周知，犹太人的确有领导、有声名显赫者，他们的组织有地方性的，也有覆盖全民族的。其中不少还曾经帮助过他们，

曾竭尽全力减缓他们的苦难。只有一小部分人了解纳粹种族灭绝计划的规模。假如这些领袖跟许多人一样逃到国外，弃那些一直依赖他们的犹太人而不顾，阿伦特又会怎么说他们呢？假如她能对那些留守的犹太领袖遭遇的恐怖窘境施与理解，她的控诉会否不那么令人震惊？她的确看出了被围困的人们更愿意抱一丝希望，相信哪怕能买到时间，事态也总会好转。假如她不是直接抨击，而仅仅是引起质疑，她是否不会那样激怒她的读者？假如她直白说出犹太领导“不经意间”成了自我毁灭的推手，是否能少招致些愤怒？而这当然正是她的言外之意。 xvi

三

瓦尔特·拉克尔在论战的早期就曾写道，阿伦特被攻击的原因，与其说是她说话的内容，倒不如说是她说话的方式。当她指出备受敬仰的犹太大拉比、柏林犹太委员会主席莱奥·贝克是“犹太元首”（她在第二版中用到了这个说法）时，语气之无礼已经到了不可原谅的程度。她的笔法总是咄咄逼人、狂妄不羁，语气充满学究范儿，盛气凌人。她特别爱说似是而非的话，她的讽刺挖苦与讨论大屠杀显得格格不入。有个很好的例子：她说艾希曼弃暗投明去支持犹太复国主义者的犹太问题解决方案，这显然是一种讽刺；可是，这个说法却被广泛误解、被错误阐释。

她的讥讽往往弄巧成拙。阿伦特传记的作者伊丽莎白·扬—布鲁尔慧眼看出，阿伦特提出了真正的道德问题，却用不必要的讽刺（也许还有肆无忌惮）而令问题变得晦涩难懂。她一而再地说，自己掌握“客观”与真相，而且不只是真相，还是“全部真相”，比如“全部真相本来是”、“全部真相在于”。她称自己比别人更“理解”艾希曼，她随意向控辩双方以及三位她尊敬的法官提建议。艾希曼的法官都是从魏玛共和国时期的德国移民至此的，在她的书里形象非常正面。

现在，透过她的私人书信，我们知道她是带着一些关于以色列及其政治制度、政府、对阿拉伯人政策等的先入之见来到耶路撒冷的。看到本—古里安试图利用这场审判在大批意志消沉的新近移民中间制造一种民族团结感，她着实吃了一惊。她还打算依靠非正式的证据得出绝对的结论。她写信告诉雅斯贝尔斯，以色列警方“让我毛骨悚然，他们只讲希伯来语，却分明长着阿拉伯人的样子。其中还有些人是彻头彻尾的野蛮人。什么命令他们都敢执行”。假如她真的这样想，也就难怪她会认为本—古里安执导这场庭审秀只是为了向德国政府索要更多赔偿金。她确信，本—古里安同阿登纳之间有一个秘密协议，不让汉斯·格洛布克的名字出现在庭审过程
xvii 中。格洛布克是阿登纳政府的高官，在纳粹时代，他曾为纽伦堡种族法案编制过官方的法律解释。不过，格洛布克的名字还是在庭审中冒出来过几次。

法院之外，她谴责“东方暴民”，说自己如同置身伊斯坦布尔或半亚洲国家。看到“留着长鬓角、身着卡夫兰长袍的犹太人”，即正统东欧犹太人，真把她吓了一跳，“他们令这里所有理性的人都无法生活”。在阿伦特看来，理性的以色列人是说德语的德国和奥地利移民，包括她自己的来自弗赖堡、海德堡、柏林的亲戚朋友。很幸

运，她对雅斯贝尔斯说，审判艾希曼的三位法官都出身德国，的确是“最好的德国犹太人”。雅斯贝尔斯以同样的口吻回复：“让我们期待这三位德裔犹太人能控制住局面。”

她对吉德翁·豪斯纳主控官廉价的爱国主义反应十分激烈，因为他要用这场审判力挺本—古里安对犹太历史的决定性看法。在一封写给雅斯贝尔斯的信中，她把豪斯纳描述成“典型的加利西亚犹太人，非常不讨人喜欢，很烦人，时常出错。也许属于根本不懂其他语言的那类人”。后来，戈尔达·迈尔和梅纳赫姆·贝京执政下的以色列政府把大屠杀神话植入一种新的国民宗教之中，又将其开发成以色列拒绝撤出占领地区的依据，她对此的看法一定会很有意思。她批评以色列过分民族主义地、过分急促地宣扬一种特殊道德价值，当然十分在理。不过，她说得有点过头。

后来的几年里，阿伦特也承认她的一些表述有误或过于夸张。最大的错误就是这本书最著名的或曰败坏名誉的副标题。“平庸的恶”这个短语进入了流行语词典以及熟语大全。经过反思，她对使用这个令她遭遇围攻的短语感到抱歉。1971 年，她在一次电视采访中说，若是在今天，她决计不会用那个说法。她说这番话的时候，轩然大波已归于风平浪静，但仍然有人指责她为屠杀犯辩白，冒犯对死者的怀念。

她对犹太委员会的评论只占了全书中的十来页，对全书主旨并无本质影响。这些似乎是她在重读劳尔·希尔伯格的书后，又增加 xviii
了些思考才补充进去的内容。她为豪斯纳使用诸如“你为什么不反抗？”之类的问题，以居高临下的姿态呵责某些证人而义愤填膺。犹太委员会的悲剧角色在审判中几乎从未被提起,至少检控官没提过,这令人生疑。她争论的对手不是被杀害的犹太人,而是他们的一些领袖以及以色列的检方,她怀疑后者在袒护这些领袖。她的怀疑将得到证实。这场庭审秀的目标不是给艾希曼定罪或检视犹太委员会。审判过去二十年后,副检控官加布里尔·巴赫(后来成为最高法院法官)告诉一位采访者,如果所有证人都出庭讲述犹太委员会的故事,"那么将不会有人记得艾希曼"!

起初,阿伦特不理解为什么她对犹太委员会的评论会引发如此的盛怒;后来她认定,那是因为她无意中拽出了一段尚未尘封的历史。她变得有些偏执,尤其是看到德高望重的前犹太委员会成员如今在以色列政府身居高位,她就更加确信自己是对的。不过,她能引证的唯一一个名字是个职位不高的新闻官,在以色列一个小部门当差。

美国媒体的评论似乎证实了她最坏的怀疑。《纽约时报》挑选了以色列首席检控官的一位助手来评论这本书。在左翼的《党派评论》(这份杂志一直很器重阿伦特,多年来没少发表她的文章)上,莱昂内尔·阿贝尔写道,她让艾希曼成了"招人喜欢的人,而让受害者成了令人恶心的人"。他声称,书中的艾希曼比其受害者的形象更加正面。

加拿大犹太人人权同盟寄出一封信,敦促全美拉比在犹太重大节日上公开声讨阿伦特。后来,他们还对罗尔夫·霍赫胡特采取了同样的措施,因为他把纳粹的罪责转嫁到了教皇头上。霍赫胡特当然没有做过这样的事,阿伦特也从未对艾希曼的滔天罪责进行开脱。只是，她认为他应当受的惩罚不仅仅是死刑。犹太委员会方便了纳粹行动，但纳粹终究是自己动手对犹太人实施了杀戮。

这场丑闻很快发展到不可收拾的地步。索尔·贝娄在《赛穆勒先生的行星》一书中严厉斥责阿伦特利用犹太大屠杀的悲剧历史推 xix
销魏玛时代知识分子的愚蠢思想。平庸是一种过继来的托词，实际含义是强烈要求抛弃良知。

一场全国性的运动在美国拉开了大幕，目的是要让她在学术界名誉扫地。令人难以置信的是，反应之剧烈程度远远超出初始目的。一群演讲者从以色列和英国蜂拥而至；他们走遍美国，斥责阿伦特是一个"自我憎恨的犹太人"、"虚无的罗莎·卢森堡"。四个犹太组织各自雇用学者对阿伦特的文字进行地毯式阅读，找出错误，令其贬值。不过其中大多数错误都微不足道，比如错误的日期、拼错的名字。《山间犹太新闻报》上的一篇书评标题为"自我憎恨的犹太女人制造的亲艾希曼之书"。另有一些评论者批评她不该称艾希曼审判为"庭审秀"。不过，本—古里安从一开始安排逮捕或绑架艾希曼到以色列的意图，到后来在公开场合的讲话，都不言自明地证实了这的确是一场庭审秀。用本—古里安的话说，其目的在于"教育年轻人"和整个世界，并向犹太人民宣告，要跟他们的刽子手算一笔陈年旧账。法国《新闻观察家周报》刊登了书中一些节选并且发问道："她是个纳粹吗？"

就阿伦特评论犹太委员会一事，以色列的反应普遍比美国温和。以色列媒体最早发表的评论是令人敬佩的。著名的以色列报纸《国土报》摘选了书中大段内容，并且在前后文中做了合理的铺垫和注解。这并不奇怪。在责备犹太委员会的时候,阿伦特的口气更像一位老牌犹太复国主义者;而复国主义,毕竟是一场犹太人的自我批判运动。

数月后,刚从美国移民而来的文学评论家所罗门·格罗赞斯基在以色列半官方日报《达瓦尔》上率先发起针对阿伦特的攻击。他首先批评阿伦特允许《纽约客》把她的文章跟蒂凡尼珠宝和皮衣广告刊登在同一版。格罗赞斯基含沙射影地说,她在借此获得物质利
xx 益。他责难“阿伦特女士这等犹太人是致命毒素,是喝下自治毒药的人,而且到处散布流毒,甚至散布到奥斯维辛和耶路撒冷”。当时以色列还没有出版过该书的译本,但是早在1965年,抨击《艾希曼在耶路撒冷》的书(译自美国版)就已经出版。《艾希曼在耶路撒冷》的第一个希伯来语译本(或阿伦特其他作品的译本)直到1999年才问世。

盖尔索姆·肖勒姆曾在文学杂志《交锋》上发表一封公开信,严厉指责阿伦特缺乏头脑、没心没肺,尤其责备她关于莱奥·贝克以及其他犹太委员会成员的评论。今天,许多读者会对他的看法表示认同。不过我怀疑,是否许多人也会像他一样要求阿伦特拿出更多“对以色列的爱”,即他所谓更多的爱国主义、更多的情感投入。那恰好是阿伦特认为应该避免的事。而若仔细阅读肖勒姆致阿伦特的这封公开信就会发现,在犹太委员会这个敏感话题上,他的态度是那么矛盾,事实上还对阿伦特带有些许的赞同。他写道:“那些人说犹太人是活该受此命运,说他们没有提早采取行动自卫、是懦夫,对此我无法辩驳。最近,我在阅读那位诚实的反犹太的犹太人

库尔特·图霍尔斯基的一本书，读到了以上的句子。我不能否认，图霍尔斯基是对的。”不同于阿伦特的是，肖勒姆不想去判断。他写道：“我当时不在场。”阿伦特对此的回应是，拒绝表态是对历史与正义根基的腐蚀。

假如阿伦特对犹太领袖的痛苦表现出多一点的同情，假如她写“莱奥·贝克是出于盲目和天真”或者类似效果的词，肖勒姆是否还会如此严苛？说不定他会作出自己的判断。

思考、判断、行动在这里环环相扣，在她的其他作品中也是如此。她的立场是，假如你对自己说“我该审判谁”，你就已经输了。她一生总是被标上记号，就跟这本书引发的争论一样。即便她已经离世多年，她依然会构成争议的主题。几年前，一本描写她在豆蔻之年同马丁·海德格尔那段天真爱恋的书在出版界引发了一场地震。这足可说明问题。作者将她刻画成一个自我憎恨的犹太人，一 xxi
个被纳粹老教授、有两个孩子的已婚男人色诱的笨女人。这本书对她与海德格尔之间毕生的复杂关系作出了粗暴的解读，可是，一些评论者似乎对这种暴力简化的视角感到十分受用。

托尼·朱特几年前在《纽约书评》上撰文[①]，称阿伦特犯过一些小错，她的批评者们因此永远不会原谅她；然而她在许多大事上作出了正确的选择，为此，她值得被铭记。若知道自己的书重新唤起读者的兴趣，她一定会一边欣慰一边苦笑。她曾说，最悲哀的荣誉莫过于“死后的荣誉”。当《艾希曼在耶路撒冷》的丑闻如火如荼之

① *The New York Review*, April 6, 1995.

际,雅斯贝尔斯曾写信安慰她:总有一天,犹太人将会在以色列为
你建造一座纪念碑,就像他们刚刚为斯宾诺莎所做的那样。尽管你
也许活不到那一天。① 这个愿景至今尚未实现,不过我们总会看到
xxii 那一天的。

① 雅斯贝尔斯于 1963 年 10 月 25 日写给阿伦特的信。

目　录

致读者

这本书是一个修订增补版。原书首印于 1963 年 5 月。1961 年，我代表《纽约客》杂志亲临耶路撒冷的艾希曼审判现场。这篇报道比 1963 年 2、3 月初版时略有缩减。本书写于 1962 年夏秋，完成于当年 11 月。当时，我的身份是卫斯理大学高级研究中心研究员。

新版更正了一些技术性错误，这些错误对于原书中的分析或论证没有任何影响。之前的事实陈述尚未囊括所有细节，当然对于一些事情，有根据的猜测可能永远无法被板上钉钉的信息完全取代。“最终解决”中犹太受害者的总体数字就是一个猜测——四百五十万至六百万。这个数字从未得到证实，与最终解决相关的国家各自受害者总人数也未得到过确认。一些新的材料，尤其是有关荷兰的，在这本书出版之后才曝光。但这些对于整个事件无关宏旨。

大部分增补还是技术性的：澄清某一点，引入新的事实，间或还有不同来源的引证。这些新的来源被补进参考文献，在新的附言中进行了讨论。这个新版后记谈到了本书出版后引发的争论。除了后记，唯一一处非技术性补充是关于 1944 年 7 月 20 日反希特勒政变的内容。在第一版中,我只是略微提到这件事。本书的风格从整体上保持不变。

感谢理查德·温斯顿和克拉拉·温斯顿,他们帮助我为这一版后记做了筹备工作。

汉娜·阿伦特

1964 年 6 月

德文版前言*

本书原本以五篇连载的形式在美国杂志《纽约客》上发表，内容略有删节；稍后，1963 年 5 月，同名书籍在美国出版。我在通读过布里吉特·格兰佐女士翻译的德文版之后，删除了一些无伤要旨的笔误，并且做了一系列补充，其中最重要的内容涉及到 1944 年 7 月 20 日的策反事件，而之前的版本里我对此只是略带提及。译文在总体风格上做到了忠实于原文。

本书是一份报告，主要取材于耶路撒冷提交给媒体的庭审材料，不过很可惜，原告与辩护律师的开庭陈述并未公开，太难拿到。公开审理采用的是希伯来语，媒体得到的是“逐字逐句、未经修饰更改的同声传译笔录”，不能苛求“形式上的准确无误和文风正确”。由于德语的同声传译质量很差，遇到庭审中未用德语交流，但笔录里包含德语原词的情况，我都采用了英语版本。主控官的开庭发言以及总结陈词，我也尽可能使用德语版本，因为这些是在审判庭之

---

* 《艾希曼在耶路撒冷》于 1963 年首先在美国出版英文版，次年推出德文版。汉娜·阿伦特将英文版书后的“附言”抽出，修改之后作为德文版“前言”放在书前。对比这两篇文章，不仅能看到相同的文意在两种语言之中的不同表达，更能看出阿伦特在面对两国不同的读者群时，就犹太领导层问题、德国人的集体罪责问题以及本书在英美国家引起的强烈批评，笔下生成的微妙的情感差异。故将本篇一并收录译出，读者或可作一有趣的版本对比。——译注

外完成并且不依赖同声传译的，而且语言十分得体。除了我未采用的“希伯来语官方笔录”之外，这些记录中没有哪一样是绝对可靠的。整个材料毕竟是公开呈交给媒体的，迄今在希伯来语的庭审记录和翻译版本之间的某些重要差别尚未得到澄清。可以认定的是，英语和法语版本比较可靠。

以下审判材料完全无须顾虑来源是否真实可信（除了一个例外），这些材料全部是耶路撒冷当局交给媒体的：1. 警方的审讯笔录。先是录在磁带上，然后转录成文字，经由艾希曼本人手写修改，这是除庭审报告之外最重要的文件资料。2. 控方提交的档案以及检控官允许公开的法律材料。3. 原本由辩护方提供的来自辩方证人的十六份口供。这些人的供述也部分地得到控方采纳。他们是埃里希·冯·德姆·巴赫—策莱维斯基、里夏德·贝尔、库尔特·贝歇尔、霍斯特·格雷尔、威廉·霍特尔博士、瓦尔特·胡彭科滕、汉斯·于特纳、赫伯特·卡普勒、赫尔曼·克鲁迈、马克斯·默滕博士、弗朗茨·诺瓦克、阿尔弗雷德·西克斯教授、阿尔弗雷德·约瑟夫·斯拉维克、埃伯哈德·冯·塔登博士、埃德蒙·维森迈尔博士、奥托·温克尔曼。4. 最后我还得到了一份艾希曼的七十页手写稿。该手稿被控方作为证据提交给法庭而且得到法官采纳，不过并未向媒体公开。手稿的标题是《回复：我对“犹太问题以及1933—1945年纳粹德国政府对这一问题的解决办法”的说明》。内容是艾希曼在阿根廷准备同萨森会谈时所作的笔记。

本书最后的文献部分只列出我确实引用过的文献，并不包括我在艾希曼从被捕到被处决这两年间搜集阅读的海量书籍、文章，尤其是报纸材料。我之所以对此略有抱憾，只是因为德国、瑞士、法国以及英美媒体的通讯文章往往比后来问世的、立意更高远的综述性书籍和杂志文章的水平高出一大截。不过，要弥补这项残缺可能会事倍功半。所以我心安理得地只将那些在本书问世后发表的，我能够读到的书籍和杂志文章中比较重要的补充进来。与此同时我还可以心满意足地说，对于艾希曼事件德国还有两个声音，不同于常见的提纲挈领式的纵述，反而跟我的结论惊人地一致。罗伯特·彭多夫的《谋杀犯与被杀者：艾希曼与第三帝国的犹太政策》一书，首先考察了犹太委员会在“最终解决”中的作用；荷兰记者哈里·穆利什的《刑事案件 40/61》也相当于一份报告，作者对被告其人作了认真思考，并且对其基本性格的印象跟我的印象相吻合。

除了偶有例外，对于耶路撒冷受理的那些事实的历史背景，我当然没再援引档案资料，就连我引用的文献也几乎全部是审判过程中被当作呈堂证供的资料。我引用的内容大多来自赖特林格的《最终解决》，另一个主要来源是劳尔·希尔伯格的《欧洲犹太人的毁灭》，后者对第三帝国犹太政策的记述最详尽，材料来源也最扎实。我的修订版还从约阿希姆·C. 费斯特新近出版的《第三帝国的面孔》中获益匪浅。这本书站在一个罕见的高度，进行了相当精彩的人格研究。眼下这样一份报告所描述的问题，堪比一部历史专著之所为。假如历史学家或记述者不以自身专题之外的他人工作成果为依托，是写不出类似的作品的。

本书尚未出版，就已经出现有组织的运动，把醒目的套词从美国搬到了英国。早在本书登陆欧洲大陆之前很久，这场运动就已在那里先行蔓延开来。宣传攻势从根本上旨在炮制烟雾弹，发明一种所谓的“形象”；结果，一本莫须有的书引发了一场争执——这本书从来就没有被写出来（还有说法称其首先发表在某家“滑稽小报”上），而且在美国根本就没存在过。（那所谓的“滑稽小报”叫作《纽约客》，在美国是一份享有很高声誉的杂志，其特长是对公众普遍感兴趣的事件提供内容详实、深入骨髓的评论报道，比如多年前关于华沙隔都起义及广岛原子弹事件的报道。近期，这份“小报”又率先报道了刚刚曝光的农村穷困问题、黑人中的危险情绪以及类似的时下新闻。）始终值得思考的是，如此蓄意地操纵舆论，产生的后果就连那些幕后推手本人都无法预见，亦无法控制。倘若关于这本书的争论漫无边际、空洞无物，那么它也就不能阻挡许多事情浮出水面，那是令今天的人们苦苦思索并心绪沉重的东西；同时不言自明的是，“未克服的过去”不仅仅是德国现象或者犹太现象，恰恰是这部分过去在今天、在最广泛的人群之中被铭记，且未被克服。

争论围绕犹太人民在“最终解决”这场灾难中的种种表现展开。关于犹太人本可以或者本应该进行自卫的问题（这个问题首先由以色列检控官提出，我认为它愚蠢且残忍），由于人们对当时的情况无知到了令人绝望的程度，因此讨论出了最令人震惊的结论：“隔都心态”（作为古老的历史学—社会学合成词，它已经被写进了以色列历史教科书；在美国首先是由心理学家布鲁诺·贝特尔海姆所支持，虽然美国官方犹太教会激烈地反对之）一再被用来解释某种行为，可是这种行为绝不仅限于犹太民族，也不能从犹太特有的元素出发去理解。直到终于有人对此公开表示无聊，想到了一个天才的点子,运用弗洛伊德的理论,编造说犹太人潜意识里有与生俱来的“向死之心”。争论的另一个主题是犹太领袖的表现。人们不能仅仅简单地将他们同犹太民众当成一回事——与之截然不同的是,几乎在所有对幸存者的报道中,都出现过泾渭分明的现象,正如一位前特莱西恩施塔特集中营营民总结的那样:“犹太人整体上表现得无可指摘,只是领导层不起作用。”——而应列举出他们在战前乃至“最终解决”之前作出过的贡献,好利用这些为他们后来天壤之别的嬗变进行辩护。不过,争论还有一个焦点,就是希特勒执政以来德国人的抵抗行动。这当然不是我要谈的内容,因为,要研究艾希曼的罪责意识及其周围的人的意识问题,只涉及“最终解决”那段时期,或者说,只同那些个离奇的问题有关,即:在驱逐阶段,受害者是否可能并非总是比杀人犯“更丑陋”;或者,人们可否就过去并未亲自到场的事情对簿公堂;又或者,在一场审判中,被告或受害者是否处于核心地位。甚至有些人认为,艾希曼根本就不该开口说话,照此推测,也不该有人替他辩护。诸如此类,不一而足。对缺乏依据的事情如此大肆铺陈,成为这些讨论的主流;商榷严肃事件的同时,不仅混杂着某些利益群体的昭然野心——试图歪曲真相——而且后续还涌现出一群“自由漂移的”知识分子;对他们来说,事实本身只是一个制造事端的契机。不过就在这些虚伪的争吵中,偶尔也会感受到一丝正经、某种震惊,即便争吵跟那本被他们想当然了的书没有丝毫关系——发声者常常自称根本就没读过那本书。

这对于讨论问题同样非常多余,因为呈现在读者面前的这本书有一个非常局限的题目,如书名所示。在一篇审判报道中只应谈及审判如何进行，或从伸张正义的角度看理应如何进行。如果这个审判所在国的整体局势对审判的走向举足轻重，那么也必须将其考虑在内。这里要处理的既不是犹太民族有史以来遭遇的头号灾难史，也不是要陈述极权统治制度或者追溯德国犹太人在第三帝国的一段历史，更不是要撰写一篇关于恶的本质的学术论文。每一场审判的中心，都是被告这个人，一个有血有肉的人，这个人有他自己的故事，是一个糅合了各种属性、特征、行为方式和生活境遇的独一无二的合成体。除此之外的一切，比如犹太民族的流散历史、反犹主义或德国民众以及其他民族的行为，或者当时的意识形态、第三帝国的统治机器……只有当这一切为审判提供背景、能够再现被告犯罪的具体情境时，才能左右审判。被告没有涉及的事情或对他从未发生过影响的事情，法庭审判必须不予考虑，庭审报道也必须不予采纳。

人们会认为，我们不经意提出的所有一般性问题——只要谈到这些事，比如“为什么恰好是德国人？为什么恰好是犹太人？极权统治的本质是什么？”等等——在重要性上，都超过了法庭正在审理的罪行（该罪行必须依据被告性格、由法律来定性）的性质问题，甚至还超过了下面这个问题：考虑到第二次世界大战以来人们屡屡遭遇这种特殊性质的罪行，我们当前的法律体系在多大范围内、在哪些条件下可以胜任“公正”二字？人们会想，这里关乎的不再是一个坐在被告席上、有着独一无二体貌特征的具体的人，而是德意志民族，或者所有形形色色的反犹主义，或者整个近代历史，或者人之本性和原罪，乃至最终，整个人类都在无形中一同坐上了审判席。

所有这一切常被拿出来说事，尤其被那些非要找到“我们每个人身上的艾希曼”才肯罢休的人。如果人们把这个被告当成一个标志，把这场审判当作一个借口，目的是要谈论看似比一个人是有罪还是无辜的问题更为有趣的事情，那么，人们必须得出结论并且承认，艾希曼和他的辩护律师的说法是正确的：他不得不忍受，因为人们需要一头替罪羊，不单是为了联邦德国，而且还为了整个事件，为了这件事促成的结果，为了反犹主义和极权统治机器，为了人类和原罪。要我同意这些看法，那么根本无须赘言，除非我从没来过耶路撒冷。我过去以及现在都认为，这场审判必须且只能为了伸张正义而存在；我还觉得，法官们在判决理由中强调“以色列国已然建立并且作为犹太人的国家得到承认”，因此这个国家对于他人对犹太民族所犯的罪行有刑事审判权时，他们完全有权援引格劳秀斯——此君曾引用过更加古老的作者来说明，受到伤害之人的尊严和荣誉要求犯罪行为不能逍遥法外。

毫无疑问，人、案情事实以及庭审本身都抛出了具有普遍性的问题，超出了耶路撒冷要解决的问题。其中的某些问题，我尝试在本书的结语（不再是一份简单的庭审报告）中作出深入探讨。这样做当然还远远不够，我绝对可以想象得到，在洞悉事实后定会展开一场对其普遍意义的讨论；而讨论越是原封不动地就事论事，可能就越有意义。照此看来，本书的副标题也可能引发一场真正的争论；因为就这部报道本身而言，恶可能具有的平庸性只能基于事实、作为无法忽略的现象被提上纸面。艾希曼既不是伊阿古也不是麦克白，更远远不具备理查三世那种“成为恶棍”的决心。除了不遗余力地追求升迁发迹,他根本就没有别的动机;就连这种不遗余力本身也没什么罪,他肯定不会杀害他的上司而取代其位置。用大白话说,他只是**从未意识到自己在做什么**。恰恰同样由于缺乏想象力,他才能够一连数月坐在一位出生于德国的犹太警察对面接受审问,对人家倾吐衷肠,一次又一次解释为什么他在党卫军只干到了中校,说没能继续晋升并不怪他。他对过去发生的事情心知肚明,在对法庭的最后陈辞中,他还说到了"国家对价值的颠覆重估",他并不愚蠢。某种程度上说,就是不思考注定他成为那个时代罪大恶极的罪犯的。而"不思考"跟愚蠢完全是两回事。如果这种事叫"平庸"甚至奇怪,因为你卯足了劲也无法从这个人身上发现魔鬼的深度,那么这也早已不算稀松平常。根本不应如此频繁地出现下面的状况:一个人在面对死亡、甚至站在绞刑架下的时候,除了他在这辈子参加过的葬礼上听到的那些话,他什么也想不起来;而凌驾于这些"溢美之词"之上,他轻易就忘了自己即将赴死的现实。如此的远离现实、停止思考,对一个人造成的灾难可能要比这个人自身具有的所有罪恶动机加在一起还要严重。实际上这是人们在耶路撒冷学的一课。然而这一课既没有对现象作出解释,也没有为之提供理论。

比这个迄今为止尚不明确的罪犯类型的定性更加令人头疼的,是对犯罪行为的定性。纵然全世界终于达成一致意见,承认奥斯维辛乃史无前例,可是这种独一无二性在政治和法律层面制造了诸多新的范畴,一直都没有得到明确界定。因为这里新近引入的种族屠杀(Genocid)概念尽管一定程度上还算贴切,却不够充分;但种族屠杀并非史无前例，它在古代就是家常便饭，在殖民时代和帝国主义时期得逞的例子更是不胜枚举。脱胎于英国帝国主义的词汇“行政性屠杀”（administrative massacres，英国人有意拒绝用这个表述来维持自己在印度的统治）应该更适用于此案，而且它还有一个优点，可以消除“此类暴行只可能发生在外邦民族或者异端种族身上”这类偏见。暂且不说希特勒通过对“患有不治之症者”实施“安乐死”开始公开进行大规模屠杀，目的是用“患有先天疾病的德国人”（心脏病人和肺病患者）来结束这场杀戮；更加昭然若揭的事实是，执行屠杀的原则十分随性，只依照历史数据而定。不难想象，在未来可见的自动化经济时代，人们会禁不住诱惑，对智商在一定水平之下的所有人斩尽杀绝。

这个问题在耶路撒冷尚未得到充分讨论，因为它在法律上其实很难定义。我们听到辩护词里说，艾希曼只是“最终解决”这台机器上的一个“小齿轮”，而以色列检控官却认为，他们能够从艾希曼身上发现那个根植在其体内的马达。对于这些理论，我本人同耶路撒冷初审法院的意见是一致的，认为它们没多大用处；因为整个齿轮理论在法律层面毫无意义，所以任凭你把艾希曼看成多大尺寸的“小齿轮”，根本就无关宏旨。法庭在宣判时自然承认，这样一桩罪行只能由一个庞大的官僚体制以国家手段来实施；不过，只要它是一桩罪行——这也是法庭审判的先决条件——那么在对簿公堂之时，这台机器上的所有大小齿轮就自动蜕变成凶犯，变回了人。当被告请求原谅，说自己当时不是作为个人，而纯粹是作为国家公务人员在行动，说任何一个身在其位者都会如法炮制，那么，就好像一个罪犯在引用犯罪数据说明每天每地发生了许多罪行，而他只是按照数据的要求去做事——因为即便你不做，终归是有人要去做的。

把个人变成行使职能者和统治机器上赤裸裸的齿轮从而对其去人格化，是极权统治机器的本质，大概也是每一套官僚制度的天性。这对于政治和社会科学意义重大。关于无人化统治，即官僚制度下国家的真实形态，人们尽可以展开漫长而收效颇丰的讨论。只是人们必须清楚明白一点，只有当这些元素构成犯罪事实的条件时，才会影响到法律裁决——就像在对待盗窃案件时，必须考虑窃贼的经济条件，同时又不因此为罪犯开脱或对其处以极刑。的确，借助现代心理学和社会学，尤其是现代官僚制，我们已经普遍习惯把罪犯为其行为应付的责任像变戏法一样变没了，取而代之的是这样或那样的决定论。至于这些貌似对人类行为所作的更加深刻的阐释究竟是否合法合理，仍旧充满争议。然而有一点却不容争辩：这些阐释不可能为任何法庭审判提供依据，若以此作出裁决，那么也是一套极其过时的，甚至可以说陈旧的做法。希特勒说过，有一天，在德国做法官会被视为“耻辱”；他所说的那一天，具体就是官僚制度终得圆满实现的那一天。

据我的眼力所及，要在法律科学的层面探讨这些错综复杂的问题，只有两个范畴可以派上用场。依我之见，二者在这种情况下都存在短板。它们分别是“不受法律制约的最高行动”和“依照上级命令”行事。无论如何，这类事件中的大部分，也只有在这两个范畴内能够被提上辩护议程。最高行动理论的基础是，一个主权国家不能对另一个主权国家提起诉讼，因为平等者之间无管辖权；而这条论据在纽伦堡就已被证明毫无效力，因为照此理论看来，就连希特勒这个唯一绝对有罪之人也不能被法庭起诉了，而这又违背了人类最基本的正义感。在实践层面毫无希望的事情，从理论上还没有寿终正寝，而人们习以为常的借口（说德国刚好在第三帝国时期被一群犯罪团伙所统治，不能保证他们也有自主和平等权）也没帮上多大的忙。因为一方面每个人都清楚，拿犯罪团伙来类比只在很有限的程度上符合事实，实际上并没有切中要害；另一方面要避免的是，这些犯罪行为是在一个“合法”的秩序下实施的，而这才是这些罪行的真正特点所在。

假如人们很清楚，在“国家行为”的概念背后其实是国家利益理论，那么可能距离事实真相会更近一步。按照这个学说，既然国家要对一个国家的存在以及保障其存在的法律负责，那么，国家行为也就不必遵循与公民同样的准则。就好比暴力的尺度。法律恰恰是用来消解暴力的绝对统治的，可是为了保证法律的存在，一定尺度的暴力又不可或缺；国家为了维护自身存在，一定会被迫做出通常被视为犯罪的行为，而且既不是在战争状态也不是在国际关系当中。即便在文明国家的历史上，类似的犯罪行为也屡有发生。比如拿破仑谋杀昂吉安公爵，或者很可能由墨索里尼本人执行的对社会党领袖马泰奥蒂的谋杀事件。无论是否公正合法，国家利益理论都诉诸紧急情况；而以此名义实施的国家罪行，就算在其当时占统治地位的法律体系下属于犯罪性质，却仍被视作紧急措施、受现实政治利益所迫，被视作为维持权力从而保障现存法律制度整体而作出的退让。可是，如果在一个正常的国家和法律秩序下，犯罪一直以规则外的例外情形示人，一直“逍遥法外”——因为国家的存在本身就岌岌可危，而没有哪个国家能反对另一个国家的存在，或规定其如何持存——那么，就像我们刚刚从第三帝国的犹太人政策中学到的那样，原则上具有犯罪性质的国家组织，反过来把非犯罪行为（比如1944年夏希姆莱命令停止遣送犹太人）看成了迫于失败近在咫尺的现实作出的应急方案。此处提出了一个问题：这样一个组织如何行使自主权？它难道不是靠自己一手遮天破坏了以公民法律为前提条件的平等性吗？平等者之间，的确只是说说罢了？还是相反，要以本质上的公平或平等为基础？或者换一种说法：一边是视犯罪为合法和常规的国家秩序，另一边是把犯罪和暴力视作例外和极端事件的国家机器，这二者能适用于同一个准则吗？

在所有这些审判处理的鲜活的犯罪事实面前，法律概念究竟有多么捉襟见肘，也许从“依照上级命令行事”看会更加昭然若揭。耶路撒冷法庭详细引用文明国家的刑法和军事法典，来应对辩方提出的论点。首先被引用的是德国的法律。在希特勒时代，相关条款并没有失效；这些法律全部认定，不得执行**公然**具有犯罪性质的命令。此外法庭还引用几年前在以色列发生的一起案件。当时的被告是一些士兵。西奈战争爆发前夕，他们残杀了一个阿拉伯村庄的村民。这个村庄位于边境地带，其村民在军方实行出行禁令期间、在对禁令毫不知情的情况下迈出了自己的家门。遗憾的是，进一步观察便会发现，法庭以这个例子进行驳论，哪只脚都站不住。目前仍须看到，例外和规则的关系本来对于命令接收者辨识命令的犯罪性质有着至关重要的意义；然而在艾希曼一案中，事情以某种方式被颠倒了：人们恰恰可以用这条论据辩称，艾希曼对希姆莱的命令并没有执行或者执行得不够果断；可是判决书在另外一个语境下却认为，被告因为这一点反倒罪加一等。如果审判引用的以色列军事法庭的论据要求，“一个明显违法命令的标志……应该像一面黑旗飘扬在（命令）上空，充当警示作用，上面写着‘禁止’”，那么先决条件显然是，为了让士兵看出“明显违法”，命令要通过其异常性而冲破一贯遵循的法律框架。在这类事务上，以色列的司法判决同其他国家完全一致。在编纂这些条款的时候，以下情形无疑会浮现在立法者脑海里：一位军官突然头脑发昏，命令下属去杀害另一位军官。每一起正常的法庭审判在面对这种事的时候，都应立即说明，人们期望这个士兵具备的认知不应诉诸良知的声音以及“正义感”——它“深深扎根于每个人心中，只要他还是个人，即便他不熟悉法律典籍”——而是相反，要指望每个人都有能力在规则和偶然发生的例外之间作出区分。光有良知是不够的，这在德国军事法第四十八条中有清楚的表述：“个人的良知或宗教诫律不得成为其履职或失职行为应否受到惩处的依据。”以色列法庭的论证中，有一点引人注目：单凭每个人心中都根植着正义感，就可以弥补“不熟悉法律”这个缺憾，前提条件是，法律只表达每个人心中良知的声音。如果人们非要把这个逻辑用在艾希曼一案上，那么最后只能得出这样一个结论，即艾希曼从头到尾都遵守判断力的框架：他是在照章办事，而且也验证过传达给他的命令“明显”合法、符合常规；他无须诉诸他的“良知”，因为他不属于那类不了解本国法律的人。在他身上，情况恰恰相反。

这个例证的另一只站不稳的脚，是普遍借口“依据上级命令行事”提请减刑。以上级命令为借口，正如耶路撒冷的判决书中所称，并不能免除责任，不过这“能让法庭将此类命令纳入减刑理由”。在前文提到的阿拉伯村庄克法·卡塞姆村村民遇害案中，士兵们尽管被控谋杀，却依据减刑情节被从轻判处为拘禁。当然，这里说的是一宗单独案件，不同于艾希曼案；后者乃延续数年的行为，其间罪行不断累积。假设人们把以色列司法实践中对“依据上级命令行事”的规定用在他身上，将很难作出极刑的判决。“上级命令”即便明显在违法，却依然能够严重阻碍“良知”发挥功效。这一点，以色列的司法实践除了接受也毫无他法。

这只是众多例子中的一例。人们可以通过此例对现存法律制度以及司法概念（尤其面对诸多由国家组织的行政屠杀事实时）存在的明显不足进行揭示和讨论。若再仔细些观察，不难得出下面的结论：所有审判中的法官们其实只是基于大量事实、某种程度上在自由宣判，而并没有诉诸规范和法律规定的尺度（如果有这些，他们的判决依据多少会令人信服）。这一点在纽伦堡就已经非常明显。当时的法官们一方面宣布，“反和平罪”是他们迄今为止审理过的最严重的罪行，因为它覆盖了所有其他罪行；另一方面，他们却只对参与行政屠杀的那些人宣判死刑，而这种新型犯罪其实并不及破坏和平罪严重。在司法判决这样一个如此注重逻辑的领域考察诸多类似不合逻辑的现象，将会对现世大有裨益。不过，这种事情当然不会真实发生，而只是我的愿望。

由此我们进入到另一个原则性的问题。所有战后审判当然也包括艾希曼审判都涉及到这个问题,若能就此展开争论当然非常值得。它关系到人的判断力之本质及其效力。我们在这些审判中要求的是,即便人们真的除了自己的判断——而且在此类处境下作出与其所处整体环境的统一意见截然相反的判断——之外再无任何其他依据,也要有分别是非的能力。我们知道,少数极其严格自律、只相信自己判断的人,跟那些很大程度上秉承陈旧价值标准或以宗教信仰为准绳的人们,根本就不是一类人。由于整个主流社会以这样那样的方式沦为希特勒的牺牲品,这些构成社会的道德准则和构建共同体的宗教教义也一并消失了。作出过判断的人,也是自行判断;他们不遵从任何规则,不对个别事件进行归纳;相反,事情来了,他们再作出选择,就好像对每件事根本就不存在普适规则一样。

这个有关作出判断的问题,也就是人们通常所说的我们时代的人的判断力问题,有多么令人心烦意乱,从关于本书的争论(就像针对霍赫胡特的《代理人》的争论一样)中可见一斑。粉墨登场的并不是人们以为的虚无主义或玩世不恭,而是在道德基本问题上犯的一个重大错误,道德似乎成了我们这个时代最后一件不言而喻的东西。在这些口水仗里浮现出的怪现象,也许特别具有代表性。美国的文人圈里有人十分天真地认为,诱惑和强迫从根本上是一回事,认为没有人可以要求别人抵制诱惑。假如有人用手枪指着你的胸口命令你杀死你最好的朋友,你必须照做。或者——几年前的一档电视猜谜节目爆出的丑闻,其中有一位大学教授说了谎——做个游戏可以赚那么多钱,谁能不上钩?要说人们不能对没有亲临现场的事情作出判断,走到哪里都说得通,只是这样一来,司法判决及历史叙事显然连存在的资格都没有了。与这些和稀泥的做法相反的是，人们谴责那些作出判决的人自以为是；尽管这个理由自古有之，却因此而更加站不住脚。就连对谋杀犯作出判决的法官，回家后也会说：是上帝的恩典，我才这么做！所有德国犹太人对于1933年席卷德意志民族的一体化浪潮都作出异口同声的谴责，他们在这场浪潮中日复一日陷入孤绝状态。他们当中就真的没有一个人问过，假如他们也被允许纳入一体化，会有多少人甘愿从之？他们之前的判断是否因此而不太正确呢？

对自身行为的可能性进行反思，或许可以成为原谅他人的理由，可是那些呼吁基督仁慈之心的人，显然不是这个意思。"德国福音教会"的一则战后声明如是说："我们面对仁慈的主坦然承认，当国人对犹太人施暴的时候，我们袖手旁观、保持沉默，因而我们同样有罪。"（引自奥雷尔·冯·伊辛牧师的《最高级别的不公或教皇是否该沉默？》，罗沃尔特书系 rororo 591，第195页）我觉得，当一个基督徒以恶制恶，那么他在仁慈的上帝面前就是有罪的。而我们犹太人并不知道人们是出于哪一种恶杀害了我们六百万人。如果教会真如自己所言，对这场罪行同样负有责任，那么，主持局面的应该一如既往是那个正义的上帝。

一个更广泛的共识似乎是，人们根本就不能够下判断，起码当对象是声名显赫的人时。辩论的过程总是如出一辙：从证据确凿、可以证明的细节，一下拐进了普遍性，结果人人都一样，我们所有人都成了有罪的。本来霍赫胡特控诉的是某一个历史上的确有据可查的教皇，可是人们偏偏要指控其针对整个基督教，又或说："完全有理由提起更为严重的指控,不过被告是作为整体的人类”(罗伯特·威尔驰语)。或者在对于通常能影响判决结果的“细节”面前,提出一个“全貌”说。这样一来,所有细节组成了环环相扣的连续画面;结果,除了照搬被告当初的做法,你别无二选。如此这般的一个全貌,就是犹太民族的“隔都心态”,它遮蔽了真实发生过的一切。在政治框架内,想象某个民族集体有罪或者集体无辜,就属于这些不起任何作用的、空洞的普遍化倾向。如此一来自然也就无须下判断,从而避免了紧随其后的风险。即便人们能够理解那些被灾难直击的群体——基督教会,“最终解决”时期的犹太领导层,“7·20事件”中的人——也很难如人们期望的那样行事;于是人们普遍不愿意作出判断,回避一切应尽的、强加的个人责任,乃至最终很难解释此类动机。

此间已经传开,说不存在集体罪责,也没有集体无辜;倘若存在类似之事,也就没有谁是有罪或无辜的了。可是,在政治领域却的确存在集体责任一说。它不取决于你本人做过什么,因此既不能从道德层面衡量,也不能用刑法概念去解释。每个国家的政府都要为它曾经做过的事承担政治责任,无论那些过往是对还是错。政府应该推动公正,尽可能弥补不公正。在这个意义上,我们总要偿还父辈的罪过。当拿破仑在夺权之后说,要为法兰西从圣路易到公安委员会发生的一切承担责任时,他只是对不言自明的事情略作夸张。你尽可以以为,就连民族内部的此类和解有一天也会被拿到国际法庭上审理,然而,那肯定不是就个人有罪还是无辜进行宣判的刑事法庭。

解决有罪还是无辜的问题，尽可能伸张正义，还受害者和被告各自一个公道，是每个法庭审判的核心。这一点即便在艾希曼审判中也毫无二致。只是这里的法庭面对的罪行，在任何法律典籍中都找不到先例。这里审理的，是人们在纽伦堡审判之前从未遭遇过的罪犯。眼前的这份报道，要告诉读者，耶路撒冷在匡扶正义的道路上究竟走到多远。

汉娜·阿伦特

1964 年 8 月

哦德国——

闻听你家中传出的话音，

　　人们大笑，

但是谁若见到你，便会摸出他的刀。

——贝尔托特·布莱希特

一　正义之殿

“Beth Hamishpath”（正义之殿）——庭警高声喊出这几个字，我们应声而起，等待三位法官入席。法官们身着黑色长袍，都没戴帽子，从一侧的入口走进审判庭，落座于前台最高一层。他们的长桌即将被无数本书籍和一千五百多份文件覆盖，桌子两端各坐着一位庭审速记员。法官的正下方是翻译，负责在被告或者辩护律师与法庭之间迅速进行语言转换。否则，德国的辩方，跟旁听席上的几乎所有人一样，将通过无线电发送的同声传译（语言包括完美的法语、差强人意的英语和纯属搞笑甚至动辄令人费解的德语）完成这场用希伯来语进行的诉讼。（这次审判的所有技术安排都确保严谨和公平，但令人不解的是，在以色列这个刚刚成立的国家，纵使其公民大多数出生于德国，竟找不出一个合适的翻译将庭审翻译成被告和辩护律师都能听得懂的唯一语言。一度风行于以色列的针对德国犹太人的古老偏见，如今也远不足以为此提供解释。唯一剩下的解释就是更加古老却威力十足的“维生素 P”了，也就是以色列人所说的政界与官僚的裙带关系。）翻译的下方可见玻璃间里的被告以及证人席。他们彼此相对,观众只看得到侧脸。最下面一层背对着观众的是由主控官和四名助理律师组成的诉讼团以及被告的律师。
3 起初的几周里,被告律师身边还有一位助理。

法官的举止没有任何夸张色彩。他们步态自若,面色沉着,全神贯注。听到苦难故事、悲痛遭遇之时,他们表情凝重。这都在情理之中。在原告尝试无限拖延听证时,他们表现出不耐烦,这个即兴的举动令人眼前一亮。他们对辩护方的态度可能过于礼貌,似乎一直担心"塞尔瓦蒂乌斯博士在一个陌生的环境下艰难地孤军奋战"。他们对被告的态度总是无可指摘。这显然是三位诚实正直的人,难怪他们在审判中抵住巨大诱惑,无一人表现出矫揉造作——这三个在德国出生、接受德国式教育的法官,从不假装听不懂而等他们的希伯来语翻译说完再开腔。翻译几乎话音未落,主审法官摩西·兰道就发言了。他还时常打断翻译,进行校正、补充,对于这严肃场合里的小小插曲明显充满感激。几个月后,在对被告进行交叉询问期间,他甚至带领他的团队用母语德语跟艾希曼对话——这是一个证据(假如还需要证据的话),证明这位法官根本不受当时以色列公众意见左右。

从一开始就毫无疑问的是,兰道法官定下基调,他在尽力,尽其全力阻止他的审判在原告大施演技之下变成一场庭审秀。他之所以不能每次都成功,原因之一在于,庭审发生在一个舞台上,台下就是观众,庭警在每场开始的完美嗓音,制造出拉开帷幕的效果。这座新落成的 Beth Ha'am,也就是人民之家(如今被高高的藩篱所包围,由全副武装的警察严密防卫;前院有一排木板房,所有到访者都要经过彻底搜身方准入内）原先设想的肯定是一座剧场，配有管弦乐队席位、前台和舞台，还有演员入场的侧门。显然，这个审判庭对于大卫·本—古里安的庭审秀来说是个不错的选择。正是这位以色列总理决定从阿根廷绑架艾希曼，再把他带到耶路撒冷地方法 4
院，就其在“犹太问题的最终解决”中扮演的角色接受审判。本—古里安是当之无愧的“国家建筑师”，也是这场诉讼中隐形的舞台幕后经理。他本人从未参加过一场庭审。在审判庭里，吉德翁·豪斯纳就是他的传声筒。作为主控官，豪斯纳代表政府，尽力地，尽其全力地听命于主人。所幸，他尽力的结果常常不够完美，原因在于，豪斯纳先生效忠的是他的以色列国，但某些人则以同样的忠诚献身于正义，并掌控了局面。是正义要求被告被起诉、被辩护、被判决，同时搁置其他看似重要的问题，诸如“这是怎么发生的?”“为什么会发生?”“为什么是犹太人?”“为什么是德国人?”“其他国家扮演了什么角色?”“盟军一方又负有怎样的连带责任?”“犹太人怎么可能通过自己的领导层参与制造自我毁灭?”“为什么他们像羊群一样赴死?”等。是正义坚持引渡阿道夫·艾希曼，卡尔·阿道夫·艾希曼之子，他坐在玻璃隔间里，不受外界侵扰。他中等身材，体形较瘦，四五十岁的样子，前脑门半秃，牙齿不太好，近视眼，脖子干瘦。整个审判过程中，他一直朝法官席的方向探着脖子（从未面向观众）。他的面部神经性抽搐，令他的嘴早在审判开始前很久就有些变形了。尽管如此，他基本上还是能够克制住自己。法庭审判的是他的行为，而不是犹太人的苦难，不是德国人或者整个人类，更不是反犹主义和种族主义。

而正义，尽管按本—古里安等人的思维方式来看可能有些“抽象”，却成了比他这个大权在握的总理更为严格的主宰者。本—古里安的管理，就像豪斯纳急于表现出来的那样，是放任式的：准许控方召开新闻发布会，庭审期间允许电视采访（由格里克曼公司赞助的一档美国节目，跟通常的商业活动一样，经常插入房产广告），甚至还对造访这座法院的采访者“即兴”爆发——他厌倦了对艾希
5 曼进行交叉询问，因为后者对所有问题都以谎言作答。他们允许频繁地将视角转向观众，也允许戏剧化成分的存在。这超乎寻常的野心，最终是为得到美国总统发自白宫的一句“干得漂亮”。而正义不允许任何诸如此类的事情发生。正义要求最大程度的回避，允许悲痛但不要愤怒，杜绝成为万众焦点的那种快感。兰道法官在审判后不久造访美国的行程就并未公开，当时只有相关犹太组织内部知道这个消息。

然而，无论法官们多么坚持避开公众视线，他们还是无法置身其外。他们坐在法庭的最高一层，面向观众，就像在一个戏剧舞台上。观众本该代表着整个世界，在最初的几周里，他们却主要由从世界各地蜂拥而至的报纸杂志记者所构成。他们来到耶路撒冷，只为不错过一个在刺激程度上不亚于纽伦堡审判的场面，只是这一次，“犹太人的悲剧成了万众瞩目的焦点”。因为，“如果我们也用针对非犹太人的罪行起诉［艾希曼］……这么做”并非因为他犯了罪，而竟然是“**因为我们不搞种族划分**”。控方律师用这句话做开场白，令人印象深刻，这后来也成为整个控诉的关键句。因为这个案子的基本依据是犹太人所受的苦难，而不是艾希曼的所作所为。

另外，根据豪斯纳先生的话，是否作区分无关紧要，因为“只有一个人，他几乎全身心地关注犹太人，他的工作就是摧毁犹太人，他在那个邪恶政权的缔造过程中所发挥的作用仅限于犹太人事务。这个人就是阿道夫·艾希曼”。呈堂证供是犹太人受苦的事实（当然不容置疑），然后再寻找艾希曼难脱干系的证据，这难道不合逻辑吗？纽伦堡审判中，被告们“被控对各个民族的人民犯罪”，但是那场审判并未考虑到犹太人的悲剧，仅因为艾希曼不在场。

豪斯纳先生真的以为，假如艾希曼出现在纽伦堡审判的被告席 6
上，犹太人的命运就会得到更大关注吗？恐怕并非如此。跟其他大多数以色列人一样，他认为只有犹太人的法庭才能还犹太人公道，审判自己的敌人是犹太人的事务。由此，诉诸国际法庭的声音，在以色列引起了普遍敌意。因为国际法庭很可能不会指控艾希曼“对犹太人民犯罪”，而是控告其在犹太人身上犯下的反人类罪行。相较之下，“我们不搞种族划分”这样奇怪的自夸在以色列听起来也就没那么奇怪了。在这里，犹太律法裁定犹太公民的身份地位，犹太人不允许同非犹太人结婚；跨族婚姻得到认可，但是跨族婚姻的子女，法定为杂种（犹太人的非婚生子女却为合法）；如果某个人的母亲碰巧不是犹太人，那么他既不能结婚也不准入葬。自从 1953 年家庭法律事务在司法上转交给非宗教法庭以来，此类案件引发的愤怒与日俱增。如今，妇女可以继承财产，普遍享受跟男人一样的平等地位。因此，以色列政府在婚姻和离婚事务上依然不愿用世俗法律代替犹太法律，恐怕不是出于对少数宗教狂热分子信仰或力量的考虑。以色列公民，无论信教与否，似乎都同意制定一项阻止跨族婚姻的法律，并且主要又出于这个原因——在法庭之外，以色列官员很愿意承认这点——他们又都同意不把这条作为成文法，因为写下这种明文法条难免尴尬。（菲利普·吉隆最近在《犹太阵线》上说：“反对民事婚姻会分裂以色列，还会把流散归来的犹太人同这个国家原有的犹太人隔离开。”）无论如何，公诉人宣读1935年臭名昭著的“纽伦堡法案”（曾禁止在犹太人和德国人之间的跨族婚姻和性行为）时的那副天真口吻，必然令人莫名惊诧。通讯记者中，熟悉背景的人当然晓得其中的讽刺意味，但是他们并未在报道中提及此
7 事。他们认为，要让犹太人知晓自己国家在法律和制度方面存在漏洞，眼下还不是时候。

如果说庭审观众代表世界，如果说这场戏剧是犹太人苦难的缩影，那么现实情况却并未达到预期目标。记者的耐心只持续了两周，之后，观众结构发生了巨大变动。原本以为观众会是不了解历史的以色列年轻人，或是从未听说过这段历史的东方犹太人；这场审判则会告诉他们，生活在非犹太人中间意味着什么；审判会让他们相信，只有在以色列，犹太人才能安全而体面地生活。（对于记者们而言，这堂课的教材是一本关于以色列司法体制的小册子，媒体记者人手一本。作者多丽丝·兰金引用了最高法院的判决：两位父亲诱拐自己的孩子并且把他们带到以色列，被勒令将孩子返还给他们在国外的母亲，因为他们的母亲拥有合法监护权。而这一点，作者补充道——其对法律严谨的自豪感并不逊色于豪斯纳先生控诉谋杀案的意志，尽管受害者并非犹太人——“把孩子们送回到母亲的监护和照顾之下，将会令他们投入一场不平等的战斗中，去对

抗大流散中的敌对元素”。）但是在这些观众里，几乎没有年轻人，也没有除犹太人之外的以色列人。观众里充斥着“幸存者”，都是来自欧洲的中老年移民，像我自己一样，对于应该知道的事情都了解得很清楚，他们根本没心情来听取什么教训，当然也无须让这场审判帮助他们得出自己的结论。证人一轮轮更替，恐惧一层层攀升，他们坐在那里，不得不面对讲故事的人，在大庭广众之下倾听那些他们无法独自承受的故事。而且，“这一代犹太人民的不幸”被揭露得越多，豪斯纳先生在措辞上就越是大肆渲染，那个玻璃间里的人就越发显得苍白，越发像个魔鬼。豪斯纳指着他大骂：“是这个魔鬼造就了这一切。”连这都无法将他带回人间。

令人毛骨悚然的残暴行径，瓦解的正是审判中的戏剧元素。一 8
场审判象征着一出戏剧，因为它始于并且终于施害者，而非受害者。举行一场庭审秀，比一场普通的审判更亟须精心构思：施害人做了什么，他是怎么做的。审判的核心只能是罪犯——从这个角度看，他很像是戏剧中的男主角——如果他受刑，那么必须基于他的所作所为，而不是基于他导致他人受苦。这一点没有人比主审法官更清楚。不过，纵然法官竭力阻止这场审判公然嬗变成一场血腥表演、“一艘在惊涛骇浪里失去方向的船”，结果却还是频频失败。令人瞠目的是，这失败在某种程度上要归于辩方失误。无论证言同审判有多么不相干、多么不客观，辩方几乎都没有提出任何质疑。在递交文件的时候，塞尔瓦蒂乌斯博士——人们一直这么称呼他——才变得大胆了一些；当控方把前波兰总督、在纽伦堡获绞刑的主要战犯汉斯·弗兰克的日记作为呈堂证供时，塞尔瓦蒂乌斯博士少有的干涉尤其令人印象深刻。“我只有一个问题。那二十九卷[实际上是三十八卷]里面是否提到过阿道夫·艾希曼,也就是被告的名字? ……那二十九卷里无一处提及阿道夫·艾希曼这个名字。……谢谢,没有问题了。”

就这样,审判没有变成一出戏剧,却如本—古里安所料,成了一场秀,甚或可以说,成了给犹太人和异教徒、以色列人和阿拉伯人,简单说,就是给整个世界“上课”。这些课程来自真人表演,由于听课对象不同,效果也不同。本—古里安在审判开始前就制定好了大纲,设计了大量文章解释为什么以色列人要绑架这名被告。这里有堂给非犹太人的课:“我们要让全世界各个国家看到,上百万人,只因为他们刚好是犹太人,还有上百万孩子,只因为他们刚好是犹太孩子,是如何被纳粹谋杀的。”或者,用本—古里安先生的以色列地工人党[1]机关报《达瓦尔》的话说:“让全世界公众知道,对欧洲六百
9 万犹太人的死负有责任的,不仅仅是纳粹德国。”于是,还是本—古里安的原话:“我们要让世界上的其他国家知道……他们应该感到惭愧。”大流散中的犹太人要记住,犹太教“有四千年历史,思想硕果累累,追求伦理与道德,渴望实现救世”,却屡屡遭遇“敌对世界”;记住犹太人怎样一步步退化,直到像羔羊一样走向死亡;记住只有建立一个犹太国家,才能令犹太人像以色列在独立战争中那样反击,像在苏伊士运河战争中那样抵抗,像在几乎每天都要发生的以色列领土争端中表现的那样去回击。如果以色列境外的犹太人

① Mapai Party,又译马拜党,以色列左翼政党,在以色列建国初执政,后合并为如今的以色列工党。——译注

看到以色列的英雄主义与犹太人的逆来顺受之间的差异，那么这同时也给以色列境内的犹太人上了一课：“大屠杀后成长起来的一代以色列人”正面临失去犹太纽带的危险，也就是说，失去他们自己的历史。“有必要让我们的青年铭记，犹太人究竟经历了什么。我们想要他们了解我们历史中最悲惨的一页。”最后，把艾希曼带到审判庭的另一个重要动机是，“查获其他纳粹——比如，纳粹和一些阿拉伯执政者之间的关联”。

如果仅因为这些理由而将阿道夫·艾希曼带到耶路撒冷地方法院，那么这场审判的大部分指控都将不成立。从一些方面看，这堂课很多余；从另一些方面看，它在积极误导人们。拜希特勒所赐，反犹主义目前是千夫所指，这并非因为犹太人突然间变得颇受欢迎，而是因为，用本—古里安先生自己的话，大部分人已经“认识到在我们的时代里，反犹主义可能的后果就是毒气室和肥皂工厂”。要给大流散中的犹太人上这堂课同样多余。他们几乎不需要通过毁灭了三分之一同胞的大灾难就可以确信世界对他们怀有敌意。他们确信，反犹主义的特性就是无所不在、无休无止；这种确信成了德雷福斯事件以来犹太复国主义最有力的意识形态元素，它也导致德国的犹太社团在纳粹上台初期就心照不宣地同纳粹高官谈判斡 10
旋，否则此举难有其他解释。（无须赘言，这些协商跟后来犹太委员会的妥协当然有着天壤之别。当时还没有涉及道德问题，只有在“现实性”上充满争议的政治决策：“具体的”帮助，据说比“抽象的”控诉更好。这是脱离马基雅维里主义基调的现实政治，它的危险多年之后才显现出来；第二次世界大战爆发后，犹太组织同纳粹上层之间的日常交往，令犹太官员们更轻易地逾越那道鸿沟：从帮助犹太人逃亡到帮助纳粹驱逐犹太人。）正是这种确信令犹太人缺乏辨识朋友和敌人的能力；而一旦缺乏这种能力，后果是危险的。德国犹太人不是唯一低估敌人的人，因为他们多少还以为所有的异教徒都一样。犹太国的政治领袖本—古里安总理若打算强化这种“犹太意识”，可并不明智；因为实际上，认识层面的改变乃是以色列建国不可或缺的先决条件。以色列国让犹太人民成为众民族之中的一员，众国家中的一员，众政体中的一员；这个国家的基础是一种多元化，而不再为老套的、不幸的、为宗教所限定的犹太人与异教徒之间的二元对立留有余地。

以色列人的英雄主义与犹太人赴死时的逆来顺受形成了对比——犹太人按时抵达出发地点，自己走到遣送地，自掘坟墓，脱完衣服再整洁地叠好摞好，一个挨着一个躺倒，等待被射杀。这种对比似乎很有说服力，而控方律师对一个又一个证人发问：“你们为什么不反抗？”“为什么要上火车？”“一万五千人站在那里，对面是几百个看守——你们为什么不起义、不反击？”律师在步步紧逼。然而令人沮丧的事实却是，论点不正确，因为所有的非犹太团体或非犹太人的做法也都一样。十六年前，原布痕瓦尔德集中营囚犯大卫·鲁塞向我们描述自己的亲身经历，让我们知道所有集中营里发生的
11 事：“党卫军的胜利让那些受刑的受害者深受恐吓，使得他们自己走上绞架，毫无反抗，宣布放弃自己的身份。这并不是没有目的的。党卫军渴望看到受害者被击垮，这并非无心之举，亦非纯粹的变态行为。他们知道，这个体制在受害者被绞死前摧毁其身份，就可以

最好地奴役、压制其整个民族。没有什么比让这些人像木偶一样自己去受死的过程更可怕了。”(*Les Jours de notre mort*,1947)对于这个粗暴、愚蠢的问题,法庭没有得到回应。不过,如果肯花几分钟想想1941年那些荷兰犹太人的命运,就会很容易发现问题的答案。那些荷兰犹太人在阿姆斯特丹的老犹太区袭击了德国安全警察支队。作为报复,四百三十名犹太人被逮捕、被刑求致死。他们首先被运到布痕瓦尔德,后来到了奥地利的毛特豪森集中营。几个月下来,他们受尽折磨,每个人都羡慕奥斯维辛甚至里加和明斯克的同胞。有许多事情比单纯的死亡更可怕。党卫军负责让这一点铭刻在受害者的记忆力和想象力之中。从这一角度来看(也许比其他角度更重要),故意在审判中只讲述犹太人的故事,不仅是对事实的歪曲,甚至还是对犹太事实的歪曲。华沙犹太人隔离区的暴动以及少数人的英勇反抗,的确缘于他们拒绝纳粹给他们提供的相对容易的死法——在焚尸炉前,或在毒气室里。耶路撒冷的证人声称有过反抗和起义,称这“在大屠杀历史上占有很小一席”。证言又一次证实这样一个事实:只有特别年轻的人才会“决定我们不能像羔羊一般被宰杀”。

一方面,本—古里安先生对审判的期望并未完全落空;这场审判的确变成了一个搜寻其他纳粹和罪犯的重要工具,但却不是在那些给成百上千名纳粹提供庇护的阿拉伯国家。战争期间,大穆夫提 12
同纳粹的关系早就不是秘密,他希望这层关系可以帮助他在近东执行某种“最终解决”。于是,大马士革、贝鲁特、开罗和约旦的报纸不是同情就是遗憾地纷纷表示，艾希曼“没能完成他的任务”；开庭当天，开罗的一家电台甚至在评论中流露出一丝抱怨，“在刚结束的世界大战中，根本没有一架德国飞机到犹太人聚居点投下过一枚炸弹”。阿拉伯民族主义者对纳粹表示同情的做法遭人唾弃，他们这样做的理由昭然若揭；让他们“现出原形”，既不需要本—古里安出马，也无需这场审判，因为他们根本就不加掩饰。这场审判只是揭示出，所有关于艾希曼跟前耶路撒冷大穆夫提哈只·阿明·侯赛尼有联络的谣言都是捕风捉影。（在一次官方接见中，他和其他部门官员一同被介绍给大穆夫提。）大穆夫提跟德国外交部门以及希姆莱素来交情甚笃，这早就不是新闻。

本—古里安指出“纳粹与一些阿拉伯领导人的关系”，却并没有什么意义；令人惊讶的是，他在这种语境下竟没有提及今天的西德。当然，这再次证明以色列“并不认为阿登纳对希特勒负责”，而且“对我们来说，一个正派的德国人，哪怕他所在的国家二十年前曾协助谋杀过上百万犹太人，他也是一个正派的人”。（对正派的阿拉伯人只字未提。）联邦德国尽管还没承认以色列国（大概因为害怕阿拉伯国家可能会承认乌布利希的那个德国[1]），可是在过去的十年里已经支付给以色列七亿三千七百万美元赔偿金。这笔赔付很快就要到期，以色列现在尝试跟西德协商一笔长期贷款。因此，两国的关系，尤其是本—古里安同阿登纳的私人关系，一直很好。如果审判之后，以色列议会（Knesset）代表们在同西德的文化交流项

---

① 指当时的民主德国。——译注

目上成功推行了某些制约措施，这当然既不是本—古里安有心安排的，也不是他乐于见到的。更值得注意的是，艾希曼的被捕将会引发德国第一次严肃认真地把那些至少是直接卷入谋杀的德国人绳之以法；而对此，本—古里安既没有预见，也不愿提及。1958年，西德才成立纳粹罪行调查中央局，由检察官埃尔温·许勒担纲。该局遇到了各种各样的阻碍，有的是因为德国证人不愿意合作，有的是因为地方法院不愿意根据中央局提供的材料提起诉讼。耶路撒冷的审判并未提供任何新的证据去揭露艾希曼的同伙，但是关于艾希曼的离奇被捕以及即将到来的审判的报道，足够说服地方法院采用许勒先生的证据，克服德国人原有的情绪——不愿意做任何事情去证明“凶犯在我们中间”，不愿意以传统公告悬赏的方式去抓捕众所周知的罪犯。 13

一石激起千层浪。艾希曼抵达耶路撒冷七个月后（即开庭前四个月），在奥斯维辛接替鲁道夫·赫斯担任指挥官的里夏德·贝尔终于被捕。所谓艾希曼指挥部的大部分成员，如弗朗茨·诺瓦克（在奥地利做印刷工）、奥托·洪舍博士（在西德任律师）、赫尔曼·克鲁迈（已经是一名药剂师）、古斯塔夫·里希特（前罗马尼亚“犹太顾问”）、维利·佐普夫（在阿姆斯特丹重操旧业），都以迅雷不及掩耳的速度一一被捕。尽管他们犯罪的证据多年前就已见诸德国书籍杂志，却没一个人认为自己有必要改名换姓。战争结束以来，德国报纸上第一次写满关于纳粹战犯审判的报道，全是大屠杀刽子手（1960年5月，即艾希曼被捕的那个月之后，只有一级战犯被起诉；所有其他罪行都因超出诉讼时效而被一笔勾销，谋杀罪的时效

是二十年），当地法院不愿受理这些案件，单从对被告超乎想象的宽
14 大处理即可见一斑。（就这样，来自党卫军在东部的机动杀人组织行动队的奥托·布拉德费什博士，因杀死一万五千名犹太人而被判处十年劳役；艾希曼的法律专家奥托·洪舍，曾负责将大约一千两百名匈牙利犹太人送上火车，导致其中至少六百人死亡，被判五年劳役；约瑟夫·莱希特哈勒，因“肃清”在苏联斯卢茨克和斯莫列维奇的犹太人获刑，刑期为三年零六个月。）新近抓捕的还有纳粹中赫赫有名的人物，大部分人已经被德国法院去纳粹化了。这其中包括党卫军将军卡尔·沃尔夫，他曾是希姆莱的私人侍卫长。根据1946年纽伦堡提交的一份材料，他“怀着特殊的喜悦”很高兴听到“两周以来，一列火车每天载着五千个入选者”从华沙开到特雷布林卡，一个东部的灭绝营。另一个是威廉·科佩，起初在海乌姆诺实施毒气屠杀，后来成为弗里德里希—威廉·克吕格尔在波兰的继任者。科佩是党卫军高官中知名度最高的一位，他曾负责把波兰变成“无犹”之国。战后，科佩成了德国一家巧克力工厂的厂长。偶尔也会有严惩的案例，但在对待前纳粹高官、警察部队头目埃里希·冯·德姆·巴赫—策莱维斯基时，还是宽容得令人难以接受。他因参与1934年罗姆叛乱于1961年被判刑，刑期为三年零六个月；1962年，他再次因1933年杀害六名德国共产党员在纽伦堡接受审判，被判终身监禁。起诉书中既没有提到巴赫—策莱维斯基曾是东部战线的反游击战指挥官，也未提及他参与过在白俄罗斯的明斯克和莫吉廖夫的犹太人大屠杀。德国法庭是否应该在战争罪不算犯罪的语境下做出“种族区分”？难道说这项特别严厉的判决（至少对战后德

国法庭来说够严厉）的产生，是因为巴赫—策莱维斯基是少数在大屠杀之后真正神经崩溃的人吗？是因为他尝试过保护犹太人免于 15
行动队的灭顶之灾？是因为他还曾在纽伦堡审判中作为控方证人出庭？此外，他也是1952年唯一一个公开指认自己是大屠杀罪犯的人，但是他从未因此而受审。

虽然阿登纳政府已经被迫从司法系统剔除一百五十多名法官和检察官以及许多警察，因为他们都有着一言难尽的过去，还因为对自己的纳粹历史有所隐瞒而开除了联邦最高法院首席检察官沃尔夫冈·伊莫瓦尔·弗兰克尔（尽管他中间名的意思是“永远真实”），但现在事情也不会有转变了。据估算，在一万一千五百名联邦德国法官中，五千人曾就职于希特勒执政时期的法院。1962年11月，司法系统净化行动结束不久，即艾希曼的名字从新闻里消失六个月之后，人们期待已久的马丁·费伦茨审判在弗伦斯堡一个空荡荡的审判庭里开庭。这位前纳粹高官、警察头目，在阿登纳执政期间成了一位著名的德国自由民主党人士。他于1960年6月被捕，只比艾希曼被捕晚了几个星期。他被控在波兰参与并主持谋杀了四万犹太人。经过六个多星期的严密取证，主控官主张对他判处最高量刑——终身劳役。法庭判处费伦茨服刑四年，他在狱中候审期间已经服完了两年半。尽管如此，艾希曼审判在德国无疑产生了极其深远的影响。过去的十五年里，所有专家都对德国人对待自身历史的态度百思不解，如今则豁然开朗：德国人并不怎么在乎，也不特别关注国内在逃屠杀犯的现状，既然他们中没有人能够出于自身的意志犯下谋杀案；尽管如此，如果世界舆论——或者说，德国人

16 所称的外国，这个词把德国之外的所有国家变成了一个单数名词——死咬住不放，并且要求这些人受到惩罚，那么他们一定非常乐意配合，至少会尽一份薄力。

阿登纳总理已经预见到这种窘境，并表达出自己的忧虑。他认为审判将会“再次唤起所有人的恐惧”，在全世界制造出新一阵反德浪潮。事实的确如此。在以色列筹备审判的十个月里，德国以空前的热情在国内对纳粹战犯展开搜捕和起诉，好在尘埃落定之际不致颜面扫地。不过，无论是德国的权威机构还是任何有分量的公众意见，都没有提出要引渡艾希曼，这本该是不言自明的，因为任何一个主权国家都会强烈要求自己来审判自己的罪犯。（阿登纳政府的官方立场认为无法引渡，因为以色列同德国之间不存在引渡条约；然而这个说法站不住脚，因为这只意味着不能强迫以色列引渡。黑森州司法部长弗里茨·鲍尔洞察到了这一点，故向波恩的联邦政府申请启动引渡程序。但是鲍尔先生单纯从一个德国犹太人的感受出发，使德国公众不能够感同身受；他的申请不仅在波恩政府那里碰壁，而且几乎无人注意，始终没有得到任何支持。另一个反对引渡的理由是，西德政府派到耶路撒冷的观察员认为，德国已经废除了死刑，所以无法让艾希曼罪有应得。从德国法庭对纳粹集体屠杀犯的宽大处理来看，很难不去怀疑这种论调背后的诚意。当然，正如 J. J. 扬森在《莱茵水星报》[1961 年 8 月 11 日]上所言，在德国审判艾希曼的最大政治风险是，艾希曼可能会因缺乏犯罪意图而被判无罪。）

这起事件还有另外一面，更微妙也更有政治分量的一面。把罪犯和凶手从他们的藏身之处挖出来是一回事；而发现他们在公共社会声名显赫，是供职于联邦和州行政机构的人，换句话说，是无数**公职**人员，而且曾经在希特勒政权下飞黄腾达，则是另一回事。没 17
错，假如阿登纳政府在聘用跟纳粹有染的官员时过于敏感，恐怕根本就无法组成政府了。当然阿登纳博士的确曾声明，只有“相对一小部分”德国人曾经是纳粹，“绝大部分[曾经]尽其所能地帮助过他们的犹太同胞”。然而，事实恰恰相反。（至少一份德国报纸，即《法兰克福观察报》，提出了这个显而易见却被长久忽视的问题：这么多人必定知道总检察官的过去，为什么还保持沉默。接下来是更加昭然若揭的答案：“因为他们自觉会受到牵连。”）艾希曼审判的逻辑，如本—古里安所设想的，强调有损法律细节的一般问题，可能揭露所有在“最终解决”时互相串通的德国官员和当局者，包括国家行政部门里的所有公务员、常规军事力量及其指挥人员、司法界以及商界人士。不过，尽管豪斯纳先生把目击者一个接一个地推上证人席，让他们为真实发生过的恐怖事件作证，但这些事件同被告关系不大，或者根本就毫无关系。公诉方小心地避开了这个高度敏感的问题——避开这无所不在的、远远超出纳粹高官范围之外的共谋现象。（在开庭之前就已经传得沸沸扬扬，说艾希曼交代了“几百个联邦德国的知名人士是他的共犯”，但这只是谣言。豪斯纳先生在开庭陈词中提到，艾希曼的“共犯既不是暴徒也不是黑社会”，并且承诺，我们将会“发现医生、律师、学者、银行家还有经济学家们就坐在那些决定消灭犹太人的委员会里”。这个承诺没有兑现，也不可能按当初设想的形式付诸实现。因为根本就不存在一个“决定”

任何事的“委员会”，而且“长袍在身、顶着学术头衔的名流”从来没有决定过消灭犹太人，他们只是共同计划如何一步步去执行希特勒的
18 命令。）尽管如此，还是有一个案子引起了法庭的关注，即汉斯·格洛布克博士案。他是阿登纳最亲密的顾问之一，在二十五年或者更久以前，曾与他人共同为纽伦堡法案撰写过一篇臭名昭著的评论；后来，又是他灵感突发地号召所有德国犹太人采用“以色列”或“撒拉”作中间名。但是格洛布克先生的名字——也只有他的名字——被辩护方加进了地方法院的诉讼当中。此举有可能只是辩方为了“说服”阿登纳政府来启动引渡程序而为。无论如何，跟前耶路撒冷大穆夫提相比，这位曾经的内政部副部长、现在的阿登纳内阁国务秘书无疑更有权描绘犹太人究竟在纳粹时代有过怎样的苦难史。

因为，就这场诉讼而言，历史才是庭审的核心。“在这场历史性的审判中，受审的不是一个个体，也不仅仅是纳粹当局，而是整个历史上的反犹主义。”本—古里安设定了这样的基调，而豪斯纳先生忠实地履行。在持续了三场的开庭陈词中，豪斯纳引用埃及法老和哈曼的格言“去毁灭，去杀戮，去让他们灭绝”，然后进一步引用《圣经·以西结书》，“我[上帝]从你旁边经过，见你滚在血中，就对你说：你虽在血中，仍可存活”，还解释说，这些话必须理解为“这个国家首次登上历史舞台以来所必须面对的使命”。这是拼凑的历史、廉价的修辞；更恶劣的是，这些话明显与对艾希曼进行审判的目的相矛盾，暗示他可能仅仅是早已注定的神秘命运的无辜执行者，或者，就此而言，甚至成了反犹主义的无辜执行者；反犹主义可能有必要开辟一条“这个民族走过的血染之路”，以使这个民族完成其使

命。几轮庭审过后，当哥伦比亚大学的萨洛·W.巴龙教授就东欧
犹太人晚近历史出庭作证时，塞尔瓦蒂乌斯博士再也坐不住了。他
问了些显而易见的问题：“为什么这种厄运总是降临在犹太人头
上？”“您不认为是非理性动机奠定了这个民族的命运，而且超出了
人类理解的极限吗？”难道不存在某些“不受人类的影响……推动 19
历史向前的历史精神”吗？难道不是豪斯纳先生引用黑格尔并同意
“历史法学派”的观点吗？难道他没有表明“领导者的做法并不总
是能达成他们期待的目标和终点？……其意图在于摧毁犹太民族，
但并未如愿，反倒推动一个新兴国家形成”？辩护的论证正危险地
接近锡安长老会的反犹主义理念的最新版。几个星期前，埃及副外
长侯赛因·佐勒菲卡尔·萨布里在埃及国民大会上提出这一理念，
认为：希特勒对犹太人屠杀不负有责任，而是犹太复国主义者的牺
牲品；后者“迫使前者犯罪，从而达到他们自己的目的——建立以色
列国”。按照主控官所阐发的历史哲学，塞尔瓦蒂乌斯博士只是用
“历史”这个词取代了通常保留给锡安长老会的位置。

尽管本-古里安深谋远虑，检控方全力以赴，可是，站在被告席
上的始终是一个人，一个有血有肉的人。就算本-古里安“不在乎
对艾希曼究竟作出什么裁决”，但耶路撒冷法院当仁不让的唯一使
命，就是给出一个裁决。 20

二　被告

奥托·阿道夫·艾希曼，卡尔·阿道夫·艾希曼同玛丽亚·舍费林之子，于1960年5月11日晚在布宜诺斯艾利斯郊区被捕，九天后被空运至以色列，1961年4月11日被带到耶路撒冷地方法院，因十五条罪状被起诉，包括：纳粹当政期间，尤其第二次世界大战期间，“与他人共同犯有”反犹太人民罪、反人类罪、战争罪。根据1950年的《纳粹与勾结纳粹（惩罚）法》，“犯有……其中任一罪行者，应被判处死刑”。艾希曼对每条指控的回应都是：“不承认该项罪名。”

在这个漫长的交叉询问——据他说，这是“他所知的最为漫长的一个”——中，无论是辩方还是控方，甚至就连三位法官都懒得向他提出那个简单的问题：他在哪个层面承认自己有罪。他的律师是来自科隆的罗伯特·塞尔瓦蒂乌斯，由艾希曼选定、以色列政府出资（按照纽伦堡审判的先例，所有辩方律师均由战胜国一方法庭出资）聘用。面对媒体采访时，这位律师答道：“艾希曼认为自己在上帝面前有罪，而非法律面前。”但是这个回答从未得到被告本人的证实。很明显辩方并不希望他认罪,理由是在当时的纳粹法律体系下,他并没有做错任何事情;他被指控的内容并非罪行,而是“国家行为”,任何其他国家对此都没有司法权(平等者之间无管辖权[par in parem imperium non habet]);他是在奉命行事,用塞尔瓦蒂乌斯的话,“若国家胜利了,他的所作所为会令他加官进爵;若国家失败了,则会令他命丧黄泉”。(所以戈培尔曾在1943年宣布:“我们要 21
么以所有时代以来最伟大的国家领袖的身份,要么就以罪大恶极的罪犯身份被载入史册。”)在以色列境外(在商讨《莱茵水星报》所说的“棘手问题”,即“在整个犯罪过程中,历史和政治罪责的可能性以及边界问题”的一次巴伐利亚天主教学院会议上),塞尔瓦蒂乌斯更进一步,宣称“艾希曼审判中唯一合法的刑诉程序就是对他的以色列绑架者的审判,但迄今为止还没有人这样做”;这一论调,与他在以色列国内铺天盖地的言论大相径庭,他在以色列把这场审判称作“一项伟大的思想成就”,而且总是将艾希曼审判与纽伦堡审判相提并论。

艾希曼本人的态度却并非如此。首先,他认为谋杀的罪名就是错误的:“我没做过任何跟杀害犹太人有关的事。我从未杀过任何一个犹太人,或一个非犹太人,总之——我从未杀过任何人。我也从未下命令杀死任何一个犹太人或非犹太人。我根本就没做过。”抑或如其之后的说明,“事情就那样发生了……我什么也没有做过”——因为,假如命令他去杀害自己的父亲,他也会义无反顾去做。所以,他一再重复声明(他1955年在阿根廷接受荷兰记者萨森采访时声明过的内容。这一材料后被称为萨森档案。萨森本人曾是党卫军成员，同样逍遥法外。艾希曼被捕后，这次采访中的部分内容刊登在了美国的《生活》和德国的《明星》杂志上），起诉他的理由只能是曾“协助并煽动”消灭犹太人；他在耶路撒冷承认，这“是人类历史上最大的罪行之一”。辩方并没有采纳艾希曼本人的理论，而控方却不惜花费大量时间举证艾希曼曾经至少亲手杀过一个人（匈牙利的一个犹太男孩），结果却徒劳无功。继而，控方又在德国外交部犹太专家弗朗茨·拉德马赫的一则笔记上面大费周章。
22 这一次收效显著。拉德马赫在有关南斯拉夫的一份电话录音资料上曾画出一笔：“艾希曼建议枪杀。”如果这份笔录的确属实，它就成了证明他下达过“杀人令”的唯一证据。

这份证据本身比庭审出示时更加令人生疑。法官们接受了控方的指控，虽然艾希曼极力否认——艾希曼拒绝认罪的理由无效，因为艾希曼已经忘了如塞尔瓦蒂乌斯所言的那个“无足轻重的小插曲[仅有八千人]”。这一悲剧发生在1941年秋，即德国占领南斯拉夫塞尔维亚地区的六个月后。自占领以来，德国军队被游击队折磨得筋疲力尽；军事上层决定，每阵亡一名德国士兵，就射杀一百名犹太人和吉普赛人俘虏作为报复，一举两得。事实上，这些犹太人和吉普赛人都没有参加游击队，但是，用某军事政府的民政官员、议员哈拉尔德·图尔纳的话来说，“[反正]我们已经把犹太人关进了集中营，他们毕竟也是塞尔维亚公民，而且终归要被消灭掉”（引自Raul Hilberg, *The Destruction of the European Jews*, 1961）。这一集中营由当地军事长官弗朗茨·伯梅将军建立，营中只关押犹太男性。无论是伯梅将军还是图尔纳议员，都没有等到艾希曼的批准就射杀了上千名犹太人和吉普赛人。麻烦来了：伯梅没有征求相关警察和党卫军官员的意见就决定**运送**所有犹太人，这很可能是为了表明，无须特殊部队奉命前来就可以在塞尔维亚实现无犹化。既然这是一项运输任务，那么就须告知艾希曼；他不予批准，因为这个举动会影响到其他计划；但是外交部的马丁·路德，而不是艾希曼，提醒伯梅将军"其他占领区[指苏联]的军事指挥官已经悄无声息地处理了更大数目的犹太人"。在这任何一起事件中，假如艾希曼真的"批准射杀"，他也只是告诉军方他们应继续按先例处理，处理俘虏的问题完全属于军方的权力范围。显然，鉴于只涉及男性，这是一起军事事件。约六个月后，塞尔维亚的"最终解决"开始了，女人 23
和孩子被集中起来，在流动式毒气车里被处置。交叉询问期间，艾希曼跟往常一样，选择了最复杂也最不令人信服的解释：拉德马赫需要帝国保安总局，也就是艾希曼的所属单位的支持，以便自己在外交部能站得住脚，所以伪造了档案。(1952 年，拉德马赫在西德一家法院受审时，他本人对此作出了更加合理的解释："军方向塞尔维亚下令，必须射杀造反的犹太人。"这听上去更可信，其实却是谎言，因为，我们通过纳粹的档案获知，犹太人并没有"造反"。)既然解读一通电话中的命令尚且困难重重，那么，说艾希曼曾处于向部队将领发号施令的高位上，就更不足信了。

假如起诉他是谋杀的从犯，他会认罪吗？也许吧，不过他定会做出进一步的限定说明。他的行为只在溯及既往时才有罪，而且他其实一直是个守法公民；因为希特勒的命令在第三帝国具有"法律效力"，全力执行希特勒的命令是他的分内之事。(辩方完全可以为了支持艾希曼而引证著名的第三帝国宪法专家特奥多尔·毛恩茨的论点，此人目前是巴伐利亚教育文化部部长，他曾于 1943 年在《警方的构成与权利》中称："元首的命令……是当前法律的绝对核心。"）今天，若有人告诉艾希曼他本可以不那么做，那么这个人根本就不知道或已然忘记当时的情形究竟是什么样。艾希曼不想跟别人一样假装"一直就反对这种做法"，实际却对命令趋之若鹜。然而时代不同了，就像毛恩茨教授一样，艾希曼已经"有了不一样的领悟"。做过就是做过，他并不想抵赖；相反，他打算"当众吊死自己，以警醒这个世界上所有反犹的人"。他这样说并不意味着他对
24 过去的事感到后悔："后悔药是给小孩子吃的。"

即便他的律师向他极力施压，他也没有改变立场。评判希姆莱办公室于 1944 年用一万辆卡车转移一百万犹太人时，涉及艾希曼本人在这项计划中的角色。有人问他："证人先生，与您的上司磋商的过程中，您是否对犹太人表达过任何同情？您是否说过还有援助的余地？"他答道："我曾在这里发过誓，必须实话实说。启动转移行动时我并没有表现出同情。"——这么说当然没问题，只是他并非这项计划的启动者。不过，接下来他的确是实话实说了，"今天早上我陈述的理由"如下：希姆莱把他自己的部队派到布达佩斯去交涉犹太人转移事务。（这件事竟成了一宗收益颇丰的业务，因为犹太人可用巨款买活路。可是艾希曼并没有提及此事。）事实上，"转移事务是由一个不属于警方的人负责的"，这令他愤愤不平，"因为我不得不协助实施运送和转移事务，我认为自己在这方面是个专家，结果却要听命于一个新手……我受够了……我决定必须做点什么，好

亲手负责转移事务”。

整个庭审中，艾希曼试图就第二条指控进行无罪申辩，然而基本上无果而终。这项起诉不仅暗示他是故意犯罪（他并没有否认），而且还意味着他怀有基本动机并完全知晓其行为的犯罪性质。关于基本动机，他绝对确信他并非自己所称的那种内心卑鄙的家伙，他内心深处并不是一个肮脏的杂种；至于他的良心，他清楚记得，只有当他没有履行命令时，即没能怀着极大的热忱一丝不苟地把上百万男人、女人和孩子送进坟墓时，他才会感到良心不安。这一点无疑让人很难接受。六位心理学家都证明他“正常”，其中一位心理学家据说发出了“无论如何，艾希曼比给他做完检查的我还要正常”的惊叹。而另一位心理学家发现艾希曼的整个心理表现， 25
他对妻儿、父母、兄弟姐妹以及朋友的态度，都“不仅正常，而且十分值得称道”。最后，那位定期来监狱探视他的牧师，在最高法院结束对艾希曼的聆讯之后，向每个人保证，艾希曼是“一个非常具有正面想法的人”。在这些灵魂专家制造的闹剧背后，是这样一个严酷的事实：他的案子里既没有道德错乱，更没有法律意义上的精神错乱。（豪斯纳先生最近在《星期六晚报》上披露了一些“他无法拿到法庭上来讲”的事情，这与耶路撒冷非正式传达的消息相矛盾。他现在告诉我们，艾希曼曾被心理学家们诊断为“一个危险的杀人狂魔”、“具有变态和虐待人格”。如此一来，他本应被送进精神病院。）更糟糕的是，他的行为显然不是出于对犹太人的病态仇恨，也不是受狂热的反犹主义或任何形式的教条所驱使。他“本人”从未同犹太人有任何过节；相反，他有足够的“私人理由”不去仇恨犹太人。他的密友中间确实存在狂热的反犹主义者，比如拉斯洛·安德烈。他曾是匈牙利负责政治（犹太）事务的国务秘书，1946 年在布达佩斯被绞死；而按照艾希曼的说法，这顶多能说明“我最好的朋友中有几个是反犹主义者”。

哀哉！艾希曼的话无人采信。控方不相信艾希曼，因为他们没有那个义务。辩方律师不理会艾希曼，因为从各种迹象来看，他不像艾希曼那样对良知问题感兴趣。法官不相信艾希曼，因为他们太出色，也许也太明白他们职业的基础，所以不能认同一个平常的、“普通的”，既不低能、不死板，也不愤世嫉俗，却完全不能够分辨是非的人。他们宁可从偶尔的不实中推断出他是个骗子，结果竟错过了整个案件中最重大的道德甚至法律疑点。他们的案子仍然停留在这样一个假设上：被告跟所有“正常人”一样，一定知晓自己行为的犯罪性质。艾希曼“在纳粹政权下不算例外”，确实可属正常。
26 然而，在第三帝国的语境下，人只有在“例外者”身上才能看到所谓的“正常”。这个浅显的真相，把法官们编进了一个结，他们既解不开，又逃不掉。

1906 年 3 月 19 日，艾希曼出生于德国的索林恩。这个位于莱茵河谷的小镇，以制造刀具、剪刀、外科器械而闻名。五十四年以后，写回忆录成为他最大的消遣；回忆起自己的出生这一值得纪念的事件，他写道：“今天，距离 1945 年 5 月 8 日已有十五年零一天。我让思绪飞回到 1906 年 3 月 19 日，早晨五点，我来到了这个人世。”（以色列官方并未公布手稿。哈里·穆利什花了“半个小时”

研究这份自传，德语犹太周刊《建设》只能发表其中一小段节选。）按照他自纳粹时期以来就未曾改变过的信仰（在耶路撒冷，艾希曼宣布自己信仰上帝。这是那些背弃基督教的纳粹们惯用的辞令。而且，他拒绝向《圣经》宣誓），他的出生归因于“超凡意义的载体”，这一以某种方式与“宇宙运动”相一致的实体，受到了缺乏“超凡意义”的人类生活的影响与支配。（此术语相当具有暗示性。说上帝承载超凡意义，字面上也就意味着他在军事等级中拥有一席之地，因为纳粹已经把军事的“命令接收者”、“接受命令的人”，改成了“命令的载体”；这也就说明，如同古代的“坏消息使者”，重大责任于是都落在了执行命令的人肩上。此外，就像任何一个与最终解决有关的人一样，艾希曼的职务要求他“保守秘密”，做一个“保密者”。此时，他的自负使他目空一切。）但是艾希曼对形而上学不大感兴趣，对介于意义载体与命令载体之间的任何私密关系保持着出奇的沉默。他一直在思考，还有哪些其他原因造就了现在的他，那便是他的父母：“假如他们在我出生时能看到，厄运女神为了扰乱幸
运女神，已经把痛苦和烦恼编织到我的生命里，就不会对长子的降 27
生那样喜出望外了。但是，有一条仁慈的、模糊的面纱，阻挡我的父母预见未来。”

厄运很快到来，始于学生时代。艾希曼的父亲原是索林恩电车电力公司的会计，1943 年起成为该公司在奥地利林茨的高层。父亲有五个孩子，四个儿子和一个女儿，其中似乎只有长子阿道夫·艾希曼没能读完高中，甚至都没有从后来转入的工程职业学校毕业。纵观其一生，艾希曼只谈他父亲更加著名的财政厄运，却不言

及自身，以此骗取人们相信他早年的“不幸”。无论如何，在以色列，在警官阿夫纳·莱斯上尉对他的第一轮审讯中（莱斯上尉跟他相处了大约35天，录制了76盒录音带，就此转录出3 564页的书面报告），艾希曼情绪高涨，审讯中充满激情，要“把我所知的……和盘托出”，因此可能成为有史以来最合作的被告。（不过在铁证和具体问题面前，他的热情还是迅速降温，即便从未完全消失殆尽。）他平生第一次承认自己早年的灾难，尽管他一定已经意识到，这样一来，他对自己在纳粹所有官方记录中的许多重要条目都难以自圆其说。不过这倒绝好地证明了他起初怀有无限的自信，尽管这都浪费在了莱斯上尉身上。莱斯对哈里·穆利什说：“我是艾希曼先生的祷告神父。”

其实，这些灾难都稀松平常：因为他“从来就不是最勤奋用功的学生”——或者，加一句，最有天分的学生。离毕业尚早，他父亲就把他从高中，后又从职业学校接回了家。于是，官方记录里，他的职业是建筑工程师。这就好比他说自己出生在巴勒斯坦、会讲流利的希伯来语和意第绪语一样纯属胡扯——这是艾希曼常讲给他的党卫军同志和犹太受害人的又一则赤裸裸的谎言。以相同的方式，
28 他一直假装奥地利真空石油公司之所以解除他的销售员职务，是因为他加入了国家社会主义工人党。他对莱斯上尉吐露的内容不那么波澜迭起，不过可能也不是实情；他之所以被解雇，是因为当时社会处在失业高峰期，最先被解雇的总是未婚职员。（这个解释乍听上去很可信，但并不能令人满意，因为他是在1933年春天失去工作的，当时他已经跟薇罗妮卡，或者叫薇拉·利布尔，也就是他后来的

妻子,订婚满两年。为什么他在拥有一份不错的工作时不同她结婚呢?他最终于 1935 年 3 月才结婚,这很可能是因为,跟在真空石油公司的情况相似,党卫军里的单身汉也有被开除的风险,或者得不到晋升机会。)显然,说大话一直是他的主要恶习之一。

年少的艾希曼在学校表现不佳。其间,他的父亲离开了电车电力公司,自立门户。父亲买下一家小煤厂,让这个毫无前途的儿子做起了日常采矿工作;直到后来,艾希曼在上奥地利电机公司的销售部门找到一份工作,干了两年多。现在,他即将满二十二岁,没有任何事业前景,他学到的唯一技能大概就是销售。对于接下来发生的,也就是他所说的第一次突破,我们又有了两个不同的版本。1939 年,他为了申请党卫军内部升迁,手写了一份履历材料,其中写道:"1925 至 1927 年,我在上奥地利电机公司任销售员。后来我自愿离职,因为维也纳的真空石油公司向我提供了上奥地利代表的职位。"此处的关键词是"提供",因为,按照他在以色列对莱斯上尉的讲述,没有人向他提供过任何东西。母亲在他十岁时去世,父亲再婚。继母的表兄——一个被他叫作"舅舅"的人——是奥地利汽车俱乐部主席,娶了一位捷克斯洛伐克犹太商人的女儿为妻,利用自己同奥地利真空石油公司的犹太总经理魏斯先生的关系,他为这 29
个倒霉的亲戚争取到一份旅行销售的工作。艾希曼相当感激。他家族中的犹太人,成为他不恨犹太人的"私人理由"之一。即便在 1943 年或 1944 年最终解决如火如荼之际,他也没有忘记:"这位舅舅的女儿,根据纽伦堡法案是半个犹太人……她来找我,目的是从我这里获得移民瑞士的许可。当然,我答应了她的请求。那位舅舅也来找我，要我帮助某对威尼斯犹太夫妇。我讲这个只是想证明，我本人并不仇恨犹太人，因为我父母对我的教育全部都是严格的基督教式教育；我母亲由于有犹太亲戚，所以跟当时那些党卫军圈子里的人观点不同。”

为了证明这一点，他用尽全力：他对他的受害者们从未怀有任何恶意，甚至从不掩饰这一事实。“无论是面对勒文赫斯博士（维也纳犹太委员会主席）还是卡斯特纳博士（布达佩斯犹太复国主义委员会副主席），我都这样解释；我认为我告诉了每个人，我身边的每个人都知道，他们时常听到我这样说。甚至在小学，我有个经常一起玩的同学，他来过我们家；他家住在林茨，姓塞巴。我们最后一次见面时，沿着林茨的街道散步，当时我的衣服上就已别着纳粹的党徽，他根本就没当回事。”如果艾希曼不那么呆板，或者警官的讯问（不采用交叉询问的方式，很可能是为了确保他会合作）少一丝缜密，那么他的“不存偏见”也许还会从另外的角度体现出来。他在维也纳出色地组织犹太人“强制转移”期间似乎有个犹太情妇，一名来自林茨的“旧情人”。种族耻辱，即同犹太人交媾，恐怕是一个党卫军成员所能犯下的最严重的罪名。尽管在战争期间，强奸犹太女孩成为前线最大的消遣，但在党卫军高官里，同犹太女人有染绝非普遍现象。这样看来，艾希曼一再强烈指责《冲锋报》主编尤利
30 乌斯·施特赖歇尔是变态、反犹主义色情狂，措辞超出一位“开明的”党卫军人对党内位阶较低之人下流勾当应有的轻蔑，其中可能是有私人原因的。

在真空石油公司的那五年半一定算得上艾希曼一生中比较快

乐的时光。在艰难的萧条期，他仍生活富裕；除非出差，他大多数时间依然跟父母住在一起。1933 年圣灵降临节，这段田园牧歌般的生活终结了。这一天是他为数不多的依然铭记的日子。事实上，更早些时候，事态就已经走了下坡路。1932 年底，一个突如其来的命令把他从林茨调到了萨尔茨堡。他对此极为不满："我失去了工作的全部乐趣，再也不喜欢销售、不喜欢打电话了。"这次工作热情的骤降成为笼罩他一生的阴影。当被告知元首命令"灭绝犹太人"，而他在这项任务中又扮演如此重要的角色时，他的工作热情降到了冰点。这又是一个突如其来的命令，他本人"从来没有想过……这样一种暴力的解决方式"。他说自己当时的反应是："我现在失去了一切，失去了工作的全部热情、全部动力、全部兴趣。这么说吧，我整个人都泄气了。"1932 年，在萨尔茨堡，他一定经历了同样的"泄气"。按照他本人的说法，解雇来得并不意外，尽管人们大可不必相信他说的，这一事件令他"非常快乐"。

不管出于什么原因，1932 年成为他生命中的一个转折点。在这一年 4 月，他受恩斯特 · 卡尔滕布伦纳之邀，加入了国家社会主义工人党，成为一名党卫军人。卡尔滕布伦纳，来自林茨的年轻律师，后来成为帝国保安总局局长，该局下分六个主要分局，其中艾希曼加入的第四局的指挥官是海因里希 · 米勒，艾希曼后来担任 B 处 4 科科长。在法庭上，艾希曼给人的印象是一个典型的中下阶层；他在监狱里的所言所撰更证实了人们的想法。然而人们被误导了。他其实出自殷实的中产阶级家庭，只是没什么大出息；而他的社会地位略呈下降之势时，恰好他的父亲是卡尔滕布伦纳父亲的好友，后者也是林茨的一名律师,两家儿子之间的关系倒不怎么样:在卡尔滕布伦纳那里,艾希曼的社会身份则无疑处于劣势。在艾希曼入党参军之前,他已经证明自己是个社团活跃分子;而1945年5月8日,德国正式战败那天,对他来说意义重大,主要是因为他发觉自己从那以后不再属于任何集体。"我感觉到我将不得不过上没有领导、异常艰辛的个人生活,我将得不到来自任何人的任何指示,再不会有任务和命令指派给我,也没有可资参考的规章制度了——总之一句话,一种前所未闻的生活横在我的面前。"他的父母对政治不感兴趣,在他小时候为他报名参加青年基督协会。后来,他从这里加入了德意志青年运动,即"候鸟运动"。在失败的四年高中岁月里,他加入了隶属于德奥一战老兵组织的青年前线战士联盟。尽管这个组织的成员都是激进的亲德和反共和主义者,奥地利政府还是容忍了它的存在。当卡尔滕布伦纳建议他加入党卫军时,他正打算加入另一个完全不同的组织。这一组织名为"施拉哈芬共济小巢"(Freimauerloge Schlaraffia),是"一个由商人、物理学家、演员、公务员等组成的联合会,这些人聚到一起的目的是发掘快乐……每个成员都必须不定期做演讲,内容要幽默,高级的幽默"。卡尔滕布伦纳告诉艾希曼,他不得不退出这个愉快的团体,因为纳粹不能成为共济会会员——当时他还不知道共济会这个词。他大概很难在纳粹与施拉哈芬(这个名字来自施拉哈芬国,德国童话里的安乐乡)之间做选择,但是他最终被"踢出"了施拉哈芬;他犯了罪,甚至今天,他坐在以色列监狱里谈及此事时,还是会因羞耻而脸红:"我尝试过邀请我的同伴们喝杯酒,尽管我最年轻,这也违背了我的教养。我也因此自掘了坟墓。”

一阵时代的急流，把他从施拉哈芬这个童话中的乌有之乡，抛 32
进了千年帝国的游行队伍（确切地说这个帝国只持续了十二年零三个月）。施拉哈芬的世界里用魔法摆餐具，烤鸡会飞入嘴里，或者，更具体一点说，那里都是有学识、有固定职业和“高级幽默”并且值得尊敬的小市民，他们最大的错误也许就是爱搞恶作剧。无论如何，他并非出于信仰而入党，也从来不是忠实的党员——只要被问到入党原因，他就面带窘迫地重复那些关于《凡尔赛条约》和失业的陈词滥调，或者当庭指出：“我既没料到，也没打算过，正如我所说，党好像吞噬了我。一切都发生得太快太突然。”他没有时间也没有什么兴趣弄清楚，他甚至不了解党纲，他从未读过《我的奋斗》。卡尔滕布伦纳对他说：为什么不加入党卫军呢？他的回答是，为什么不？事情就这么发生了，再没别的可说了。

当然还有别的可说。艾希曼在交叉询问中没有告诉主审法官的是，他曾是个有事业心的年轻人。早在真空石油公司想要解雇他之前，他就已经瞧不上这个公司了。这阵风把他从碌碌无为、无关宏旨的枯燥生活，吹进了历史；按照他的理解，这一历史也就是一场一直持续不断的运动；在这场运动中，像他一样无论在社会还是家庭甚至最后在自己眼中都已经一败涂地的人，可以东山再起，依然能够创造出一番事业。如果他并不总是喜欢他要做的事（比如，把人们送上死亡列车，而不是遣送出境），如果他早猜到整个买卖不会善终，德国终会输掉战争，如果他最看重的计划无一实现（把欧洲犹太人遣送到马达加斯加，在波兰尼斯科地区建立犹太人区，在他柏

林的办公室周围建立实验性防御工事以抵御苏联坦克)，如果——这也是最“令他扼腕的”——他从未晋升至党卫军一级突击大队长
33 (军衔相当于中校)这个级别……总之，如果他的人生，不算维也纳那一年，一直布满沮丧，他也就不会忘记他本可以过另外一种生活。在阿根廷，他的避难生活过得不快乐；在耶路撒冷的法庭上，他的人生似乎满盘皆输。可是无论在哪里，如果有谁问他的话，他大概都会坚持以前党卫军一级突击大队长的身份被处以绞刑，而不是作为真空石油公司旅行销售员平安无事地度过一生。

艾希曼新事业的起步阶段并不被看好。1933 年春，他失业了。因为希特勒夺权，纳粹党及其所有分支都闲置在奥地利。但即便没有这场新的灾难发生，艾希曼在奥地利党支部内的升迁似乎也并无可能：那些加入党卫军的人仍然在从事日常本职工作，卡尔滕布伦纳还是他父亲律所的合伙人。艾希曼于是决定去德国，这再自然不过了，因为艾希曼一家从未放弃德国国籍。(这个事实对于整个审判很关键。塞尔瓦蒂乌斯博士曾要求西德政府引渡被告，或至少支付辩护费用。波恩政府拒绝了，理由是艾希曼并非德国公民。这显然不符合事实。)在德国边境帕绍，他忽然又成了一名旅行销售员。当他向当地领导汇报时，他急切地询问后者“是否同巴伐利亚真空石油公司有什么关系”。好吧，这是他人生中并不罕见的一次回流，从一个阶段退回另一个阶段。无论是在阿根廷的生活中还是在耶路撒冷的监狱中，每当有人责备他又用那种不折不扣的纳粹腔调说话时，他都会道歉说：“我又这样了，老调重弹。”但是他在帕绍很快就雨过天晴，有人奉劝他最好参加一些军事训练——“我没问题，我对

自己说，为什么不成为一名士兵呢？”——很快他就被派到巴伐利亚的两所党卫军军营，在莱希费德和达豪（他跟这里的集中营没有瓜葛），在这里接受训练的是“奥地利流亡军团”。于是，尽管持有德国护照，他还是勉强做了一名奥地利人。从 1933 年 8 月到 1934 年 34
9 月，他一直留在军营；此间他成了一名下士，有足够时间重新思考从军一事。按他自己的说法，这十四个月里只有一件事令他与众不同，就是惩罚性训练，他顽强刻苦地演练，秉承“如果我双手冻僵，那是我父亲活该，谁让他不给我买一副手套”的愤怒精神，在这项训练中的出色表现使他获得晋升。不过，除了这种可疑的满足感之外，他过得很辛苦：“兵役这么无聊，我真受不了；日复一日，永远千篇一律。”他受够了这里，一听说帝国党卫军领袖的保安部（Sicherheitsdienst，由希姆莱指挥，简称S.D.）有空缺职位，马上就
提出了申请。 35

三　一位犹太问题专家

1934 年，艾希曼成功应聘到了保安处的工作。保安处在党卫军里是相对年轻的组织，两年前由海因里希·希姆莱建立，负责党的情报工作，目前的领导人是莱因哈特·海德里希。这位前海军情报官，如格拉尔德·赖特林格所说，要成为“最终解决的真正指挥”（*The Final Solution*，1961）。保安处最初的任务是监视党内成员，从而使得党卫军高踞于一般党务机构之上。同时，保安处同时还是秘密国家警察（也称盖世太保）的情报和调查中心。这是党卫军和警察走向合并的第一步。虽然希姆莱从 1936 年起就兼任帝国党卫军领袖以及德国警察总长，但这个工作直到 1939 年 9 月才算完成。艾希曼当然不可能知道未来的这些发展变化，但是在加入保安处的时候，他似乎连保安处的性质也不甚了解。这也不是不可能，因为保安处的行动一直属于高度机密。对他而言，一切都是个误会，起初“让我大失所望。我以为这份工作会像我在《慕尼黑图片报》上读到的一样，当党内高官乘车驶过，身边都有安保人员在侧，站在车踏板上……总之，我误以为帝国党卫军领袖的保安处是帝国安全局……没有人更正我,也没有人告诉我任何情况。因为我完全不知道接下来会发生什么”。他的话是否属实,对审判当然有影响;审判必须在“他究竟是自愿上任还是被迫为之”这个问题上作出判断。他的误解如果的确存在,也算合理;建立党卫军这个组织,原本就是为了保卫党内领袖。 36

然而他的失望主要在于,他重重跌到谷底,不得不从头再来。唯一的慰藉就是,还有许多人跟他犯了同样的错误。他被安排在情报部门,第一个任务就是整理所有有关共济会会员的信息(在纳粹早年的思想杂烩里,多少认为共济会思想跟犹太教、天主教和共产主义混在一起),并且协助建立一个共济会博物馆。现在他有充分的机会去领会卡尔滕布伦纳跟他讨论施拉哈芬安乐乡时抛出来的那个词究竟是什么意思了。(另外,迫不及待地创建博物馆去纪念他们的敌人,这是纳粹的典型特点。战争期间,为了获得建立反犹博物馆和图书馆的殊荣,几个部处争得你死我活。感谢这种怪异的狂热,它挽救了欧洲犹太人的许多文化宝藏。)问题在于,这项任务依旧非常非常乏味。承担这一工作四五个月后,他被调任至负责犹太事务的全新部门。这对艾希曼来说可谓如释重负。它也是最终把他送上耶路撒冷法庭的事业起点。

1935 年,德国违反了《凡尔赛条约》,启用普遍征兵制,公开宣扬重整军备计划,包括建立空军和海军。这一年,德国继 1933 年退出国际联盟之后开始大张旗鼓地占领莱茵兰非军事区。这一年,希特勒发表了系列和平演讲——“德国需要和平,也渴望和平”,“我们承认,生活在波兰这个国家里的,是伟大的、有民族意识的人民”,

“德国不打算也不希望干预奥地利内部事务，不打算也不希望吞并
或合并奥地利”。与此同时，也是最为重要的，正是在这一年，纳粹
政权赢得了国内外普遍的、也可谓不幸的真正承认，希特勒成了一
37 个到处受人膜拜的政治家。对德国本身而言，这也是一个过渡之
年。因为经过庞大的重整军备项目，失业问题不复存在，工人阶级
最初的抵抗不攻自破；而政府的矛头，起初主要指向“反法西斯
者”，即共产党员、社会主义者、左翼知识分子、位高权重的犹太人，
那个时候尚未完全转为对犹太人（因其犹太身份）进行迫害。

事实上，纳粹政府迈出的第一步，可追溯到 1933 年。当时，犹太人被从公务员队伍（在德国包括所有从语法学校到综合大学的教学岗位，以及包括广播、戏剧、歌剧、音乐会的大部分娱乐产业）中剔除出去。总体而言，就是把他们踢出公共领域。但是，私人企业直到 1938 年以前都未被波及，法律界和医学界禁止犹太人从业则是到后来才一步步完成的，虽然犹太学生被大部分高校开除，而且再无任何学校可去。在这些年里，犹太人移民的速度并不惊人，而且有条不紊。货币管制虽然令犹太人不大容易把他们的钱财带到国外，但并非毫无可能，犹太人至少可以带走财产的一大部分，况且非犹太人也要面对一样的问题。这种情况还要追溯到魏玛共和国时期。有相当数量的零散个体行动，强迫犹太人以荒诞的低廉价格变卖财产。不过这些往往发生在小城镇，而且实际上都是由一些无组织的、“个人主义的”、野心勃勃的冲锋队员，也就是所谓的 S. A. 所为。这些人中，除军官阶层之外，大部分都来自下等阶层。警方的确从未制止过这些“逾矩”行为，但是纳粹高层对他们的做法并不

感到高兴，因为他们影响到了整个国家的不动产价格。移民当中，除政治避难者以外都是年轻人，他们意识到自己在德国没有前途。由于很快发现在欧洲其他国家同样没有出路，一些犹太移民在此期间又重返德国。当被问到如何协调对犹太人的个人感情同自己加入的这个党所激烈倡导的反犹主义之间的矛盾时，艾希曼用一句格 38
言作答："车到山前必有路。"犹太人也总把这句话挂在嘴边。他们生活在一个傻瓜天堂。其间有几年，甚至连施特赖歇尔都在谈"合法解决"犹太人问题。1938 年 11 月水晶之夜，七千五百家犹太店铺的玻璃被砸，所有犹太教堂置身火海，两万犹太人被押送到集中营。这次有组织的集体迫害，就是要把犹太人驱逐出这个傻瓜天堂。

1935 年，著名的纽伦堡法案发布，但人们经常忘记，这一法案并未达到预期效果。三名德国证人都是前犹太复国组织高层，战争刚爆发不久就离开了德国。他们的证词只是大致提供了纳粹政权前五年国家的真实状态。纽伦堡法案剥夺了犹太人的政治权利，而非公民权；他们不再是帝国公民，但他们仍然拥有德国国籍。即便流亡，他们也不会被自动取消国籍。犹太人不准同德国人发生性关系、订立婚约。另外，四十五岁以下的德国妇女不准受雇于犹太家庭。在这些条款当中，只有最后一条在实践层面具有影响力，其他的仅仅是将现实情况合法化。于是，有观点认为纽伦堡法案稳定了犹太人在德意志帝国里的新局势。自从 1933 年 1 月 30 日以后，说得委婉些，他们成了二等公民；几周或数月后，通过采取恐怖行动，但也通过日常身边人的默许，犹太人几乎被完全隔离于其他居民之外。"在非犹太人与犹太人之间有一道墙,"柏林的本诺·科恩博士作证说,"在我旅德的所有行程中,我不记得跟基督徒说过话。"现在,犹太人觉得他们获得了自己的法律,再也不是不受法律保护的人了。如果按别人强制他们的那样循规蹈矩,他们将会平安无事。德国犹太人的"帝国代表大会"是国家所有社区和组织的联合会,
39 1933 年 9 月由柏林社区发起成立,绝非由纳粹指定。用他们的话说,纽伦堡法案的目的在于"建立一个基准,令德国人和犹太人能够实现互相容忍"。对此,柏林社区成员之一、一名激进的犹太复国主义者补充道:"在任何法律下都可以生活。但如果完全忽视什么合法、什么不合法,人就没法生活。一个有用的、受人尊敬的公民,也可以成为一个伟大民族中的少数族群之一员。"(Hans Lamm, *Über die Entwicklung des deutschen Judentums*, 1951)因为希特勒在 1934 年罗姆叛乱中解除冲锋队的权力(冲锋队褐衫军基本上要为早年的集体迫害负全责),因为犹太人蒙在鼓里,对势力日益庞大的党卫军黑衫军毫无察觉(党卫军摒弃了艾希曼常说的"冲锋队方式"),他们普遍相信可以采用权宜之计,甚至自告奋勇要合作"解决犹太问题"。简言之,当艾希曼最初涉足犹太事务时(四年后,他已经堪称这方面的"专家"),当他初次接触犹太高层时,复国主义者和同化主义者都大谈特谈"犹太复活"、"德国犹太人的伟大建设运动",他们自己内部尚且在有关犹太移民合意性这个意识形态问题上争论不休,就好似这件事的决定权在他们手中。

当警方询问艾希曼他是如何被调任至新部门时,他的回答——当然偏离事实,但不完全失真——竟然令人想起了这个傻瓜天堂。

首先，他的新上司，某个叫冯·米尔登施坦的人，没过多久就调到了阿尔贝特·施佩尔的托特组织，负责高速公路建设（而那正是艾希曼假装拥有的职业工程师职位）。这位新上司要求艾希曼阅读特奥多尔·赫茨尔的复国主义经典之作《犹太国》。此举令艾希曼立刻成了一位犹太复国主义者，而且至死不渝。这本书似乎是他有生以来读过的第一本严肃书籍，对他产生了深远影响。从那时起，如他
反复重申的那样，他脑子里除了“政治解决方案”（跟后来的“生理 40
解决方案”相反，前者表示驱逐，后者意味着消灭）以及如何“在犹太人脚下获得坚实的土地”之外，几乎不想别的。（值得一提的是，他好像还在 1939 年抗议过那些在维也纳亵渎赫茨尔墓碑的人；还有报告记载，他曾着便装出席赫茨尔去世三十五周年的纪念活动。奇怪的是，他在耶路撒冷大谈特谈自己与犹太军官如何交好，却没有提及上述内容。）为了能为这项事业助一臂之力，他开始在党卫军同志中散布福音、做演讲、写小册子。他后来还学了一点希伯来语，能凑合读读意第绪语报纸——要做到这点并不是很难，因为意第绪语基本上就是一种用希伯来语字母写成的古德语方言，任何一个说德语的人，只要掌握几十个希伯来语单词，就能看懂这种语言。他甚至还读了另一本书，阿道夫·伯姆的《犹太复国主义史》（庭审期间，他总是把这本书和赫茨尔的《犹太国》弄混）。而这对于一个除了报纸之外不爱读任何东西的人、一个从不翻阅家中藏书而令父亲备感头疼的人来说，也许的确是个了不起的成就。在伯姆的指引下，他研究了犹太复国主义运动的组织计划、所有党派、青年团体以及各种各样的纲领。这尽管没能令他成为“权威”，却足以为他赢

得对犹太复国主义者办公场所及其会议进行监视的任务。值得注意的是,他在犹太事务方面接受的培训,几乎全是关于犹太复国主义的。

他同犹太权威人士——都是久负盛名的复国主义者——的最初接触,令人十二分地满意。按照他的解释,他对“犹太问题”如此着迷,这源于自身的“理想主义”。这些犹太人跟他鄙视的那些同化主义者不一样,跟他厌烦的那些正统犹太人也不一样。他们跟他是一路人,都是“理想主义者”。一个“理想主义者”,按照艾希曼的
41 看法,不单纯相信某一“信念”,也不是不偷盗、不行贿者,尽管这些品质不可或缺。一个“理想主义者”为理念而**活**,所以他不能成为一个商人;一个“理想主义者”时刻准备为他的理念牺牲所有,特别是,牺牲所有人。他曾对审讯的警官说,假如命令他处死自己的父亲,他也会照办。他并不仅仅在强调自己执行命令以及对命令的严阵以待到了何种程度;他还想要告诉人们,他这样的“理想主义者”的行事作风素来是什么样子。同其他完美的“理想主义者”一样,艾希曼当然也有个人情感;但是,假如情感同他的“理念”发生冲突,他绝不会允许情感影响他的行动。艾希曼认识的最伟大的犹太“理想主义者”是鲁道夫·卡斯特纳博士。从匈牙利运送犹太人期间,艾希曼同他进行过磋商,并且达成协议:艾希曼同意让几千犹太人“非法”离境、转移到巴勒斯坦(火车事实上由德国警察监管),条件是把集中营里的数十万犹太人“安静有序”地转移到奥斯维辛。几千位声名卓著的犹太人和复国主义青年组织的成员因为这一协议而得救。用艾希曼的话说,他们是“最好的生物材料”。卡

斯特纳博士，按照艾希曼的理解，为自己的“理念”牺牲了犹太同胞，乃理所应当之事。本雅明·哈拉维法官，艾希曼审判的三位法官之一，曾经主持过以色列的卡斯特纳审判。当时，卡斯特纳就与艾希曼以及其他纳粹高官合作一事为自己辩护；在哈拉维看来，卡斯特纳“把灵魂卖给了魔鬼”。现在，魔鬼就站在审判席上，可魔鬼到头来竟是个“理想主义者”。尽管会有些令人难以置信，出卖自己灵魂的人很有可能也曾是一个“理想主义者”。

早在这一切发生之前很久，艾希曼就有了第一次机会，将自己的早年所学付诸实践。1938 年 3 月，合并（奥地利并入帝国）之后，他被派往维也纳组织移民。这件事在德国尚不为人知。直到 1938 年秋天，德国国内的传闻依然是，犹太人之所以离开是出于他们自发的强烈意愿，而并非受迫。德国犹太人之所以笃信这一传闻，主 42
要因为，纳粹于 1920 年拟定的纲领同魏玛宪法的命运相似，从未被正式废除；“二十五点”也从来没有被希特勒宣布为“不可变更”。后来发生的事件可以说明，当时规定的反犹条款根本是小巫见大巫：犹太人没有完整的公民身份，不能担任公务员职务，被清除出媒体行业，所有在 1914 年 8 月 2 日（即第一次世界大战爆发后）取得德国公民权的犹太人，将被剥夺公民权，这意味着他们将被驱逐。（特别值得一提的是，公民权应当立即被剥夺；不过，对大约一万五千人的整体驱逐却是五年之后才开始的，当时人们还以为驱逐已经彻底结束。每天都有犹太人被运送到波兰边境的兹邦申，并迅速被关进集中营。）纳粹官员从来就没有把党纲当回事，他们为参与到一场运动中来而感到自豪。运动不同于一个政党：运动不受纲领制约。即便在纳粹夺权之前，“二十五点”也不过是对政党制度的妥协，以及对那些关心他们所加入的政党有着何等党章的老派选民的安抚。艾希曼，如我们所见，并不受制于这类可悲的习惯；当他在耶路撒冷法庭之上说他不知道希特勒的纲领时，很可能说的是实话：“党纲不重要，你知道你加入了什么。”而犹太人则循规蹈矩到将“二十五点”熟记于心并坚信不疑。只要有违背法定党纲的事发生，他们就会归结为是未受正规训练的成员或团体暂时的“革命性越轨”。

可是，1938 年 3 月在维也纳发生的事完全是另一番景象。艾希曼的任务被定义为“强制移民”，这个词的意思正如其所示：所有犹太人，无论是否愿意，无论什么国籍，都要被强制移民——这一行动
43 说白了就是驱逐。每当艾希曼回顾他生命中的这十二年，他都把掌管维也纳奥地利犹太人移民中心的这一年视作最愉快也最光辉的岁月。此前不久，他才被晋升为军官，成为一名中尉，被赞“精通犹太敌人的组织管理方法和意识形态”。在维也纳的这项任务是他的第一份重要工作，对他向来一筹莫展的职业生涯来说至关重要。他全力以赴，成就也令人瞩目：八个月里，四万五千名犹太人离开了奥地利，同期，不到一万九千人离开了德国；不到一年半，奥地利“清除了”大约十五万人，差不多百分之六十的犹太人被清走，所有人都是“合法”离境；甚至在战争爆发之后，还有大约六万名犹太人逃离出境。他是怎么做到的呢？实现这一成果的基本思想当然不是他的思想，而是，几乎可以肯定地说，海德里希的某项特殊指令，正是他最初把艾希曼派到了维也纳。（艾希曼在指令来源问题上很模糊，

至少他暗示了指令出于他自己；另一方面，以色列的权威人士，正如犹太人大屠杀纪念馆发布的《公告》中所写，认准“阿道夫·艾希曼应负全责”，还有更离奇的“有一个人［当然是艾希曼］在背后主宰了这一切”，这帮助了艾希曼吹嘘自己，他本来就热衷于此。）“水晶之夜”第二天早上，海德里希跟戈林会谈时所阐释的思想足够简单精妙：“通过犹太委员会，我们可从想移民的犹太富人那里聚敛一大笔钱。通过这笔钱以及额外的外汇，他们还可以帮助犹太穷人离境。如何让犹太富人走不是问题，问题在于如何除掉犹太渣滓。”而艾希曼并未解决这一“问题”。审判结束后，世人才从荷兰国家战争档案馆了解到，最早是埃里希·拉亚科维奇提议设立“移民基金”的。拉亚科维奇是一名“杰出的律师”，按艾希曼的供述，他“受雇处理维也纳、布拉格和柏林犹太移民中央局的法律问题”。1941 44
年4月，拉亚科维奇被海德里希派往荷兰，去“在当地建立一个中央机构，以为欧洲所有占领国境内的‘犹太问题解决方案’建立一个榜样”。

尽管如此，仍有很多遗留问题只能在执行过程中解决。也是在执行过程中，艾希曼平生第一次发现自己具有某些特殊才能。在两件事上他能比别人更胜一筹：组织和协商。到任不久，他就同犹太委员会代表展开磋商。由于奥地利的“革命热情”大大超过德国的“过度行为”，所有声名显赫的犹太人也被实施了监禁，因此他首先得从监狱和集中营释放这些代表。此番经历之后，犹太权威人士不需要艾希曼去游说他们动移民之念了。相反，他们告诉他即将面临的巨大困难。除了资金问题已经“解决”，主要的困难出在书面材料上。每个移民在离境之前，都不得不办理大量书面材料。每份材料的有效期都很短，结果在最后一项材料办好之前，往往第一项材料早已到期失效。艾希曼了解了整个事情如何运作，或曰，为何不能运作后，他“再三思量”，并且“想出了一个我认为对双方都公平的办法”。他想象出“一套流水线，从第一份文件开始，接下来是相关文书，直到护照作为终端产品”。只有所有相关官员，财政部长、纳税官、警察、犹太委员会等等，都被置于同一屋檐下并被迫在申请人面前当场办公，这一想法才能实现。这样一来，申请人也就不必辗转于不同的政府部门之间，而且还可以避免被耍弄欺负，省去办事时用于打点的支出。一切就绪后，流水线顺利地高速运作起来，
45 艾希曼“邀请”柏林的犹太权威人士来视察。他们惊诧万分：“这就像一个自动化工厂，一个连通面包店的面粉厂。这一端是一个有头有脸的犹太人，他也许拥有一座工厂、一家商店或一所银行；走进这个建筑，从一个柜台到下一个柜台，从一个办公室到另一个办公室，走到另一头时，他便身无分文，没有任何权利，而只有一份护照，上面写着：‘您必须在两周内离开这个国家。否则您将被遣送至集中营。’”

整个流程确实如此，但这还不是全部真相。因为这些犹太人不能“身无分文”地走。原因很简单，那年月如果没有钱，任何国家都不会收留他们。他们需要，并且会得到一笔“检查费”（Vorzeigegeld）；这笔钱他们必须得出示，否则就拿不到签证，无法通过接收国的入境检查。为了这笔钱，他们需要外汇，而德国并不打算把外汇浪费在犹太人身上。犹太人的海外账户无法满足需求；就算有，也会因长

期以来的不合法而很难兑现。艾希曼于是派犹太长老们到境外大型犹太组织处去进行募捐,捐来的外汇被犹太社区卖给了有身份的犹太人,收入相当可观——比如,一美金被卖到了十到二十马克,而其市值才四点二马克。这成了犹太社区的主要创收手段。赚来的钱不仅足够用于贫穷的或没有海外账户的犹太人,而且足够大幅扩展他们的活动。要实现这笔交易,艾希曼必然遭遇到来自德国金融界上层、相关机构和财政部的极力反对;对于交易最终会造成的马克贬值,那些人不可能坐视不理。

吹牛的恶习导致艾希曼走向毁灭。他在战争结束之际对手下夸夸其谈道:“我会笑哈哈地跳进我的坟墓,因为,一想到我已经处理掉五百万犹太人[或如他自己一直宣称的“帝国的敌人”],我就感到极大的满足。”他没有跳下去,假如他还有什么不安的话,那不是出于谋杀,而是他有一次打了约瑟夫·勒文赫斯博士一个耳光。 46
此人乃维也纳犹太社区领袖,后来成了他最喜欢的犹太人之一。(他当着下属的面道过歉,但还是一直对此耿耿于怀。)所有纳粹军官和高层总计导致约五百万犹太人死亡,而艾希曼宣称他一人就实现了这一数字,实在够愚蠢的。他自己也很清楚这一点,但他向每个愿意听他说话的人一直重复着那几句,甚至在十二年后的阿根廷也照说不误,因为他“一想到要以这种方式退出舞台,就兴奋异常”。(辩方证人、前公使参赞霍斯特·格雷尔在匈牙利时就认识艾希曼,他作证说,按他看来,艾希曼在吹牛。每个听到他瞎嘀咕的人,都听得出他在吹牛。)他声称是他“发明”的隔都制度,是他“催生了”把所有欧洲犹太人海运到马达加斯加的“主意”,这纯粹是在吹牛。艾希曼声称自己是特莱西恩施塔特的犹太隔都“之父”，而此犹太隔都是在隔离聚居制度被引入东部占领区好几年之后才建成的；而且，同设立隔离聚居制一样，为某些特殊阶层建立特殊的隔离区，是海德里希的“主意”。马达加斯加计划看似“诞生于”德国外交部办公室，而艾希曼本人对此的贡献实则很大程度上要感谢他喜爱的勒文赫斯博士。艾希曼曾指定勒文赫斯来构思“一些基本想法”，战后也许可以把大约四百万犹太人从欧洲运到——大概是巴勒斯坦，但无法确认，因为马达加斯加计划是绝密的。（当审判庭呈上勒文赫斯的报告时，艾希曼并未否认其作者身份。那是为数不多的令他着实感到尴尬的时刻之一。）最终导致他被捕的是，他控制不了自己说大话的冲动——他“受够了匿名徘徊于不同世界”。而随着时间的推移，他的冲动一定变得越来越强烈，不仅因为他完全找不到他认为值得去做的事情，而且还因为战后时代赐予他如此出乎意料的“名气”。

47 但是，吹牛是众人皆会犯的过错，而艾希曼性格中更为致命的缺陷是，他几乎完全无法换位思考。他对维也纳那一段的描述，就完全暴露了这个缺陷。他和手下以及犹太人都“齐心协力”，无论何时遇到困难，犹太权威人士都会跑到他这里“敞开心扉”，跟他讲“他们所有的悲伤和痛苦”，寻求他的帮助。犹太人“渴望”移民，而他，艾希曼，恰恰为了帮助他们而存在，因为碰巧就在这个时候，纳粹高层表达了建立一个无犹国家的渴望。这两种渴望一拍即合，而他，艾希曼，能够“给双方带来公正”。在审判中，当谈到这一部分时，他的看法从没有过丝毫动摇，即便他也认为如今已“时过境迁”，犹太人可能不愿意去回忆当时的“齐心协力”，他也不想“伤害他们的感情”。

警方的审讯从1960年5月29日持续到1961年1月17日，审讯录音的德语版文档每一页都经艾希曼校正核实过。假如心理学家足够聪明，能够理解所谓恐怖的荒唐和可笑，那么，这份笔录对他们来说就是个名副其实的金矿。一些喜剧效果在英语里表达不出来，因为它蕴含在艾希曼同德语所进行的英勇战斗中，后者一如既往地将他击败。比如，他不断说起“熟习引语”（*Geflügelte Worte*，一本经典德语名人名言集），但其实他想说的是戈培尔式的惯用语、俗语和标语口号。再比如，主审法官就萨森档案用德语对他进行交叉询问时，他用了“还手”（以牙还牙）这个词，以表明他拒绝让萨森纵情消费他的故事；兰道法官显然不熟悉纸牌游戏，他听不明白，但艾希曼除此之外想不出别的词来。想必在学生时期就令他饱受困扰却未能明确意识到的缺陷，逐渐演变成了失语症。他道歉说：“官方用语是我唯一的语言。”但问题在于，官方用语已经成为他的语言，
因为他根本没有能力说出一句不是套话的完整句。（心理学家们想 48
听到的、认为“正常”的就是这些套话吗？这些就是牧师期待听到的、蕴含在他们所照拂的那些灵魂里的“正面思想”吗？当负责艾希曼的情绪和心理健康的年轻警官把《洛丽塔》拿给他解闷时，艾希曼迎来了在耶路撒冷展示他性格侧面的最佳时机。两天后，艾希曼还书时气愤地告诉他的守卫说：“真是一本令人不快的书。”）法官们最后对被告说，他讲的一切都是“空谈”。这个看法很对。但他们认为这种空洞是装出来的，觉得被告希望掩盖其他尽管丑恶却

并不空洞的想法，就不对了。这种假设似乎跟艾希曼的那种一以贯之的做法相矛盾——尽管他记性不好，可每当提到一个对他比较重要的情况或事件时，他无一不是在重复同样的现成句子以及自己发明的口头禅（如果他的确自己造出了一个句子，他会反复说，直到这句话成为口头禅）。无论他是在阿根廷还是在耶路撒冷写回忆录，无论是面对警官还是法庭，他说的总是同样的话，用同样的词。你听他说话的时间越长，就会越明显地感觉到，这种表达力的匮乏恰恰与**思考**力的缺失密不可分；确切地说，他不会站在别人的立场思考问题。之所以无法同他进行任何交流，并不是因为他说谎，而是因为他周围环绕着坚固的壁垒，屏蔽他的言辞和他人的存在，从而帮他一并拒绝着真相。

于是，面对被一个犹太警官审讯八个月的现实，艾希曼滔滔不绝反复其辞，没有半点犹疑地详细解释说，他为何没能在党卫军中谋取高位，而且罪不在他。他已经尽其所能，甚至申请被派到前线——“到前线去，我对自己说，这样很快就会升到上校”。可是在法庭上，他自称他因想回避杀人任务而申请调任。在这点上他没有
49 据理力争，奇怪的是，他对莱斯上尉所说的供词并未呈上法庭与他对质；艾希曼曾告诉莱斯上尉他希望被指派到特别行动队，即东部的机动屠杀部队；因为特别行动队于 1941 年 3 月成立的时候，他的办公室已经“死了”——因为驱逐行动尚未开始，移民行动则已经结束。最终，他最大的职业目标——到某个德国城市当警察局长——又打了水漂。这几页审讯笔录的可笑之处在于，一切都是从决心要为一个不幸故事找到“正常的、有人情味的”同情之口中娓

娓道出的。“无论我准备和计划了什么，所有事情都出了差错，无论是我的私人事务还是我几年来为犹太人争取土地所做的努力。我不知道，一切都像遭到了魔鬼诅咒一般；我的生活，无论如何计划、有何期待，命运总以各种方式阻挠我、绊住我的腿脚。”当莱斯上尉问他，如何看待某个前党卫军上校提供的某些会导致他定罪的而且可能是伪造的证据时，他突然气得语塞起来，说：“难以想象，不可思议，真是难以想象，太不可思议。我简直不敢相信，这个人居然会是党卫军上校！我太惊讶了。这完全，完全地不可思议。我不知道该说什么。”说这些话的时候，他从来没用过反抗的语气，即便是在此时此刻，他似乎也想捍卫过去一贯遵循的生活标准。正是“党卫军”、“事业”或者“希姆莱”（艾希曼称呼这个人时总是带上一长串头衔：帝国党卫军领袖、德国警察总长，尽管从心里并不尊敬他）这些词，在他体内引发一种完全无可替代的机制。作为一个德裔犹太人，莱斯上尉根本不相信党卫军成员的升迁发迹是基于高尚的道德素养。可是，即便莱斯上尉在场，也没有一刻能令这种机制运转失灵。

滑稽时不时会走向恐怖，结果变成了这些故事；应该说故事太逼真了，其骇人的幽默轻易就凌驾于任何超现实主义者的创作之上。在警方审讯期间，艾希曼就是这样讲述维也纳商业委员会委员、犹太社区的杰出代表之一的施多弗尔的不幸故事的。艾希曼从奥斯维辛司令官鲁道夫·赫斯那里收到一封电报，说施多弗尔已经抵达，而且迫切想要见到他。“我想，那好吧，这个人一向为人不错， 50 值得我走一趟，亲自看看他出了什么事。我找到了埃布纳［维也纳盖世太保头目]，而我恍惚记得埃布纳说：‘谁让他那么笨！他躲起来，想逃跑’，或者诸如此类的。警方将他逮捕，把他送到了集中营。根据帝国党卫军领袖[希姆莱]的命令，一旦进来，没有人能出得去。一点办法也没有了，无论是埃布纳博士还是我还是别的什么人，谁也帮不上忙。我到了奥斯维辛，找到赫斯，要见施多弗尔。赫斯说：‘是的，他被分在一个劳动队。’随后，他被带出来。施多弗尔，是的，很正常，很有人情味，接下来的面谈很正常，很有人情味。他跟我讲他遭的苦和罪，我说：‘好吧，我亲爱的好施多弗尔，咱们这是倒了多么大的霉啊！’然后我又对他说：‘唉，我真的帮不了您，因为按照帝国党卫军领袖的命令，没有人能出得去。我没办法帮您出去。埃布纳博士也没有办法。我听说您犯了个错误，您躲了起来或是曾想逃跑，您真没必要那样做啊！’[艾希曼的意思是，作为犹太权威人士，他可以不被驱逐。]我忘了他当时对我说了什么。接着我问他过得怎么样。他说，嗯，他想申请不再干活，那可是重体力活。我跟赫斯说：‘干活——施多弗尔不必非得干活！’可是赫斯却说：‘这里的每个人都得干活。’于是我说：‘好吧，’我说，‘我要设法弄到一张条子，调派施多弗尔拿着笤帚打扫砾石路，’那里没有多少砾石路，‘而且允许他拿着笤帚坐长凳。’我[对施多弗尔]说：‘这样行吗，施多弗尔先生？这样合您的意吗？’他随即非常高兴，我们还握了手，然后他拿到了笤帚，坐在了长凳上。可以见到这个共事多年的人，还能彼此交谈，这对我来说是个莫大的喜悦。”在这次“正常的、有人情味的会面”过去六个星期后，施多弗尔死了——显然不是被毒死，而是被枪杀。

这是一则由欺骗、自欺以及令人发指的愚蠢写就的反面教材吗？或者不过是又一例死不悔改的罪犯（陀思妥耶夫斯基曾在他的 51
日记中提到，在西伯利亚，在大量谋杀犯、强奸犯、盗窃犯中间，他没遇到过哪个人承认自己有错），当他的罪行已经成为现实不可或缺的一部分，他再也无法面对现实？不过，艾希曼的案子不同于普通犯罪，因为后者只要隐匿在有限的团伙之中，就可以与无犯罪的世界隔离。而艾希曼只需回忆过去，就能确信他不是在说谎，不是在自欺欺人，因为他和他所生活的世界曾经那么完美和谐。德国社会的八千万人，曾以完全相同的方式，以相同的自欺欺人、谎言和愚蠢隔绝于真相和现实之外，所有的这些自欺、谎言和愚蠢也都深深根植于艾希曼的头脑。这些谎言一年变一个样，还时常自相矛盾；更有甚者，对于纳粹党组织的各个不同分支或不同人群而言，这些谎言也并非一定一致。但是，自欺欺人的做法已经成了家常便饭，几乎成了生存的必要条件；甚至直到现在，纳粹政权垮台十八年后的今天，谎言中的大多数具体内容已经被遗忘，有时人们还是很难相信，谎言竟已成为德国民族性格的组成部分。战争期间，对所有德国人民影响最深的谎言是那句“德意志民族的命运之战”。发明这个口号的不是希特勒就是戈培尔。从三方面看，它更易令人自我蒙蔽：它首先暗示出，这场战争并非普通的战争；其次，它是由命运而非德国所发起的；第三，它事关德国人的生死存亡，不是消灭敌人，就是被敌人消灭。

艾希曼无论在阿根廷还是耶路撒冷所表现出的令人震惊的认罪态度，与其说是因为他本身具有的自欺欺人的犯罪能力，还不如

说是因为构成普遍性且被普遍接受的谎言体系氛围，也就是第三帝国的大气候。“当然”，他曾在灭绝犹太人的行动中发挥过作用；当
52 然，假如他“没有遣送过他们，他们将不得不被送到屠夫那里”。“这，”他问，“有什么可‘承认的’？”现在，他更近一步，“想去跟［他］从前的敌人和解”——除艾希曼外，持这种观点的不仅有希姆莱（在战争的最后一年里他曾这样说过）或劳工阵线头目罗伯特·莱伊（他在纽伦堡自杀前，曾提出建立一个由负责屠杀以及犹太幸存者事务的纳粹组建的“调解委员会”），而且还有许多普通的德国人，在战争结束时你会听到他们说着同样的话。真是不可思议！这种令人愤怒的陈词滥调不再是上传下达，而是一种自我炮制的口头禅。你几乎可以看到，说话者脱口而出的时刻，那些陈词滥调带给他们怎样一种“极大的满足感”。

艾希曼的头脑里注满了这类词句。他对真实发生的事记得十分不牢靠。在为数不多的几次勃然大怒的瞬间，兰道法官有一次问被告：“您**能**记得什么？”（假如您不记得所谓万湖会议上就各种杀人方式进行的讨论）而答案显然是，艾希曼清楚记得自己事业生涯的转折点，但是这些转折点却与灭绝犹太人一事中的关键环节，或者说与历史上的转折点，不尽相符。（他总是记不准确战争爆发的日期或者入侵苏联的时间。）然而问题的关键在于，他没有忘记任何一句曾在某时某刻带给他“满足感”的话。于是，无论何时，在交叉询问期间，每当法官试图唤起他的良心，总是遭遇“满足”；当听到被告用各种各样自我满足的辞令来形容他的人生以及他的每项事业时，法官们既出离愤怒，又焦虑不安。在他看来，“我要笑着跳进坟

墓”（适用于战争结束时期）与“我甘愿把自己当众绞死，好给这个
地球上所有反犹主义者提供一则反面教材”（如今，适用于各种不
同场合）之间，并不存在矛盾，两句话都可以产生相同的让他满足的 53
效果。

艾希曼的这些习惯为审讯制造了相当大的麻烦——头疼的与其说是艾希曼本人，还不如说是那些检控官、辩护人、法官、报道者。鉴于所有这一切，重要的是得有人把他的话当真，而这点很难实现；除非有人能够在无法言说的恐怖行径与实施恐怖行径的人身上无法否认的荒唐这个两难之中，找到一条捷径跳脱出来，并且宣布他是一个聪明而精于算计的骗子——显然他并不是。在这件事上，他自己的看法一点也不谦虚：“命运赐予我的礼物并不多，而其中之一是，只要我能做主，便具有说出真相的能力。”检控官还没有把他未犯过的罪加在他头上时，他就说起过这个天赋的礼物。在阿根廷准备萨森访谈时他曾指出，他当时还依旧“拥有全部肉体的与精神的自由”。在草草写就的笔记中，他提出了一则绝妙的警告：“未来的历史学家要足够客观，以不偏离此处记录的真相。”之所以称之为绝妙，是因为这些潦草文字的字里行间无不显示出，他完全无视任何跟他的工作没有直接性、技术性、官方性关联的东西，而且还表明，他的记性差得出奇。

纵然控方倾尽全力，每个人还是能够看出，他并不是一个“魔鬼”，但也很难不去怀疑他是个小丑。这种怀疑可能对于整台戏是毁灭性的，若念及他以及和他一样的人给上百万人造成的灾难，则更难得到支持。他最差劲的滑稽表演，几乎无人提及、无人报道。

一个人，起初极力宣称毕生所学的一件事就是永远不该发誓（“今
天，没有哪个人，没有哪个法官可以说服我去发誓作证，在誓言的约
束下以见证者的身份宣布什么事情。我拒绝，我出于道德原因拒
绝。因为我的经验告诉我，如果一个人忠于他的誓言，总有一天他
54 要承担后果。我已经下定决心，这个世界上绝对不会有哪个法官或
者哪个权威可以让我起誓，让我对证言发誓。我不会主动那么做，
也没有人能强迫我那么做”），然后，在被明确告知，无论他“是否起
誓”，他都可以作证为自己辩护时，他宁可对着一个誓约作证，对这
样一个人，你能怎么办？一个人，他如此三番五次并且感情充沛地
向法庭保证，就像他向警官保证的那样，他所能做的最差劲的事就
是尝试逃脱他的真实责任并且为保命而抗争、请求赦免——然后，
根据其辩护人的指示，再去签署包含赦免请求的手写文件，对这样
一个人，你能怎么办？

对于艾希曼来说，这些都是其情绪变化的问题。只要他还有能
力，无论是凭借他的记忆还是一时冲动，能找到一句令自己松一口
气的话，他就非常满意了，他并不在意任何“前后矛盾”。我们马上
会看到，这种用陈词滥调自我安慰的可怕天赋，直到死到临头都没
55 有离开过他。

四　犹太问题解决方案
第一阶段：驱逐

如果这是一场常规的庭审，庭审上控辩双方展开揭示真相、维护公正的拉锯战，那么此刻就该轮到辩方辩护，验证艾希曼是否比眼前有更多对其在维也纳行为的荒诞解释，还有他对现实的扭曲是否只是他个人的欺骗行为。早在审判开始很久前，足以将艾希曼送上绞刑架的那些事实就已是“板上钉钉”的了，而且所有纳粹政权的研究者也已心知肚明。控诉方试图在现有证据之外提供新的事实，这的确会对判决结果有影响；但是，假如辩护方拿出自己的证据向控诉方施压，那么这些新证据永远不会呈现出“不容任何理性质疑”的面目。因此，除非对某些众所周知但塞尔瓦蒂乌斯博士选择忽略的事实给予一些重视，否则，尽管有关艾希曼**审判**的报道引人关注，但是任何一则关于艾希曼**事件**的报道都是残缺不全的。

艾希曼对“犹太问题”观点不清、理念不明，就尤其能够说明问题。交叉询问期间，他告诉主审法官，他在维也纳“视犹太人为值得尊敬的敌人，应为双方找到一个彼此都能接受、对彼此都公平的解决方案。……我所设想的解决方案就是让犹太人有自己的立足之地。我很愉快地朝着这个方向努力。我十分高兴、愉快地为达成这一解决方案与各方合作,因为这一解决方案也是犹太人民自己所赞
56 成的,我认为这是最适当的解决方案”。这就是他们“齐心协力”的真正原因,这也就是他们“互惠”工作的真正原因。离开这个国家是为了犹太人的利益,尽管可能并非所有犹太人都能理解;“得有个人来帮助他们,协助这些上层元老行动。这个人就是我”。如果这些犹太元老是“理想主义者”,即复国主义者,他便尊敬他们,“平等对待他们”,耐心听取他们的“要求、抱怨和支援申请”,尽最大可能信守“承诺”——“现在人们都快忘记那段历史了”。除了他艾希曼之外,还有谁拯救过数十万犹太人呢?若非有他伟大的追求和组织天赋,怎么能够使得这些犹太人及时逃走呢?的确,他不能够预见“最终解决”的到来,但是,他已经救过他们了,那是不争的“事实”。(在审讯期间接受的一次采访中,艾希曼的儿子跟美国记者们讲述了同样的故事。这肯定已经成了家族传奇。)

在某种程度上,人们可以理解为什么辩护律师不曾支持艾希曼所说的他同犹太复国主义者的关系。艾希曼承认,如同他在萨森访谈中所说的,他“对他的任务并不曾冷漠得如一头被带往牛圈的公牛”,说他跟那些同事们截然不同,他们“从未读过任何基础读物[比如赫茨尔的《犹太国》],不曾通读、掌握、津津有味地咀嚼”,因此他们缺乏“对工作由内而外的热情”。他们“无非是办公室苦力”,对他们来说一切事情都是由“句段、命令”所决定的,“他们对此外的一切都不感兴趣”。简而言之,他们就是“小齿轮”。同时据

辩护律师称，艾希曼本人也曾一样。假如这不过意味着对于元首命令的无条件服从，那么他们所有人都曾是小齿轮——甚至希姆莱也是。希姆莱的按摩师费利克斯·克斯滕曾言，就连希姆莱对最终解决也并不欢欣鼓舞；而艾希曼向警官证实，他的直系上司海因里希·米勒不会提出任何诸如“生理灭绝”这等“残忍”方案。在艾希曼眼中，小齿轮理论根本不是重点。他当然并没有豪斯纳先生希望的那样重要，毕竟他不是希特勒；而谈到犹太问题的“解决方案”，他也不像米勒、海德里希或者希姆莱那样举足轻重。他不是自大 57
狂，但是他也并非辩护方所希望的那样无足轻重。

艾希曼对事实的歪曲令人恐惧，因为事关恐怖行径；不过从根本上说，这同人们在后希特勒时代的德国之所见所闻并无太大差别。例如 1961 年，议会选举之年，原国防部长弗朗茨—约瑟夫·施特劳斯曾针对西柏林市长维利·勃兰特展开竞选攻势。勃兰特在希特勒时代曾避难于挪威。施特劳斯问勃兰特：“那十二年里您在德国境外都做了什么？我们知道我们在德国国内做了什么。”语气中满是无辜，无人提出异议，更不用提醒这位波恩政府成员，那十二年里德国人的所作所为已是臭名昭著。这一问题显然问得很成功，随后也被广泛报道。最近，一位备受尊敬和瞩目的德国文学批评家笔下也流露出同样的“无辜”。此人大概从来没有加入过纳粹党。回顾针对第三帝国文学的一项研究时，他说起该研究的作者属于“那些在野蛮爆发之时将我们遗弃的知识分子”。这位作者当然是犹太人，他被纳粹驱逐，而且遭到《莱茵水星报》的海因茨·贝克曼这等非犹太人的排挤。巧合的是，“野蛮”这个在今天常被德国人用来形容希特勒时代的词，本身就是对现实的一种歪曲，似乎犹太与非犹太知识分子逃离的是一个对他们而言不再“优雅”的国家。

尽管艾希曼在优雅程度上大不如政要和文学批评家，不过另一方面，要是他的记性没那么糟糕，或者假如辩方出手相助，那么他大可引用某些不容争辩的事实来支持他的说法。因为“毫无疑问，在犹太政策的最初阶段，国家社会主义者认为应采取支持犹太复国主义的态度”（汉斯·拉姆）。就是在这个最初阶段，艾希曼了解了犹太人。他当然不是认真对待这套“支持犹太复国主义”的唯一一人；德国犹太人自己也认为，通过一种新的“异化”过程去解除“同
58 化”就够了，并且对于犹太复国主义运动趋之若鹜。（并无确凿数据印证这场运动的发展，但是，在希特勒执政的头几个月里，犹太复国主义运动创办的《犹太周报》每周发行量从约五千至七千份增至近四万份；另外，犹太复国主义者资助组织的人数在 1931—1932 年还少得可怜，可到了 1935—1936 年，已经达到此前的三倍之多。）这并不一定意味着犹太人想要迁居巴勒斯坦，而更是一种尊严问题。《犹太周报》主编罗伯特·威尔驰创造了“怀着骄傲戴上它，黄色的星标！”这一流行口号，反映了普遍的情绪状态。这一口号是对 1933 年 4 月 1 日破产日的回应，其成形时间比纳粹强迫犹太人佩戴徽章（白底上的六角黄星）还要早六年多。口号的辩论意义直指“同化主义者”以及所有拒绝参与新近“革命发展”的人，那些“总是落后于时代的人”（“永远活在昨天的人”）。在法庭上，来自德国的证人重又提起这句口号，而且个个情绪激动。他们忘了一点，罗伯特·威尔驰本人，一个极为卓越的记者，近些年曾说过，假如他能够预见

事态的发展，当初绝不会写下这句口号。

抛开所有口号和意识形态的争论，那些年里活生生的事实是，只有犹太复国主义者有机会同德国高层洽谈。其中的原因很简单。怀有犹太信仰的德国公民联合会是他们当时的头号犹太对手。这一组织囊括了当时德国境内百分之九十有组织的犹太人。其内部章程里明确表示，他们的主要任务是“同反犹主义者做斗争”，因而突然间就成了“国家敌对”组织。尽管实际上并没有，但假如它胆敢按计划行事，那么它早就已经被迫害。希特勒执政初期，犹太复国主义者将其看作是“对同化主义的决定性打击”。于是，至少在一段时期内，犹太复国主义者参与到纳粹高层的行动中来。他们还
相信，伴随犹太青年和（他们期望的）犹太资本家移民巴勒斯坦， 59
“异化政策”能够成为一个“对彼此都公平的解决方案”。当时，这种看法得到许多德国官员的支持，这种言论似乎也一直非常普遍。特莱西恩施塔特的一名德国犹太幸存者的信件提到，纳粹任命的帝国联合会中的所有领导职位都由犹太复国主义者担任（而犹太人的帝国代表大会原由复国主义者与非复国主义者构成）；此时纳粹也认为，犹太复国主义者是“‘正派的’犹太人，他们也跟纳粹一样从‘国家’的角度思考”。可以确定的是，没有哪个著名的纳粹在公开场合有过这种言论；从开始到结束，纳粹都在狂热地、毫不含糊地、毫不妥协地宣扬反犹主义，导致那些没有在极权专政下生活过的人们以为这一切“只是喊喊口号”罢了。有一段时间纳粹高层与巴勒斯坦犹太人代理处达成令人满意的协议，即 Ha'avarah，或称转移协定。该协定允许去往巴勒斯坦的移民在当地把钱财换成德国商品，

到岸后再换成英镑。很快,这就成了犹太人携带钱财的唯一合法方式(要么犹太人就得开一个冻结账户,身处国外的人只能在扣除百分之五十至百分之九十五的财产之后才能将此账户结清)。结果,在二十世纪三十年代,当美国犹太人不惜一切代价抵制德国商品的时候,巴勒斯坦却充斥着“德国制造”。

对于艾希曼来说,来自巴勒斯坦的特使意义更加重大。他们可以主动接近盖世太保和党卫军,无须听从德国犹太复国主义者或者巴勒斯坦犹太人代理处的调遣。他们之所以亲自上门,是为犹太人非法移民到英属巴勒斯坦争取支援;在这件事上,盖世太保和党卫军都愿意帮忙。他们在维也纳同艾希曼展开磋商,称他“彬彬有礼”,“不是动嗓门儿的人”,还说他给他们提供农场和便利设施,以便给有前途的移民建立职业训练营。(“有一次,他把一群修女从修
60 道院里赶出去,好给青年犹太人做训练营”,另一次,“[准备好]一列纳粹军官押送的特殊火车,宣称开往南斯拉夫的犹太复国主义训练营,实则为确保一批移民安全通过边境。)根据乔恩·金奇和戴维·金奇的讲述,在“所有主要人员的充分配合之下”(*The Secret Roads: The “Illegal” Migration of a People, 1938—1948*, London, 1954),这些来自巴勒斯坦的犹太人使用和艾希曼大同小异的语言。他们由巴勒斯坦的屯垦公社派到欧洲,他们对救援行动不感兴趣,因为“那不是他们的工作”。他们想要做的是选择“合适的材料”。在灭绝计划之前,他们的主要敌人并非那些令犹太人在故国(德国或奥地利)无法生存的人,而是对他们封锁通往新家园之路的人;那个敌人无疑是英国,而不是德国。实际上,他们与当地犹太人不同,

他们因为享受托管保护，所以是站在平等的立场与纳粹政权交涉。他们很可能是第一批公开讨论共同利益的犹太人，也自然最先获许从集中营中“挑选年轻的犹太人”。当然，他们还不知道这桩交易预示着怎样的灾难；不过他们起码还相信，若是挑选犹太幸存者，应该让犹太人自己来挑。正是这个彻底错误的判断，令大部分没有被挑选出来的犹太人最终不可避免地要面对两个敌人，即纳粹上层和犹太上层。艾希曼自称在维也纳期间曾拯救过数十万犹太人，这个荒诞的说法曾广受舆论嘲讽，却匪夷所思地得到了犹太历史学家金奇有理有据的支持：“整个纳粹专政期间最矛盾的一章就这样拉开序幕：即将以杀害犹太人民的主谋之一身份载入史册的人，同时也是拯救欧洲犹太人的积极分子。”

艾希曼的困境在于，他记住的事情里面没有一件可以证明他的 61
故事可信，而资深的辩护律师甚至不知道还有什么事情没有说。（塞尔瓦蒂乌斯博士本可以传唤前特工组织阿利亚·贝特①成员作为辩方证人，那些人肯定还记得艾希曼，他们现在就生活在以色列。）艾希曼的记性只有在直接关涉他的仕途时才好使。他记得他在柏林接待过一名巴勒斯坦高官，后者给他讲述了集体定居点的生活，他还带这个人外出吃过两次饭。之所以记得这件事，是因为这次会见以对方正式邀请他出访巴勒斯坦而结束，假如到了巴勒斯坦，犹太人可以给他展示这个国家。他非常高兴，没有一位纳粹官员能够去“一个遥远的异国”，而他则获准出这趟差。法庭认为他是被派去

---

① Aliyah Beth，英国托管下巴勒斯坦非法移民组织的代号。从 1934 年到 1948 年以色列建国，这个组织总共转移了上千名犹太人到巴勒斯坦。由于英国管制时期对移民有限制，因此转移人口按英国法律为非法。——译注

执行“间谍任务”的，这点不容置疑；不过，这跟艾希曼对警方讲述的内容并不冲突。（实际上，这项计划无果而终。艾希曼跟他部门的一个记者、某个叫赫伯特·哈根的人刚爬了海法的迦密山回来，英国官员就将他们遣送到埃及并且收回了他们去巴勒斯坦的入境许可。按照艾希曼的说法，“分属哈伽纳[犹太军事组织，后来成为以色列军队的核心]的人”到开罗去见他们，而他对他们讲的话，成了艾希曼和哈根奉上级命令为宣传目的而写的一份“彻底负面报道”的主要内容。这一报道得以适时发表。）

除了这些微不足道的胜利，艾希曼只记得自己当时的情绪以及应景的口头禅。埃及之行是在 1937 年，早于他在维也纳的活动；而从维也纳起，他只记得大环境以及他感到怎样的“兴奋”。即便他一时的情感和附属的辞藻早已与新时代脱节（新时代总是需要不同的情感和不同的“振奋人心”的辞藻的），他也从不淘汰更新，真是
62 匪夷所思。警方审讯期间，他一再这样重复，人们差点就相信，他的维也纳时期真的是田园野趣。由于他的思想和情感完全缺乏连贯性，这份真诚甚至在这样的事实面前也毫发无损：他在维也纳期间（1938 年春到 1939 年 3 月），纳粹政权就放弃了亲犹太复国主义的态度。纳粹运动的本性就是变动不定，年深月久，越发极端；但是其成员最突出的特征之一是，心理层面上总是比运动落后一拍。他们要克服巨大的困难才能跟上这场运动；或者，像希特勒常说的那样，他们无法“跳出他们自己的影子”。

然而，比任何客观事实都更要命的是艾希曼本人的烂记性。艾希曼能清楚回忆起一些维也纳犹太人，比如勒文赫斯博士和商务顾

问施多弗尔。但他们两人都不是巴勒斯坦特使，无法证实他的故事。约瑟夫·勒文赫斯在战后写过一本非常有趣的回忆录，谈到了他同艾希曼的谈判（审判呈上的少数最新证据之一，艾希曼读过其中部分内容，对其主要陈述表示赞同）。勒文赫斯在犹太元老中最先做到把整个犹太社区组织成一个受纳粹高层领导的机构。他也是因效力纳粹而得到奖励的极少数犹太元老之一。他获许驻留维也纳一直到战争结束，后来移民去了英国和美国。他于 1960 年艾希曼被捕后不久去世。施多弗尔的一生，众所周知，没这么走运，不过这当然不是艾希曼的错。巴勒斯坦特使日渐变得太过独立，施多弗尔取而代之。而艾希曼给他的任务，是在不求助于犹太复国主义者的情况下，非法组织运送一些犹太人到巴勒斯坦。施多弗尔不是犹太复国主义者，纳粹抵达奥地利前，他对犹太事务也不感兴趣。然而，在艾希曼的帮助下，他成功地把三千五百名犹太人转移出欧洲。1940 年，半个欧洲沦为纳粹势力范围，看起来他已尽了全力处理巴勒斯坦人的问题。（关于施多弗尔在奥斯维辛的那段经历，艾希 63
曼隐晦地说道：“施多弗尔从来没有背叛过犹太人，从未置一词，施多弗尔没做过。”他指的可能是这件事。）艾希曼在谈及自己战前活动时念念不忘的第三个犹太人是保罗·爱泼斯坦博士。在帝国联合会（一个由纳粹任命的犹太中央组织，不要跟犹太人的帝国代表大会相混淆，后者于 1939 年 7 月解体）的最后几年里，此人负责柏林的移民工作。爱泼斯坦博士受艾希曼指派，在特莱西恩施塔特担任犹太长老。1944 年，他在那里遭射杀。

换句话说，艾希曼能记得的犹太人，仅仅是那些完全受控于他的人。他不仅忘记了巴勒斯坦特使,而且还忘记了早年在柏林的熟人。在情报部门工作并且尚无实权的日子里,他跟那些人一度非常熟识。比如,他从来没提过前德国犹太复国主义组织行政官弗朗茨·迈尔博士。此人出庭证实,他在 1936 至 1939 年间同被告有过交往。某种程度上,迈尔博士证实了艾希曼供述的经历:在柏林确有合作,犹太高层可以"提出抱怨和诉求"。迈尔说,有时候"我们去要求些什么,也有几次他命令我们做什么";艾希曼当时"耐心地听我们讲,的确努力理解我们的处境";他的做法"非常正确","他曾称呼我'先生',还让我就座"。但是到了 1939 年 2 月,一切都变了。艾希曼召集德国的犹太领导人到维也纳来,向他们讲解他的"强制移民"新策略。他坐在罗特谢尔德宫一层的宽敞房间里,还能认出是他,但是这个人完全变了:"我马上告诉我的朋友,我不知道我要见的跟之前的是不是一个人。这种改变太可怕了……眼下我见到的这个人,如同手握生杀大权的判官。他接待我们的方式傲慢而粗鲁。他不让我们靠近他的桌子。我们不得不一直站着。"原告和法官一致认为,艾希曼升职掌握实权后,人格上经历了一场真
64 正而影响持久的变化。但是审判也表明,事实绝不会这样简单,他身上有时会"故态复萌"。有证人称于 1945 年 3 月在特莱西恩施塔特面见过艾希曼,当时艾希曼再一次表现出对犹太复国主义者的事业很感兴趣。该证人曾是犹太复国主义青年组织的成员,并且持有进入巴勒斯坦的证件。艾希曼在这次会面中"谈笑风生,态度友好,充满敬意"。(奇怪的是,辩护律师在辩护中从未提到过这位证人的证词。)

无论艾希曼在维也纳期间的性格转变有多么可疑，有一点确凿无疑：这次调任标志着他事业的真正起点。1937 到 1941 年间，他得到四次晋升；十四个月内，他从党卫军三级突击中队长升到了一级突击中队长（也就是说，从少尉升到上尉）；又过了一年半，1941 年 10 月，他当上了党卫军一级突击大队长，中校军衔；不久，他受命参与“最终解决”，这导致他最后被空运至耶路撒冷地方法院。“最终解决”令他十分难过，因为如他所见，在他所工作的部门已经无法继续晋升，他“停滞不前”了。他在之前短短四年里攀升的速度和级别都大大超出了他的预想，那时他可预料不到后来的事。在维也纳时，他表现出了英勇气魄；现在，他不仅被公认为一位“犹太问题”专家，熟悉庞杂的犹太组织和复国主义派别，而且还是一位精通移民和遣送领域的“权威”，一位熟悉人口迁移之道的“大师”。1938 年 11 月水晶之夜后不久，德国犹太人迫不及待地要逃离德国，这是最能展现他的身手的一次。很可能是在海德里希的倡议下，戈林决定在柏林建立帝国犹太移民中心；而在那封传达命令的信中，尤其提到要以艾希曼的维也纳办公室为模版，建立一个中央局。柏林办公室的主任并非艾希曼，而是他后来特别崇拜的上司、海德里希发掘的另一位人才：海因里希·米勒。海德里希刚刚把米勒从巴伐利亚警察局（米勒当时甚至还不是党员，并且在 1933 年之前都 65
是反对派）调到了柏林的盖世太保组织，因为他在苏联警察体系方面是出了名的权威。对米勒而言，尽管必须从相对不太重要的任务起步，但这也算是他事业的开端。（顺便说一句，米勒并不像艾希曼那样喜欢吹牛，而是“像斯芬克斯一般捉摸不透”，这点人所共知。

他成功隐退了，没有人知道他的下落，尽管有谣言说，先是东德，现在是阿尔巴尼亚雇用了这位苏联警察专家为他们效力。）

1939年3月，希特勒占领捷克斯洛伐克，把波西米亚和摩拉维亚建成德国保护国。艾希曼立即受命为布拉格犹太人建立另一个移民中心。“一开始我不情愿离开维也纳，因为，如果你建立了这样一个分局，如果你看到一切都进展顺利、秩序井然，你不会想要放弃。”事实上，布拉格的确有些令人失望，虽然其体系与维也纳是一样的。因为“捷克犹太组织和维也纳负责人交互往来，我根本就无从干涉。维也纳模式直接被复制粘贴到了布拉格。如此一来，整个机构都自行启动了”。但是布拉格中央局要小得多，“我很遗憾，这里的人没什么才干，也不具备勒文赫斯博士那样的精力”。但是，同完全客观存在的重重困难相比，引发不满的这些个人原因似乎并不重要。成千上万犹太人在数年之内离开祖国，还有上百万人在排队等候，因为波兰和罗马尼亚政府在其公开声明中言之凿凿，他们也希望铲除他们境内的犹太人。他们不能理解，当他们紧随一个“伟大文明之国”的脚步时，为什么世界会感到愤慨。（在埃维昂国际会议上，这个巨大的潜在难民工厂得以曝光。埃维昂国际会议于1938年夏召开，目的是通过跨政府行动来解决德国的犹太人问题。这次
66 会议彻底失败，对德国犹太人造成了巨大伤害。）如今，海外移民的路径被阻断，而逃往欧洲其他国家的可能性在这之前就已完结。即便是在最好的形势下，假如没有战争破坏艾希曼的计划，他也很难在布拉格重写维也纳“奇迹”了。

对此他心知肚明。他的确成为一名移民事务专家，因此不能指

望他一腔热忱地去迎接他的下一项任命。1939 年 9 月战争爆发，一个月后，艾希曼被召回柏林接替米勒成为犹太移民中央局局长。若是在一年前，这的确算是一次真正的升迁；而今，时机不对。在当时的情况下，没有一个正常人想通过强制移民去解决犹太问题。战争期间，要把人们从一个国家迁往另一个国家，困难重重；而今，通过占领波兰领土，德国已经拥有两百万或两百五十万犹太人。希特勒政府仍然希望让犹太人离开（直到两年后的 1941 年秋，才下达禁止犹太人移民的命令）。就算当时已经作出任何“最终解决”的决定，都还未下令付诸实施，尽管犹太人已经被集中关押在东部且遭到特别行动队屠杀。按照“流水线原则”，柏林在组织移民方面干得相当漂亮；纵然如此，叫停移民都是再自然不过的事了。艾希曼把这个过程称作“类同拔牙……我可以说，双方都没什么兴趣。犹太方面很难获得任何移民机会，我们这边则门可罗雀。我们就在那儿，坐在一座巨大的房子里空虚地打哈欠”。很显然，假如他专长的犹太事务依旧只处理移民问题，那么他很快就会失业。 67

五　犹太问题解决方案
第二阶段：集中营

直到 1939 年 9 月 1 日第二次世界大战爆发，纳粹政权才公然变成极权主义，展现其犯罪的一面。从组织层面来看，朝这个方向迈进的关键一步，是希姆莱签署的一项法令。这项法令把党卫军的保安部，也就是艾希曼自 1934 年以来所属的部门，也是纳粹党机关部门之一，同国家常规安全警察相合并，其中包括秘密国家警察，也就是盖世太保。这次合并的结果是成立了帝国保安总局（R. S. H. A.），最初由莱因哈特·海德里希领导。1942 年海德里希死后，艾希曼在林茨的旧识恩斯特·卡尔滕布伦纳继任。所有警察官员，不仅有盖世太保的，还有刑事警察和治安警察中的警官，无论是否为纳粹党员，都根据此前的警衔在党卫军中获得了相应的军衔。这意味着，旧的国家公务员体系中重要的一分子被融合进纳粹等级中最极端的部门。据我所知，没有人提出抗议，或递交辞呈。（尽管党卫军的头目兼创始人希姆莱从 1936 年起就是德国警察总长，但到那时为止这两个机构都是相对独立的。）另外，帝国保安总局只是党卫军十二个总局之一，而按照当下的格局，这其中最重要的是由库尔特·达吕格领导的治安警察总局，负责抓捕犹太人，以及奥斯瓦尔德·波尔领导的经济管理总局（W.V.H.A.），负责集中营以及后来灭绝行动中的“经济”事务。 68

把“管理”和“经济”这样的专业词汇分别赋予集中营和灭绝营，这种对“客观性”的追求乃典型的党卫军思维方式，也是艾希曼在法庭上颇引以为豪之事。这种“客观性”不仅将党卫军跟“情绪化的”施特赖歇尔这个“不切实际的傻瓜”之辈区别开来，还同“那些仿佛披戴兽角和毛皮的条顿日耳曼式的党内要员”划清界限。艾希曼十分景仰海德里希，因为后者根本就不喜欢此类无稽之谈；而他之所以反感希姆莱，首先是因为，这位党卫军头目兼德国警察总长尽管执掌党卫军所有总局，却还是任由自己“至少在很长一段时间内受施特赖歇尔影响”。然而到了审判期间，抢走这枚“客观性”勋章的并不是被告，不是这位前党卫军上校，而是来自科隆的税法与商业法资深律师塞尔瓦蒂乌斯。他从未加入过纳粹党，却想给法庭一记教训并让听者铭记，什么叫作“不情绪化”。辩护方的口头申述过程当属整个庭审中的少数重要时刻，此后，法庭休庭四个月撰写审判书。塞尔瓦蒂乌斯声称，“收集骨骼、消毒、毒气杀人以及**类似的医疗事件**”的指控不成立，被告无辜。哈拉维法官打断他说：“塞尔瓦蒂乌斯博士，我认为您说毒气事件是一宗医疗事件，一定是口误。”塞尔瓦蒂乌斯答道：“因为是由医护人员筹备的，所以这的确是一起医疗事件；**这是杀人事件，而杀人本身也是一宗医疗事件。**”另外，也许是为了确保让耶路撒冷的法官们记住，即便在今天，德国人——普通的德国人，而不是前党卫军成员，甚至不是纳粹党员——如何看待在其他国家被叫作谋杀的行为，他重复其在“对初审法院判决的评论”中的那句话，那句为提交最高法院复审时准备好的话；他再次说，不是艾希曼，而是他的手下罗尔夫·金特“一直负责医疗事件”。（塞尔瓦蒂乌斯博士很了解第三帝国的“医疗事
69 件”。在纽伦堡，他为卡尔·勃兰特博士做过辩护；勃兰特博士是希特勒的私人医生，“卫生和健康”全权代表，而且还是安乐死项目的最高长官。）

在战时组织里，党卫军每个总局被分成不同的办公部门。帝国保安总局最终包含七个主要部门。四局是盖世太保局，由分队长（陆军少将）海因里希·米勒领导，他的级别是在巴伐利亚警局获得的。他的任务是对付“国家敌对分子”，这其中包括两类人，分别由 A，B 两个部门来处理：IV-A 处负责共产党、蓄意破坏者、自由派和刺杀活动，IV-B 处负责“宗派”，也就是天主教会、新教教会、共济会（此职位一直空缺）和犹太人。每一个处都有自己的办公室，名称按照阿拉伯字母排序。最终，艾希曼在 1941 年被安排到帝国保安总局办公室 IV-B-4。由于他在 IV-B 处的直系上司是个一无是处的人，他的真正领导一直都是米勒。米勒的上司是海德里希，后来变成了卡尔滕布伦纳。这两个人均受希姆莱领导，而希姆莱直接听命于希特勒。

除了十二个总局之外，希姆莱还主持了一套完全不同的组织体系，在执行“最终解决”的过程中同样起着至关重要的作用。这一组织体系是由高级党卫军军官及警察头目团（HSSPF）组成的网络，

负责指挥地方组织，其命令链并不与帝国保安总局挂钩，而是直接对希姆莱负责，人员职位高于艾希曼及其下属。另一方面，特别行动队听命于海德里希和帝国保安总局。这当然不表示艾希曼同他们一定有直接关联。特别行动队指挥官的头衔同样高于艾希曼。从技术层面和组织层面上看，艾希曼的职位并不算高；他的位子之所以重要，仅仅因为犹太问题。出于纯粹意识形态的原因，日复一日，月复一月，年复一年，其地位也水涨船高。到了 1943 年战局转为接连溃败前，这个职位已经举足轻重了。到最后，他这里依旧是 70
处理“敌人，犹太人”的唯一官方部门。然而事实上，他已经失去了垄断地位，因为所有的部门和机构、州省和党派、军队和党卫军，此时都在忙于“解决”那个问题。即便我们把注意力仅仅放在警察机器上，对所有其他部门忽略不计，场面依然复杂到荒诞不经；除了特别行动队、高级党卫军军官及警察头目团外，还须考虑秘密警察和安全部门的指挥官和督察。所有这些机关团体都隶属于完全不同的命令链条。尽管所有链条最终都指向希姆莱，但各个部门彼此同级，互不听命。不得不承认，检控方每次想给艾希曼加上某个特别罪名时，都要大费周章地在这些并列机构组成的迷宫里找出一个头绪来。（如果审判发生在今天，这个任务恐怕要简单得多，因为在《欧洲犹太人的毁灭》中，劳尔·希尔伯格首次厘清了这台复杂到令人难以置信的毁灭机器。）

再者，不容忘记的一点是，所有这些手执大权的机关单位竞争激烈。这种竞争关系对于他们的受害人而言有百害而无一利。他们在事业上都有着同一个目标：将犹太人赶尽杀绝。这种竞争精神当然激励每一个人忠于自己的组织，直到战争结束，这精神仍然存在，只是现在起的是反作用：每个人都渴望通过牺牲别的组织来“为自己的组织脱罪”。面对奥斯维辛指挥官鲁道夫·赫斯的回忆录时，艾希曼就给出了这样的解释。在这本回忆录中，艾希曼被指控犯下一些罪行，但他声称自己从未做过，并且也无权去做那些事。艾希曼很快承认，赫斯跟他的私交一向很好，因此没有任何个人理由让他为毫不相干的事情背黑锅；但是他坚称，赫斯想要为他所属
71 的经济管理总局开罪，并把所有罪责推给帝国保安总局。这种说法自然没人相信。纽伦堡审判时也发生过类似情形，罪犯们互相指责，那一幕真是令人大跌眼镜！尽管他们当中没有一个人怪罪希特勒。但这并非只是为了保全自己而牺牲他人；被告们代表着各种不同的机构组织，相互之间结怨甚深。我们之前提到过汉斯·格洛布克博士，他在纽伦堡审判出庭作证时，试图通过指责外交部来为自己的内政部脱罪。而另一方面，艾希曼总是尝试袒护米勒、海德里希、卡尔滕布伦纳，尽管后者对待他的态度曾经极其恶劣。毫无疑问的是，耶路撒冷的检控官犯下的一个重大事实性错误是，过于依赖（在世或过世的）前纳粹高官经过宣誓或未经宣誓的口供；检控官没有发现，或许我们也不能指望他发现，把这些文件当作事实依据是多么站不住脚。连审判庭也在衡量其他纳粹战犯证词之后，指出（用一位辩方证人的话说）“在审判战争罪犯的时候，通常都会把尽可能多的罪名加在那些不在场或者被认为已经死去的人头上”。

当艾希曼加入他在帝国保安总局第四局的新办公室时，他仍然要面对令人不安的两难局面。一方面，“强制移民”是解决犹太问

题的官方模式；另一方面，移民却进行不下去了。他在党卫军生涯中第一次（差不多也是最后一次）受情势所迫而主动采取措施，看看能否“想出一个点子来”。根据他在警察讯问中给出的口供，他所幸想出了三个方案，最后却不得不承认，那只是三朵无果之花。他按自己的方式试行的每件事都保准会出差错。最后的致命一击是，他还没来得及在苏联坦克面前尝试自己的方案，就得“遗弃”柏林的私人堡垒。沮丧得无以复加。这真是个不幸的故事，假如真的有过这回事的话。在他眼中，无尽烦恼的根源就是，其他州省和党派部门都想在他和他手下的“解决方案”中分一杯羹；结果，不折不扣的“犹太专家”大军突然从天而降，为率先抢占自己一无所知的 72
领域而无所不用其极。艾希曼强烈鄙视这些人，部分由于他们是后来者插足，部分由于他们想要发财，工作中也是大捞特捞，还有一部分原因是他们愚昧无知，没读过哪怕一两本“入门书籍”。

他的三个梦想还要拜这些“入门书籍”所赐。但是事实证明，这三个想法中有两个并非他的原创。至于第三个，好吧，“我也不知道究竟是施塔勒克［他在维也纳和布拉格的上司］还是我本人想出来的，不管怎么说，这个想法成形了”。这最后一个想法，从时间上看倒是最先萌生的，就是“尼斯科计划”。在艾希曼看来，它的破产最好地证明了那些插足行径的罪恶。（这起事件中的罪人是波兰总督汉斯·弗兰克。）为了理解这个计划，我们必须指出，在德国征服波兰之后、进攻苏联之前，德国和苏联共同瓜分了波兰领土。德属波兰由西部领土（被并入德国）以及所谓的东部地区（包括总督府所在地华沙）组成。当时，东部地区被当作占领区。鉴于当时德国无犹化目标的解决方案仍是"强制移民",那么生活在附属国波兰境内的犹太人,与滞留在德国其他地区的犹太人,当然应该一同推给总督府;而这个总督府,无论它可能是什么性质,都不会被列为德国的一部分。到 1939 年 12 月,向东部的遣送行动已经开始,包括六十万来自合并后区域以及四十万来自德国本土的总计约一百万犹太人陆续抵达总督府。

如果艾希曼所说的尼斯科历险是真的——当然也没什么理由不相信他——那么他,或者更有可能是他在布拉格和维也纳的上司
73 弗朗茨·施塔勒克准将,一定早在几个月前对事态的发展就已翘首期盼了。这位施塔勒克博士,正如艾希曼(每次都不忘带着博士二字)毕恭毕敬称呼的那样,在艾希曼看来是个非常卓越的人,具备良好的修养和见识,"是一个不带任何仇恨情绪和沙文主义色彩的人"——在维也纳,他曾经同犹太长老握过手。一年半以后的 1941 年春天,这位素养极高的绅士被任命为特别行动队 A 队指挥官;一直到 1942 年他在东线被杀之前,不到一年的时间内,他对二十五万犹太人实施了枪杀行动。他志得意满地亲自把这个消息汇报给希姆莱,尽管特别行动队本属海德里希所管辖的安全警察及党卫军安全部。不过这都是以后的事情了,1939 年 9 月,当德国国防军还忙于占领波兰,艾希曼和施塔勒克博士就开始"私下"思考,如何让安全局对东线施加影响了。他们需要的是"波兰境内足够广阔的领土,并且从这块领土中分割出一块成立犹太自治区,一个保护国……这有可能就是**最终**解决方案"。他们立即自行展开侦察行动,未经任何人的指令。他们来到距离苏联边境不远的桑河畔的拉

多姆区。他们看到“广阔的领土、村庄、集市、小镇”，这时“我们暗想：这就是我们需要的。既然到处都是搬迁户，为什么不能把人迁到波兰安置呢”。这将成为“犹太问题的解决方案”，至少他们暂且有了自己的一片土地。

起初，一切似乎都在有条不紊地进行着。他们找到海德里希，海德里希表示赞同并且让他们放手去做。他们的计划同海德里希对当时阶段“犹太问题”所做的总体规划恰好一拍即合，尽管艾希曼在耶路撒冷把这件事忘得一干二净。1939 年 9 月 21 日，海德里希召集安全总局和特别行动队（在波兰已经开始执行任务）的“部门负责人”开会，在这次会上作出下一步总指示：集中关押犹太人，建立犹太长老委员会，并把全部犹太人遣送到总督府区域。以色列警察第六局在华盛顿国家档案馆发现，会议记录证实，艾希曼出席 74
了这次建立“犹太移民中心”的会议。由此，艾希曼或者施塔勒克的主动性，发展成了为执行海德里希的任务而生的具体计划。而眼下，成千上万主要来自奥地利的犹太人，仓皇之中被运到了这个上帝遗忘的地方。后来负责遣送荷兰犹太人的党卫军军官埃里希·拉亚科维奇对他们解释道：“元首已经同意犹太人建立一个新的家乡。这里没有房屋。如果你们建造，你们就有了家。这里没有水，周围所有的井都受到了病菌污染，会传播霍乱、痢疾和伤寒。如果你们打井，你们就有水喝。”“一切”看起来“美妙至极”，只是一些犹太人被党卫军赶出这天堂，驱赶至苏联，而另一些犹太人则嗅觉灵敏，主动选择了逃亡。但在当时，艾希曼抱怨道，“障碍始于汉斯·弗兰克”，他们忘了知会他，尽管这的确是“他的”地盘。“弗兰克上报到柏林，一场激烈的拉锯战开始了。弗兰克想要自己全权处理自己的犹太问题，他不希望他的总督府再接纳任何犹太人。那些已经抵达的犹太人得马上消失。”他们的确消失了，一些甚至被遣返，这在从前是不可能的，以后也绝不会发生。那些回到维也纳的人，被警察局注册为“职业集训归来”。这是一种奇特的倒退现象，又退回到纳粹运动亲犹太复国主义的阶段。

艾希曼渴望为“他的”犹太人争取到一些领土，这种渴望最好联系他自身的职业生涯来理解。尼斯科计划“诞生”于他事业急速上升的时期，他极有可能视自己为未来“犹太国”的总督，就像汉斯·弗兰克在波兰的地位，或者未来的保护官，好比海德里希在捷克斯洛伐克那样。然而，整个事业惨遭滑铁卢，在客观可能性和“个人”主观欲望的问题上，一定给了他一个教训。既然他和施塔勒克都在海德里希的命令下行事，并且得到后者的明确肯定，那么对犹太人实施的这次奇特的遣返，显然给警察和党卫军暂时造成了打
75 击。而这次遣返一定也教会了他，自己所在组织的权力尽管稳步提升，却并不代表可以所向披靡；国家部委以及其他党政机构，也都在为避免权势流失而摩拳擦掌。

艾希曼为“让犹太人脚下有坚实的土地”所做的第二次尝试，是马达加斯加计划。该计划要将四百万犹太人从欧洲运往那个距离非洲东南海岸不远的法属海岛上。该岛面积 227 678 平方英里（约 589 900 平方公里），土地贫瘠，原住人口 437 万。这个计划本来由外交部提出，然后转至帝国保安总局。因为用马丁·路德博士（此人在威廉大街处理一切犹太人事务）的话说，只有警察“掌握大

规模遣送犹太人的经验和技术手段，同时确保对被遣送人员实施监
管”。“犹太国”原设受控于希姆莱的警察总长。这个计划本身就有
一段离奇的历史。艾希曼把马达加斯加错当成乌干达，总说自己怀
着“犹太国思想的先锋人物特奥多尔·赫茨尔曾经的梦想”。不过
确实早有人作过类似设想。早在 1937 年，波兰政府就大费周章地
考察过这个计划，最后发现不大可能把三百万犹太人安全海运到马
达加斯加；之后，法国外交部长乔治·博内提出相对保守的遣送计
划，希望将大约二十万法国外籍犹太人运往法属殖民地。他甚至于
1938 年跟他的德国同行约阿希姆·冯·里宾特洛甫提议过此事。
无论如何，1940 年夏天，当艾希曼的移民生意完全陷于停滞状态
时，他被派去设计一个遣送四百万犹太人到马达加斯加的详细方
案。这个计划应当占据了他的大部分时间，直到一年后德军进攻苏
联时才有所转变。（四百万对于实现欧洲无犹化还只是九牛一毛。
这其中显然不包括三百万波兰犹太人。众所周知，在战争刚刚爆发
的日子里，那些人就开始遭到屠杀。）除了艾希曼和其他少数更不权
威的专家之外，似乎没有谁再重视这件事了，因为大家都知道那个
地方不适合殖民，何况它毕竟是法属领地。就算这两点都可以忽略 76
不计，这个计划仍需要能容纳四百万人的船只，而且还是在英国海
军统领大西洋的战时实施。马达加斯加计划一直旨在扮演掩护的
角色，其真正目的是要为从生理上灭绝西欧地区所有犹太人做进一
步准备（对波兰犹太人的灭绝并不需要这样的掩护！）；同那些费尽
心力却总在思路上比元首慢半拍的专业反犹部队相比，马达加斯加
计划的最大优势在于，它熟谙之前的一切暗示——什么特别法案，

什么“异化”，什么犹太人聚居区，都只是过程；把欧洲犹太人赶尽杀绝，才是最终目标。一年后，马达加斯加计划宣告作废，每个人从心理上，或者说，从逻辑上，都已做好了下一步准备：既然根本就不存在可供“遣送”之地，那么唯一的“解决方案”就是灭绝。

为后代揭露真相的艾希曼从未意识到这些险恶算计。马达加斯加方案之所以无果而终，最大的问题是缺少时间。时间都被其他部门没完没了的指手画脚给耽误了。在耶路撒冷，警方和法院都试图打消他对此计划表现出的得意。他们向他出示两份上文提及的1939 年 9 月 2 日会议的相关文件，其中一份为海德里希撰写的电传，包含对特别行动队的一些指示。这是第一次对“最终目标”（“要求较长一段时期”，并且被当作“最高机密”）和“达到这个最终目标的各个阶段”作出区分。“最终解决”一词尚未出现，而且这份文件对于“最终目标”的含义并未作出解释。于是，艾希曼可以说，那好吧，“最终目标”就是他的马达加斯加计划。当时，这个计划在德国所有部门早已传得沸沸扬扬。对于一次大规模遣送行动，集合所有犹太人，不可避免地成为一个预备“阶段”。但是，在仔细阅读这份文件之后，艾希曼马上说，他确信“最终目标”只可能意味着
77 “生理灭绝”，并且总结说，“这个基本思路已经扎根在高层甚或顶层人物的脑子里”。这也许是真话，接下来他本该承认，马达加斯加计划不过是一场骗局。可他并没有那么做，他从未改变过他那个关于马达加斯加的说辞，也许他就是没法更改。这个故事仿佛被他的头脑录制在一盘特殊的磁带上。有了这盘磁带，他似乎就有了对抗任何形式的理性、论证、信息以及洞见的依据。

他记得，战争爆发（希特勒在1939年1月30日的国会演讲中，“预言”战争将“消灭欧洲的犹太人种”）与入侵苏联之间存在针对中、西欧犹太人行动的空档期。可以确信的是，当时在德国各个政府部门以及被占领国当局也都在各尽其力地消灭“敌人，犹太人”，但并没有统一方针；看似每个部门都有自己的“解决方案”，而且似乎都得到高层默许而各行其是，或者同其他部门的解决方案一决雌雄。艾希曼的办法是建立一个警察国家，因此需要一大片领土。他的一切“努力都付诸东流，因为相关人员不够理解他”，因为存在“竞争”、吵闹、拌嘴，因为每个人“都想说了算”。忽然间就来不及了：攻打苏联的战役“如晴天霹雳，突然爆发”。他的梦就此破灭了，同时终结的还有“为平衡双方利益寻求解决方案的时代”。另外，他在阿根廷撰写的回忆录中承认，“一个用法律、条令、规定来对待犹太个体的时代结束了”。按他的说法，结束的还远不止这些。他的事业也到头了，尽管从他眼下的“名声”来看，这样说简直是疯了，但也不可否认，他说的有一定道理。因为，无论是在“强制移民”的现状下，还是在一个纳粹统治的犹太国梦想里，他所在的部门都曾是一切犹太事务的终极权威；而现在，“关涉到犹太问题的最终解决，它竟退居二线，因为现在的任务都被转移到了不同部门，谈判协商也由其他总局来执行，听任前党卫军头目和德国警察总长的指挥”。 78
这里所说的“不同部门”，是遴选出来的杀手团，他们在东部作为作战部队的后方，有着特殊使命，即对当地居民尤其是犹太人进行屠杀。而另一个总局，是奥斯瓦尔德·波尔领导的经济管理总局。艾希曼必须向其申请，才能获悉每次遣送犹太人的最终目的地。目的地要根据不同杀人组织的“吸收能力”，同时也要根据大量工业企业的奴隶劳工的需求来确定（很多企业发现在死亡营附近建立分厂有利可图）。（除了党卫军旗下那些不太重要的工业企业，法本化工公司、克虏伯工厂、西门子—舒克特工厂都制订了在奥斯维辛地区以及卢布林死亡营附近的建厂计划。党卫军同商人之间的合作完美无缺；奥斯维辛的赫斯就同法本化工公司代表的交情很好。工人工作条件极差，假借劳动杀人的险恶用心昭然若揭。据希尔伯格的说法，在法本化工公司工作的三万五千名犹太人中，死亡人数至少达到两万五千人。）对艾希曼而言，遣送和运输不再是“解决方案”的最后阶段。他的部门成了纯粹的工具。于是，当马达加斯加计划被束之高阁时，他感到十分“怨愤和失望”；唯一尚可聊以自慰的是，他在 1941 年 10 月晋升为党卫军一级突击大队长。

艾希曼记忆中最后一次自发的努力，发生在进攻苏联的三个月后，即 1941 年 9 月。那时，安全警察总长和保安总局局长海德里希刚刚成为波西米亚和摩拉维亚保护官。为了庆祝此事，他召开新闻发布会，承诺用八周时间清除保护国内所有犹太人。发布会后，他跟几个志同道合的人共商大计，这些人包括弗朗茨·施塔勒克（当
79 时是安全警察在布拉格地区的指挥官）、国务秘书长卡尔·赫尔曼·弗兰克（前苏台德地方长官，在海德里希死后迅速继任保护官一职）。弗兰克在艾希曼眼里是个无用之辈，一个“施特赖歇尔式的仇犹分子，根本不懂通过政治方法解决问题，独断专行，我得说，他迷失在权力之中，只知道发号施令”。不过除了这一点之外，整个发布会还是挺令人愉快的。海德里希第一次露出“更有人情味的一

面”，并且坦率地承认，“在发布会上信口开河说错了话”。这“对于了解海德里希的人来说，没什么可大惊小怪；他就是个有口无心的人，经常口无遮拦，事后后悔”。海德里希自己说：“闯祸了，这下我们该怎么办?”艾希曼继而说：“既然话已出口，没法收回，那么只剩下一种可能。拿出足够大的空间，让散居在保护国波西米亚和摩拉维亚的犹太人住进去。”（一个犹太人的家乡，大流散中的犹太人聚集营。）不幸的是，弗兰克，这个施特赖歇尔式的仇犹分子，之后制定了一个具体方案，将“空间”选在了特莱西恩施塔特。或许是被权力冲昏头脑的海德里希直接命令特莱西恩施塔特当地的捷克人搬走，好给犹太人腾出“空间”来。

艾希曼被派到那里观察事态进展。令他大失所望的是：波西米亚人的城防位于伊格河畔，面积太小，那里最多可以为生活在波西米亚和摩拉维亚的九万犹太人中的一部分提供中转。（对于大约五万名捷克犹太人来说，特莱西恩施塔特的确成了一个通往奥斯维辛的中转站；而与此同时，大约两万多人被直接遣送至奥斯维辛。）尽管艾希曼的记忆漏洞百出，不过有可靠资料表明，海德里希最初将特莱西恩施塔特作为某些高级犹太人的特殊集中营，关押犹太长老会委员、声名显赫人士、有杰出贡献的退伍老兵、伤残军人、同非犹太人结婚的犹太人、六十五岁以上的德国犹太人（因此别名“老 80
年营”）。这一集中营以德国犹太人为主，但不排斥来自其他国家的犹太人。然而，即便是对这些计划内人口，这个城的面积也过于狭小。1943 年，集中营建成一年后，这里开始了“瘦身”或者叫“松骨”行动，即通过遣送部分人口至奥斯维辛，缓解人口过剩的局面。

某种层面上说，艾希曼的记忆没有差池。特莱西恩施塔特集中营的确是唯一一个不受制于经济管理总局，而是始终直接由他指挥的集中营。其指挥官都是他的手下，并且级别在他之下；也只有在这个集中营里，他还有那么点耶路撒冷检控官用来指控他的呼风唤雨的威力。

艾希曼的记性似乎没有时间概念。他给莱斯警官讲述的特莱西恩施塔特事迹要比事实早两年。他当然没有严格遵循时间顺序，不过也不是毫无章法地乱讲。他的记性就好比一个仓库，里面堆满了最低劣的人情世故。一回想到布拉格，他脑中就出现伟大的海德里希亲自向他展示“更有人情味的一面”。几场庭审之后，他想起有一次出差到斯洛伐克的布拉迪斯拉发；也就是在那时，海德里希遇刺身亡。他记得自己是应当时德属斯洛伐克傀儡政府的内政部长萨诺·马赫之邀前往的。（在那个激烈反犹的天主教政府里面，马赫代表了德国版的反犹主义；他拒绝给受洗的犹太人提供特许，同时他还是斯洛伐克犹太人遣送工作的主要负责人之一。）艾希曼之所以记得此事，是因为对他而言，收到来自政府官员的社交邀请并非寻常。这是一种荣耀。按艾希曼的说法，马赫是个性情随和的好人，还邀请他打保龄球。战争还在进行，他在布拉迪斯拉发除了跟内政部长打保龄球之外真的再没有别的公务了吗？是的，没有任何别的事了。他清楚地记得，刺杀海德里希的消息传来时，他们当时是怎么打的保龄球，饮品是怎么端上来的。四个月里录制五十五盘
81 磁带，之后莱斯警官又回到这件事上，艾希曼几乎一字不差地重复了相同的故事，只补充说这一天令他“难忘”，因为他的“上司被谋

杀了”。不过这一回，摆在他眼前的一份文件却表明，他被派往布拉迪斯拉发是去商讨“当时斯洛伐克犹太人的遣送行动”。[1] 他马上改口承认道：“没错没错，那是柏林下的命令，他们不是派我去打球的。”难道他几个月里以高度的一致性撒了两次谎？不大可能。对犹太人的驱逐和遣送行动已经成了家常便饭，打保龄球、成为部长的座上宾、听闻海德里希遇刺才令他印象深刻。就他那个记性，自然记不住这值得铭记的日子，这位“刽子手”遭捷克爱国战士枪杀的日子是在哪一年。

假如他的记性能再好一点儿，他根本就不会提起特莱西恩施塔特的事。因为这一切都发生在挥别“政治解决”、开始“生理解决”的年代。事件发生时，他已知道元首下达“最终解决”的命令，另一次在其他语境下，他毫无顾忌地承认了这一点。若要实现海德里希所承诺的将波西米亚和摩拉维亚无犹化的时间节点，则只可能意味着把犹太人集中并遣送到一些地点，再从那里输送到屠杀中心。实际上，此时的特莱西恩施塔特已经有了另外的功能。特莱西恩施塔特成为对外的展厅——这里是国际红十字会代表唯一获准进入的集中营。当然，那是另一个话题了。当时，这些无疑是艾希曼无暇顾及的事情之一；而且无论如何，这种事情也完全不在他的能力范围之内。 82

[1] 按本书德语版，这份文件上写道：“党卫军一级突击大队长艾希曼奉安全警察总长、保安处处长之命，于1942年5月26日至5月28日前往斯洛伐克，目的：商讨眼前斯洛伐克地区犹太人遣散问题。”——译注

六　犹太问题的最终解决：屠杀

1941年6月22日，希特勒对苏联发起进攻。六或八周之后，艾希曼被召到海德里希在柏林的办公室。7月31日，海德里希收到一封来自赫尔曼·戈林的信。戈林时任帝国元帅、空军总司令、普鲁士总理、四年计划全权代表，另外，他在国家领导层（有别于党内职务）中的地位仅次于希特勒。这封信任命海德里希“就欧洲境内德国势力范围内的犹太人问题准备总体解决方案”，并递交“一份……对犹太问题执行最终解决的总动议书”。海德里希在1941年11月6日给国防军最高统帅部的信中提到，当他收到这些指示的时候，已经“受命筹备犹太问题的最终解决工作多年”（赖特林格语）。从苏联战事之初，他就负责东部特别行动队的大屠杀事务。

海德里希跟艾希曼的面谈，以“移民问题的小型演说”开篇（尽管希姆莱对除特例之外的所有犹太人的移民禁令几个月后才正式下达，但实际上移民已经中止了）。然后他说：**“元首命令对犹太人实施生理灭绝。”**接下来“他一反常态地沉默了很久，似乎想要印证自己的话掷地有声。我到今天都记得。因为他的措辞小心翼翼，一开始我没抓住他要说的重点；后来我明白了，却什么也没有说，因为我已经无话可说。因为这种事情，这种暴力解决方案，我从来就没 83
有想过。我现在已经一无所有，我失去了工作的快乐，没法积极主动，我几乎被掏空了。这时候他对我说：‘艾希曼，你到卢布林去看看格罗波尼克［希姆莱在总督府的高级党卫军军官、警察头目之一］，帝国领袖［希姆莱］已经向他下达了紧急命令，您去看看他的进展如何。我想，他用了苏联坦克战壕去消灭犹太人。’会面的最后他说的这些话我至死难忘”。实际上，艾希曼在阿根廷时还记得，可到了耶路撒冷就忘了。因为此番对话关系到他在屠杀进程中所负的责任，遗忘对他很不利。其实海德里希不止说了这些：他告诉艾希曼整个行动“都转交给经济管理总局”。也就是说，行动不再受他自己的帝国保安总局所辖。此外，灭绝行动的官方代号就是“最终解决”。[1]

艾希曼绝不在最先得知希特勒意图的人之列。我们看到海德里希已经朝这个方向努力多年，很可能从战事爆发之初就已开始；而希姆莱也称，1940年夏天法国战败后，他马上被告知（并抗议）这一“解决方案”。到了1941年3月，大概艾希曼与海德里希会面六个月前，“灭绝犹太人一事在党内高层就已经不是秘密”，这一点元首办公厅主任维克托·布拉克在纽伦堡庭审中已经证明。然而，艾希曼在耶路撒冷尽力澄清，他从来就没有进入到纳粹党高层，结果却徒劳一场。他向来只被告知完成特殊的、限制性工作所应该知道

---

① 本书德语版（169页）中还补充了一句，说他的报告“跟生理灭绝毫无干系，而是一个纯粹的警务行为，也就是说，局限于侦查任务”。——译注

的信息。他的确是底层梯队中最早获知“最高机密”事务的人之一。甚至在传遍党政机关、与奴役劳工相关的企业以及最后整个军队军官阶层以后,这件事依然是“最高机密”。当然,保密是有一个实际目的的。那些详细知晓元首命令的人不再只是“传达命令的
84 人”,而是晋级为“携带秘密的人”,他们须再举行特别宣誓。(艾希曼1934年以来就在帝国保安总局工作,其成员在任何情况下都要发誓保密。)

再者,除特别行动队的报告外,所有同此事相关的书面材料都必须遵守严格的“语言规则”,很难在这些资料中找到诸如“灭绝”、“清除”、“屠杀”这类明目张胆的词汇。杀戮被替换成“最终解决”、“外迁”、“特殊处理”;遣送至特莱西恩施塔特,也就是为优等犹太人准备的“老年营”,称作“更换居住地”,而其他的遣送被冠名为“迁居”;“东部劳动力”之所以叫“劳动力”,是因为犹太人通常被暂时安置在隔都,而且其中有一部分人被用作临时劳动力。遇到特殊情况时,有必要对语言规则进行微调。于是,外交部的一位高官有一次建议,在同梵蒂冈进行的所有通信中,屠杀犹太人被统称为“极端解决”;这个想法很巧妙,因为,在纳粹看来,斯洛伐克天主教傀儡政权(梵蒂冈已经插手其中)的反犹法令还“不够极端”,把受洗犹太人排除在外是个“根本性错误”。只有当没有外人在场时,这些“携带秘密的人”才能不用暗语讲话,而在执行他们的日常屠杀任务时,是不可能这样做的,在他们的速记员和其他同事在场的情况下尤其不能。无论这些语言规则因何而起,事实证明,这套语言极大地促进了来自不同部门的人员遵守秩序、有条不紊;而他们彼此

间的通力合作,乃是这项事业成败之关键。另外,“语言规则”本身就是一个代号,它在日常语言中叫作谎言。因为,假如一个“携带秘密的人”被派去会见一个“外人”,比如艾希曼就曾被派到特莱西恩施塔特集中营去会见瑞士来的国际红十字会代表,收到命令的同 85
时,也收到了他的“语言规则”,其中包括谎称伯根—贝尔森集中营伤寒肆虐,否则,先生们肯定也想去参观一下那里的。这套语言体系的实际结果并不是令人漠视自己的所作所为,而是阻止他们把关于谋杀和谎言的“普通”认识与眼下之事画上等号。艾希曼特别爱喊口号、说套话,而且又不大会正常交谈,于是,他自然成了“语言规则”的最佳实践者。

然而正如艾希曼很快发现的,这套体系并不能完全与现实隔绝。他到卢布林去见武装党卫军准将、前维也纳地方长官奥迪洛·格罗波尼克。虽然控方一再强调是艾希曼“向他本人亲自传达对犹太人执行生理灭绝的密令”,不过格罗波尼克当然在艾希曼之前就已经获悉此事。他使用了“最终解决”这个短语,作为某种确定自我身份的密码。(控方提出了相似的论断,足以表明控方在第三帝国的官僚制度迷宫里是怎样地毫无头绪。控方以奥斯维辛指挥官鲁道夫·赫斯为例,他也被认为是通过艾希曼接到元首指示的。辩方最后以“无确凿证据”为由反驳这一错误。实际上,赫斯本人在对他自己的审判中证实,他是直接从希姆莱那里接到这个命令的。他补充说,1941 年 6 月,希姆莱告诉他艾希曼将同他讨论某些“细节”。赫斯在回忆录中称,这些细节关系到毒气的使用,而艾希曼对此极力否认。艾希曼很可能是对的,因为其他所有资料都跟赫斯的说法相矛盾。资料还表明，集中营书面或口头的灭绝命令，均经由经济管理总局，由局长奥斯瓦尔德·波尔，或武装党卫军中将里夏德·格吕克斯下达，而后者是赫斯的顶头上司。[赫斯证词的可信性令人生疑，详情参见 R. Pendorf, *Mörder und Ermordete*,1961]而艾希曼同毒气杀人毫不相干。他定期与赫斯谈论的“细节”是集中营的屠杀能力，即每周能容纳多少仓人，也许还包括扩充计划。）艾
86 希曼抵达卢布林时，格罗波尼克非常热情，跟一个下属带他四处参观。他们穿过森林来到马路上，马路右侧是工人们居住的普通住房。治安警长（也许就是刑事警官克里斯蒂安·维尔特本人，受元首办公厅直接领导，一直负责毒杀德国“病入膏肓者”的技术问题）来迎接他们，带他们看了几间木质小板房，然后“用一副小市民的、没教养的、粗鲁的嗓音”讲解：“他是如何做好隔离，启用苏联潜艇的引擎，释放毒气并将建筑中的犹太人毒死的。我也觉得这太可怕了。我不够坚强，不能听着这样的事情还能无动于衷。……至今我连伤口都无法直视。我就是那样的人。因此人们常跟我说，我当不了医生。我至今仍然记得，在脑海里设想那些画面，然后我的身体也开始不舒服，就好像它也经历过如此的焦虑不安。每个人都有过类似的体验，它会让人心里的悸动久久不散。”

他还算幸运，因为他看到的只是未来特雷布林卡一氧化碳毒气室的准备工作。特雷布林卡是东部的六个死亡营之一，数十万人死在了那里。随后不久，同年秋天，他被直属上司米勒派去波兰西部瓦尔特高地区（也就是被并入德国领土的区域）视察灭绝中心。这个死亡营位于库尔姆（或者用波兰语，叫海乌姆诺）。1944 年，来自

欧洲各地的三十多万犹太人，先是“落脚”在罗兹隔都，后在库尔姆集中营被杀害。一切进行得如火如荼，不同的只是方式——流动的毒气车取代了毒气室。这就是艾希曼所看到的：犹太人在一个大房间里，被命令脱掉衣服；接着来了一辆卡车，直接停在门口；赤裸的犹太人被命令走上车，车门关闭，卡车开走了。“我没法说清楚［里面有多少犹太人］。我甚至都没能仔细看一眼。我做不到，我做不到，不，我受够了。那喊叫声，还有……我太震惊了。后来我也
把这些汇报给了米勒。他从我的汇报中没有得到多少有价值的东 87
西。之后我跟在卡车后面离开，看到了我生命中最恐怖的一幕。车停在一道长长的墓坑附近，车门打开，倒出尸体，扔进墓坑。尸体四肢那么柔软，好像还活着一样。我还看见，有一个老百姓用钳子拔他们的牙。然后我就跑开了——跳进我的车，嘴巴紧闭。那之后我在车里一连坐了好几个小时，跟司机一句话也没说。我受不了了。到极限了。我只记得，那有一个穿着白大褂的医生跟我说，我可以通过猫眼看一下卡车里面的人。我拒绝了。我做不到。我要离开这儿。”

不久以后，他就看到了更加恐怖的事情。同样是米勒的指示，他被派往白俄罗斯明斯克。米勒跟他说：“在明斯克，他们用枪杀死犹太人。我想听您汇报杀人过程。”起初似乎运气不错，因为他到达时，正巧“事情进入收尾状态”，对此他非常高兴。“我到那儿时，只看见几个年轻射手，向一个巨大壕沟里的死人射击。”不过他也看到了“让我受不了的一幕：一个女人，胳膊向背后伸着，接着我膝盖发软，走开了”。从明斯克回来的路上，他受命在利沃夫停留。这主意

似乎不错，因为利沃夫（或者叫伦贝格）曾是奥地利的城市。抵达那里时，他“在目击恐怖之后第一次看到了悦目的景象，即为纪念弗朗茨·约瑟夫皇帝即位六十周年所建的火车站”——那是艾希曼一直“仰慕”的一段历史时期，因为他从小在父母那儿听说了那个时代许多美好的事情；还有人告诉他，他继母的亲戚们（他指的是家族里的那些犹太人）当时享受着舒适的社会地位，过着富足的生活。只看看这座火车站，压在心头的恐惧就烟消云散。他至今还对某些细节记忆犹新，比如雕刻的纪念年份。不过，也就是在这美丽的利沃夫，他犯下了大错。他会见当地党卫军指挥官并对他说：“这一带的事情太可怕了，我觉得年轻人会被训练成变态恶魔，怎么可以这
88 样？轻易地就把女人和孩子杀了！这怎么可以！我们的人会要么发疯，要么变态，我们自己的人。”可惜，利沃夫跟明斯克如出一辙。当地长官很乐意向艾希曼展示这些景象，虽然后者极力婉言谢绝。他看到了另一番“可怕景象。那里也有一个壕沟，已经填满，血如泉涌。这也是我前所未见的。任务进行不下去了，我驱车回到柏林，向米勒长官作了汇报”。

事情还没完。尽管艾希曼汇报说，他“不够坚强”，看不得那些场面，说他没当过兵，没上过前线，也没亲历过行动，说他睡不着觉，做噩梦，然而九个多月后，米勒还是派他回到卢布林地区，在此期间兴奋的格罗波尼克刚在那里完成他的筹备工作。艾希曼说，现在，才是他一生中经历的最恐怖的时刻。刚到时，记忆中的木质阁楼已不在，他认不出那里了。而向导还是当初那个人，还是用当初那副粗鲁的嗓音。他来到写着“特雷布林卡”的火车站。这个车站跟德

国任何地方的普通火车站没什么两样：同样风格的建筑、标识、时钟、装潢，模仿得太像了。“我在那里变得更加拘谨。我再也不走上前去看热闹了！但我还是看到，一队队赤裸的犹太人走进一所大厅似的房子，然后被毒死。在那里，有人跟我讲，他们被某种叫作氰酸的东西毒死。”

艾希曼实际上根本没看见多少东西。尽管他多次参观最大的，也是最为臭名远扬的奥斯维辛死亡营，但是位于上西里西亚、占地十八平方英里（四十平方公里）的奥斯维辛集中营，并不只是一个灭绝营；那里其实是一个硕大的产业，大约有十万营民，囚禁着各种类型的犯人，包括非犹太人和奴役劳工（他们不受毒气制裁）。想要避开屠杀装置很简单。艾希曼跟赫斯一向交情不错，所以赫斯没有带他去看那些恐怖场面。他从没参与过集体枪杀行为，没有真的亲眼见过毒气杀人的过程，也没参与过挑选工人——每次运来的人 89
里平均大约有四分之一首先被挑出来做苦工。眼之所见已经足够他去了解这架灭绝机器如何运作：有两种不同的杀人方式，枪杀和毒杀；枪杀由特别行动队来执行，毒杀则是在营地内部的毒气室或流动卡车里；营地里有精密的预防措施迷惑受害人，让他们到死也不明白究竟发生了什么事。

前文的引用都出自警方录制的磁带，在一百二十一次开庭中的第十次审判时全文播放。那是持续九个月的庭审中的第九天。被告人和辩方对磁带中支离破碎的陈述供认不讳。然而声音的主人，这个被厚厚的玻璃墙环绕的身体，也显得有形无实。塞尔瓦蒂乌斯博士未提出抗议，只是提出，“稍后，当辩方发言时”，他也会向法庭呈上被告向警方提供的一些证据。但他始终没有兑现。感觉他可以马上就做他的总结陈词了，因为在这场“历史性审判”中，针对被告的犯罪事实似乎已经收集完毕，对他的一切指控似乎都已得到确认。对于这起案件所涉及的事实部分（尽管不是检控官对艾希曼的所有指控）不存在疑义。这些事实在开庭审判之前久已成立，而且也一遍又一遍得到了他的供认。正如他自己偶尔说的，用这些事实判他绞刑绰绰有余。（警方讯问过程中，有时会让他承认一些他没做过或者记不得是否做过的事情，这时候他就跟审讯警官说，“假如那都是真的，我愿意承认”，他很明白，“只剩下死路一条”，说他不知道如何补偿这一切，“眼下已经足够置我于死地了”。）[1]但是，既然负责的是遣送工作，而不是屠杀，那么有个严正的法律问题依然悬而未决，就是他是否知道自己在做什么；由此衍生出另外一个问题，他是否有权判断自己的行为会造成什么影响并承担法律责任（暂不考虑他符合医学意义下的头脑健全这一事实）。两个问题的答案都是肯定的：他已经目睹过遣送目的地的设施，而且也被惊到不知所
90 措。最后一个问题，也是最令人无法释怀的，是由法官们尤其是主审法官一次又一次提出来的：杀害犹太人同他的良心是否相违背？不过，这是一个道德问题，答案可能并不具备法律效力。

假如案情事实已然澄清，那么还有两个法律问题跟着冒了出来。首先，按照他所引法律的第十条，由于他所做的一切是“为了自

---

① 此段引文译自德语版（177 页）。——译注

救于迫在眉睫的性命之危”，他能否不承担刑事责任？其次，他能否申请减刑，根据同一法律的第十一条：他是否曾“尽其所能降低犯罪后果的严重性”或者“竭力避免更加严重的后果”？很明显，在1950年制定《纳粹与勾结纳粹（惩罚）法》第十条、十一条之时，考虑的是犹太“同谋”。发生在各地的每个屠杀过程，都雇佣过犹太特别委员会，他们“为了自救于迫在眉睫的性命之危”犯下罪行；而犹太委员会和犹太长老之所以同纳粹合作，是因为他们以为自己可以“避免更加严重的后果”。在艾希曼一案中，他本人的证词回答了以上两个问题。答案显然为否定。没错，他曾说他唯一的备选就是自杀。不过这是谎话，因为我们知道，杀人部队的成员若想拒绝这份差事，程序非常简单，而且不会有什么严重后果。然而他在这一点上并不坚持，他不想人们按字面意思去理解。在纽伦堡文件里，“没有发现一起由于党卫军成员拒绝执行任务而被判死罪的案件”（Herbert Jäger, “Betrachtungen zum Eichmann-Prozess,” in *Kriminologie und Strafrechtsreform*, 1962）。在这场审判当中，一位叫冯·德姆·巴赫—策莱维斯基的辩方证人作证说：“申请换岗就可以避开这项任务。尽管个别情况下要接受纪律处分，但是绝不会有生命危险。”艾希曼很清楚，他所要面对的，并非典型的“士兵两难境地”：“假如拒绝执行命令，可能会被军事法庭枪决；假如执行 91
命令，可能会被刑事法官和陪审团处死。”正如戴西在他著名的《宪法之法》（*Law of the Constitution*）中指出的，假如仅作为党卫军成员，他永远不会被送上军事法庭，只可能被带到为警察和党卫军特设的法庭。在向法庭作出的最后陈词中，艾希曼承认他可以找借口退出，也确实有其他人这样做。他总以为这样一步是“不能接受的”，甚至现在也不值得“尊重”，这种调转最多是另一份薪水不错的工作。战后风行的“公开不服从”之说是一个童话：“在那种环境下，这种行为根本不可能，没人那么做过。”那是“不可想象的”。假如他被任命为一个死亡营的指挥官，就像他的好朋友赫斯那样，他可能不得不自杀，因为他没有杀人的能力。（赫斯年轻时曾经杀过一次人。他刺杀了一个叫瓦尔特·卡多的人，后者向第一次世界大战后的法国占领当局出卖了莱茵兰地区的民族恐怖主义者莱奥·施拉格特；后来纳粹把他奉为民族英雄。德国法庭判赫斯五年刑期。在奥斯维辛，赫斯当然不必亲手杀人。）不过没人会给艾希曼提供这一类的工作，因为那些下达命令的人“十分清楚一个人的极限在哪里”。不，他不会遭遇“性命之危”，因为他骄傲地宣称他总是“尽职尽责”，遵守宣誓效忠过的所有命令，他当然总是尽其所能去恶化“犯罪后果”，而不是减轻。他所说的情况里唯一算是“减刑情节”的，是他在执行任务的过程中试图“尽量避免不必要的痛苦”，而且，无论这一点是真还是假，在这起特殊案件中都很难构成充分的减刑情节。这种说法没有法律效力，因为在他接到的标准命令中，其中一条就是“避免不必要的痛苦”。

于是，在磁带作为呈堂证供之后，死刑判决成了一个必然的结
92 局。甚至从法律上讲，虽然以色列法律中的第十一条可能对于奉命行事者减轻刑罚，但鉴于罪行如此重大，这点对判决结果根本产生不了影响。（重要的是，辩护律师并未以上级命令而是以“国家行为”为由申请无罪辩护。这个策略塞尔瓦蒂乌斯博士在纽伦堡用

过，但未能奏效。当时他为弗里茨·绍克尔辩护。绍克尔曾是戈林四年计划办公室的劳动力配置专员，杀害过上万波兰犹太工人，于1946年被执行绞刑。“国家行为”，德国法学界甚至生动地称之为不受法律约束的崇高行动，基于“统治权力的实践”[E. C. S. Wade, *British Year Book for International Law*, 1934]；于是，“国家行为”完全不受法律制约，而其他所有的命令和指示，至少在理论层面，仍然受到司法监管。如果艾希曼的所作所为属于国家行为，那么他的上司，一直到国家元首希特勒，任何一个人都不能被任何法庭所审判。“国家行为”说，与塞尔瓦蒂乌斯博士的哲学观如此一拍即合，他再试一次也不足为奇。令人惊讶的却是，在法官结案陈词之后、宣布判决之前，他竟然没有把上级命令当作减刑情节重新提出。）在这一点上，人们可能会庆幸，这不是一起普通的审判，即便对与犯罪过程不相关的陈词，也不会因其无关紧要、不够客观而弃之不理。因为很显然，事情并不像立法者们想象得那么简单。普通人生来对犯罪有排斥力，要弄清楚一个普通人要花多长时间去克服这种自然能力，一旦达到那个极值接下来会发生什么，也许对法律意义不大，但却有重大的政治意义。对于这个问题，阿道夫·艾希曼案件提供了一个再准确不过的答案。

首次参观东部屠杀中心之后不久，艾希曼于1941年9月从德国及其保护国组织了他的第一次大遣送。这正合希特勒的“心愿”。希特勒曾让希姆莱尽快实现德国无犹化。第一批遣送包括两 93
万莱茵兰地区的犹太人和五千吉普赛人。这第一趟遣送过程中发生了一件怪事。艾希曼从来没有自作主张过，他总是极其小心地“履行”命令，甚至不愿意主动提出建议，总是在等待“指示”（所有与他合作过的人给出的证词都可以说明这一点）。而现在，“第一次，也是最后一次”，他做了违背命令的事：他没有把这些人运到苏联的里加或明斯克（到了那里他们就会立即被特别行动队枪决），而是运到了罗兹隔都，他知道那里的灭绝工作还没有筹备完毕。而这是因为，那个营的负责人，某个叫作于波霍尔的执政官，找到了从“他的”犹太人身上揩油的办法。（事实上，罗兹隔都建得最早，拆得却最晚；它的营民中，除了病死饿死的，都活到了1944年夏天。）这个决定令艾希曼陷入了不小的麻烦。隔都人满为患，于波霍尔先生没兴趣接收新来的人，也没有地方安置他们。他非常生气，向希姆莱抱怨艾希曼用“从吉普赛人那里学来的讨价还价”欺骗他和手下。希姆莱和海德里希都保护了艾希曼，这件事很快就风平浪静，被人遗忘了。

最先遗忘的是艾希曼本人。无论在警方的问讯中还是在他的各种版本的回忆录里，他都没有提及此事。当他的辩护律师当庭向他出示这些文件、请他确认时，他坚持自己当时有一个“选择”：“这是第一次也是最后一次，上司让我在两个命令里选择一个。……其中一个是罗兹。……如果罗兹有难度，就转送至东部。当时我说，我已经看过了当地的筹备情况，并据此决定，尽全力把这些人运到罗兹去。”辩护律师试图从这件事里总结出，艾希曼只要有机会就会去援救犹太人——这当然不是真的。控方后来拿同一件事盘问他，
94 并且想要证明，艾希曼本人决定所有被遣送者的终点站，因此也决

定了哪一批遣送者要被灭绝——当然也不是真的。艾希曼自己的解释则是，他没有违抗命令，只是利用了"选择权"——同样不是事实。因为他很清楚在罗兹会遇到很多困难，因此他的命令里相当明确地写着：最终目的地，明斯克或里加。尽管艾希曼把这些全忘了，可这显然是唯一可以证明他曾试图解救犹太人的例子。然而三周后，海德里希在布拉格召开了一次会议。在会上，艾希曼说"关押[苏联]共产党员[随后被特别行动队执行处决]的地方也可以接收犹太人"，还说他已经同那里的指挥官就此"达成一致"。会议并就罗兹的问题进行了一些讨论，最终的解决办法是，从帝国（包括奥地利、波西米亚和摩拉维亚）输出五万犹太人，运到特别行动队在里加和明斯克的执行中心。这样一来，我们也许就能够回答兰道法官的那个问题，也是在每个密切关注这起审判的人心中最重要的那个问题，即被告是否有良知：是的，他曾有良知，而且他的良知如人们预期的那样运作了约四个星期；而之后，则与人所期望的完全背道而行了。

就算良知犹在的那几个星期，其运作也有十分奇怪的限度。我们一定要认识到，在接到元首命令前，艾希曼就知道东部特别行动队的屠杀行动；他知道所有苏联高层（"共产党员"）、所有波兰高级知识分子、所有当地犹太人直接在前线后方被集体枪杀。另外，同年7月，在被海德里希召见的数周之前，他从一位驻守在瓦尔特高的党卫军成员那里收到一份备忘录，其中写道："在即将到来的冬天，犹太人将不再有足够的食物供应。"值得严肃考虑一下，"通过某种最快速有效的方式杀死那些没有工作能力的犹太人，是否不失

95 为一种最人道的解决方式。至少比任由他们饿死要好些”。在一封附件中,收信人被称为“亲爱的艾希曼同志”,写信的人承认“这些事情听上去有点不可思议,不过的确可行”。这种承认表明,信的作者对于元首更加“不可思议的”命令尚不知情;不过这封信也说明,该命令已经沸沸扬扬到了什么程度。艾希曼从来没有提到过这封信,而且很可能当时对它也不觉大惊小怪。因为这个方案只涵盖波兰**本土**犹太人,并不涉及来自德国或其他西欧国家的犹太人。撼动他的良知的,并不是屠杀的想法,而是屠杀德国犹太人这一想法。(“我知道特别行动队接到了屠杀命令,对此我并不否认;不过,从德国来到东部的犹太人也遭受同样的命运,这一点我从不知情。”)老党员威廉·库贝的良知也是如此:看到佩戴铁十字勋章的德国犹太人来到明斯克接受“特殊待遇”时,这位德国在苏联占领区的总督怒不可遏。由于库贝比艾希曼表达得更清楚,他的话或许可以告诉我们,艾希曼良心受煎熬时的真实想法。库贝在 1941 年 12 月写信给他的上级说:“我当然下定决心,准备协助解决犹太问题。但是,跟我有共同文化土壤的人当然不同于当地这些畜生般的野蛮人。”这种良知——假如有过抗议,那么也是抗议杀害“跟我们有共同文化土壤的人”——在希特勒政权之后依然存在;在今天的德国人中间,这样的“错误信息”仍然根深蒂固,即,被屠杀的“仅仅是”东欧犹太人。

并非只有德国人以这种思维方式区分“野蛮人”与“文化人”。哈里·穆利什(联系萨洛·W. 巴龙在证词中关于犹太人民的文化和思想成就的内容时)说他突然想到如下问题:“假如犹太人如同遭灭顶之灾的吉普赛人一样,也是一个没有文化的民族,那么杀死

他们还能算是罪大恶极么？艾希曼究竟是以人类破坏者还是以文
化歼灭者的身份受审？一个杀人犯是否因为在杀人过程中同时破 96
坏了一种文化而罪加一等？”当他把这些问题抛给总检察官豪斯纳，
得到的回答是：“他觉得是，我觉得不是。”最近上映的名为《奇爱博
士》的电影让我们看到，我们无法就这样将过去掩盖，将痛苦束之高
阁。影片中那位处处流露出纳粹痕迹的奇怪的炸弹爱好者，建议挑
选几万人到地下掩体躲避即将到来的灾难。幸运的幸存者会是谁
呢？是拥有最高智商的人！

如今让耶路撒冷如此困惑的良知问题，当年纳粹政府也从未忽
略。事实上，在 1944 年 7 月暗杀希特勒行动的通信和预备行刺成
功之后发表的声明中，几乎没有提及发生在东部的整个屠杀行为。
人们可能推论认为纳粹过于高估了良知问题的现实意义。我们在此
暂且忽略德国反抗希特勒的早期阶段，那时还是反法西斯性质的，完
全是左翼运动。从根本上说，那时的反抗不涉及道德命题，更谈不上
针对迫害犹太人，单纯是阶级斗争的“转向”。左派认为阶级斗争是
政治的核心。此外，这种反抗在我们所探讨的这段时期却消失了，被
冲锋队在集中营和盖世太保牢房里的恐怖行动所捣毁，被随着恢复军
备之后而来的就业前景所动摇，被共产党采取的加入希特勒的纳粹党
的“特洛伊木马”战略所腐蚀。战争之初的反对派只剩下一些工会领
袖，一些对于是否存在后援既不知情也无法知情的“无家可归的左
翼”知识分子，只靠一些阴谋苟延残喘，最终发动了 7 月 20 日的暗杀
行动。（用集中营幸存者人数来衡量德国人抵抗的程度当然是不可取
的。战争爆发以前，罪犯类别五花八门，其中许多人根本与抵抗不沾 97

边：有些是完全“无辜的”人，比如犹太人，有些是“反社会分子”，比如已定罪的罪犯和同性恋，还有被判罪的纳粹等等。关押犹太人的集中营，在战争期间也曾经囚禁过来自欧洲各个被占国的抵抗战士。）

7月行动中的大多数谋反者是前纳粹或第三帝国高官。引起他们奋起反抗的导火索并非犹太问题，而是希特勒正在酝酿战争这一事实，以及无休止的良心冲突与危机。折磨他们良心的几乎仅仅是，他们犯下了严重的叛国罪，破坏了效忠希特勒的誓言。与此同时，他们陷进一个无法解决的困境之中，进退维谷：在希特勒风光的日子里，他们觉得什么也做不了，因为人们不会理解；而在德国人战败的年月里，“背后一刀”说又成了笼罩在他们心头的一团乌云。最后，他们最关心的是如何防止天下大乱，防范发生内战的危险。办法就是，同盟国必须“理性”，在秩序恢复前“中止行动”。当然，所谓的秩序指的是德军抵抗的能力。他们对东部发生的事情了如指掌，不过毫无疑问的是，他们当中甚至没有一个人敢说，公开的革命和内战对眼下的德国可能是最佳的选择，甚至都不会动那样的念头。德国的积极抵抗主要来自右翼，但是回看德国社会民主党的历史记录，就算谋反行动中大部分是左翼人士，局势也未必会有多么不同。无论如何，这只是个学术层面的问题，因为在战争年代，德国根本不存在“有组织的社会党人的抵抗”。德国历史学家格哈德·里特尔正确地指出了这一点。[①]

① 德语版（187页）中补充说明，亨克（Henk）在《1944年7月20日之悲剧》（“Tragödie des 20. Juli 1944，” 1946）中使用了“社会党人抵抗组织”这个词，而里特尔在《卡尔·格德勒与德国抵抗运动》（“Carl Goerdeler und die deutsche Widerstandsbewegung，” 1954，532页，注释63）中，通过引证豪巴赫（Haubach）、密伦多夫（Mierendorff）和雷波尔（Leber）的话，驳斥了这种观点。——译注

局势其实简单明了，简单到令人绝望：即便在进攻苏联从而开启双线恐怖作战之后，即便在美国参战之后，事实上，即便在斯大林 98 格勒之战、意大利倒戈、盟军登陆法国之后，绝大多数德国人依然相信希特勒。与这些坚定的大多数相对的，还有数量模糊的一些孤立个体，他们对这场国家危机和道德灾难看得清楚明白；他们当中或许不乏彼此熟识信任的人，他们是朋友，他们交换想法，却没有起义革命之念。最终，只剩下后来以谋反者身份而著称于世的人。但是，他们从来就没有就任何事情达成一致意见，甚至包括谋反的问题。他们的领袖是卡尔·弗里德里希·格德勒。此人曾任莱比锡市长，为纳粹当了三年的物价督察官，却早在1936年就已辞职。他主张建立君主立宪制。左翼代表人物、前工会领袖、社会党人威廉·洛伊施纳，许诺为他提供"大力支持"；在克莱绍集团，受到赫尔穆特·冯·莫尔特克的影响，常有人抱怨法治"正在遭到践踏"，然而这个团体最关心的却是让两大基督教教会讲和以达成其"在世俗社会的神圣使命"，并公开支持联邦制。（关于1933年以来所有抵抗运动的政治失败，格奥尔格·K.罗默泽即将出版的博士论文，会为我们提供翔实的档案资料和客观的科学研究。）

战争持续的时间越长，失败的命运越是不可逆转；此时政治分歧本应变得越发无关宏旨，政治行动则越发迫在眉睫。不过，格哈德·里特尔似乎再次找到症结所在："如果没有［克劳斯·冯·］施陶芬贝格的果断决定，抵抗运动可能多少会陷于孤立无援的被动状态。"这些人之所以团结在一起，是因为他们认为希特勒是个"骗子"、"半吊子"，"牺牲整个军队以保专家智囊团"，是个"精神病"、

"魔鬼","一切罪恶的化身"。结合德国当时的语境,这些说法和他们自己偶尔用的"罪犯、傻瓜"没什么差别。不过,到了这个时候才对希特勒有如此的认识,"不可能将党卫军成员或纳粹党以及政府
99 要员"排除在外[弗里茨·黑塞语];于是不可避免的是,即便在谋反者团体内部,也有相当一部分人牵涉进纳粹政府的罪行之中,难脱干系。比如柏林警察局局长赫尔多夫伯爵,假如行动成功的话,他可能升任德国警察总长(按照戈尔迪拉拟订的未来部长名单);还有来自帝国保安总局的阿图尔·内贝,他曾在执行东部流动屠杀任务的特别行动队 B 队中担任指挥官! 1943 年夏,希姆莱下达的灭绝计划达到高潮,格德勒考虑把希姆莱和戈培尔作为潜在的同盟者,"因为这两个人已经意识到,跟随希特勒将会万劫不复"。(希姆莱的确成了一个"潜在的同盟者"——戈培尔则相反——他完全清楚他们的计划,只是在刺杀行动失败之后,才对谋反者采取行动。)我引用的是格德勒写给陆军元帅克卢格的一封信稿,不过这奇特的同盟并不能被解释为面对军方指挥官采取的"战略考虑",因为克卢格和隆美尔都已经"下令铲除那两个恶魔[希姆莱和戈林]"(里特尔语),更不用说给格德勒作传的里特尔,坚持认为以上引文"表达出格德勒对希特勒政权最强烈的仇恨之情"。

无疑,反对希特勒的这些人最终都赔上了性命,经受了恐怖的死法。他们中许多人勇气可嘉,但是促动他们的并非义愤或其他人民所遭受的苦难;他们的动机仅仅是,他们确信战争会失败,德国要毁灭。这并不是否认他们当中的一些人,比如约克·冯·瓦滕堡伯爵,也许会因"反对 1938 年 11 月对犹太人的迫害"而采取政治反对

姿态（里特尔语）。但是就在那个月，犹太教堂身陷火海，整个犹太民族似乎都置身恐怖：上帝的住所被付之一炬，信教的和迷信的人都担心上帝的报复。的确，在希特勒 1941 年 5 月下达所谓的“政治委员命令”后，高层军官很是不安；他们了解到，在下一场针对苏联的战役中，所有苏联高层以及全部犹太人都会被屠杀。如格德勒所 100
说，这些团体同样心有不安：“在占领地区，用消灭人类以及宗教迫害的手段去对付犹太人……这种做法将永远成为我们沉重的历史负担。”但是，对他们而言，似乎除了“这会让我们［与盟军缔结合约时］的处境十分艰难”、“玷污德国的声誉”、有损军队士气之外，不会有什么更为恐怖的后果。听到一个党卫军军人“若无其事地说，‘用机枪扫射壕沟内成千上万的犹太人，再用泥土掩埋仍在抽搐的尸体，这不能完全算是好事’”，格德勒喊道：“他们把一支曾为自由［1814 年反击拿破仑］与统一［威廉一世 1870 年普法战争］而战的荣耀之军变成了什么！”他们也从不认为，这些痛苦可能跟盟军提出无条件投降之间也有一定关系；他们批评这个要求是“民族主义的”、“没有道理的”，是盲目仇恨的结果。1943 年，德国败局已定，及至此时，甚至到后来，他们依然相信他们有权与他们的敌人“平等”谈判，谋求“公正和平”，尽管他们十分清楚，希特勒无缘无故发动的这场战争是多么不义。更让人难以置信的是他们对于“公正和平”的标准。格德勒在多处备忘录中反复重申：“恢复 1914 年国境线［意味着吞并阿尔萨斯—洛林］，增加奥地利和苏台德地区”；另外，“德国在这个大陆上占据领头羊地位”，而且最好能收回南蒂罗尔！

从他们准备事成之后的告民众书中，我们还知道他们打算怎样向公众说明这个事件。例如计划成为国家元首的路德维希·贝克将军在其草拟的宣言中大谈希特勒政府的“顽固”、“无能和无度”、
101 “自大与自负”。然而最关键的一点，这个政府“最丧心病狂的行为”是，纳粹想要“军队领袖为即将到来的失败命运负责”；贝克补充道，罪行已经犯下，“玷污了德意志民族的荣誉，损害了整个民族在世人眼中的荣光”。而希特勒被清算之后，接下来怎么办呢？德军将继续战斗，“直到战争以荣耀的方式结束”——这意味着吞并阿尔萨斯—洛林、奥地利、苏台德地区。的确有充分理由去肯定德国小说家弗里德里希·P. 莱克—马勒茨文对这些人所做的尖锐判断。莱克—马勒茨文于德国战败前夕死于集中营，并未参与谋反。他听到刺杀希特勒失败的消息感到很遗憾，并在他那本几乎无人知晓的《一个绝望者的日记》(*Tagebuch eines Verzweifelten*, 1947)中写道：“为时略晚，先生们，是你们造就了这颗德国的灾星，在一切似乎完好运转时紧随其后；你们……对面前的每个誓约毫不犹豫地发誓，把自己蜕变成可鄙的贴身侍卫，跟随这个杀人无数、让痛苦灾祸横行于世的罪犯；而今，你们再来背叛他，就像你们前天背叛了君主制、昨天背叛了共和国一样……伟大的毛奇身后这些不肖子孙啊[①]……现在他们的背叛已经昭然若揭，他们背叛这个行将就木之家，好给自己做政治辩护——这群人，是最庸俗的马基雅维里主义者，他们将曾经赋予他们权力的东西全部推翻。”

---

① 此句译自德语版。——译注

没有证据表明艾希曼跟“7·20事变”的人有过私下接触。也不大有这种可能。我们知道，即便在阿根廷，他依然当那些人是叛徒、混蛋。假如他有机会获悉格德勒在犹太问题上的“独创性”计划，他或许能发现些许赞同点。格德勒提议“对德国犹太人遭受的损失和虐待给予赔偿”——这是在1942年，那时候问题已不仅仅局限于**德国**犹太人，他们所遭受的也不仅仅是虐待、劫掠，而是**毒杀**；不过除了此类技术问题之外，他还思考了更加长远的事，美其名曰 102
“永久解决”，以便“使[所有欧洲犹太人]摆脱他们作为不受欧洲各国欢迎的‘客居民族’所处的尴尬地位”。（按艾希曼常说的套话，叫作使之“脚下有坚实的土地”。）为了这个目标，格德勒宣称“在殖民地建立一个独立的国度”。备选有加拿大或者南美，或者他听说过的马达加斯加之类。他作出了一些妥协，并非所有犹太人都会遭到驱逐。跟纳粹政权初期的政策相当一致，他暂不剥夺“为德国作出过军事贡献的，或者证明其祖上具有光荣传统的”优先人群的德国国籍。无论格德勒“对犹太问题的永久解决方案”究竟是何用意，1954年里特尔教授虽对英雄十分敬仰，却仍认为其不属于严格意义上的“独创”。在纳粹党甚至党卫军内部，格德勒也能为他的这个计划找到足够多的“潜在同盟者”。

在上文引用的那封写给陆军元帅冯·克卢格的信中，格德勒曾恳请克卢格倾听“良心的声音”。但是他的一切用意都在于，一个将军起码得明白，“继续这场无望之战，是公开的犯罪”。日积月累的证据告诉人们，德国显然已经失掉了这样的良心，人们已经到了几乎记不起良心为何物的地步；人们也不去想想，这惊人的“德国新一套价值观”根本得不到世人苟同。他的话当然也不能全部当真。因为,在德国也有许多人从纳粹夺权之初就坚定不移地反对希特勒;没有人知道他们究竟有多少人——也许有十万人,也许更多,也许更少——因为他们的声音从来没有被人听到过。他们可能随处可见,在社会的各个阶层,有平民,也有教养很高的人士;他们存在于所有党派中,可能甚至有纳粹官员。在他们当中,诸如前面所说的莱克—马勒茨文或哲学家卡尔·雅斯佩尔斯这般为公众所知的
103 人,只占很小一部分。他们中的一些人的的确确很虔诚,像我认识的一个手工艺人,任由自己的个性被摧毁,变成工厂里一个普通的工人,也不愿意履行几道“简单的手续”而加入纳粹党。少数人依然看重誓言,他们宁可放弃学术事业,也不愿以希特勒之名起誓。更大的群体来自工人阶层,尤其在柏林,社会主义知识分子也努力帮助他们的犹太旧识。还有两个农家男孩,他们的故事被写入了金特·魏森博恩的《无声的起义》(*Der lautlose Aufstand*,1953)中。他们在战争末年被征入党卫军,因拒绝签名而被判死刑。奔赴刑场的那天,他们给家人写了最后一封信:“我们二人宁愿死,也不愿我们的良心被罪行玷污。我们知道党卫军要干什么。”实事求是地说,这些人什么都没做,他们的立场跟那些谋反者的也大相径庭。他们判断是非的能力并未受到影响,他们也从没遭遇过“良心危机”。在抵抗成员当中或许也存在这样的人,但是,他们在谋反者当中所占的比例未必就比在普通民众中的比例高。他们既非英雄亦非圣人,他们一直保持缄默。只有一例,独一无二的一例,沉默的元素公开发声:绍尔兄妹,两个来自慕尼黑大学的大学生,在他们的老师库

尔特·胡伯的影响下散发著名的小册子。在那些小册子上，希特勒被称作“集体屠杀犯”。这个称呼乃名副其实。

然而，如果你仔细阅读这些文献以及对所谓“另一个德国”所作的宣言（假如“7·20 事变”成功，这“另一个德国”将接替希特勒），那么你肯定会惊讶地发现，在他们与他们之外的世界之间存在多么深的鸿沟。否则该怎么解释格德勒的幻想，特别是希姆莱以及里宾特洛甫的美梦——在战争快结束的那几个月里，梦想通过跟盟军就战败德国进行谈判谋得一个全新的角色。假如说里宾特洛甫 104
明摆着愚蠢，那么希姆莱可无论如何都不傻。

纳粹统治集团中，希姆莱最擅长解决良知问题。他创造了大量口号，比如著名的党卫军口号，摘自希特勒 1931 年对党卫军所作的演说：“我的荣誉叫作忠诚。”而就是这句话，被艾希曼当作“熟习引语”，被法官们视作“空洞的废话”。而且，按艾希曼的印象，这句话“总是在岁末年初时”抛出来，有可能同时还附带圣诞补贴。艾希曼只记得其中一句并翻来覆去地提起：“将来的世世代代不必再去打这样的仗了。”这里“打仗”的对象是妇女、儿童、老人以及其他“没用的饭桶”。其他的口号则出自希姆莱对特别行动队、高级党卫军军官及警察头目团指挥官所作的演讲，包括：“挺过这些，同时克服人性的弱点，保持正派，这些令我们变得坚强。这是我们历史上的光辉一页，前无古人，后无来者。”或者：“对于必须执行任务的组织而言，[执行‘犹太问题的最终解决’这一命令]是我们迄今为止最为艰难的一步。”以及：“我们当然知道，我们要把你们变成‘超人’，我们需要你们‘超越常人地冷酷无情’。”只能说，他们的期待并没有落空。然而值得一提的是，希姆莱几乎从未试图上升到意识形态层面；假如他这么做，显然很快就会被当作耳边风。这些已经成为杀人凶手的人，心里盘算的仅仅是名垂青史和不可一世（“执行过两千年人类历史上独一无二的伟大任务”），那么当然要承受常人难以承受之事。这点很重要，因为这些杀人犯并不是天生的虐待狂或杀人狂；相反，为了剔除那些以杀人行凶获取生理快感的人，他们做了大量系统性的工作。特别行动队成员都来自武装党卫军。作为一个军事组织，武装党卫军的犯罪记录几乎并不多于德军常规
105 部队，其指挥官是由海德里希从持有高学历的党卫军精英之中挑选出来的。于是，问题来了。所有正常人在目睹生理折磨时，都会产生本能的同情，这些人将如何说服自己的良心呢？显然希姆莱的本能反应更加强烈，他设计的计策很简单，而且应该也十分奏效：让这些本能转向，不再对他人，而是对自己产生同情。于是，人们不再说：我对这些人做了多么可怕的事！而是说：我得承受多大的痛苦才能完成这可怕的任务！这任务给我造成了多么沉重的负担！

艾希曼的记忆在涉及希姆莱的天才口号时漏洞百出，这也许说明，还存在其他更有效的方式用于解决良心问题。其中最主要的，正如希特勒已经正确预见到的，就是战争这个简单的事实。艾希曼反复地说，对待死亡有“不同的个人态度”，如今“尸横遍野”，到了这样一个世道，人们对于死亡根本无动于衷，哪怕是对自己的死亡也一样，因为“我们是今天死还是明天死，根本就是无所谓的事；当我们发现第二天自己还活着，我们常常诅咒怎么还没死”。将暴力

死亡的氛围推向极致的是，在最终解决的后期，依靠的不再是暴力枪杀，而是毒气工厂。毒气杀人从始至终都与“安乐死计划”紧密相关。从战争开始后的几个星期直到进攻苏联这段时间，希特勒曾下令对德国的精神病患者实施“安乐死计划”。始于1941年秋天的灭绝计划，采取所谓的双轨制：毒气工厂和特别行动队双管齐下。特别行动队主要部署在军队后方，尤其是苏联境内。屠杀行动以打击游击战为幌子，受害者不单纯是犹太人。除了对付游击队外，特别行动队还对付苏联高官、吉普赛人、反社会分子、疯子和犹太人。犹太人被列为“潜在敌人”。然而不幸的是，苏联犹太人经过了好几个月才弄明白这一切，想撤离已经来不及了。（老一辈还记得第一 106
次世界大战，德军以解放者的身份受到欢迎；无论老少，都没有听说过“犹太人在德国或者哪怕在华沙的遭遇”；按照德国情报部门从白俄罗斯发来的报告所言［据希尔伯格］，他们“消息太不灵通”。更值得注意的是，抵达这些区域的德国犹太人竟然幻想自己是作为第三帝国的“先锋队”被派来的。）这些执行“特殊任务”的机动杀人部队（只有四支，每支规模相当于一个营，人数不足三千人），必然同军队紧密合作；的确，二者的关系通常很“出色”，有时甚至堪称“亲密”。将军们显得“出奇地善待犹太人”。他们不仅把犹太人亲手交给了特别行动队，而且还经常把他们自己的人，也就是普通士兵，借调过去协助杀戮。希尔伯格估计，被他们杀害的犹太人总计达到了一百五十万。不过，造成这个结果的并不是元首针对整个犹太民族的生理灭绝令，而是一个更早的命令。那是在1941年3月，希特勒向希姆莱下达命令，让党卫军和警察准备“在苏联执行特殊任务”。

元首的全体灭绝令(不仅针对苏联和波兰犹太人)尽管签署时间较晚,其历史却可以追溯到更早以前。它既不是出炉于帝国保安总局,也不是由海德里希或希姆莱的部门所酝酿的,而是由元首办公厅制定的。它与战争毫无干系,也从不以军事需要为托词。格拉尔德·赖特林格的《最终解决》用确凿的资料证实东部毒气工厂进行的灭绝计划源自希特勒的安乐死计划,这是该书最重要的贡献之一。令人愤慨的是,艾希曼审判与“历史真相”如此息息相关,却对这层事实联系不闻不问。这本可以给那个争论不下的问题提供一丝线索,即:隶属于帝国保安总局的艾希曼,究竟是否参与了毒气杀人行动。尽管艾希曼的下属罗尔夫·金特可能本人对此很感兴趣,但是艾希曼不太可能参与其中。格罗波尼克在卢布林地区建立了毒气工厂,艾希曼曾拜访过此人。不过,当需要更多人手时,格罗
107 波尼克并没有去找希姆莱、其他警察或党卫军高层。他写信给元首办公厅的维克托·布拉克,后者把他的要求再转达给希姆莱。

按希特勒 1939 年 9 月 1 日下达的命令,最早的毒气室于同年建立。命令中称:“应允许……无药可医者安乐死。”(也许正是这种毒气使用的“医学”根源激发塞尔瓦蒂乌斯博士坚信,用毒气杀人也应当被视作“一起医疗事件”。)这个想法本身一点也不新鲜。早在 1935 年,希特勒就告诉他的帝国医疗卫生总长格哈德·瓦格纳,“如果开战了,那么他将启动安乐死方案并负责执行,因为战时执行起来更加容易”。这项命令很快就在精神病患者身上得到执行。1939 年 12 月到 1941 年 8 月,大约五万名德国人死于一氧化碳

毒气室。那里用来杀人的房间掩饰得跟后来奥斯维辛中的一模一样，都做成淋浴间和洗澡间。这个计划彻底失败了。周围的德国人不可能不知道毒气杀人的秘密。那些想必无法采取“客观”视角看待医学本质与医生使命的人抗议声四起。几乎就在德国停止毒杀行动的那天，东部的毒杀行动——或者用纳粹的语言来说，为“允许安乐死”而采用的“人道杀人方式”——启动了。在德国参加安乐死计划的雇员，如今被派到东部修建新的杀人工厂，去消灭整个民族。这些人原为希特勒的办公厅或帝国卫生部成员，现都听命于希姆莱。

人们精心炮制五花八门的“语言规则”，以便欺骗和伪装。在给杀人犯洗脑方面，这些语言规则中没有哪一条比希特勒最早的战时令更为奏效。在这则战时令中，“谋杀”被替换成了“允许安乐死”。审讯警官曾问艾希曼，因为这些人注定难逃一死，所以避免“不必要的痛苦”这个命令听上去是否有些讽刺。艾希曼根本就不 108
明白这个问题的意思。他从骨子里深信，杀人不算什么；对他人造成不必要的痛苦，才是真正的罪不可赦。审判期间，当证人讲述党卫军的暴行时，艾希曼表现得义愤填膺。尽管法庭和大多数观众没有看到他的愤怒，因为他执拗地想要控制自己的情绪，结果却使他们误以为他“无动于衷”、漠然置之。真正促使他出离愤怒的，并不是被指控杀害上百万人，而仅仅是一个证人指控他曾经将一个犹太男孩殴打致死。这个指控已被法庭驳回。的确，他曾把人运到特别行动队的地盘。那些人并不“允许安乐死”，而是枪杀。不过，在行动后期，随着毒气室的扩建，用枪杀人已经没有必要。这或许令他得到些许解脱。他一定会以为，新方法意味着纳粹政府在对待犹太人的态度上发生了决定性改善，因为毒气杀人计划的初期明文规定，安乐死的权利只留给真正的德国人。随着战争的推进，暴力与恐怖的死亡在苏联前线、非洲沙漠、意大利、法国海岸，在化为废墟的德国城市蔓延肆虐；奥斯维辛、海乌姆诺、迈丹尼克、贝尔茨克、特雷布林卡和索比布尔的毒气中心，必然从事实上充当了安乐死专家们所说的“公共护理慈善基金会”。另外，1942 年 1 月起，东部就有了安乐死项目，旨在“帮助冰天雪地里的伤员”。尽管以这种方式杀害伤员也属于“最高机密”，但是很多人都知道此事，其中当然包括那些“最终解决”的执行者。

经常有人指出，由于公众以及少数教会高层人士的愤怒抗议，德国国内不得不停止对精神病患者实施安乐死。然而，当毒气杀人的对象变成犹太人以后，这样的抗议之声却再也听不到了，尽管其
109 中一些屠杀中心就位于当时的德国领土，尽管周围居住的都是德国人。无论如何，这样的抗议在战争之初的确是有过的；先不谈“安乐死教育”的效果，人们对待“通过毒气无痛致死”的态度很可能随着战争进程发生了改变。这种事情很难进行考证。没有档案资料予以支持，因为整个工程的保密性很高，没有一名战犯提及过此事，甚至纽伦堡医学法庭上的被告也没有过，后者在安乐死问题上却引述了大量的国际性文献。也许他们忘记了公众舆论的风向，也许他们从未关心此事，因为他们错误地以为，他们“客观科学”的态度比普通的舆论观点更加先进。不管怎样，还是有一些值得相信的见证者。他们很清楚，他们的邻居不会再有跟自己一样的震惊反应。他

们的战争日记里记载了一些珍贵的故事。在整个德国道德崩溃之后，那些故事流传了下来。

莱克—马勒茨文（我前文提到过此人）讲到了一个女性“领袖”。这个人于 1944 年夏前往巴伐利亚并给当地农民鼓舞士气。她没有浪费时间去讲“神奇武器”和胜利进军，而是坦率面对即将到来的失败，她说，一个好的德国人不畏惧这场失败，因为元首“**他慈悲为怀，一旦战争失利，他会备好毒气送德国人民舒舒服服地升天**”。作者还写道：“哦不，我不是在异想天开。这位可爱的女士并不是凭空编造出来的，我亲眼见过她：肤色泛黄，四十来岁，眼神疯狂……后来怎样了？这些巴伐利亚农民有没有至少把她扔进湖里冷却一下她对死亡的热情？他们没有这么做。他们摇摇头各回各家去了。”

接下来的这个故事更能说明问题，因为其中的人物不是“领袖”，甚至可能连纳粹党员都不是。故事发生在东普鲁士的柯尼斯堡，一个不同于德国其他地方的角落；时间是 1945 年 1 月，之后没几天苏军就摧毁了这座城市，占领了它的废墟，吞并了整块地区。汉斯·冯·兰斯多夫伯爵把这个故事写入了他的《东普鲁士日记》 110
（*Ostpreussisches Tagebuch*，1961）。当时他以医生身份留在这座城市，照顾无法撤离的伤兵。他被召到乡下某一个巨大的难民中心，那里已经被红军占领。突然有个女人跟他说话，让他看她的静脉曲张，她已患病多年，但现在想要治疗了，因为她有了时间。“我想解释，眼下更重要的是撤离柯尼斯堡，手术可以以后再说。我问她：‘您想去哪里？’她说她也不知道。她只知道他们全都会被运回德国。接着她又说了一句惊人的话：‘**元首不会让我们落到苏联人手里。他会提前把我们毒死的**。’我偷偷地瞄了一眼周围，似乎没人对这番话感到大惊小怪。”跟大多数真实的故事一样，这个故事给人的感觉是残缺不全的。这里应该还有一个声音，最好是一个女人的声音，伴随沉重的叹息应答道：那么好、那么贵的毒气，居然浪费在了
111 犹太人身上！

七　万湖会议或彼拉多

我这份关于艾希曼良知的报告，目前为止使用的都是被他本人遗忘的材料。按照他自己对此事的陈述，转折点不是发生在四个星期，而是四个月之后。那是 1942 年 1 月召开的一次秘密会议，纳粹惯于称之为副部长级会议，也就是如今众所周知的万湖会议，因为海德里希邀请与会者到柏林这块郊区的一座别墅里。会议的官方名称就已显示出其重大性。因为假如将最终解决的范围推广到全欧洲，那么光有国家机关的默许显然不够，还需要所有部长以及全体行政部门的通力合作。希特勒上台九年后，德意志帝国所有部长都已经是资深纳粹党员；政权初期只是"配合"的人，已经被纳粹轻松取代。然而他们中的大部分人都不是百分之百可靠，因为很少有人像海德里希或希姆莱那样完全依赖纳粹党才平步青云。还有一些人不全靠纳粹党发迹，像外交部长约阿希姆·冯·里宾特洛甫，从前是香槟酒商，现在却也没什么影响力。然而，涉及国家行政机关里部长直属的高层官员，问题就棘手得多了，因为这些人是每个政府部门的骨干，不容轻易替换；希特勒像后来的阿登纳一样，只要

这些高层还没有彻底失去底线，就容忍他们的存在。所以，各个副
112 部长和法律以及其他领域专家往往甚至连纳粹党员都不是，因此也就不难理解海德里希的顾虑，他担心能否让这些人积极参与到集体屠杀中来。艾希曼说，海德里希“准备好迎接万难之难”。然而，他却大错特错了。

这次会议的目的是协调各方力量执行最终解决方案。讨论首先集中在“复杂的法律问题”上。比如，对于拥有一半或四分之一犹太血统者，应该杀死还是绝育？随后所有到会者就“解决这个问题的各种可能性”，也就是各种杀人方式，展开了开诚布公的讨论，并非常“愉快地取得了一致意见”。所有人都对最终解决方案“兴奋异常”。这里面尤其要提到内政部副部长威廉·施图卡特博士。他向来以对“极端的”党政措施持沉默和保守态度而闻名；按汉斯·格洛布克博士在纽伦堡的证词，施图卡特还是一位忠实的法律捍卫者。不管怎样，困难当然是有的。波兰总督府的二号人物约瑟夫·比勒，对于将犹太人从西部撤离到东部的前景感到惴惴不安，因为这意味着波兰要有更多的犹太人；他提议推迟撤离行动，并“在总督府执行最终解决，省去转移的问题”。来自外交部的官员带着精心准备的备忘录现身，表达“外交部对全面解决欧洲犹太人问题的迫切愿望以及思考方案”，可是没人对此感兴趣。正如艾希曼正确指出的，关键在于来自不同行政部门的成员不仅仅表达意见观点，还给出了具体的提案。会议持续一个多小时，不到一个半小时，然后上了饮料，人们共进午餐。这一“舒适的小型社交聚会”，旨在增进与会者彼此间必要的私人交往。这对艾希曼是一次非常重要

的机会,他此前还从来没有参加过有这么多“高层人物”出席的社交活动。无论从官职还是社会地位上讲,他都是与会者中最低的一个。是他发的邀请函,并且为海德里希的开场演说准备了数据材料 113
(满篇错误,不可思议)——毕竟,要杀死一千一百万犹太人是一项声势浩大的工程;之后,他还准备了会议记录。简单说,他相当于会议秘书。也正是出于这个原因,在那些国家政要离开后,他才被准许跟他的上司米勒和海德里希围坐在壁炉旁,“那是我第一次看见海德里希抽烟喝酒”,他们并没有“聊工作,而是享受连续工作几小时后的休息时间”。两个人都心满意足,尤其是海德里希,兴致特别高。

那个会议日之所以让艾希曼难忘,还有另外一个原因。尽管他一直在尽力协助“最终解决”,但总是对“这样一种暴力解决方案”心存疑虑;而今,这些疑虑终于烟消云散。“在万湖会议上,连最重要的人士,第三帝国的教皇们都发言了。”现在,他可以亲眼看到、亲耳听到,不单是希特勒,不仅是海德里希和“神秘的”米勒,也不只是党卫军和纳粹党,就连具有优秀传统的官场精英也竞相争夺指挥这场“血腥”任务的殊荣。“那一刻我有了一丝彼拉多的感觉,因为我不再觉得自己有罪了。”**他是谁,胆敢作出审判**?他是谁,“对这件事能有自己的想法”?这下好了。他不是第一个也不是最后一个由于谦逊而被毁的人。

根据艾希曼的回忆,接下来的事进行得比较平顺,按部就班。当年的“强制移民”专家很快成了一个“强制撤离”专家:从一个国家到另一个国家,登记犹太人口,强制他们佩戴黄星以便于辨认,按照当时东部地区各个灭绝中心的相对容量集中调遣车辆。当满载犹太人的列车抵达一个中心,首先要把他们当中身强力壮的挑选出来干活,通常是去操作各种灭绝设备,剩下的人则立即被处决。偶尔会有不顺,但都是小状况。外交部同纳粹占领国或协作政府的高
114 官接触,在遣送当地犹太人的问题上向他们施压,或者防止他们打乱既定顺序——在尚未对死亡中心的吸纳能力进行恰当评估的情况下,就一时冲动地把犹太人撤到东部添乱。(艾希曼记得是这样的,可事实远没有这么简单。)法律专家拟定了剥夺受害人国籍的必要条款,这样做是出于两点考虑:如此一来,任何国家都不可能再去追查他们的下落;与此同时,受害人原先的所在国就可以侵占他们的财产。财政部和帝国银行已经准备好了方便设施接收来自欧洲各国的巨额赃款赃物,甚至手表、金牙,全部都被帝国银行清理,然后发往普鲁士国家铸币厂。交通部提供必需的运力,即便铁路车辆短缺的时候,他们通常也能安排货运车厢。他们还负责确保这些火车的运行时刻不与其他列车相冲突。艾希曼及其下属将每节车厢的拟装载人数报给犹太委员会元老,后者再提交乘客名单给前者。犹太人登记姓名,填写大量表格,回答关于个人财产的海量问卷,从而使财产没收流程变得更加顺畅。然后,他们到达集合地点,踏上列车。少数试图躲藏或者逃跑的人,被犹太特别警察控制起来。就艾希曼所见,没有人提出抗议,也没有人拒绝合作。一个住在柏林的犹太证人在 1943 年写道:“这里的人在一天天走向自己的坟墓。”

这场行动将迅速覆盖纳粹在欧洲的全部占领区和盟国,施害者

的良知问题必然成为横亘其中的巨大障碍。要全面扫除障碍，单凭受害者的逆来顺受肯定不够。因为那些施害者毕竟受过“汝不可杀人”的教育，知晓《圣经》里那句“你杀了人，又要夺了他的产业吗?”耶路撒冷地方法院恰到好处地引用了这句话。艾希曼称斯大林格勒惨败后的德国处在“死亡旋涡”，盟军对德国城市的地毯式轰炸， 115
常被他当作杀害平民的正当理由，同样也常被今天的德国人用作大屠杀的挡箭牌。这种俯拾皆是的轰炸场面，虽不同于耶路撒冷报告中提到的暴行，但在恐怖程度上却毫不逊色；而这可能对于削减，或毋宁说泯灭施害者的良知作出了巨大贡献——假如当时他们还尚存一丝良知的话。不过，从证据来看，这种“假设”的可能性不大。早在德国本土遭遇战争恐怖之前很久，杀人灭绝机器就已被提上日程并经过了精心打磨。无论是在捷报频传的岁月，还是节节溃败的战争末期，其错综复杂的官僚机制都始终如一地精确运转。起初，当人们可能还有良知的时候，担任指挥角色的精英层，尤其是高级党卫军军官几乎没有人倒戈或变节；只有当德国战争败局已定时，他们才开始冒头。另外，这些背叛的规模从来就没有大到推翻纳粹杀人组织的程度；并且，这些个人行为并非出于怜悯，而是贪腐；背叛纳粹不是出于良心发现，而是希望在苦日子到来之前积攒一些钱财和人脉。希姆莱之所以于 1944 年秋天下令停止灭绝行动、拆除死亡工厂，是因为他荒唐并虔诚地以为，盟军会对这种殷切姿态表示感激。他对将信将疑的艾希曼说：此举既成，他便可以去磋商“胡伯图斯堡和约”了。这里影射的是 1763 年普鲁士国王弗里德里希二世结束七年战争的《胡伯图斯堡和约》，该和约准许普鲁士在战败情况下仍然保留西里西亚。[1]

如艾希曼所述，最有力的良心安慰剂是一个简单的事实：他看不到哪怕一个人，任何一个人，真正反对“最终解决”。然而他反复提起一个例外，这肯定也给他留下了很深的印象。事情发生在匈牙利，当时希姆莱下令释放一百万犹太人，用以交换一万辆卡车，艾希
116 曼就此事跟卡斯特纳博士进行磋商。事态的转变显然让卡斯特纳受到了鼓舞。他请求艾希曼关闭“奥斯维辛的杀人磨坊”。艾希曼回答，他将“欣然从命”，无奈此乃他及其上司力所不能及之事。事实的确如此。当然，他并不期待犹太人以同样的热情投入到自我毁灭之中。不过他期待的也不只是顺从。他期待他们的合作，而且如愿以偿得简直超乎想象。争取到犹太人的合作，自然是他全部事业的“定海神针”，正如他在维也纳时代所经历的那样。假如没有犹太人协助管理和维护治安，局面就会完全陷于混乱，或严重损耗德国人力。正如前文所提，柏林地区的犹太人，最终全部由犹太警察集中、控制。（“毋庸置疑的是，如果没有受害者一方的合作，很难单靠几千个人，而且大部分还是坐办公室的，就把十几万人消灭掉……在通向死亡的道路上，波兰犹太人全程只看见过几个德国人。”R. 彭道夫在其著作中如是说。这些话用在那些被运到波兰受死的犹太人身上更为贴切。）因此，在占领领土上建立伪政府的同时，总是伴生着一个犹太中央组织；我们随后还会发现，纳粹未能建立傀儡政权的地方，便无法获得犹太人的合作。尽管伪政府的成员通常

---

① 1763 年 2 月 15 日，普鲁士、奥地利、萨克森在萨克森的胡伯图斯堡签订和平条约，标志七年战争结束。——译注

来自反对党派，但犹太委员会成员原则上都是当地声名显赫的犹太领袖，纳粹赋予他们很大权力，直到他们自己也被火车带走。如果他们碰巧来自中欧或西欧，那么会被运到特莱西恩施塔特或者伯根—贝尔森；如果他们来自东欧的犹太社群，那么终点就是奥斯维辛。

对于一个犹太人而言，在毁灭本民族的过程中担任犹太领袖，无疑是整个黑暗历史上最黑暗的一页。这种行为人们早有耳闻。不过，还是在劳尔·希尔伯格的教科书式著作《欧洲犹太人的毁 117
灭》（我之前提到过）里，其中可悲又可鄙的细节才首次被曝光。论及合作，高度同化的中西欧犹太中央社团与大量以意第绪语为母语的东欧犹太人并不存在什么区别。无论在阿姆斯特丹还是在华沙，在柏林还是在布达佩斯，犹太官员被委托拟定人员及其财产名单，从被遣送者手中收取钱财用作其乘车费和灭绝费，监督清空公寓，提供警力协助抓捕犹太人，再把他们带到火车上，直到最后，把犹太社团的财产有序上交充公。他们分发黄色星标，有时候，比如在华沙，“出售臂章成为一项常见业务。当时有普通的布质臂章和可清洗的高级塑料臂章”。在他们受纳粹启发（而非胁迫）所作的宣言中，我们仍能感觉到他们多么享受于这份新近获得的权力。如布达佩斯委员会第一次声明所示，“犹太中央委员会被赋予全权处理一切犹太精神和物质财富以及全部犹太人力资源”。我们知道犹太官员成为杀人工具时的感受：他们就像“在船将倾覆之际，为安全抵达港口放弃大部分珍贵货物”的船长们，就像“牺牲一百人换取一千人的性命，牺牲一千人换取一万人的性命”的营救者。真相更加残忍。比如在匈牙利，卡斯特纳博士以牺牲大约 476 000 人的代价解救了整整 1 684 个人。为了不让生死变成“盲目的偶然事件”，则需要“真正的神圣原则”，作为“孱弱的人性之手的操纵者，写下那些默默无闻者的名字，决定他们的生死”。那么“神圣原则”又是如何挑选幸运之人的呢？是那些“毕生都在为孜布尔[①]奔波”的人，比如犹太长老以及“最杰出的犹太人”——卡斯特纳的报告如是回答。

没有人特意要求犹太官员们守口如瓶。他们是自觉自愿的“保
118 密者”，不管是出于维持稳定、防止动乱（比如卡斯特纳博士的情况），还是出于“人道”考虑（如柏林当时的首席拉比莱奥·贝克博士所言，“坐等被毒死只会更残酷”）。艾希曼审判期间，一位证人指出这种“人道”的不幸后果：人们自愿被从特莱西恩施塔特运到奥斯维辛，并斥责那些试图告诉他们真相的人“简直是疯子”。我们熟知纳粹时期的各个犹太领袖。位居榜首的是哈伊姆·罗姆科夫斯基，罗兹首席犹太元老，被叫作哈伊姆一世。他发行过印有他签名的纸币，以及印有他头像的邮票。他还乘坐一辆破马车到处周游。紧随其后的是莱奥·贝克。他学识渊博、温文儒雅，接受过高等教育，相信犹太警察会“更加温和、更加得力”，会“令磨难得到缓解”（然而实际上，他们当然更加凶残、更难收买，因为对他们而言风险太大）。最后是几名自杀的犹太人。华沙犹太委员会主席亚当·车尼亚科夫就是其中之一。他不是拉比，而是一个自由信仰者，一个操波兰语的犹太工程师；但是他一定还记得犹太拉比的名

① Zibur，希伯来语，意为集体、社区。——译注

言:“让他们杀死你们,但不要越界。”

耶路撒冷的控方小心翼翼地绕开阿登纳政府。出于更加重大也更显而易见的理由,他们本该避免把犹太委员会这页故事公之于众,这一点不言自明。(然而,这些情况却被人们公开拿出来讨论,并且毫不避讳地写进以色列的教科书——见马克·M. 克鲁格的一篇名为《以色列青年和海外犹太人——精编历史课本》[“Young Israelis and Jews Abroad—A Study of Selected History Textbooks”]的文章,载于《比较教育评论》[*Comparative Education Review*],1963 年 10 月。)无论如何,在此必须提及这个章节。因为,一个案子纵然证据堆积如山,却仍存在无法解释的空白。法官们举了一个例子,审讯材料中没有 H. G. 阿德勒的《特莱西恩施塔特 1941—1945》(*Theresienstadt 1941—1945*,1955)一书,控方不无尴尬地承认该书“真实可信,基于无可争辩的事实材料”。之所以会有这个疏漏,理由很清楚。该书详细记载了特莱西恩施塔特犹太委员会在接到党 119
卫军总体指示后,如何制定出令人生畏的“遣送名单”,如何规定多少人将被运走以及这些人的年龄、性别、职业、来源国。被迫承认制定死亡名单(除了少数例外)是犹太委员会的任务,肯定会削弱控诉的力度。对于这半路杀出的程咬金,出庭检察官雅各布·巴洛尔先生拍案而起,用暗示的方式说:“我们尽量在不损害被告完整形象的前提下,呈现那些跟被告有关联的事件。”假如将阿德勒的书呈堂,一定会损害被告的形象,因为书中内容与特莱西恩施塔特的主要证人所作证词相矛盾,证人宣称是艾希曼亲自制定的死亡名单。更为重要的是,这会令控方刻画的施害者与受害者形象不再那样泾渭分明。提交不支持控方的可靠证据，通常是辩方的使命，可是塞尔瓦蒂乌斯博士虽察觉到证词中存在一些细微的矛盾，却并未抓住如此手到擒来且众所周知的证据，个中缘由很难回答。他本可以指出，艾希曼从移民专家转变成“撤离”专家之后，就把他在移民时代的两位犹太故交任命为特莱西恩施塔特的“犹太元老”。两人分别为曾负责柏林移民事务的保罗·爱泼斯坦和曾在维也纳从事同类业务的拉比本雅明·默梅施坦。要想勾勒出艾希曼当年的工作氛围，这一点肯定比所有围绕盟誓、忠诚、绝对服从等美德所展开的唇枪舌剑更有效力。

夏洛特·扎尔茨贝格尔女士为特莱西恩施塔特所作的证词（我前面引用过她的话）至少让我们瞥见，控方再三提到的“完整形象”中有个无人问津的角落。主审法官并不喜欢“完整形象”这个表达，也不喜欢这副形象。他提醒过首席检察官许多次，“我们不是来
120 这画画的”，而是“在诉讼，诉讼是我们审判的框架”，法庭“基于诉讼来形成审判意见”，控方必须“遵守法庭规定的程序原则”。控方完全没有遵从以上列举的任何一条刑事诉讼准则，更过分的是，控方拒绝引导证人发言，或者只有在耐不住法官一再催促时，才随意向证人抛出几个问题。结果，证人就好像是在参加一场由首席检察官主持的会议。在证人起立发言之前，检察官负责向观众介绍他们的身份；他们想发言多久都可以，但只有在极少数情况下，他们才会被专门问及某个问题。

控方宣证人一个接一个出场为华沙犹太人隔离区以及维尔纽斯[①]

① 到 1931 年，维尔纽斯犹太人人数为 55 000 人，占全城人口 28%。维尔纽斯犹太人隔都位于老城，建于 1941 年德军取代苏军占领维尔纽斯之后。1942 年 1 月 21 日，这里发生反抗德国占领者的武装起义。——译注

和考纳斯[1]的起义作证时，你尤其会感觉到，此刻的气氛不是一场公审大会，而是一场群众集会。发言者各尽所能地刺激观众的神经。但这些起义同被告的罪名没有任何关联。如果他们说出犹太委员会的努力及其重要而毁灭性的角色，那么这些证词对审判也许会有一些效用。当然有人注意到：证人谈到“党卫军和他们的帮手”时指出，后者当中包括“隔都警察（也是纳粹杀人犯手中的一枚工具）”以及“犹太委员会”。可是他们不愿从这一角度“细述”这一故事，而是把讨论的焦点切换到真正的叛徒身上，那些少数“无名无姓的人，不为犹太公众所识的人”，比如那些破坏“所有反抗纳粹的地下活动”的人。（这些证人作证期间，观众又换了一批人；现在，坐在观众席里的是“基布兹人”，即证人所属的以色列集体农场成员。）最纯粹也最有启发性的证词来自齐薇娅·鲁贝特金·楚克曼，她大约四十岁，美丽依旧，完全没有多愁善感或自暴自弃；她的证据很有条理，而且她非常清楚自己的话要达到什么样的效果。从法律角度看，这些证人的证词无关紧要。豪斯纳先生在结案陈词中甚至没有 121
提及其中任何一个。然而，这些证词却证实了犹太起义与波兰、苏联游击战士之间存在紧密关系；此外，尽管同其他人的证词（“所有人都反对我们”）之间存在矛盾，但这些证词可能对辩护方更有利，因为在大规模屠杀平民这个问题上，它们提供了比艾希曼反复说的“魏茨曼 1939 年对德宣战”更好的理由。（艾希曼的话是一派胡言。

---

① 立陶宛第二大城市，1922—1940 年间的旧都，是一个犹太经济、文化、教育中心，拥有欧洲最负盛名的犹太高等学府，有成熟的犹太生活社区。两次世界大战之间，那里的犹太人达到 40 000 名，约占全市人口的 1/4。1940 年，苏联人侵吞并立陶宛，开始大规模迫害，中断了犹太人的正常生活。1941 年 6 月，德军击退苏军，后建立犹太人隔离区。那里的犹太人不是遭到屠杀就是被运往集中营。——译注

最后一次战前犹太复国者大会结束之际，哈伊姆·魏茨曼只是说，西方民主国家之战“是我们的战争，他们的战斗就是我们的战斗”。如豪斯纳所言，真正的不幸在于，纳粹从未把犹太人看作交战国的国民；因为，假如他们是交战国国民，他们或许还可以在战俘营或难民营里劫后余生。）如果塞尔瓦蒂乌斯博士指出这一点，那么控方将不得不承认这些抵抗组织的力量是多么薄弱，他们的虚弱是多么令人难以置信，在本质上是多么没有杀伤力——尤其是，他们在犹太人民当中是多么缺乏代表性。犹太人民甚至曾与他们兵戎相见。

这些耗费大量时间的证词对于法律量刑显然并无太大作用。而以色列政府在这件事背后的政治意图也不难破解。豪斯纳先生（或者本—古里安先生）大概想要传递这样一个讯息，即所有形式的抵抗都来自犹太复国主义者，似乎在所有犹太人中只有复国主义者懂得，就算不能拯救自己的生命，也要不惜一切挽救自己的荣誉（如楚克曼先生所言）；同时，在这种情况下，人所能经历的最糟糕的情况，就是处于，或长期处于“无辜”的状态，这正是楚克曼夫人在证词中想要表明的意思。无论如何，这些“政治”意图毫不奏效，因为证人们都很诚实。他们对法庭说，所有犹太组织和党派都在抵抗中发挥了作用。所以，真正的区别不在复国主义者与非复国主义者，而在有组织的和无组织的人之间，而更为重要的区别则在年轻人与中年人之间。的确，那些抵抗者只是少数，或者说极少数。但
122 是在当时的情况下，如一名证人所述，“这些少数人的存在，本身就是个奇迹”。

不考虑法律问题，前犹太抵抗战士一出现在证人席上，就受到热烈欢迎。他们的出场，击碎了关于全面合作的那些阴魂不散的鬼话和围绕“最终解决”的那种令人窒息中毒的氛围。众所周知，灭绝中心的屠杀工作实际上是由犹太指挥者亲手完成的；这个事实已经得到了控方证人明白无误的确认——他们在毒气室和锅炉房如何工作，怎样拔下金牙、剪掉头发，如何挖墓坑，然后再把尸体挖走，抹去集体屠杀的痕迹；犹太技术人员如何在特莱西恩施塔特建造毒气室[①]，让犹太人的“自主权”在那里得到充分发挥，就连刽子手都是犹太人。不过这仅仅是恐怖而已，还谈不上道德问题。集中营里的劳动力由党卫军来选择并分类，后者尤其偏爱犯罪分子，而且，只会作出最差劲的选择。（在波兰尤其如此，纳粹在那里杀害了相当一部分犹太知识分子，同时还杀害了波兰知识分子和从事专业职务的人——这一点同纳粹在西欧的政策构成鲜明对比。在西欧，他们更愿意留下那些声名显赫的犹太人，用来换取德国平民囚犯和战俘。伯根—贝尔森原本是“犹太人质”的集中营。）而道德问题，存在于艾希曼描述同犹太人合作（甚至在最终解决之际）的所谓真相之中：“［特莱西恩施塔特的］犹太委员会如何组织……分配业务，都由委员会自己决定。不过领导层、领袖人选，那是不言自明的［由我们决定］。不过，我说过……这种任命方式，我们这么说吧，并非独断专行的结果。跟那些长期合作的元老打交道时，多少就像，就像在玩生鸡蛋，不得不慎之又慎……不能对他们颐指气使，理由很简

① 特莱西恩施塔特的毒气室后来并没有付诸使用。——译注

单，法官大人，假如要对那些犹太元老，以类似‘你必须，你不得不’
123 的方式说话，那么，那么将无济于事。因为，如果，如果你对面的人
不，不喜欢他所做的事情，那么整个工作都会遭到损失……我们会
尽最大努力让各方面满意。”[1]毫无疑问他们做到了。问题是，他们
是怎么做到的。

于是，这副“完整形象”中最重大的遗漏便是，没有证人证实纳粹统治者同犹太元老们之间有过合作；于是，也就没有机会去提出那个问题：“为什么跟毁灭本民族，最终也毁灭你自己的人合作？”出庭作证的人里，唯一一名犹太委员会著名成员是布达佩斯的品查斯·弗罗伊迪格，也就是曾经的菲利普·冯·弗罗伊迪格男爵。在他作证时，观众席里发生了一次，也是唯一的一次严重骚乱；人们用匈牙利语和意第绪语对证人大嚷，法庭不得不中断审判程序。弗罗伊迪格这位德高望重的正统犹太人瑟瑟发抖：“有人说，并没人建议他们逃跑。但是在那些逃亡者当中，有一半的人又被逮捕、杀害！”——而没有逃跑的人，有百分之九十九遇难。“他们能逃到哪儿？他们能逃到哪儿呢？”——可是弗罗伊迪格自己却逃到了罗马尼亚，因为他有钱，而且维斯利策尼帮助了他。“我们还能做什么？我们到底该做什么？”唯一的答案来自主审法官兰道：“我不认为这样就算回答了问题。”——那是一个由观众席而非法庭提出的问题。

法官们两次提到合作的问题。伊扎克·拉维诱使作证的抵抗者说出，“隔都警察”是“凶犯手中的工具”，并且承认“犹太委员会

[1] 此段引文主要依照德语版。——译注

同纳粹的合作政策”。哈拉维法官从警方对艾希曼的问讯材料中发现，纳粹把这种合作作为其犹太政策的基石。然而，控方频繁向除抵抗者之外的每个证人提问“你为什么不反抗”。在那些对审判的事实背景一无所知的人看来，这个问题再自然不过，其实这是在为没有直说出来的问题释放烟雾弹。于是，证人们对豪斯纳先生抛出的这个无解之题所作的一切回答，都离“真相、全部真相、唯一真 124
相”相距甚远。犹太人整体确实没有得到有序组织，没有领土，没有政府，没有军队，在紧要关头也没有一个流亡政府作为同盟国的代表（魏茨曼博士领导的巴勒斯坦犹太人代办处顶多是个可怜的替补），没有武器库，没有经过军事训练的青年。不过，真相是，无论在地方还是国际上，都存在犹太社团组织、犹太党派和社会福利组织。犹太人无论在哪里生活，都有公认的犹太领袖；而这些领袖，无论采取什么样的方式，出于何种原因，几乎都毫无例外地同纳粹合作。真相是，假如犹太人民的确没有组织、没有领袖，那么就会乱象丛生，灾祸遍地；但是那样一来，受害者的总数则很难达到四百五十万到六百万之间。（按照弗罗伊迪格的估计，假如他们不听从犹太委员会的安排，那么会有将近一半的人得以自救。这当然只是一个推测，却跟我们从荷兰方面——为此我还要感谢荷兰国家战争档案馆馆长 L. 德容博士——得到的准确数据对上了。这真是讽刺啊。在荷兰，犹太委员会［荷兰语：Joodsche Raad］像所有荷兰高官显贵一样，迅速成为一个“纳粹工具”。十万三千名犹太人被运往死亡营，大约五千人以正常的方式——也就是说，在犹太委员会的协作下——被运抵特莱西恩施塔特。只有五百一十九名犹太人从死亡营里活着出来。对比这一数据，在两万到两万五千名逃离纳粹——这意味着也要逃离犹太委员会——的犹太人当中，有一万人靠东躲西藏活了下来。这部分人占到百分之四十到五十的比例。大部分被送到特莱西恩施塔特的犹太人后来都回到了荷兰。）

我在故事的这一章不吝笔墨，详述耶路撒冷审判未能充分曝光的内容。因为透过这个故事，人们可以最清晰地洞见纳粹在欧洲上
125 层社会——不仅在德国而且在几乎所有国家，不仅在施害者同时也在受害者身上——引发的全面道德崩溃。与纳粹运动中的其他元素相对比，艾希曼总是对“上层社会”心怀敬畏。他之所以在那些说德语的犹太高层人士面前彬彬有礼，很大程度上是因为意识到他是在跟一些社会地位高于自己的人打交道。他根本就不像某个证人所说的“天生奴性”，与冒险家、玩世不恭者、虚无主义者也都沾不上边。他至死不渝的追求，是“成功”；据他所知，这是衡量“上层社会”的主要标准。尤其有代表性的，是他对阿道夫·希特勒这个人的最后总结。他和他的采访者萨森都同意把这个人“剔除出”他们的访谈。他说：“希特勒可能千错万错，但是有一点不容置疑：这个人有本事从一名德军准下士一跃成为八千万人的人民领袖……仅凭他的成功，就足以让我心服口服地受他领导。”①当他看到，各处“上层社会”跟他有着相同的热切和渴望，他便心安理得了。审判书中说他“闭耳不听良心的声音”。他根本没必要那样做，不是因为他没有良知，而是因为他的良知在以一种“高尚的声音”，以他

① 按德语版补充内容：他跟所有人一样“幸福地看到‘人民中的一员’、税务官员之子能够站在人民的最顶端”。这个发迹之路也象征了他的“最高理想：人民共同体”（Melita Maschmann，*Fazit*，Stuttgart，1963）。——译注

身边高尚的人群发出的声音发声。

艾希曼的一个论点是，他身边没有能唤起他良知的声音；而控方的任务则是，证明事实并非如此，他本该听取一些声音，而且，他的工作热情远远超出了职责所需。结果，尽管听上去有些不可思议，但那些曾经劝他收手的声音变得模棱两可，也一定程度上触发了他对杀戮的热衷。我们这里只需顺便提一下德国国内所谓的“内心流亡”。那些人大都供职于第三帝国，甚至有的身居高位；而在战争结束之后，他们告诉自己和整个世界，他们一直“从内心反抗”纳粹专政。此处的问题不是他们是否在说谎，而是，在这个被重重秘 126
密包裹的希特勒政权下，“内心反抗”竟是保守得最好的秘密。在纳粹的恐怖形势下，这几乎成了心照不宣之事。有一位著名的“内心流亡者”，认为自己刚正不阿。有一次他对我说，为了保守他们的秘密，他露面时不得不“在外表上”比普通纳粹更像纳粹。（这碰巧解释了，为什么组织那几次著名反抗灭绝杀人计划的不是军队将领，而是老党员。）于是，在第三帝国，不像纳粹一样行事却仍能苟活的唯一方式，就是根本不露面，正如奥托·基希海默尔在《政治公正》（*Political Justice*，1961）中所言：“不参与重要公众生活事件”事实上成了衡量一个人是否有罪的唯一标准。假如“内心流亡者”这个词还有什么意义的话，那么它只能指一个生活在“盲信大众之中而又背弃自己民族的流浪者”，如赫尔曼·雅赖斯教授在纽伦堡审判庭上“代表所有辩护律师陈词”中所说的那样。因为在没有任何组织的情况下，抵抗确实“彻底无意义”。这十二年里，的确存在着“外表冷酷的”德国人，但是他们的数量微不足道，甚至在抵抗运动成员当中也是微乎其微。近年来,“内心流亡”(这个词本身就包含歧义,既可以表示退到一个人的灵魂深处去流亡,也可表示以流亡者的方式为人处世)这一口号已经成了一块笑料。前特别行动队成员之一、凶狠的奥托·布拉德费什博士曾组织杀害至少一万五千人,他在一个德国法庭上[①]说,他一直“从内心反抗”他的所作所为。也许一万五千人之死为他提供了在“真纳粹”看来必要的托词。(在波兰的一个法庭上,前瓦尔特高主席阿图尔·格赖泽尔提出了同样的论调,但相比之下却不够成功。他提出只是他的“秉公之心”实施了犯罪行为,他的“个人灵魂”则一直在抵抗。然而,他最终还是因“秉公之心”于1946年被处绞刑。)

艾希曼可能从没有遇到过“内心流亡者”,但他一定熟悉无数
127 这样的政府官员,这些人今天声称他们留在自己的工作岗位上没有其他原因,只是为了“缓和”事态,防止“真纳粹”占据他们的职位。我们提到过汉斯·格洛布克博士的著名案例,此人曾担任国务秘书、1953—1963年西德总理府人事主管。由于他是审判中提到的唯一一位高级政府官员,或许我们应该看看他有过哪些“缓和”行动。在希特勒上台之前,格洛布克博士曾供职于普鲁士内政部,并且很早就显露出对犹太问题的兴趣。1932年12月,他制定了首批法令,要求申请改名者提供“雅利安血统证明”。希特勒上台一事虽未板上钉钉,却已露出强烈迹象,正值此时,这封信从天而降,而且竟然还是“最高密令”,也就是说,以法律形式确定的、旨在不引

① 指1961年慕尼黑法院对他的第一次审判。——译注

起公众瞩目的典型极权主义法则，后来过了很久，这种密令才成为希特勒政权的极权统治特征。格洛布克博士，如前所述，一直很喜欢研究姓名。由于他对1935年纽伦堡法案所做的解释比内政部犹太问题专家、老党员伯恩哈特·勒斯纳博士之前对“血统耻辱”的阐释更为苛刻，人们甚至可以控诉他令事态比“真纳粹”当权时更为恶劣。但是，即便我们承认他所有的善心，也很难看出，若是再给他一次机会，他怎样做才能令事态好转。然而最近，一家德国报纸在做了大量研究之后，对这个令人迷惑的问题给出了一个答案。他们找到一份档案，由格洛布克博士署名，裁定德国士兵的捷克籍新娘必须提供泳装照片，才能获取结婚证明。而格洛布克博士解释道：“这条法令在一定程度上**缓和**了一场历时三年的丑闻”；因为在这项干预案颁布之前，捷克籍新娘必须上交裸体 128
照片。

据格洛布克博士在纽伦堡所说，他有幸成为另一位“缓和者”、副部长威廉·施图卡特的下属。之前我们已经知道，施图卡特是万湖会议的积极参与者之一。施图卡特缓和措施的对象是混血犹太人，他建议对他们进行绝育。（纽伦堡法庭根据其掌握的万湖会议笔录，不大会相信他对灭绝计划毫无所知，不过考虑到他的健康状况，最终裁决其以待审拘留时间抵押刑期。尽管知道施图卡特是纳粹党的“老派先锋人物”而且很久以前就加入了党卫军，是举足轻重的元老级人物，德国去纳粹化法庭还是只对他罚款五百马克，宣布他为“跟风者”。）显然，关于希特勒政府里“缓和者”的故事，只是浩瀚的战后传奇故事之一，我们也不可把它们当作可能触及艾希曼良心深处的声音。

随着基督教教长、新教牧师海因里希·格吕伯在耶路撒冷现身,关于这些声音的问题显得越发事关重大。格吕伯是唯一一个作为控方证人出庭的德国人。(巧的是,只有他和一位来自美国的迈克尔·穆斯曼诺法官不是犹太人;辩方提供的德国人证此前已被排除在出庭名单之外,因为依据审判艾希曼的法律,他们一旦在以色列露面便可能被捕、被起诉。)希特勒时代曾有数量上很少的一些政治影响力不大的反对者,格吕伯教长就属其中之一;他们反对希特勒不是出于民族主义原因,而是从根本原则上反对他;而且,他们在犹太人问题上一贯态度明确。由于艾希曼曾与他进行过数次磋商,他保证要做一个令人满意的证人。他在审判庭上一露面,就引起了不小的轰动。只可惜他的证词语焉不详。这么多年过去了,他记不得同艾希曼交谈的具体时间了;更要命的是,他也记不得当时谈话的主题了。他能清楚记得的只是:他曾因逾越节而要求把未经发酵的面包运送到匈牙利;还有,战争爆发后他曾亲自前往瑞士,向他在
129 那里的基督教朋友申明形势如何危急,敦促他们给更多外国人提供移民瑞士的机会。(希姆莱下令禁止一切移民之后,才开始"最终解决";而格吕伯同艾希曼的磋商一定先于最终解决令,很可能发生在进攻苏联之前。)他拿到了他想要的面包,平安抵达瑞士又平安返回。后来,遣送犹太人的行动开始了,他的麻烦来了。格吕伯教长和他的新教牧师团首先只是"代表那些第一次世界大战中的伤员以及获得军事嘉奖的人;同时,他们还要为那些战争造成的鳏寡老弱代言"。纳粹原本对这些人网开一面。现在,格吕伯被告知他所做

的事情“与政府的政策相抵”，可是他没有遭遇什么严重后果。不过，这件事没过多久，格吕伯教长的确做了些不同寻常的事：他试图到法国南部的居尔集中营，维希政府在那里关押了大约七千五百名来自巴登和萨尔普法尔茨的德国犹太难民，艾希曼于1940年秋天将他们偷运出德国。根据格吕伯教长所述，那些人的下场比运到波兰的犹太人还要悲惨。这次尝试导致他被捕，并被投进集中营——先是在萨克森豪森，后来到了达豪。（相似的命运也降临在天主教神父、柏林圣黑德维希主教座堂大主教贝尔纳德·利希滕贝格头上。无论犹太人是否接受了洗礼，他都敢于公开为他们祈祷。这显然要比干预“特殊情况”更加危险。他还申请与犹太人共同前往东欧，最终死在了前往集中营的路上。）

除了证实“另一个德国”的存在，对这场审判，无论在法律意义上还是历史意义上，格吕伯教长的贡献均乏善可陈。他对艾希曼的评价全是人们常说的那一套：他就像“一块冰”，像块“大理石”，“奴仆性格”，“自行车手”（德国人最近常用这个词来形容那些对上级俯首帖耳、对下属专横跋扈的人）。没有一个评价能显出他是个特别优秀的心理学家，尤其是“自行车手”这个判断，跟 130
法庭已有的证据（证明艾希曼对下属相当平易近人）相矛盾。无论如何，庭审记录通常会删掉这类阐释和结论；可是在耶路撒冷，人们甚至又在宣判词里听到了类似的话。假如没有这些话，格吕伯教长的证词可能反而对辩方十分有利。因为，只要是艾希曼能批准的，比如未发酵的面包、到瑞士出差，他都会批准。此外，艾希曼从来没有给过一个直接回答，而是一直要求他再来一趟，因为他要先请示上级。[1] 更重要的是，塞尔瓦蒂乌斯博士有一次主动发问，向证人提出一个十分关键的问题："您是否试图影响过他？作为牧师，您是否试图诉诸他的情感、向他布道？是否告诉他，他的行为是违反道义的？"当然，这位勇敢的教长没做过此类事情，他后来的回答相当令人尴尬。他说"行动比言语重要"，并且认为"言语可能毫无用处"。他满口陈词滥调，和实际情况毫不相干。然而在当时，"只是说说"就已经是一种行动；神职人员的责任，就是去验证"这些无用的言语"。

比塞尔瓦蒂乌斯博士的提问更加切中要害的，是艾希曼对这一阶段的最后陈词。"没有人，"他重复道，"走到我面前，因我在工作中的任何表现而责备我。甚至格吕伯牧师也承认没那样做过。"他接着说："他找到我，寻求缓解痛苦，但是并没有对我的工作表现提出过任何抗议。"从格吕伯教长本人的证词来看，似乎他不是在寻求"缓解痛苦"，而是希望从前得到纳粹认可的优秀人群能够被网开一面。从一开始，德国犹太人就平静地接受了这种分类，这种区别对待：德国犹太人优于波兰犹太人，战场老兵和有功勋的犹太人优于普通犹太人，祖上就出生在德国的家庭优于晚近移入者，等等。这成了犹太高尚社会道德滑坡的第一步。（今天，面对此类事件，人
131 们的反应通常是，似乎人之天性中存在这样一种法则，驱动每个人在灾难面前摒弃尊严。我们还记得那些法国犹太老兵，当法国政府为他们提供同样的优待时，他们给出怎样的态度和回答："我们郑重

① 此处参照德语版（226 页）。

宣布,我们拒绝接受一切作为退伍老兵应受的特殊待遇。”见《美国犹太人年鉴》[*American Jewish Yearbook*],1945。)毋庸讳言,纳粹本身从不把这些差别当回事。在他们眼里,犹太人就是犹太人;但是,对犹太人进行分门别类一直发挥着某种作用,因为它有助于在德国人中维持稳定:只有波兰犹太人被运走了,只有那些逃避兵役的人被运走了,等等。那些不愿意闭上眼睛的人,肯定从一开始就明白,“为了更顺畅地贯彻普遍原则,通常都会允许存在一些例外情况”(参见路易斯·德容名为《纳粹占领下的荷兰犹太人与非犹太人》[“Jews and Non-Jews in Nazi-Occupied Holland”]的文章,此文颇富启发性)。

接受对本民族进行分门别类,是一场严重的道德灾难。这是因为,每个要求获得“例外”的人,也就等于间接承认了这个等级原则;不过显而易见的是,无论是犹太人还是非犹太人,在忙于争取“特殊情况”以求特殊对待之时,没有人明白这一点。关于犹太受害者对“最终解决”的标准接受到什么程度,再没有比所谓“卡斯特纳报告”揭示得更加露骨了(*Der Kastner-Bericht über Eichmanns Menschenhandel in Ungarn*,1961)。甚至在战后,卡斯特纳仍然自豪于他成功营救了“卓越的犹太人”。纳粹于1942年正式提出这一范畴。似乎他也认为,一个著名的犹太人无疑比一个普通的犹太人更有资格活下来。履行这种“责任”,去帮助纳粹在茫茫人海中挑选出“著名”人物,因为这是事情发展的必然结果,这“比直面死亡需要更大的勇气”。但是,就算申请“特殊情况”的犹太人和非犹太人并不知道他们变成了无意识的共犯,他们模模糊糊接受的这种对所

有非特殊情况宣判死刑的原则，对那些专事屠杀的人而言肯定是再
132 明白不过的。有人到他们这里来申请豁免，偶尔大笔一挥批准一下，并且赚取受害者的感激，这些一定会让他们觉得，就连他们的反对者也不会怀疑这种做法的公正性。

与此同时，格吕伯教长和耶路撒冷法庭犯了个大错：他们以为申请特殊情况的人只是政府的反对者。相反，正如海德里希在万湖会议上明确表示的，在特莱西恩施塔特为优等犹太人建立隔离区的想法是由来自四面八方的无数介入力量提出的。特莱西恩施塔特后来成了对外参观的展示基地，用来欺骗外面的世界。不过，这并非建造者的初衷。艾希曼曾正确地指出，“其他集中营和特莱西恩施塔特相比，简直有天壤之别”。然而，在这个“天堂”里经常发生紧急而恐怖的减员行为。因为从来就没有足够的地方容纳那些优等人，帝国保安总局局长恩斯特・卡尔滕布伦纳下达的一项命令告诉我们，“在挑选外迁犹太人员时……要注意，被挑选出来的犹太人同外界没有特殊人脉和关系”。换句话说，有些重要的犹太人若在东部消失，可能引发不愉快的质疑；于是，那些不太“卓越的”犹太人持续不断地充当了炮灰。这些“特殊人脉和关系”并不一定非在德国之外。按照希姆莱的说法，有“八千万德国人，每个都有些正派的犹太朋友。显然，特殊犹太人是头等犹太人，其他人都是猪猡”（希尔伯格）。希特勒本人据说认识三百四十个“头等犹太人”，他把他们同化为德国人，或者给他们混血犹太人的优待。数千名混血犹太人得到豁免，这或许解释了海德里希在党卫军、陆军元帅埃哈德・米尔希在戈林空军中分别扮演的角色；因为众所周知，海德里

希和米尔希就是半个犹太人。(在主要战犯中,只有两个人临死前悔过:海德里希和汉斯·弗兰克。前者被捷克爱国者袭击九天后因伤口感染而死,后者则死在纽伦堡的死囚牢里。这个事实令人难以接受,你很难不去怀疑,海德里希悔恨的不是他杀过人,而是背叛了 133
他的人民。)如果是由"卓越的"人代表"卓越的"犹太人出面干涉,通常都很成功。斯文·赫定,希特勒最狂热的崇拜者之一,为著名的地理学家、波恩教授菲利普森出面,因为后者"在特莱西恩施塔特过得很不像样"。在一封写给希特勒的信中,赫定威胁说,他对待德国的态度取决于菲利普森的命运走向。后来(根据H. G. 阿德勒写特莱西恩施塔特的那本书),菲利普森先生很快就被安置到了一个更好的地方。

在今天的德国,"卓越的"犹太人这一概念仍然没有消失。人们不再拿那些老兵和其他优等群体说事,但仍然哀叹"著名"犹太人的命运,对其他受害者却视而不见。有不少人,尤其在文化精英当中,仍然对德国曾驱逐爱因斯坦而公开表示惋惜。可是他们并未意识到,与之相比,杀害身边某个普通的小汉斯·科恩却是一宗更
大的罪。 134

八　守法公民的责任

从前有很多时候，艾希曼感觉自己就是彼拉多，没有任何负罪感。然而经年累月之后，他对什么都没有感觉了。事情就是这样，这就是立在这片土地上的新法：法律以元首命令为准。无论做什么，在他看来都是一个守法公民所为。正如他一遍又一遍地对审讯警官和法庭重申的，他是在履行他的**责任**；他不仅服从**命令**，而且还遵守**法律**。艾希曼模糊地感觉到这里应有重要的区别，然而无论是辩方还是法官，都没有深入追踪这个问题。“上级命令”与“国家行为”就像一枚磨蚀了的硬币的两面，被反复抛出来；在纽伦堡审判中，这枚硬币掌控了围绕这个问题的一切讨论，仅仅因为它制造出一幅幻象：对所有史无前例之事，都可以根据判例及其相关标准作出裁定。艾希曼天生谦逊内敛，当然是这个法庭上最不可能挑战这些概念并能独立思考的人。他除了做自认为是守法公民的行为，还按命令行事，小心谨慎“不出圈”。所以，他完全糊涂了。最终，他一会儿强调盲目服从、“唯命是从”是美德——这句话他总挂在嘴边——一会儿又说那是恶德。

艾希曼模糊地意识到，在整个事件中，问题还不是士兵对于（在本质以及动机层面）明显属于犯罪性质的命令是否应该服从那么简单。这一点首先体现在警官审讯过程中。他曾突然信誓旦旦地宣称，自己穷其一生都在实践康德的道德律，尤其按照康德的义务概 135
念行事。这种说法令人发指，而且不可理喻，因为康德的道德律同人的判断能力密不可分，而这种判断力与盲目服从根本就是两回事。审讯官并没有强调这一点，不过拉维法官决定盘问一下被告，不是出于好奇，就是对艾希曼援引康德之名辩罪而感到愤怒。令所有人大吃一惊的是，艾希曼几乎准确无误地回答出绝对命令的定义："我对康德的理解是，我的意志原则必须时刻能上升到普遍法则的高度。"（偷窃与杀人就不符合，因为小偷和杀人犯不会期盼生活在一个让别人有权去抢劫或杀害他的法律体制下）在更进一步的讯问中，他提到他曾读过康德的《实践理性批判》，接着解释道，自从因执行最终解决令受到指控时起，他就不再按照康德的原则生活了；他意识到了这一点，以不再是"自己行为的主人"、不能"改变任何事"自我安慰。他没能在法庭上指出，在这段——用他自己的话说——"依照国家法律而犯罪的时期"，他并非只是认定康德的公式不再有效并对之加以摒弃，而是将其篡改为：应按照立法者或国家法律来制定个人行动的准则；或者，按照艾希曼也许知晓的汉斯·弗兰克的"第三帝国的绝对命令"，即："你要按照可能会得到元首赞同的方式行事"（*Die Technik des Staates*，1942，15—16）。可以肯定的是，康德决计不会说出这种话；相反，在他看来，每个人从开始行动那一刻起就是他自己的立法者：通过运用"实践理性"，人会发现可以也应该成为法律准绳的原则。但是，艾希曼的无意歪曲也的确符合他自称的"康德绝对

律令之小人物家庭版”。在这个家庭版中，康德思想仅剩下：不仅要
136 求一个人遵守法律，还要求他跳出唯命是从，让自己的意志符合法律背后的准则，即孕育法律的源头。这一源头，在康德哲学中是实践理性，在艾希曼的家庭版中则是元首的意志。“最终解决”过程中许多极致的恐怖和痛苦（常见于典型的德国人或者完美的官僚人群）都可以追溯到一种本来奇怪，在德国却司空见惯的看法上去：认为守法不仅是遵守法律，还意味着像法律制定者一样行事。于是，人们都确信，当行多于职责所需之事。

无论康德在德国“小人物”心态说之中扮演了怎样的角色，有一点艾希曼的的确确遵照了康德的戒律：法就是法，不存在例外。在耶路撒冷（当“八千万德国人”每个都有“他的正派犹太朋友”之时）他只承认两起例外：他帮助过一个犹太混血表妹，碍于舅舅的情面他还帮助过维也纳的一对犹太夫妇。这两个例外至今令他深感不安，当警官审讯问及此事，他的语气里满是歉疚：他已对他的上级“认罪”。面对他的杀人任务表现出的坚决不妥协的态度，在法官看来自然比任何事都让他更加罪不可赦。这点很好理解。不过，在他自己看来，这恰恰为他提供了辩护。保证完成任务——这种态度让他身上还残留的良知归于沉寂。没有例外、没有妥协——这是他常用来对抗“喜好”的证据，不管那些喜好是感性的还是因利益而生的，他总是在履行他的“义务”。[①]

① 阿伦特曾在日记中专门探讨过喜好（Neigung）与义务（Pflicht）这对概念。她曾写道：当喜好逝去，道德油然而生；将义务与喜好对立是没有道理的，因为只有当喜好因喜好而自我约束，才会出现义务；只要喜好还在，它就不会把这种约束当作义务，而是当作喜好的延伸；义务在喜好消亡的时候重生。——译注

履行“义务”最终导致他同上级的命令发生了公开冲突。战争的最后一年，距离万湖会议已两年有余，他经历了最后一次良知危机。当败局迫近，他发现跟他同样级别的人在不停地争取“例外”，最终，争取停止“最终解决”。那一刻，他的审慎决堤了，他又一次开始采取主动。例如，盟军的轰炸摧毁运输系统后，他组织犹太步 137
行大军从布达佩斯走到奥地利边境。那是在 1944 年秋天，艾希曼知道，希姆莱命令拆除奥斯维辛灭绝杀人设施，游戏结束了。就在这段时间，艾希曼同希姆莱有过一次私人会面，是为数不多的几次之一。据说此间希姆莱曾冲他大嚷：“就算您曾经消灭过犹太人，从现在起，我希望您去照拂犹太人。我提醒您，1933 年建立帝国保安总局的人，不是米勒也不是您，而是我。我才是发号施令的人！”唯一能证实这番话的人就是库尔特·贝歇尔先生。那个人很不可信。艾希曼否认希姆莱曾对他大吼大叫，不过他并没有否认见过希姆莱。希姆莱不可能一字不差地说出上面的话，他肯定知道，帝国保安总局是 1939 年而非 1933 年成立，而且不是由他，而是由海德里希批准的。尽管如此，一定还发生过类似的事：希姆莱四处散布命令，要求善待犹太人——他们是他“最好的投资”——而对艾希曼，那一定是一次灾难性的经历。

艾希曼最后一次良知危机始于 1944 年 3 月匈牙利任职期间。当时红军穿过了喀尔巴阡山，直逼匈牙利边境。匈牙利于 1941 年参战，之所以与希特勒为伍，只是为了从邻国斯洛伐克、罗马尼亚和南斯拉夫获得一些额外领土。匈牙利政府此前就公开宣布反犹，如今开始把新领土上所有无国籍的犹太人驱逐出去。(几乎每个国家的反犹行动都是先拿无国籍者开刀。)这完全不在最终解决的范围之内,而且实际上与当时详细制订的总体计划并不合拍。计划希望把欧洲“从西扫到东”,所以匈牙利在这张任务清单上的位置相对不那么重要。匈牙利警察把无国籍犹太人撵到了近苏联的边境地
138 带,当地的德国占领军拒绝接受他们。匈牙利人带回数千名有劳动能力的人,其余的都在德国警察部队监视下由匈牙利部队就地枪决。然而,该国法西斯领导人、海军上将霍尔蒂不想再深一步——也许受到墨索里尼和意大利法西斯的影响——此间数年,匈牙利跟意大利差不多,都成了犹太人的避难所,甚至波兰和斯洛伐克的难民偶尔也会逃到这里来。领土合并和难民潮令匈牙利犹太人数量从战前的五十万,增加到了 1944 年的大约八十万。正逢此时,艾希曼介入匈牙利。

今天我们知道,刚刚来到匈牙利的这三十万犹太人的安全,与其说归功于匈牙利政府对难民采取的积极姿态,倒不如感谢德国人的不积极——他们不愿意为这么一点人启动特别行动。1942 年,迫于德国外交部的压力(外交部让德国的盟友明白,获取信任的基石不在于协助德国赢得战争,而是帮忙“解决犹太问题”),匈牙利提出移交全部犹太难民。外交部欣然接受并视之为朝正确方向迈出的一步。但艾希曼却予以反对:出于技术原因,他认为“最好推迟到匈牙利做好准备把本国固有的犹太人也计算在内时再行动”,只为一批人而“启动整部撤离机制”过于奢侈,因而“对解决匈牙利的犹太问题没有任何推进作用”。到了 1944 年,匈牙利已经“做好

准备”，因为3月19日有两支德国部队占领该国。新任帝国特使随同抵达，分别是党卫军上校、希姆莱在外交部的代理人埃德蒙·维森迈尔博士，和高级党卫军军官及警察头目团成员、同样直接受命于希姆莱的党卫军中校奥托·温克尔曼。第三个抵达匈牙利的党卫军军官，就是犹太人撤离及遣送问题专家艾希曼，听命于帝国保安总局的米勒和卡尔滕布伦纳。这三位先生的驾到意味着什么，希 139
特勒本人心知肚明。在占领匈牙利之前的一次著名的谈话中，他告诉霍尔蒂“匈牙利还没有对犹太问题采取必要步骤”，责备他“尚未允许屠杀犹太人”（希尔伯格）。

艾希曼的任务非常明确。为了能够监督所有“必要步骤”的实施，他的整个部门都搬到了布达佩斯。这对他的职业生涯而言是一次“下滑”。他无法预知即将发生的事情。他最担心的是来自匈牙利方面的抵抗。因为他既缺少人力，又不熟悉当地的情况，所以，一旦抵抗爆发，他将无法应对。结果证明，他是杞人忧天了。匈牙利的国家宪兵队乐此不疲地采取一切必要行动，匈牙利内政部负责政治（犹太）事务的新任国务秘书拉斯洛·安德烈是个“精通犹太问题”的人，他成了同艾希曼分享大量私人时间的密友。无论何时回想起这段往事，艾希曼总是感慨一切“天衣无缝”，“似乎本该如此”，“我好像在做梦一样”——因为在去匈牙利的路上，他脑子里“除了担心没别的”，可结果却是一帆风顺。[①] 当然，如果非要计较命令和对新朋友的期待之间存在的细微差异，那么困难也不是没

① 此段引文主要依德语版译出。——译注

有。比如,很可能因为红军从东部逼近,命令规定这个国家"从东扫到西",那也就意味着布达佩斯的犹太人在最初的数周或数月之内将不会被撤离——对于那些想在首都率先看到无犹化的匈牙利人而言,这是个天大的噩耗。(艾希曼的"梦想"对犹太人而言是一场难以置信的噩梦:从未出现过在这么短的时间内运走并杀害这么多人的情况。在不到两个月的时间里,147 趟列车用封闭车厢装载 434 351 个人,每车厢上百人,离开了这个国家。奥斯维辛的毒气室差点应付不了这么多人。)

困难来自另一个领域。不是一个人,而是三个人受命协助"解
140 决犹太问题"。每个人都分属不同的部门,处在不同的命令链条之下。单纯从技术层面讲,温克尔曼是艾希曼的上级,但是高级党卫军军官及警察头目团又不受艾希曼所在的帝国保安总局领导,外交部的维森迈尔与这两个部门又都不相干。总之,他们俩的命令艾希曼拒绝执行,还很反感他们的存在。不过,最大的麻烦来自第四个人。在匈牙利不仅生活着大量犹太人,而且还有一些犹太人仍然掌握经济命脉。这种现象在欧洲国家里是独一无二的。(根据官方记录,匈牙利的十一万商户和工厂中,有四万个由犹太人掌管。)因此,希姆莱派武装党卫军中校、后晋升为上校的库尔特·贝歇尔来执行一项"特殊使命"。

贝歇尔,艾希曼的死对头,如今在不来梅经商,风生水起。匪夷所思的是,他竟然作为辩方证人被传唤出庭。他没能来耶路撒冷的理由显而易见。他是在德国家乡接受问讯的。他的证词被驳回,因为尽管发誓如实回答问题,但答案是他早就提前备好的。艾希曼和

贝歇尔没能当庭对质，这真是太遗憾了。不仅是对法庭审判而言。这样一次当面对质，也将会揭开“完整形象”的另一角；而这一角，即便从法律层面讲也相当有意义。根据贝歇尔本人的陈述，他加入党卫军的原因是，他“从 1932 年起至今一直在从事马术运动”。三十年前这是一项只有欧洲上流社会才能从事的运动。1934 年，他的马术老师说服他加入党卫军骑兵团。当时，如果一个人既想要加入“运动”，同时又想收获一定的社会地位，除此之外别无他选。（贝歇尔在证词中一味强调马术，可能出于一个他从未提及的原因：纽伦堡审判列出的犯罪组织名单中不包含党卫军骑兵团。）贝歇尔不是以国防军，而是以武装党卫军的身份走上前线的。在武装党卫军里，他是部队指挥官的联络官。他很快离开前线成为党卫军人事部 141
马匹采购的主要负责人，这个差事为他赢得了当时能获得的所有表彰。

贝歇尔称，他只是要为党卫军购买两万匹马才被派往匈牙利。这话不太可信，因为他刚一抵达匈牙利就同犹太商会的领导层展开了一系列成功斡旋。他同希姆莱交情甚笃，只要想见随时可见。他的“特殊使命”再清楚不过。他要背着匈牙利政府获得犹太商会的主控权，作为回报，保证他们所有人自由出境并为其配备所需外币。他最重要的一桩生意是同曼弗雷德·魏斯钢铁集团做成的。这是一家庞大的企业，拥有三万员工，产品范围从飞机、卡车、自行车制造零件，到罐装食品、大头针和缝衣针。结果，魏斯家族有四十五个人移民到了葡萄牙，而贝歇尔先生变成了这宗产业的主人。这起“肮脏交易”令艾希曼怒发冲冠，因为它威胁到了他同匈牙利人之间的交情。匈牙利人当然期望把本国犹太人的财产收归己有。艾希曼的愤怒不无道理,因为这些交易违背了纳粹一贯的宽容政策,因为在协助解决任何一个国家的犹太问题时,除了要求犹太人自付其遣送费和处决费之外,不会染指他们的财产。遣送费和处决费在不同国家也存在很大差别:在斯洛伐克,每个犹太人需要支付三百到五百帝国马克,而在克罗地亚只需要三十,法国七百,比利时两百五十。(似乎除了克罗地亚人之外,没有人支付过。)战争后期,德国人要求匈牙利以物品形式支付,即把食品运到德国,数量由犹太人在遣送途中可能发生的消耗量决定。

在艾希曼看来,魏斯事件只是一个开始,事情从此变得一发不可收拾。贝歇尔是个天生的生意人。艾希曼眼中无休无止的组织
142 管理任务,在他看来却近似于无穷无尽的赚钱机会。唯一束缚他的,是艾希曼这等人的目光短浅和臣仆性格(这些令他们对工作尽职尽责)。贝歇尔中校的各种计划,很快促使他同鲁道夫·卡斯特纳博士就营救工作展开亲密合作。(后来多亏卡斯特纳的证词,贝歇尔才在纽伦堡审判上被无罪释放。作为一名老牌犹太复国主义者,卡斯特纳战后搬到了以色列并一直身居高位。后来一名记者将他与党卫军媾和之事公之于众,卡斯特纳控告前者诽谤。卡斯特纳在纽伦堡的证词对他十分不利,当这宗案子挪到了耶路撒冷地方法院时,艾希曼审判三位法官中的哈拉维法官说,卡斯特纳"已经把灵魂出卖给了魔鬼"。1957 年 3 月,就在他的案子呈交以色列最高法院之前不久,卡斯特纳被谋杀了。似乎刺客中无一人来自匈牙利。在接下来的审理中,下等法院的裁决被宣告无效,卡斯特纳恢复了名

誉。）有了卡斯特纳的协助，贝歇尔的交易要比同商界大腕的复杂磋商轻松得多。交易给每个待救犹太人的性命定价。双方免不了讨价还价，艾希曼似乎也卷入某些先期谈判之中。值得一提的是，艾希曼的要价是最低的，每个犹太人才二百美元；当然不是因为他想拯救更多犹太人，而是因为他这个人格局太小。价格最后定到一千美元。这群包括卡斯特纳博士一家在内的共计一千名犹太人从匈牙利出发，前往伯根—贝尔森交换营，又从那里出发最终抵达瑞士。贝歇尔和希姆莱希望通过同样的交易从美国联合分配委员会[1]获取两千万瑞士法郎，用于买进各种商品。每个人都忙着谈生意，但直到苏联解放匈牙利之前也没谈成。

毫无疑问，贝歇尔的活动得到了希姆莱的绝对支持，并且跟旧式的“层级”命令——经过艾希曼在帝国保安总局的直属上司米勒和卡尔滕布伦纳再传到他那里——完全不同。在艾希曼看来，贝歇 143
尔这号人是腐败分子，不过腐败并不能导致他的良知危机。他在这类诱惑面前固然不为所动，但他多年以来一定对腐败现象耳濡目染。很难想象他会不知道（虽然也不是全无可能），他的朋友及下属迪特尔·维斯利策尼中校早在1942年就从布拉迪斯拉发的犹太解放委员会那里收取了五万美金，从而暂缓遣送斯洛伐克犹太人。但他不可能不知道，希姆莱在1942年秋天曾试图向斯洛伐克犹太人出售出境许可，从而获取足够的外汇用于招募党卫军部队。而眼下，在1944年的匈牙利，情况有所不同。不是因为希姆莱卷入了

① American Joint Distribution Committee，总部设在美国纽约的犹太人救济组织，缩写为JDC，建于1914年，活跃了七十余年。——译注

“生意”，而是因为做生意已经成为官方政策，不再只是腐败问题了。

起初，艾希曼努力加入游戏，按照新的游戏规则行事。当时他参与了这场奇妙的“以人换物”谈判——用一百万犹太人为遭受重创的德国国防军换取一万辆卡车。这当然不是他的主意。在耶路撒冷讲到自己在这件事上扮演的角色时，他的表达方式清楚表明，他曾怎样为自己开解：此项军务势在必行，也许还能给他额外的好处，让他在移民事务中获得一个重要的新角色。他可能从来不肯对自己承认，随着来自各方面的困难与日俱增，除非在周围的争权夺利中能找到某个立足点，否则，他可能随时都会失业（事实上，没过几个月他就失业了）。当交换项目的破产指日可待时，众所周知，希姆莱一反其优柔寡断（主要由于对希特勒的生理恐惧），决定全面停止“最终解决”。此时他已经不管生意或军事必需，也不顾可能发生什么，而只是幻想着如何炮制他的下一个角色：德国的和平使
144 者。恰逢此时，党卫军内形成了一支“温和派”。他们愚蠢至极，竟然相信若杀人犯能证明他并未全力以赴、并未赶尽杀绝，就可以脱罪；同时他们聪明绝顶，预见到事态会恢复到“正常状况”，到时候，钱财和人脉将重新成为至高无上的资源。

艾希曼从来没有加入过这支“温和派”。就算他朝这方面努力，能否得到接纳也很难说。不仅因为他太容易妥协，或者因同犹太长老们频繁接触而名声在外；还因为在那些有教养的中上层“绅士”眼里，他太过粗鄙，而他对那些人也是到死都恨之入骨。他十分擅长把上百万人送上黄泉路，不过，他却不擅长在没有“语言规则”的情况下、以恰当的方式谈论此事。在耶路撒冷，没有任何规则，他

可以随意说出“杀人”、“谋杀”、“由国家规定的合法罪行”。他直言不讳，有一说一，这跟辩方律师团形成了对比。后者不止一次流露出，他们比艾希曼的社会身份高。（塞尔瓦蒂乌斯的助理迪特尔·维希滕布鲁赫博士是卡尔·施米特的学生，参加过最初几周的审判，后被派往德国询问辩方证人；8 月的最后一周，他再次出现在法庭上，此时已随时可以同法庭外的记者们通气。相比艾希曼的罪行，更令他触目惊心的是艾希曼在品位和教养方面的欠缺：“我们必须看看，我们是如何帮助这个小人物渡过难关的。”塞尔瓦蒂乌斯本人在审判之前曾把他的代理人的秉性比作一个普通邮差。）

当希姆莱变得“温和”时，艾希曼开始壮起胆子违抗命令；不过，行动尺度停留在他所认为的直属上司“庇护”范围以内。卡斯特纳曾经就 1944 年秋停止步行军一事质问维斯利策尼：“艾希曼怎么敢蓄意违抗希姆莱的命令呢？”回答是：“他可能发了份电报。米勒和卡尔滕布伦纳一定给他打掩护了。”很可能艾希曼已大致盘算过要在红军到来之前肃清特莱西恩施塔特，尽管我们只能通过迪特尔·维斯利策尼并不可靠的证词了解此事。（此人在战争结束的数 145
月乃至数年以前就做好周密准备，要牺牲艾希曼为自己脱罪。在纽伦堡审判上，作为控方证人，他将这套计划付诸实践，却并没有得到什么好处。因为他又被引渡到捷克斯洛伐克的布拉格受审并被处决。他在那里没有人脉，钱在那里也解决不了问题。）其他证人宣称，是艾希曼的手下罗尔夫·金特策划了此事；还说正相反，艾希曼下达过一个书面命令，要求隔离区保持原样。无论如何，可以确定的是，即使到了 1945 年 4 月，当每个人在实际行动上都变得“温和”

起来以后，艾希曼还抓住瑞士红十字会的M. 保罗·迪南前来参观特莱西恩施塔特的机会，表明他本人在犹太人问题上不同意希姆莱的新政策。

艾希曼一直在尽全力将“最终解决”进行到底，这一点无可争议。问题是，这能否证明他的狂热？能否证明他无比仇恨犹太人？能否证明尽管他声称一直恪尽职守，其实却对警察撒了谎并在法庭上作了伪证？法官们没有得到任何解释，他们竭力去理解被告，并且以（被告此前的一生中大概从来都没有体会过的）真诚而纯粹的人道精神关怀他。（维希滕布鲁赫博士告诉记者，艾希曼“非常信任兰道法官”，似乎兰道能够理出真相，并且把一切归结到艾希曼需要权威这一点上。不管基于什么，这份信任明显贯穿审判始终。这也许解释了为什么判决结果令艾希曼“大失所望”。他误以为人道就是软弱。）他们从未能够理解他，这或许为这三个人的“善”提供了证据，证明他们对于职业道德根基的信仰尽管有些老套却从未动摇。令人悲伤且不安的事实很可能是，促使艾希曼在战争最后一年
146 变得立场坚定的，并不是他的狂热，而是他的良知，就跟三年前他有一小段时间站到相反方向一样。艾希曼知道，希姆莱的命令绝对违背元首指示。对于这一点，他无须了解详情便心知肚明，尽管详细情况可能会对他有利：当控方上诉到最高法院时，强调希特勒通过卡尔滕布伦纳得知用犹太人交换卡车的谈判，认为“希姆莱不能用了”。此后几周，希姆莱就要终止在奥斯维辛的灭绝行动。而希特勒显然还不知道希姆莱的最新动向，他向霍尔蒂下达最后通牒，说他期待“匈牙利政府毫不迟疑地对布达佩斯犹太人采取措施”。根

据维森迈尔的一份电报，当希姆莱中止撤离匈牙利犹太人的命令抵达布达佩斯之时，艾希曼以“求元首重新作决定”相威胁；判决结果认为这份电报“比一百个证人更能给他定罪”。

艾希曼在同（由党卫军帝国领袖和警察头目领导的）“温和派”的战斗中败北。失败的第一个征兆出现在1945年1月，当时库尔特·贝歇尔中校被提升为上校，那是艾希曼在整个战争期间梦寐以求的头衔。（他自称自己所在的部门没有晋升机会，这话只有一半属实。他本可以成为IV-B处的处长，而不是IV-B-4科的科长，从而得到自动晋升。事实上，像艾希曼这样一步步爬上来的人，如果不上战场的话，不大可能升到比中校更高的位置。）同月，匈牙利解放，艾希曼被调回柏林。希姆莱任命他的死对头贝歇尔为特使，负责处理一切集中营事务。艾希曼从“犹太人事务”办公室被调去负责“抗击教会”。一来，对付教会根本不重要；二来，他对此一无所知。在战争结束前的最后几个月里，他突遭降职，这是个意味深长的信号，说明希特勒的话并没有错：1945年4月，希特勒在柏林地堡中宣布，党卫军不再可靠。 147

在耶路撒冷，一些文字材料能够证明艾希曼曾极力忠于希特勒和他的元首命令。对此，艾希曼多次试图解释，在第三帝国，“元首的**话**具有法律效力”。这首先意味着，假如是元首直接下达的命令，则无须白纸黑字。他试图澄清，这就解释了为什么他从不索要希特勒的书面命令（没有一份书面证据证明元首下达过“最终解决”的命令，也许根本就不存在这样的书面命令），但却要求希姆莱出示书面命令。真是不可思议啊！所有收藏高深司法解释的图书馆对此都有记载，都可以证明：元首的话，其口头声明，就是这个国家的基本法。因此，在这个“合法的”框架内，与希特勒口令相抵的书面命令或精神即为非法。于是，艾希曼的立场同那个常被引用的士兵案例之间存在一定的相似性：士兵按照正常的法律制度行事，拒绝实施违背其自身相信的法律常识的任务，因此被判有罪。然而这种类比让人十分不安。有关这个话题的其他文献，通常用“法律”的普遍双关性支持自己的论证。在这个语境下，法律有时候意味着国家之法，即被制定的实在法；有时候，法律应以一个统一的声音表达所有人的心声。然而客观地讲，不被遵守的命令一定“明显非法”，而非法性必定如判决结果里指出的那样，“像悬在命令上空的一面写有警告的黑色旗帜：‘禁！’”在一个具有犯罪性质的政府里，这面带有“警告标志”的“黑旗”就“公然”高悬于通常合法的命令（比如，不要仅仅因为某些人是犹太人就去滥杀无辜）之上，飘扬在一则正常情况下实属犯罪性质的命令之上。回落到明确无二的良知上来，或者，用法学家们更加模糊的语言来说，回落到“人性中普遍的多愁善感”（Oppenheim-Lauterpacht，*International Law*，1952）上来——这种回落不仅是在向问题卑躬屈膝，而且还表示出一种存心回避，回避我们这个世纪最重大的道德、法律以及政治问题。

148 的确，艾希曼之所以采取行动，并不仅仅因为他确信希姆莱新近下达的命令有“犯罪性质”。他的私人动机无疑也起了作用。这一私人动机不是狂热主义，而是对希特勒的崇拜，对这个“从一等兵变成了帝国总理”的人怀有一种真正的、“无比的崇拜”（如一名辩方证人所言）。人们实在懒得去追问，究竟哪种因素对艾希曼的影响更大——是对希特勒的敬仰，还是在德国已陷入一片废墟之际仍然对第三帝国守法公民身份的坚守。在战争结束前的最后那些日子里，两个因素又一次产生了影响。当时他在柏林愤怒地看到身边每个人都赶在苏联人或者美国人到来之前伪造文书。几个星期过后，艾希曼自己也开始使用假名出行，不过那时候希特勒已死，“国家之法”不复存在；而他，如他后来所说的，不再受曾经的誓言束缚了。因为党卫军成员发过的誓跟士兵的宣誓不同，前者只宣誓效忠希特勒，而不是德国。

阿道夫·艾希曼的良心案，虽被公认为错综复杂，不过却绝不罕见。它同德国将军们的案件基本没有可比性。在纽伦堡，有人问一位将军：“您以及所有心怀荣誉感的将军们怎么可能如此盲目效忠于一个谋杀犯？”回答是：“评判上级命令不是士兵的任务，让历史或天上的上帝作出审判吧。”（语出阿尔弗雷德·约德尔将军[①]，他在纽伦堡被判绞刑。）艾希曼的智慧和教育背景不足以令他明白，但至少可以让他模糊地认识到，把他们变成罪犯的并非命令，而是法律。命令不同于元首的话，后者的效力不受时空制约，而前者最为显著的特征就是存在制约。这也真正解释了为什么元首一下达最终解决令，跟着就是洪水般的规定和命令，而且制定者全部为专业律师和法律顾问，没有一个行政官员。这个命令不同于一般的命

① Alfred Josef Ferdinand Jodl（1890—1946），纳粹当权期间德国陆军一级上将，德国重要的战略指挥将领，长期担任德军最高统帅部作战局局长。约德尔是希特勒在作战问题上最重要的军事顾问，参与制订过几乎所有德军作战行动计划以及屠杀占领区和平居民的暴行命令，还曾代表德军向盟军投降。1946 年，约德尔作为纽伦堡军事法庭的二十四名战犯之一接受审判，后被处以绞刑。——译注

令，这个命令就是一项法律。无须赘言，所有这些法律层面上的繁
149 文缛节绝不仅仅体现了德国人谨小慎微和全面彻底的性格，更为这个事业的合法性提供了一件最漂亮的外衣。

文明国家中的法律认为，即便人的本能欲望和喜好有时会导向杀人，良知的声音也会对每个人说“你不得杀人”。所以，希特勒的法律才要求良知的声音告诉每个人“你可以杀人”，尽管屠杀的组织者完全清楚，杀人有违大多数人的正常欲望和喜好。第三帝国的罪恶，已经失去了大多数人认识的那个本质——罪恶不再以诱惑的形态出现。许多德国人，许多纳粹，很可能他们中的大多数一定都倾向于不去杀人，不去抢劫，不去眼睁睁看着他们的邻人走向死亡（因为他们当然知道犹太人被运上了死亡列车，尽管大多数人可能并不清楚恐怖的细节），不在所有罪行中添一把柴、成为帮凶。然
150 而，上帝知道，他们已然学会了如何克服本能、抵御“诱惑”。

九　第三帝国的遣送：德国、奥地利以及保护国

1942 年 1 月万湖会议召开期间，艾希曼感觉自己就是彼拉多，以无辜来洗净沾血的双手。1944 年秋，希姆莱下达命令，背着希特勒叫停“最终解决”，似乎集体屠杀只是一场令人扼腕叹息的错误。在此期间，艾希曼从未感受过良知的折磨。他从未想过自己做决定，那无异于深陷“荆棘丛”。[①] 他满脑子都是组织管理工作，不仅因为他置身于一场世界大战，更为重要的是，他卷入了那些为“解决犹太问题”奔忙的国务党务权力机关之间的明争暗斗。他的主要竞争对手来自高级党卫军军官及警察头目团，他们直接接受希姆莱领导，能轻易接近希姆莱，而且职位通常比艾希曼要高。竞争者里当然还有外交部。新任的外交部副部长马丁·路德博士是里宾特洛甫的门徒，对犹太人事务十分热心。（在 1943 年的倒戈事件中，路德想要扳倒里宾特洛甫未果，后被捕并关押于一个集中营；他的继任

---

① 参看德语版（250 页）。——译注

者，立法委员埃伯哈德·冯·塔登，耶路撒冷审判的辩方证人之一，成了犹太人事务的负责人。）外交部时不时要求其在国外的代表执行遣送令，考虑到名声问题，代表们更愿意借高级党卫军军官及警察头目团之手。此外还有东部占领区的军队指挥官。他们喜欢“就
151 地”解决问题，也就是用枪射杀。而西欧国家的军人通常不愿意合作，不愿意把自己的军队借给别人围捕犹太人。最后是党卫军地方头目。他们中的每个人都想率先宣布自己的地盘实现了无犹化，有时还会擅自启动遣送程序。

艾希曼不得不协调所有这些“努力”，以便从所谓的“各自为政”、“随心所欲”导致的“彻底混乱”中理出头绪。他的确（尽管从没有彻底做到）在整个过程中获得了一个关键角色，因为他自己的部门负责组织运输的方式。根据上西里西亚（奥斯维辛所在地）盖世太保头目、后来的丹麦安全警察头目鲁道夫·米尔德纳在纽伦堡为控方提供的证词，遣送令是希姆莱以书面形式下达给帝国保安总局局长卡尔滕布伦纳的；卡尔滕布伦纳下传给盖世太保头目、IV局局长米勒；米勒再把这些命令口头传达给他在IV-B-4科的负责人艾希曼。希姆莱也向各地的高级党卫军官和警察头目团下令，并相应地知会卡尔滕布伦纳。至于如何处理被遣送的犹太人，需要消灭多少、留下多少作为劳动力等问题，也统统由希姆莱决定。有关此类事务的命令，经由波尔的经济管理总局，传到集中营和灭绝营督察里夏德·格吕克斯手中，后者再把任务交给集中营指挥官。控方忽略了这些来自纽伦堡审判的档案资料，因为它们推翻了艾希曼权力大无边这一假设。辩方提到了米尔德纳的口供，但是收效甚微。

艾希曼自己“在请示波利亚科夫和赖特林格之后”，制作出十七张彩色的组织结构图。这些图对于理解第三帝国复杂的官僚机器并无太大帮助，尽管他的大致描述——“整体处于永恒的膨胀状态、稳定的流动之中”——在极权主义研究者听来却都可信，他们知道，要让这种政府形式达到完美是天方夜谭。艾希曼仍然恍惚记得，他的手下、那些专事占领区以及傀儡政权国内犹太事务的顾问，向他汇报“哪些措施切实可行”；而他则准备了“各种报告，有的得到批准，152
有的被驳回”；他还记得，米勒如何下达命令；“实际上，来自巴黎或者海牙的建议可能在两周后摇身一变成了经帝国保安总局批准的命令，再下达给巴黎或海牙”。艾希曼的部门在整个任务执行中充当了最重要的传令员，因为，通常由他和手下决定多少犹太人可以或者应该从指定地点踏上遣送之旅；遣送的最终目的地也要由他的部门来宣布，尽管并不由他决定。不过，出发与到达很难实现同步，问题五花八门，包括：确认铁路官员和运输部是否有足够运力，确定运行时刻表，指挥列车到达有足够“吸收能力”的中心站，确保时刻有足够的犹太人从而不会“浪费”列车资源，在占领国或结盟国内部获得权威人士的协助逮捕行动，针对不同类别的犹太人执行不同的规定和命令（每个国家对犹太人的种类都有各自的划分并不断变动）。所有这一切都成了家常便饭，而个中细节，早在他被带到耶路撒冷受审之前就已被遗忘。

同样的事情，在希特勒这样一个策划“最终解决”的孤独阴谋家（从未有人谋反，假如有的话，也是谋反者甚少、执行者甚多）眼里，属于战争的主要目的之一，可以抛开经济和军事考量得到优先执行；对艾希曼而言乃属朝九晚五的工作，有好有坏；而对犹太人而言，真的就意味着世界末日。数百年来，无论对错，他们已经习惯把自己的历史解读为漫长的苦难故事，跟检察官在审判的开场白里所说的一模一样。然而长久以来，这种态度背后一直盘踞着"以色列**人民**将会活下去"的必胜信念。犹太个体、犹太家庭也许会死于大屠杀，整个犹太社区也许会被斩草除根，但是，这个民族会继续存在。他们从未遭遇过种族灭绝。另外，至少在西欧，民族不朽的信
153 念已经不再具有安抚人心的效力。从古罗马时代起，也就是欧洲有史以来，犹太人就与欧洲各民族同生共死、荣辱与共。可是，在过去的一百五十年里，他们的境况有了巨大的改善，他们获得的荣耀如此之多，乃至中欧和西欧地区的人感觉这是理所当然的。于是，对于犹太社群庞大的分支组织来说，"这个民族将会继续存在"这一信念已不再重要；他们再也无法想象犹太人脱离欧洲文明社会框架生活，就像他们无法想象一个无犹化的欧洲一样。

尽管世界末日的"实施"只有一条路，但却有着完全不同的面孔和形态，就像欧洲土地上形态各异的国家一样。这一点，对于熟悉欧洲国家发展以及民族国家制度崛起的历史学家来说不算新闻；然而，对那些坚信反犹主义将成为欧洲统一基石的纳粹而言，则是闻所未闻。其实，纳粹是大错特错了。他们很快就可以看见，事实上（尽管不是理论上）反犹主义在不同国家中表现迥异。更令人恼怒的是，尽管轻易即可预见，只有东部的那些民族——乌克兰人、爱沙尼亚人、拉脱维亚人、立陶宛人，以及在某种程度上的罗马尼亚人——真正懂得德国的"极端"多样性，他们可是被纳粹视作"低等

人类”的野蛮族群。尤其引人注目的是，尽管在纳粹的定义里，斯堪的纳维亚国家是德意志的血亲，但他们对犹太人缺少应有的敌意（克努特·哈姆孙和斯文·赫定属例外）。

世界末日当然始于德意志帝国。那个时候，德意志帝国不仅指德国，还包括奥地利、摩拉维亚、波西米亚、捷克保护国以及波兰西部的德占区。在最后这块地区，即所谓的瓦尔特高，战争甫一打响，犹太人就跟波兰人被一并遣送到东部。那是东部第一个大型迁居计划。正如耶路撒冷地方法院的审判书中所称，这是“一次有组织的人口迁移”。而德裔波兰人则被向西“运回德国”。希姆莱时任 154
巩固德意志民族阵线特使，他授权海德里希负责“移民和撤离”。1940 年 1 月，艾希曼在帝国保安总局的第一个办公室 IV-D-4 科成立了。尽管从行政程序上看，这个职务是他日后在 IV-B-4 科的垫脚石，但艾希曼在这里度过的岁月就像一个学徒期，从迁移人口到遣送人口的转型期。最初的遣送工作始于希特勒的正式命令下达之前，不属于“最终解决”。考虑到后来发生的事，那些工作相当于考试，是应对危急关头的演练。首先是对什切青①一千三百名犹太人的遣送。1940 年 2 月 13 日，从逮捕到遣送，一夜完成。这是第一次遣送德国犹太人，海德里希宣布的理由是“应战时经济之需，紧急征用其住宅”。他们被带到了波兰的卢布林地区，一路上条件极其恶劣。第二次遣送发生在同年秋天：巴登和萨尔普法尔茨的所有犹太人，男女老少大约七千五百人，被运到了前文提到过的未被德

① Stettin，也译作斯德丁、斯特汀，波兰西北部城市。——译注

军占领的法国地区。当时这是对法国的公然冒犯，因为德法停战协定中并未规定维希政权下的法国作为收留犹太人的垃圾站。艾希曼不得不随行，目的是让法国的边境火车站站长相信，此乃德国的一次“军事运输”。

与后来的行动相比，这两次行动从头到尾都缺乏精心而“合法”的筹划。当时，还没有哪项法律规定犹太人一旦遣送出德国就被剥夺国籍，犹太人也不必去填写繁杂表格以备纳粹安排财产没收的相关事宜；什切青的犹太人只是签了一份泛泛的弃权书，内容覆盖了他们所拥有的一切。显然，这些初期行动并非旨在测试行政机器是否完备。目标似乎是对政治形势的一般性试探——能否让犹
155 太人拎着各自的小行李箱，在午夜时分，在没有任何预兆的情况下，自己走向坟墓？当他们的邻居第二天一早发现隔壁人去楼空时，会作何反应？在针对巴登犹太人的这次行动中，还有一个最重要的问题：外国政府如何应对突然从天而降的上千名犹太“难民”？对纳粹而言，进展相当令人满意。在德国，有大量因“特殊情况”而采取的干预行为，比如斯特凡·格奥尔格圈子成员阿尔弗雷德·莫姆波特[①]就获准前往瑞士；但是，全体民众对此显然漠不关心。（可能就是在这个时候，海德里希意识到将有门路的犹太人同匿名大众区别对待有多么重要，并且决定为这些特殊情况营建特莱西恩施塔特和伯根—贝尔森集中营。这一决定获得了希特勒的许可。）在法国，发

---

① Alfred Mombert（1872—1942），犹太德语作家、诗人，1919 年成为巴登艺术与文化委员会成员，1928 年加入普鲁士艺术学院。1933 年，纳粹将他从普鲁士艺术学院除名，1934 年宣布其作品为禁书。1940 年 10 月，莫姆波特被运到居尔集中营，一直被关押到 1941 年 4 月。在友人汉斯·莱因哈特帮助下，他于 1941 年 10 月获得瑞士签证。在集中营期间莫姆波特已身患重病，终因久病不治于 1942 年 4 月 8 日死于瑞士。——译注

生了更加喜人的一幕：维希政府把全部七千五百名来自巴登的犹
太人关进比利牛斯山脚下那座臭名昭著的居尔集中营。那里本来
是给西班牙共和军准备的，从 1940 年 5 月起收纳“德国来的难民”，
其中绝大部分当然是犹太人。（当法国开始执行“最终解决”时，居
尔集中营的囚犯全部被运到奥斯维辛。）偏爱普遍化的纳粹已经看
到，犹太人在哪里都“不受欢迎”，每个非犹太人都是一个实在的或
潜在的反犹主义者。假如他们“极端”处理了这个问题，怎么会有
人感到困扰？艾希曼深受这种论调影响，在耶路撒冷一次又一次抱
怨，没有哪个国家愿意接收犹太人，也就是说，仅仅是这个原因引发
了巨大灾难。（难道若有成群其他族群的外国人突然从天而降，他们
身无分文、没有身份证件、不会说当地语言，那些组织结构严密的欧
洲民族国家就会采取另一套做法吗！）然而，令纳粹官员一直百思不
解的是，就连国外最资深的反犹主义者竟也不愿“始终如一”，竟在
“极端”措施面前裹足不前，真是可悲。其中有很少一部分人直接
表明反对立场，比如西班牙驻柏林大使馆的一名工作人员，在谈到 156
六百名获得西班牙护照的西班牙裔犹太人时说：“除非能保证他们
不会被清算！”尽管这些人从没到过西班牙，尽管佛朗哥政府非常希
望把他们移交给德国司法部门，但是，大多数人都怀着跟那名工作
人员相同的想法。

这些初期实验过后，是一段遣送间歇期。我们已经看到，艾希曼如何把他被迫无事可做的时间运用到马达加斯加计划上。但是 1941 年 3 月，在准备对苏战争期间，艾希曼突然被分配到一个新的部门，或者说，他的部门改了名字，从“移民和遣送”改为“犹太人事

务：遣送”。从那时起，尽管还没有听说“最终解决”，不过他应该已经知道，移民已经结束，遣送取而代之。可是艾希曼并不是一个嗅觉灵敏的人，既然没有人告诉过他，他就继续思考有关移民的事。于是，1940 年 10 月，跟外交部代表的一次会上，有人提议取消所有生活在国外的德国犹太人的公民权，艾希曼奋起抗议：“这样一来将会对那些至今仍愿意向犹太移民敞开大门并为其提供入境许可的国家造成影响。”他的思维总是局限于当时有效的法律法规范围内；他以为只有当希特勒把“最终解决”的命令正式下达给执行者之后，才会重新产生针对德国犹太人的反犹法令。与此同时，尽管德国已经决定首要任务是在领土内全速实现无犹化，可令人惊讶的是，还是等了将近两年的时间才付诸行动。德国的准备条例很快就成为其他国家的范例。其内容有，首先，佩戴黄色星标（1941 年 9 月 1 日）；其次，改变国籍法，生活在德国境外的犹太人将不被认为具有德国国籍（当然，出于这个原因，他会被驱逐遣送）；第三，颁布法令，被剥夺国籍的德国犹太人之所有财产将收归国有（1941 年 11
157 月 25 日）。准备阶段以司法部长奥托·提拉克同希姆莱之间的一项协议而告终。协议达成，提拉克支持党卫军，放弃对“波兰、苏联、犹太人、吉普赛人”的司法权，因为“司法部对于消灭这些人所能做的贡献甚少”。（值得一提的是，这个公开表述出自 1942 年 10 月司法部长写给纳粹党参谋部长马丁·鲍曼的一封信。）涉及被遣送到特莱西恩施塔特的人，须对命令稍作修改，因为特莱西恩施塔特位于德国领土上，被遣送到那里的犹太人不会自动丧失国籍。针对这些“优等”人，一项 1933 年的旧法允许政府将用于“民族和国家敌对”行为的财产收归国有。这种充公案例通常用于集中营政治犯，但犹太人不属于这一类。不过 1942 年秋，德国和奥地利的所有集中营都已实现无犹化。1942 年 3 月签署的一条新规定宣布，所有被遣送犹太人为“民族和国家的敌人”。纳粹相当看重他们自己的法律，尽管他们私底下都称“特莱西恩施塔特隔离区”或者“老年营”，特莱西恩施塔特的官方定义仍旧是一个集中营，只有住在里面的人不知道这一点——外人不想伤害他们的感情，因为这个“居住地”是供给特殊人群的。为确保进来的犹太人不会产生怀疑，柏林犹太委员会（德国犹太人联合会）受命同被遣送者签署协议，之后才能在特莱西恩施塔特“获得居住权”。申请人将所有财产移交给犹太委员会，指望后者保障他们的衣食住以及提供医疗服务。结果，在最后一批犹太人联合会官员也被送到特莱西恩施塔特以后，德国人做的只是把联合会成员手里的巨额财富收进自己的腰包。

所有从西部向东部的遣送均由艾希曼及其在帝国保安总局IV-B-4科的同事进行组织协调。这在整个审判期间都是毫无争议
的事实。然而为了把犹太人送上火车，他需要治安警察部队的协 158
助。在德国，治安警察看守火车并提供护卫，东部的安全警察（不要与希姆莱的保安部混淆）已经在目的地严阵以待，准备接车并把被遣送者交付屠杀中心负责人手中。耶路撒冷法院沿用了纽伦堡对“犯罪组织”的定义，这意味着其中既不包括治安警察也不包括安全警察，尽管已经有确凿证据证明他们主动参与了最终解决的执行。但是，即便把所有警察部队都加入已被认定为“犯罪”性质的四个组织里——纳粹党的领导层、盖世太保、安全局、党卫军——组

伦堡所做的区分可能依然不适合也不适用于第三帝国的现实。真实的情况是,在德国,尤其是在战争时期,没有哪个独立组织或公共机构不曾卷入犯罪行为或交易。

特莱西恩施塔特集中营的建立解决了麻烦的私人干预现象,此外还有两件事仍然对"极端"和"最终"解决造成障碍。第一个是混血犹太人的问题。"极端派"想要把他们跟纯种犹太人一起遣送,而"温和派"希望对他们进行绝育——因为,正如内政部的施图卡特在万湖会议上所言,如果你允许杀害混血犹太人,那就意味着,你排斥"他们身上的另一半德意志血统"。(实际上,德国对混血犹太人或者与犹太人通婚的人并未采取任何措施,用艾希曼的话讲,"一森林的问题"包围并保护着他们,比如他们的非犹太亲戚,再比如那个令人沮丧的事实——尽管纳粹医生做过不少保证,但他们从未找到用于大规模节育的快捷方法。)第二个问题是,德国有几千名外籍犹太人,无法通过遣送剥夺他们的国籍。此外还扣押了几百名美国和英国犹太人等待交换。但是,用于处理中立国或德国盟国公民的方
159 法实在耐人寻味,值得记录下来,尤其因为它们在法庭上扮演了某种角色。提到这些人,艾希曼难脱干系。他被指控怀着极大的热忱,绝不放过其中任何一个。按照赖特林格的说法,艾希曼同"外交部的职业外交官"怀有同样的热忱,他"最在意的是居然有少数几个犹太人能够不死于虐待和折磨……";诸如此类的所有事务,他都不得不咨询那些外交官。就艾希曼而言,最简单也最合逻辑的方式,就是对所有国家的犹太人一视同仁,统一遣送。万湖会议正值希特勒的全盛时期。会议精神表示,"最终解决"就是要面向全部

欧洲犹太人,其数量预计为一千一百万,而对于诸如国籍、与结盟国或中立国公民权利相关的法律这类事情却只字未提。不过,鉴于即便在战争前景最光明的时刻也要在各处依靠当地人的友好合作,德国不能不重视这些细微的礼节程序。外交部资深外交官的任务就是在“一森林的问题”中找到出路,最精明的方法之一是利用德国境内的外籍犹太人去试探其各自国家的政治风向。方法很简单却不为人知,自然也在艾希曼的思考能力和政治悟性之外。(关于这一点有文字记载。他的部门曾就此类事宜致信外交部,均由卡尔滕布伦纳或者米勒签署。)外交部致信其他国家的权力机关,说德国正走在无犹化的道路上,因此,假如外籍犹太人不想受到反犹措施牵连,当务之急乃被召回国内。这项最后通牒的字里行间渗透着更多言外之意。通常情况下,这些外籍犹太人不是各自所在国的自然公民,就是事实上的无国籍者——他们通过某些十分神秘的方式持有某国护照,只要持有者身在国外,就派得上用途。这种情况在拉美国家尤其突出,其在国外的领事馆相当公开地向犹太人出售护照;幸运的持照者能获得各项权利,包括一定程度的领事保护,只是没有踏足他们“祖国”的权利。于是,外交部的最后通牒目的就是让 160
外国政府同意,至少对只有国民名义的犹太人实施“最终解决”。一个政府,如果不愿意对几百或几千犹太人——这些人在任何情况下都没有永远居住权——提供政治避难,那么这样的政府不大可能在其全部犹太人口被驱逐或消灭的那一天提出任何抗议,这不是很合逻辑吗?不过我们很快就会看出,这也许合逻辑,但却不合道理。

1943年6月30日,德意志帝国——包括德国、奥地利和保护国——宣布无犹化。这个日子比希特勒所希望的晚了好久。没有确切数据表明，到底有多少犹太人被遣送出这片国土；但是我们知道，按照德国 1942 年的统计数据，二十六万五千个已被遣送或符合遣送条件的人当中，只有很少一部分人有幸逃脱。也许有几百人，最多几千人，成功地找到藏身处，并在战争年代幸存下来。1942 年秋天，纳粹党参谋部下达一份内部通告，正式对遣送行动作出官方解释。这同时也是一个绝佳诠释，证明他们在平复犹太邻居可能引发的良心不安方面多么驾轻就熟："为最终巩固本民族利益，只能采
161 取**冷酷到底**的方式解决这类极其棘手的问题。此乃人之常情。"

十　西欧国家的遣送：法国、比利时、荷兰、丹麦、意大利

“冷酷到底”曾是第三帝国统治者们高度赞赏的一项素质。可是到了战后，德国在对纳粹历史轻描淡写方面展现出令人叹为观止的天赋，“冷酷到底”转而常常带有贬义，形容不好的、不善的。尽管天生具备这种素质的人没什么错，可是令人遗憾的是，他们并没有按照基督教的教义行事。无论如何，艾希曼的部门派到其他国家的“犹太人事务顾问”全部是百里挑一。他们是同常规外交使团、军方成员、安全警察的地方指挥部之间的联络人，之所以能被选派，是因为他们都体现出“冷酷到底”的最高水准。初期，1941 年底、1942 年初期间，他们的主要工作似乎总是同身处其他相关国家的德国官员——尤其是德国向那些名义上独立的国家派出的使节以及占领国的特派官员——建立令人满意的关系；无论是跟哪一方，只要涉及犹太人事务的裁决问题，就会陷入无休止的纷争。

1942 年 6 月，艾希曼召回他在法国、比利时、荷兰的顾问，目的是坐实这些国家的遣送计划。在“对欧洲进行由西扫向东”的事务

上，希姆莱下令赋予**法国**最高优先权，一部分原因在于，“优秀民族”历来很重要；另一部分原因在于，维希政府表现出对犹太问题惊人的“善解人意”，并且主动推行大量反犹法令；他们甚至建立了一
162 个专门的犹太事务部，先是由沙维尔·瓦兰、后来由达尔戈·德·贝尔普瓦主持，两人都是著名的反犹主义者。法国反犹主义与民众各阶层的普遍沙文式排外主义密不可分。因此作为妥协，行动首先从外籍犹太人下手。1942 年，法国境内一半以上的外籍犹太人都失去了国籍，他们是来自苏联、德国、奥地利、波兰、罗马尼亚、匈牙利的难民和逃亡者。也就是说，那些国家不是处在德国统治下，就是在战争爆发前已经颁布反犹法令。所以，法国一开始就决定遣送总计约十万无国籍犹太人。（这个国家的全部犹太人口现已超过三十万。在 1940 年春的比利时和荷兰难民潮爆发前，1939 年，这里已经有大约二十七万犹太人，至少十七万是外籍或者在国外出生的犹太人。）占领区以及维希法国各需全速遣送五万人。这项事业需要精心运作，不仅要取得维希政府的同意，而且还有赖法国警察的主动合作，他们在法国要干的就是德国治安警察在德国干的活。最初没有遇到任何困难，正如贝当元帅的总理皮耶尔·拉瓦尔指出的，因为“这些外籍犹太人一直是法国的一块心病”，所以“法国政府很乐于德国人对他们改变态度，从而令法国有机会除掉他们”。必须补充一点，拉瓦尔和贝当是想把这些犹太人重新安置回东部。他们还不知道“重新安置”意味着什么。

有两件事引起耶路撒冷法庭的格外注意，两件事都发生在 1942 年夏天，也就是这次行动启动数周之后。第一件跟原计划 7 月 15

日从波尔多开出的一趟列车有关。由于艾希曼费尽九牛二虎之力只在波尔多找到一百五十名无国籍犹太人，根本填不满火车，于是这趟行程不得不取消。不管艾希曼是否从这一情况中看出，事情可能不像每个人以为的那样容易，他都兴奋异常。他告诉下属“事关荣誉”。不是他在法国人那里，而是在运输部眼里的荣誉，因为后者 163
可能会低估他的办事能力。他还表示，假如再发生这种情况，他“将不得不考虑是否暂时放弃法国的遣送行动”。耶路撒冷对这一威胁非常重视，认为其可以证实艾希曼的权利之大，因为假如他想，他可以“放弃法国”。事实上，这是艾希曼在胡乱吹牛，以证明他有“调兵遣将的权力”，但却几乎无法“证实……他在下属眼中的地位”，除了他时常威胁他们会丢掉舒服的战时工作。不过，如果说波尔多事件只是一出闹剧，那么第二件事则堪称耶路撒冷传出的头号恐怖故事。故事的主人公是被迫离开父母的四千名儿童，其父母已经踏上了通往奥斯维辛之路。那些孩子被丢在法国集合点德朗西集中营。7 月 10 日，艾希曼的法国代表、一级突击队中队长特奥多尔·丹内克尔给他打电话，询问如何处置那些孩子。艾希曼花了十天时间作决定，然后回电话给丹内克尔，告诉他“一旦重启向波兰总督府地区的遣送工作，就开始运输这些孩子”。塞尔瓦蒂乌斯博士指出，整个事件实际上说明“受害者的命运既不是由被告，也不是由被告所在部门成员决定的”。事实上，丹内克尔曾告知艾希曼，拉瓦尔本人建议把十六岁以下的儿童也列入遣送队伍；然而遗憾的是，没有人提到这一点。这就意味着，最可怕的一幕并非“最高命令”的结果，而是法德政府最高层磋商后达成一致的后果。

1942夏秋期间，两万七千名无国籍的犹太人（一万八千名来自巴黎，九千名来自维希政权下的法国南部），被遣送到奥斯维辛。接着，当法国全境还有大约七万名犹太人时，德国人犯下了第一个错误。他们相信法国人已然对遣送犹太人习以为常，即便把法国本土犹太人算进去也不会引起任何反对，于是单纯为简化行政手续而申
164 请遣送法国犹太人。孰料这个申请引起轩然大波。法国人坚决反对把自己国家的犹太人交给德国人。而希姆莱在得知事情原委——不是通过艾希曼或他的手下，而是很偶然地从一个高级党卫军军官及警察头目团的人那里得知——之后，马上作出让步，并且承诺放过法国犹太人。可是为时已晚。关于“重新安置”的第一批流言已经散布到法国，法国的反犹主义者以及非反犹主义者都想看到那些外籍犹太人在别处安家，但就算反犹主义者也不想成为大屠杀的帮凶。不久前，法国人还热血沸腾地策划对那些自1927年（或1933年）以后获得法国国籍的犹太移民取消国籍，此举可能会令大约五万多名犹太人变成符合遣送条件者。如今，他们却拒绝再向前迈出小小的一步。他们还在遣送无国籍以及外籍犹太人的问题上制造了类似的无数麻烦，确实令所有从法国撤离犹太人的雄伟计划不得不“搁浅”。成千上万的无国籍者藏匿起来，还有好几千人逃到了法国的意大利占领区蔚蓝海岸。在那里，犹太人无论是何出身、有何国籍，一律安全。1943年夏，德国宣布无犹化，盟军刚刚抵达西西里，那个时候，被遣送的犹太人不到五万两千人，少于总数的百分之二十；这些人当中，持有法国护照者不到六千人。德国的法军拘留营里，犹太战俘都不曾享受“特殊待遇”。1944年4月，盟军

登陆法国两个月前，这个国家里仍然有二十五万名犹太人，他们都在战争中幸存下来。这说明，一旦遭遇坚决抵抗，纳粹无论在人力还是相应的意志力上，都无法保持“冷酷”。事实真相是，就连盖世太保和党卫军的成员，也有软化的余地。

1942年6月，艾希曼的部门召开柏林会议，对即将从比利时和荷兰遣送出境的人数作出了相当保守的估计，很可能是因为法国这 165
个前车之鉴。[1] 会议预计在比利时逮捕一万人、荷兰一万五千人，逮捕后立即遣送；而两个国家的人数后来又都大幅提升，很可能跟法国方面行动受阻有关。**比利时**的情况在某些方面尤其特殊。这个国家完全由德国军事上层掌控，根据比利时政府向法庭提供的报告，警察“对其他德国行政部门却无法施加他们本该有的影响”。（比利时总督亚历山大·冯·法尔肯豪森将军后来参加了1944年7月反叛希特勒的行动。）当地的叛国者只在佛兰德能够呼风唤雨，瓦隆法语区的法西斯政府领导人德格雷尔没有什么影响力。比利时警察并未与德国人合作，德国人甚至不放心让比利时铁路员工单方负责用于遣送的火车，因为后者要么故意不给车门上锁，要么策划埋伏，帮助犹太人逃跑。最奇特的是犹太人口的构成。战争爆发前，这里有九万犹太人，其中大约三万是德国来的犹太难民，而另外五万多来自欧洲其他国家。到1940年底，将近四万犹太人逃离了这个国家。在剩下的五万人里，比利时本土犹太公民最多只有五千

① 此句参考德语版（266页）。——译注

人。另外,逃亡的难民全部是较为重要的犹太领袖,他们当中大多数本来也都是外国人,由此组建的犹太委员会当然无法对当地的犹太人发号施令。由于“缺乏全方位的理解”,所以最终只有很少的比利时犹太人被遣送,也就不足为怪了。不过最近归入比利时国籍的以及无国籍的犹太人,这些出身捷克、波兰、苏俄、德国的人,大多刚刚才抵达,很容易被认出来,也很难在这个完全工业化的小国家找到藏身之处。到 1942 年底,有一万五千人被运往奥斯维辛;到 1944 年秋盟军解放比利时的时候,总计两万五千人已经遇害。艾希曼在比利时有他的犹太事务“顾问”,但是这个顾问似乎对此类
166 行动并不积极。最终,由于外交部方面的不断施压,还是由军事管理部门出面执行。

跟所有其他国家一样,**荷兰**的遣送行动也是从无国籍犹太人开始的。这些人几乎全部是德国难民,是战前被荷兰政府公开宣布的“不受欢迎的”人。[①] 在全部十四万犹太人口中,大约有三万五千人是外籍犹太人。与比利时不同的是,荷兰实行的是非军事管理;与法国不同的是,这个国家没有自己的政府,因为内阁和王室已逃往伦敦。这个弹丸之国完全任由德国人以及党卫军宰割。艾希曼在荷兰的“顾问”名叫维利·佐普夫(最近在德国被捕,而那位更有作为的时任驻法顾问丹内克尔先生却依然逍遥法外),不过他显然乏善可陈,除了定期跟柏林办公室汇报工作之外,几乎就没干过什么。

① 此处德语版有补充说明:在战争期间,即便是荷兰在伦敦的流亡政府也公然对犹太臣民的命运漠不关心。见路易斯·德容(Louis de Jong)的报告《通往暴君之路》(“On the Track of Tyranny”),马克斯·贝洛夫(Max Beloff)出版,维也纳图书馆,伦敦。——译注

遣送行动及所有相关事务都由律师埃里希·拉亚科维奇操办，他是艾希曼从前在维也纳和布拉格的法律顾问，经艾希曼引荐加入了党卫军。1941 年 4 月，海德里希派他到荷兰，其直属领导并非柏林的帝国保安总局，而是海牙当地的安全局局长威廉·哈斯滕博士，而此人又受命于高级党卫军军官及警察头目团、党卫军全国副总指挥汉斯·劳特尔及其犹太事务助理费迪南德·奥斯·德·芬顿。（劳特尔和芬顿都被荷兰法庭判处死刑。劳特尔被执行死刑，而芬顿据说因为阿登纳的干预被改判为无期。哈斯滕也被带回荷兰受审，服刑十二年后，于 1957 年被释放，后加入巴伐利亚州政府民政部。荷兰高层曾考虑对拉亚科维奇启动诉讼程序，此人似乎现居瑞士或意大利。所有这些细节都在去年随着荷兰档案的公开发行以及瑞士 167
《巴塞尔国家报》驻荷兰通讯员 E. 雅各布的报道得以曝光。）耶路撒冷的诉讼方一方面是由于想不惜一切代价打造艾希曼，另一方面是由于死死陷进了德国官僚体制的迷宫里，所以声称所有官员都要执行艾希曼的命令。但是高级党卫军军官及警察头目团只接受希姆莱的调遣。而且，说拉亚科维奇此时仍然听命于艾希曼，结合当时荷兰的时局，这一观点尤其不足为信。判决最终并未就此展开唇枪舌剑，只是不动声色地修改了大量由控方犯下的错误——尽管可能不是全部，而且展现出帝国保安总局、高级党卫军军官及警察头目团以及其他机关部门之间不断上演的明争暗斗。用艾希曼的话说，就是“旷日持久、没完没了、无休无止的谈判”。

艾希曼对荷兰的安排十分气愤。很明显，希姆莱本人想限制他的权力，更别说当地那些绅士多么不遗余力地制造麻烦，让艾希曼自己的遣送车辆无法准时出发。他们还取笑柏林的“协调中心”根本不知自己几斤几两。于是从一开始,要遣送的犹太人就不是一万五千名,而是两万名。而艾希曼派去的佐普夫先生在职务上比其他任何人都低好几等,1943 年,佐普夫几乎是被迫加速遣送工作。诸如此类的权力纷争一直在困扰着艾希曼。他对所有还想听他说话的人说:“事情进展到这个阶段,专员先生已确认犹太问题乃安全警察所辖,假如其他部门再想插手,就是违抗党卫军帝国领袖[指希姆莱]的命令,而且也是荒唐无理的。”不过说了也是白说。荷兰的最后一次冲突发生在 1944 年。这一次,就连卡尔滕布伦纳也坐不住了。为了顾全大局,他试图从中斡旋。尽管出身西班牙的塞法迪犹太人被从萨洛尼卡带到了奥斯维辛,但是荷兰的塞法迪犹太人还是得以幸免。判决中说“帝国保安总局在这场纷争中占了上风”,这是不对的。因为,还有三百七十名塞法迪犹太人仍然安然无恙地生活在阿姆斯特丹。至于为什么会这样,只有上帝知道了。

希姆莱更愿意通过他的高级党卫军军官及警察头目团在荷兰
168 执行任务,原因很简单:这些人知道如何在这个国家行事,况且荷兰民众制造的麻烦绝对不算小儿科。在整个欧洲,只有荷兰的大学生为犹太教授遭解职举行示威游行;当这个国家的犹太人第一次被遣送到德国集中营之际,全国各地随即爆发此起彼伏的示威游行,这在欧洲也是绝无仅有的。而那次遣送并非去往死亡营,只是一次早于最终解决令抵达荷兰之前很久采取的惩罚措施。(就像德容指出的,德国人从中吸取了教训,从现在起,“不单用纳粹冲锋队的棍棒……而且通过在《犹太人周报》上公布法令……强制执行”。再也看不到警察当街抓人的场面，民众也不再示威游行。）尽管荷兰对反犹措施怀有敌对情绪，荷兰人民对反犹主义也相对具有免疫力，可他们还是受到了两个因素的影响，而且后来证明，这两个因素对犹太人而言是致命性的。首先，在荷兰存在着一场非常强大的纳粹运动，因此完全有条件实施诸如抓捕犹太人、肃清其藏身之地等警务行动。其次，在本土犹太人当中存在着一股非常强劲的趋势，要在他们自己跟新来的人之间划清界限，这很可能是因为荷兰政府对德国难民态度相当不客气。其中可能还有荷兰反犹主义者的原因，跟法国人一样，他们的矛头也主要指向外籍犹太人。这样一来就便于纳粹按自己的心意塑造犹太委员会，后者在很长一段时间里以为只有来自德国和其他国家的犹太人才是遣送行动的受害者；于是，党卫军还可以在组织荷兰警察的同时从犹太警察中招募警力。结果造成一场空前的灾难，其惨烈程度除对波兰犹太人的灭绝行动之外，任何其他西欧国家都望尘莫及。波兰犹太人的情况完全有别于其他国家，因为他们从一开始就处于绝望的谷底。尽管跟波兰相比，荷兰人民允许了约两万到两万五千名犹太人藏身，这对如此一个小国家来说是相当大的一个数字，但是后来至少有一半藏身者被
发现，这无疑离不开专业情报员或临时告密者的努力。到 1944 年 7 169
月，十三万名犹太人被遣送，大多数被送到波兰卢布林地区位于布格河畔的索比布尔。那里从来就没有过挑选劳动力的事。所有生活在荷兰的犹太人中，有四分之三被杀害，其中大约三分之二是本土犹太人。1944 年秋，最后一批被遣送者离开了荷兰，当时盟军的前哨已经到达荷兰边境。在一万名靠躲藏幸存下来的犹太人中，大

约百分之七十五是外国人——这个百分比证实，荷兰本土犹太人因不愿面对现实而付出了多么昂贵的代价。

万湖会议上，外交部的马丁·路德警告，在斯堪的纳维亚国家，尤其是挪威和丹麦，会遇到巨大的麻烦。(瑞典从未被占领，而芬兰尽管在战争中支持轴心国，却是唯一一个纳粹在犹太问题上从未染指的国家。两千名芬兰犹太人安然无恙，这个例外不能不令人惊讶。这也许是因为，希特勒对芬兰人怀有崇高的敬意，所以不想用武力和带有侮辱性的胁迫手段令其臣服。)路德提议暂时推迟斯堪的纳维亚的遣送行动。这对于丹麦来说很自然。这个国家尽管1940 年 4 月就跟挪威一同遭到德军入侵，但还保留着独立政府，而且 1943 年秋天以前一直被视为中立国。丹麦没有值得一提的法西斯或纳粹运动，因此也就不存在谋反者。然而在**挪威**，德国人找到了狂热的支持者。挪威亲纳粹、反犹太的领导人维德孔·吉斯林，后来还成了所有叛国者以及“卖国贼政府”的代名词。挪威境内有德国犹太难民和犹太无国籍者一千七百名，他们在 1942 年 10 月到11 月的几次闪电行动中被抓捕并关押。当艾希曼的部门组织遣送这些犹太人到奥斯维辛时，一些吉斯林政府的人请辞。路德先生及其外交部对此曾有预感，不过更为严重的——当然不是完全出乎意
170 料的——是瑞典对所有被迫害者迅速提供政治避难，有时甚至提供瑞典国籍。外交部常务副部长恩斯特·冯·魏茨泽克拒绝对路德的提议进行讨论，但是瑞典的举措还是帮了大忙。非法离开一个国家相对还要简单些，但若想在没有许可的情况下进入庇护国并躲开

入境检查，几乎等于天方夜谭。所以，大约九百人——这个数字刚刚超过了挪威犹太小社群人数的一半——被偷运到了瑞典。

无论如何，恰恰是在**丹麦**，德国人发现外交部的顾虑的确有道理。丹麦犹太人的故事可以自成一篇，丹麦人民及其政府的表现在整个欧洲国家里都是独一无二的——无论这些国家被占与否、是否为轴心国的伙伴国、是否中立或是否真的独立。这个故事完全可以成为政治学专业学生的必读，让他们了解到，在拥有绝对暴力优势的对手面前，非暴力行动和抵抗当中凝聚着多么巨大的潜力。的确，其他一些欧洲国家缺乏对“犹太人问题的正确理解”，而且事实上他们中的大多数都反对“极端”和“最终”解决。事实证明，丹麦、意大利、保加利亚和瑞典一样，对反犹主义几乎是免疫的。但是这前三个国家里，在受到德国势力影响时，只有丹麦人敢于跟他们的德国主子公开摊牌。意大利和保加利亚蓄意破坏德国人的命令，并且卷入一场复杂而狡诈的欺骗游戏，为救他们的犹太人制造了一场独出心裁的特技动作，但是他们从来没有对此类政策提出过抗议。丹麦人的表现则完全不同。当德国人把佩戴黄色大卫星的事慎之又慎地传达给他们时，得到的回答只是，第一个佩戴黄色星标的将会是国王。丹麦政府官员也严正指出，任何形式的反犹措施都会导致他们马上辞职。整个事件中的关键一环是，德国人甚至无法让丹麦政府意识到约六千四百名丹麦本土犹太人和一千四百名犹太难 171
民的区别，这些难民战前从德国来到这里寻求庇护，之后被德国政府剥夺了国籍。丹麦人的拒绝一定让德国人到死也想不明白：这个国家拒绝给予外来犹太人本国公民身份乃至工作许可，同时又对这些人提供保护，这似乎“不合逻辑”。（从法律上讲，丹麦难民在战前的状况与法国类似。倒是法兰西第三共和国民事机构遍地腐败，促成一些流亡法国的人不是通过行贿就是“走关系”获得了入籍文件。法国的大部分难民都可以打黑工，哪怕没有工作许可。但是同瑞士一样，丹麦不是一个花钱可以解决一切的国家。）然而丹麦人却告诉德国官方，因为无国籍难民不再是德国公民，纳粹不能在未获丹麦允许的情况下认领他们。无国籍反而成了护身符，这种情况并不多见。当然不是无国籍的状况本身拯救了犹太人，而是丹麦政府决定出面保护他们。于是，对于有组织的屠杀来说至关重要的预备步骤无一实现。行动一直被推迟到了1943年秋天。

接下来的事情才真叫令人惊诧。同其他欧洲国家的情况相比，这里的一切都搞得乱七八糟。1943年8月德国进攻苏联失败之后，其在非洲的部队于突尼斯遭遇重围；盟军进驻意大利，瑞典政府取消1940年同德国签订的协议，不再准许德军过境。于是，丹麦工人决定为加速进程投入战斗；暴动者冲进丹麦船厂，码头工人拒绝帮德国人修船，还举行罢工。德国军事指挥官宣布进入紧急状态并实施军事管制，希姆莱认为是时候解决犹太问题了，这个“解决”已经一拖再拖。他没有料到的是，除了丹麦人的抵抗之外，生活在这个
172 国家的德国官员也早已不是从前的态度。第三帝国全权代表维尔纳·贝斯特博士在纽伦堡的证词中说，不单是军队指挥官冯·汉内肯将军拒绝把军队交给他，就连丹麦雇佣的党卫军特别行动队也再三拒绝执行“中央指派的命令”。贝斯特本人是个老盖世太保，担任过海德里希的法律顾问，还曾写过一本关于警察的书，名噪一时。

此人在巴黎军政府时深得上级赏识，如今也变得不可靠了，尽管柏林对他的变节程度究竟了解多少还很难说。可以明确的是，事情从一开始就不太妙，艾希曼的部门把他们的干将罗尔夫·金特派到了丹麦，没有人会说此人缺乏“冷酷到底”的素质。金特没有给他在哥本哈根的同事留下什么印象，而眼下，冯·汉内肯拒绝签署要求所有犹太人登记后方可从业的命令。

贝斯特来到柏林，获准将丹麦境内的犹太人无差别地全部遣送至特莱西恩施塔特——从纳粹的角度看，这是个非常重要的让步。抓捕及快速遣送行动定于10月1日夜间进行，船已停泊在码头。看来无论是丹麦人、犹太人还是驻守丹麦的德国军队，谁都指望不上，所以来自德国的警察部队开始亲自逐户排查。在最后一刻，贝斯特跟他们讲，不可以破门而入，因为那样一来丹麦警察就会插手，而他们不宜同丹麦人发生正面冲突。于是，他们能够抓捕的只有那些主动打开房门的犹太人。在7 800人当中，他们总共发现了477个在家而且愿意让他们进门的人。决定命运的日子到来的几天前，贝斯特本人很可能向名叫格奥尔格·F. 杜克维茨的德国船只代理商泄露了消息，杜克维茨把整个计划告诉了丹麦政府官员，后者又迅速将消息转告犹太委员会领袖。丹麦的犹太委员会领袖跟其他国家的犹太领袖截然不同，他们借新年庆典之机在犹太教堂里公开
了这个消息。犹太人恰好有充足的时间离开他们的公寓，去往藏身 173
之所。这在丹麦非常容易办到，因为，用判决书里的话说，“所有丹麦人民，从国王到平民”，都做好了迎接他们的准备。

若丹麦不是有幸与瑞典比邻，那么战争结束前犹太人可能都还

处于地下状态。把犹太人运到瑞典去似乎很合理，在丹麦渔船队的帮助下就可以完成。没有路子的人每人得交一百美金，这笔钱中很大一部分是富裕的丹麦公民代付的，而那可能是最令人震惊的事迹，因为此时犹太人须自付遣送费。有钱人斥重金购买逃亡许可（在荷兰、斯洛伐克，后来还有匈牙利），要么贿赂当地官员，要么同党卫军“依法”谈判。党卫军只接受硬通货。在荷兰，每个逃亡通行证的售价高达五千到一万美金。就算在能够收获真正的同情并有人诚心提供帮助之处，犹太人也得付钱才行得通。没钱的人若想逃亡，成功概率则为零。

从丹麦与瑞典之间的五到十五海里的水上通道将犹太人全部运送完毕，这个过程持续了几乎整个10月。瑞典接收了5 919名难民，其中至少1 000人是德国犹太人，1 310人是混血犹太人，686人是与犹太人结婚的非犹太人。（近乎一半的丹麦犹太人似乎都留在了这个国家，而且一直靠潜藏幸存到战后。）非丹麦籍犹太人也过得比以往要好，他们获得了工作许可。德国警察最终抓捕的几百名犹太人被运到了特莱西恩施塔特。他们非贫即老，要么当时没能及时获得消息，要么没能明白其中含义。在隔都里，他们的待遇比任何其他群体都要好，因为丹麦政府及个人不断因为他们“找茬挑事”。如果从这组在押犯人的平均年龄来看，48这个死亡人数并不算高。如今回头再看这一切，艾希曼思考后认为，“出于很多原因，丹麦反犹行动彻底失败了”；奇怪的贝斯特博士则宣称：“行动目标并非抓
174 捕数量庞大的犹太人，而是在丹麦实现无犹化，而这个目标如今业已实现。”

从政治和心理层面讲，这件事中最耐人寻味的也许是驻扎丹麦的德国高层所扮演的角色。他们对柏林方面的命令明显阳奉阴违，蓄意捣乱。这是我们唯一一次听说纳粹遭遇当地人**公开**抵抗，结果那些接触到此事的人似乎改变了态度。他们自己显然不再把灭绝整个民族当作顺理成章。在坚决的抵抗之下，他们的"冷酷"被融化了，就像奶酪遇到了阳光。他们甚至有能力开始流露出一点真正的勇气。那个"冷酷"的理想——也许除了少数几个濒临精神错乱的暴徒之外——纯粹是一场自欺欺人的神话，背后掩盖的是不惜一切代价唯命是从的残忍欲望。这些在纽伦堡法庭上就已暴露无遗。被告互相指控、彼此出卖，向全世界保证他们"一直都反对"，或者像艾希曼一样声称他们最好的素质都已被他们的上级"滥用"了。（在耶路撒冷，他指控"那些当权者"滥用他的"服从"。"臣服于一个好的政府是幸运，臣服于一个坏的政府是不幸。我运气不好。"）时代变了，尽管他们中的大多数一定知道自己早已在劫难逃，却也没一个人有勇气为纳粹思想辩护。维尔纳·贝斯特在纽伦堡说，他扮演了一个十分复杂的双重角色，幸亏有了他，丹麦官员才在大难临头时得到警告；可是按照书面证据，他本人曾向柏林建议实施丹麦行动，而他却解释说，这一切都是游戏的一部分。他被引渡到丹麦，并在那里被判死刑；他又提请上诉，结果出人意料。因为有了"新证据"，他的刑期被减为五年监禁，后来又被提前释放。他一定是有能力令丹麦法庭心悦诚服地相信，他当初的确曾竭尽全力。 175

意大利是德国在欧洲唯一真正的盟友，被德国人当成平起平坐的伙伴，并且被尊为一个主权独立的国家。这个联盟表面上建立在高度互利互惠基础之上，将两种相似却并不完全相同的新型政权捆绑在一起，而且，德国的纳粹圈子确曾十分仰慕墨索里尼。但是战争爆发的时候，意大利在犹豫好一阵子之后才加入德国的事业。这已是昨日之事。纳粹非常清楚，他们跟斯大林版的共产主义要比跟意大利的法西斯政权有更多相似之处；墨索里尼这边对德国并不放心，对希特勒也没多么膜拜。然而这一切都属于最高机密，尤其在德国，世人从未详细了解极权主义同法西斯式政权之间有哪些关键区别。只是在处理犹太问题之际，这一切才浮出水面。

在 1943 年夏发生巴多利奥政变（Badoglio coup d'état）以及德国人占领罗马和意大利北部之前，艾希曼及其下属并未获准对这个国家采取行动。因为不断有遭迫害的犹太人逃往法国、希腊和南斯拉夫等地的意占区寻求临时避难，他们在此时遭遇了意大利式的**不作为**。意大利政府比艾希曼技高一筹，墨索里尼对欧洲其他法西斯政权又有影响力，所以对“最终解决”造成了很大的破坏。墨索里尼能够影响的人包括法国的贝当、匈牙利的霍尔蒂、罗马尼亚的安东内斯库，甚至西班牙的佛朗哥。如果意大利可以不杀害自己国家的犹太人并仍旧安然无恙，那么德国的各个附属国大概也会尝试效法。于是，多姆·斯托尧伊这位由霍尔蒂应德国人要求任命的匈牙利总理一直想知道，若是涉及反犹措施，是否同样的规定也适用于意大利。艾希曼的上司米勒就此事向外交部写了一封长信，汇报了所有情况，但是外交部的官员对此无计可施，因为他们总是遭遇类似的阳奉阴违，同样是口头上承诺得好好的，执行起来就一塌糊涂。破坏行动就发生在光天化日之 176
下，以一种近乎嘲讽的方式展开，这就更加令人火冒三丈了。作出保证的是墨索里尼本人或其他高层官员，假如将军们就是无法兑现承诺，墨索里尼会因他们“认识水平不一”而为其开脱。纳粹只是偶尔才会遇到直截了当的拒绝，比如罗阿塔将军就曾宣布，把意占南斯拉夫地区的犹太人交到德国当局手里“有悖意大利军人的荣誉”。

如果意大利人佯装说到做到，世态也许会更加糟糕。盟军抵达法属北非后，就发生了这样一件事。当时德国人已经占领了除南部意占区的整个法国。当时这一意占区有大约五万名犹太人尚且安全。由于德国人不断施压，意大利设立了一个“犹太人事务军需处”，其职责仅仅是给当地所有犹太人口登记，并把他们驱逐出地中海沿岸地区。两万两千名犹太人被捕，后被带到意占区腹地，据赖特林格所言，“大约上千名最贫穷的犹太人住进了伊泽尔省和萨瓦省最好的酒店”。艾希曼派阿洛伊斯·布伦纳到尼斯和马赛。此人的行事风格属于最毒辣的一派。但是当他抵达时，法国警察已经毁掉了所有登记过的犹太人名单。1943 年秋天，意大利向德国宣战，德国军队最终得以进驻尼斯。艾希曼本人匆忙前往蔚蓝海岸，抵达后被告知——而且他也信了——大约一万到一万五千名犹太人正隐居在摩纳哥。（那个小公国总共拥有大约两万五千名居民，根据《纽约时报杂志》的报道，那块巴掌大的地盘“可以轻松被套进纽约中央公园”。）这导致帝国安全总局启动一项调查。听

起来是典型的意大利式玩笑。犹太人早就不在那里了，他们已经逃往意大利，那些仍然潜藏在周围山区的人则逃到了瑞士或者西
177 班牙。当意大利不得不放弃他们在南斯拉夫的占领区时，发生了相似的一幕：犹太人随同意大利军队一起撤离，并在阜姆[1]找到了避难所。

即便在意大利以最认真的态度去配合其势大气粗的伙伴兼盟友之时，也依然少不了闹剧元素。墨索里尼迫于德国压力于三十年代末期公布反犹章程时，还规定了一般性豁免条件，豁免退伍老兵、德高望重的犹太人等；不过，他又补充了一条，豁免从前的法西斯党员，连同其父母、祖父母、妻儿以及孙子辈成员。对于此事我没有任何相关数据，但是结果一定是，绝大多数意大利犹太人得到了豁免。几乎找不到哪个犹太家庭连一个加入过法西斯党的亲戚也没有。鉴于公务部门只招录党员，当时犹太人跟意大利人一样，已经蜂拥在法西斯运动里大概二十年。少数从根上就反对法西斯的犹太人，主要是社会主义者和共产主义者，他们早已不在这个国家生活了。甚至坚定的意大利反犹主义者似乎也无法严肃对待此事。罗伯托·法里纳奇，这个意大利反犹运动的头目，手下就有一名犹太秘书。类似情形在德国肯定也有发生。艾希曼提到过（也没有理由不相信他的话），甚至在普通党卫军成员中也有犹太人；不过诸如海德里希、米尔希等人具有犹太血统之事，属于高度机密，只有很少几个人知道；而在意大利，这种事完全大白于天下，且合理合法。当然，

① 又名里耶卡，位于今天的克罗地亚境内。这里曾属奥匈帝国管辖，第一次世界大战后一度归意大利所有，但该地主权问题一直存在争端，武装冲突持续到第二次世界大战结束。——译注

解开这个谜的钥匙在于，意大利实际上是欧洲少数几个对全部反犹措施坚决说不的国家之一。用齐亚诺[1]的话来说，这是因为他们“提出了一个所幸从来就不存在的问题”。

融合，这个屡被滥用的词，在意大利却是个不争的事实。意大利本土的犹太人不足五万，不过其历史可以追溯到罗马帝国时代。这里的融合，既不像所有德语国家那样成为一种人人都该信仰的意识形态，也不像法国那样成为一则神话或公然的自欺欺人。意大利的法西斯主义者们，在“冷酷无情”上不甘示弱；早在战争爆发前， 178
他们就试图除掉国内的外籍和无国籍犹太人。不过此举从未取得显著成效，因为意大利的小公务员大都不乐意下狠手。当事态发展到生死攸关之际，他们以维护主权独立为由，拒绝抛弃自己国家的犹太人民。他们把犹太人关进自己的集中营而不是德国人的集中营。直到德军占领这个国家之前，集中营都是绝对安全的。这种行为很难仅用所谓不存在“犹太问题”这一客观条件去解释。因为与欧洲境内每个建立在共同种族文化基础上的民族国家相似，这些外国人当然也给意大利制造了一个麻烦。丹麦的反应乃政治嗅觉敏锐的结果，即是说，丹麦人对保障公民权与独立权的条件和义务有着与生俱来的领悟力——“对丹麦人而言……犹太问题是一个政治问题，而非人道问题”（莱尼・亚希勒）；而意大利的情况，则可追溯到一个古老而文明的民族所持有的总体人文精神上来。

战争最后的一年半，恐怖降临到了这个民族头上，而意大利的

---

① Gian Galeazzo Ciano（1903—1944），原意大利外交部长，墨索里尼的女婿。1944 年因参与推翻墨索里尼统治而被公开执行枪决。——译注

人文精神,无论如何还是经受住了恐怖的考验。1943 年 12 月,德国外交部向艾希曼的上司米勒发出一封正式求助信:“鉴于过去几个月里意大利当局在执行其领袖倡导的反犹措施时缺乏热情,外交部非常希望今后的反犹行动能在德国官员的监督下执行。”于是,波兰的著名屠犹分子,例如来自卢布林地区死亡营的奥迪洛·格罗波尼克就被调遣到了意大利;甚至军管部门的领导人也不是军队的人,而是波属加利西亚的前任总督、党卫军分队长奥托·韦希特尔。至此,玩笑结束了。艾希曼的部门发出一则通告,知会其分支部门“意大利籍犹太人”即刻成为“必要措施”的行动目标。第一波打击对象是罗马的八千名犹太人。鉴于意大利警察不可靠,德国警察部队①亲自实施抓捕行动。他们及时得到预警(多半是老法西斯发出
179 的),结果七千人得以逃脱。跟往常一样,一旦遭遇抵抗,德国人就让步了;他们现在同意,即便不在赦免范畴之内的意大利犹太人也可以免于遣送,但须关进意大利集中营。这个“解决”对意大利来说已经足够“最终”了。意大利北部近三万五千名犹太人被抓捕并被投进意奥边境的集中营。1944 年春,红军占领罗马尼亚,盟军即将开进罗马;此时德国人违背诺言,开始把犹太人从意大利运往奥斯维辛,共计大约七千五百人(其中不到六百人生还)。尽管如此,这个死亡数字还不到当时生活在意大利的犹太总人口数的十分
180 之一。

① 德国警察部队(Polizeiregiment),由高级党卫军军官及警察头目团于 1943 年在意大利创立,隶属党卫军和治安警察,1945 年春正式解散。——译注

十一　巴尔干地区的遗送：南斯拉夫、保加利亚、希腊、罗马尼亚

判决书对控方提出的那幅混乱又模糊的“完整形象”进行了重组。但是，纳粹控制的东欧和南欧地区跟中欧和西欧的民族国家体系之间存在鲜明差别，而对于这一点，无论是起诉书还是判决书，竟都只字未提。这真是令人咋舌！当时，从北边的波罗的海到南边的亚得里亚海之间这条带状区域（如今整个都在铁幕控制之下），由一些所谓的继承国组成，这些继承国都是由第一次世界大战后的战胜国所建立的。在这里，大量的少数民族获得新的政治秩序，此前他们已经在帝国统治——北边的俄罗斯帝国，南边的奥匈帝国，东南的土耳其帝国——下生活了几百年。后来产生的民族国家，没一个具有传统欧洲国家的哪怕一丁点的民族同质性（ethnic homogeneity），而这种同质性乃传统欧洲国家政治建构的标杆。到头来，这些国家无一不包含大量少数民族群体，这些民族因其邻族在数量上的微弱优势而丧失了自己的民族理想，所以对统治政府抱有激烈的敌对态度。要在这些国家寻找近期发生政治动荡的证据，捷克斯洛伐克的

事例足以说明问题。当希特勒于1939年3月开进布拉格，夹道欢迎他的不仅有苏台德地区的德意志少数民族，还有斯洛伐克人——他用一个“独立的”国家为后者带来了“解放”。后来在南斯拉夫也
181 发生了完全类似的事。塞尔维亚人曾是那里的多数人口、从前的统治民族，如今被当作敌人，而占少数的克罗地亚人建成了自己的民族政府。再者，由于这些地区的人口流动较大，不存在自然或历史边界，而根据《特里亚农条约》和《圣日耳曼条约》建立的边界则太过武断。于是，匈牙利、罗马尼亚、保加利亚可以通过肆意扩张领土而成为轴心国的伙伴。生活在这些新近吞并区域中的犹太人，其国民身份总是得不到承认。他们自动成了无国籍者，继而遭受着跟西欧难民同样的命运——他们一直都是最先被遣送并被灭绝的人。

东欧与南欧国家体系的瓦解无疑表明，保护少数民族条约所精心设计的体系——同盟国徒劳地希望能够以此解决在民族国家政治框架下无法解决的问题——也随之坍塌。犹太人在所有继承国都是受到承认的少数民族。这种状态对他们来说并非外界所强加，而是巴黎和会上其自己的代表呼吁和协商的结果。这标志出犹太历史的一个重要转折点。有史以来还是第一次，西欧，或者说同化后的犹太人不再作为整个犹太民族的代言人。在具有良好教养的西欧犹太“显贵”看来，令人瞠目甚至不免大跌眼镜的是，大部分犹太人尽管不要求政治独立，却普遍要求社会和文化自治。从法律上讲，东欧犹太人的处境就跟任何一个少数民族一样，但是从政治上看，同样也是决定性的，他们是唯一一个没有“祖国”的民族群体，也就是说，没有一个可以令本民族聚合成一个多数群体的领土。尽

管如此，他们并不像他们在西欧和中欧的同胞那样分散生活。早在希特勒之前，西欧和中欧就有反犹主义迹象出现：如果你是一个犹太人，在那里会被直呼为犹太人；而东欧犹太人则无论在敌人还是朋友那里，都被视作一个另类民族。这种情况严重影响了同化的东欧犹太人，使之完全有别于西欧犹太人——在西欧，各种形式的同化已经成了定律。庞大的犹太中产阶级在西欧和中欧十分典型，却并不存在于东欧；在东欧，取而代之的是极少数犹太中上层家庭（其 182
本来就属于统治阶级），他们与非犹太社会的同化程度——通过财富、改宗或者通婚——高于大多数西欧犹太人。

在南斯拉夫**克罗地亚**傀儡政权（首都为萨格勒布）地区，“最终解决”的刽子手们首次遭遇了这类未知情况。克罗地亚政府的领导人是安特·帕韦利奇。傀儡政权建立三周时，他就颁布了反犹法令。当被问及如何处置德国境内为数不多的克罗地亚犹太人时，回答是，他们“将会感激东部遣送行动”。帝国内政部长要求这个国家到 1942 年 2 月实现无犹化，艾希曼派遣弗朗茨·阿布罗梅特上尉跟萨格勒布的德国警察随员（Polizeiattaché）相互协作。遣送行动由克罗地亚人亲自执行，主要由这个国家里强大的法西斯运动乌斯塔沙（Ustashe）的成员负责。每遣送一个犹太人，克罗地亚人会向纳粹支付三十马克；作为回报，前者会得到被遣送者的全部财产。这符合德国官方的“属地主义”（Territorialprinzip），它适用于所有欧洲国家，即允许相关国家继承国内被害犹太人的财产，无论这个人是否拥有该国国籍。（纳粹并非一直尊重“属地主义”，只要有利可图，有很多方式可以绕道行之。德国商人可以在犹太人被遣送之前直接从其手中购买;而罗森贝格特别工作处原来的任务是为德国反犹主义研究中心没收全部希伯来文著作和犹太文物,现在很快就扩大了行动内容,没收对象里增添了珍稀家具和艺术品。)1942年2月,期限将至,因为犹太人可以从克罗地亚逃到意占区,无犹化目标没能如期实现。但是在巴多利奥政变之后,艾希曼的另一名手下赫尔曼·克鲁迈抵达萨格勒布。到1943年秋,三万名犹太人被遣送到死亡中心。

此时德国人才意识到,这个国家还没有实现无犹化。在首个反
183 犹法令中,他们注意到一则离奇的条款,其中把所有为"克罗地亚事业"作出过贡献的犹太人变成了"高贵的雅利安人"。此间,符合条件的犹太人数量自然急剧增加。那些特别富有的人,换句话说,那些自愿放弃财产者,得到了豁免。更有意思的是,党卫军情报部门(由威廉·霍特尔少校领导,此人在耶路撒冷首先作为辩方证人被传唤,但是他的口供却被控方采用)发现克罗地亚统治集团的几乎所有成员,从政府首脑到乌斯塔沙头目,全部娶了犹太女人为妻。根据南斯拉夫政府的报告,这一地区百分之五(约一千五百名)的犹太幸存者,显然都属于这个同化程度普遍很高而且富得流油的犹太群体。既然在东部犹太总人口中,同化者的比例通常被预计为百分之五,那么或许可以得出这样的结论:东部的同化——假如的确可能发生的话——为犹太人提供了比在欧洲其他任何地方都更好的生存机会。

比邻的**塞尔维亚**地区的情况则截然不同。德国占领军几乎从

第一天开始就需要对付当地的游击战，其规模丝毫不逊于苏联后方。我早前提到过把艾希曼与塞尔维亚的灭绝犹太人行动联系在一起的唯一事件。判决书承认，“处理塞尔维亚犹太人问题的常规命令途径不甚明确”，而其原因在于当地没有待遣送者，故艾希曼的部门完全没有涉足这一区域。“问题”都是就地解决的。德军以处置游击战中的战俘为由枪杀犹太男性，而妇女和孩子则被移交给安全警察的指挥官，海德里希的特殊宠儿，某个叫作埃马努埃尔·舍费尔的医生。妇女儿童最终在毒气车内被害。1942 年 8 月，国务委员、军政府的民政局局长哈拉尔德·图尔纳骄傲地汇报说，塞尔维亚是“唯一一个解决了犹太人和吉普赛人两大问题的国家”，并且 184
把毒气车交还给柏林。预计有五千名犹太人参加了游击战，除此之外，他们也再无其他逃生途径。

战后，舍费尔不得不站上德国刑事法庭。他因毒杀 6 280 名妇女儿童被判处六年零六个月监禁。当地的军政府总督弗朗茨·伯梅将军自杀，而国务委员图尔纳被移交给南斯拉夫政府并被判处死刑。同样的故事一次又一次上演：那些逃脱纽伦堡审判并且未被引渡回当年犯案国的人，不是从未受到过审判，就是在德国法庭上获得最大程度的“理解”。战后的德国法庭令人不悦地联想到魏玛共和国——那个时代的特殊之处是，假如一个政治谋杀犯属于某个以暴力反对共和国的右翼团体，他就会得到法律的宽恕。

保加利亚比巴尔干的其他任何国家都更有理由感谢纳粹德国。因为纳粹帮助这个国家通过牺牲罗马尼亚、南斯拉夫、希腊而获取了大幅领土。可是保加利亚却并不知恩图报，无论其政府还是人民，对“冷酷到底”政策都不够配合。这种不顺从不仅仅体现在犹太问题上。保加利亚君主制没有理由担心国内的法西斯运动“拉特尼基”(Ratnizi)，因为参与的人数实在太少，而且毫无政治影响力。议会仍然是最高权力体，跟国王琴瑟和鸣。于是，他们敢于拒绝向苏联宣战，甚至连象征性的东征“志愿军”都没有派出过。不过最令人瞠目的是，在这个由各色民众混合而成的狭长地带里，纵然反犹主义在所有种族团体中都很猖獗，且早在希特勒到来之前就已经是官方政策，可是保加利亚人却并不“理解”所谓“犹太问题”。的确，保加利亚军队同意将所有犹太人——他们指定了大约一万五千人——从新近吞并的领土上遣送出去，那里处于军政府统治之下，而且那里的人都是反犹的；但他们是否知道“在东部重新安置人
185 口”的实际含义，就很难说了。早些时候，1941 年 1 月，政府还同意颁布一些反犹法令，可是这种做法在纳粹看来却不过是个笑话：大约六千名有劳动能力的男性被征为劳动力；所有受洗犹太人，无论其何时改的宗，全部得到赦免，结果改宗潮如洪水般泛滥开来；还有约占据犹太总人口的百分之十的五千名犹太人得到了特别优待；对犹太医生和商人推行一种十分划算的物权法定原则，因为那一般是基于城市犹太人而非乡村犹太人的比例而定。当这些措施付诸实践时，保加利亚政府官员公开宣布，目前的形势令每个人都很满意。显然，纳粹将不得不让保加利亚人明白，“解决犹太问题”有哪些要求；同时还要教会他们，稳定的法律制度和极权运动二者不可调和。

对于当前的困难，德国高层一定有所察觉。1942 年 1 月，艾希

曼写信给外交部称，“有足够的条件接收保加利亚犹太人”；他建议与保加利亚政府接洽，并向外交部保证，首都索菲亚的警察随员将“负责遣送工作的技术执行”。（这个警察随员似乎对他的工作没什么热情，因为此后不久，艾希曼就把自己的手下特奥多尔·丹内克尔从巴黎派到索菲亚担任“顾问”。）特别有意思的是，这封信一反艾希曼在几个月前对塞尔维亚的通告内容。当时说没有条件接收犹太人，甚至来自德国的犹太人也无法被遣送。之所以把在保加利亚实现无犹化作为首要任务，只能解释为：柏林得到准确消息，如不加快速度，就会一事无成。德国大使已与保加利亚政府展开斡旋，不过直到六个月后，后者才迈出了“极端”措施的第一步，即命令犹太人佩戴大卫星。对于纳粹而言，就连此举的结果也令人大失所望。首先，如其例行汇报所言，这个星标只是一个“特别小的星 186
星”；其次，大多数犹太人根本就不戴；第三，正如帝国保安总局防御司司长瓦尔特·舍伦贝格在 1942 年 11 月写给外交部的一份安全警察报告中所言，那些佩戴星标者“从被误导的民众那里收获了如此多的同情，到头来还为自己身上的标志颇感自豪”。结果，保加利亚政府干脆撤销了命令。由于来自德方的巨大压力，保加利亚政府最终决定把索菲亚的全部犹太人驱逐到郊区，然而这一措施根本不符合德国人的要求，因为这样一来就等于把犹太人分散开去，而不是集中到一起。

驱逐实际上标志着整个局势的一个重要转折。因为索菲亚的民众试图阻止犹太人到火车站，甚至聚到王宫门前示威。德国人误以为鲍里斯国王主要负责保加利亚犹太人的安全，所以有理由相信，是德国情报部门将其杀害了。但无论是这位国君的死，还是1943年初丹内克尔的到来，都没有给局势带来一丝一毫的改变，因为议会和民众仍然明显站在犹太人一边。丹内克尔顺利地同保加利亚负责犹太事务的使节达成协议，要把六千名"犹太领导者"遣送到特雷布林卡；但是，那六千人一个也没有离开这个国家。这个协议本身值得一提，因为它表明纳粹要征召犹太领导人帮他们办事的愿望已然落空。索菲亚的首席拉比被索菲亚都主教斯特凡[①]藏匿起来，无处可寻。斯特凡公开宣布："上帝已经决定了犹太人的命运，人类没有权利折磨并迫害犹太人"（希尔伯格）——迄今为止，就连梵蒂冈都没有这么明目张胆过。结果，几个月之后发生在丹麦的事情，在保加利亚提前上演了——当地的德国官员越发举棋不定，再也不可靠了。不可靠的还有警察随员和德国大使。警察随员作为党卫军的成员，本应该围捕犹太人；德国在索菲亚的大使阿道夫·贝克勒于1943年6月暗示外交部，局势已然无望，因为"保加
187 利亚人缺乏我们所有的那种思想启蒙。一个从小跟亚美尼亚人、希腊人、吉普赛人一起长大的保加利亚人，没法理解犹太问题"——当然，此乃一派胡言，因为同样的说法也适用于东欧以及东南欧的所有国家。又是贝克勒，以怒发冲冠之势报告帝国保安总局，说眼下已无力回天。最终结果是，没有一个保加利亚籍犹太人被遣送或非正常死亡。1944年8月，红军逼近，反犹法令被废弃。

保加利亚人民为什么会在这个多民族混合居住的条形地带作

---

① Metropolitan Stephan（1878—1957），保加利亚东正教会重要人物，第一次世界大战期间反对王室同德国结盟，第二次世界大战期间坚决抵制反犹政策。——译注

出如此奇特的行为，据我所知目前尚无人给出解释。但这总让人想到保加利亚共产党人格奥尔基·季米特洛夫。纳粹上台的时候他碰巧在德国。他们让他去背国会纵火案的黑锅，那是1933年2月27日发生在柏林国会大厦的一场神秘火灾。他在德国最高法院受审并且碰上了戈林。他在交叉询问时对戈林提出质问，就像他自己在主导整个诉讼程序一样。也多亏了他，除了范德吕伯之外的所有被告均被判无罪。他的行为赢得了整个世界的尊敬，在德国也不例外。"德国境内总算还有个真正的人，"人们常这样说，"是个保加利亚人。"

希腊北部被德国人占领，南部被意大利占领，这里没有发生特别棘手的事情，因此实现无犹化只是一个时间问题。1943年2月，艾希曼的两个专家，迪特尔·维斯利策尼上尉和阿洛伊斯·布伦纳上尉，前来为遣送萨洛尼卡的犹太人做准备工作。那里三分之二的希腊人是犹太人，共计大约三万五千人被集中到一起。如他们从IV-B-4科得到的委任书所示，这一行动是根据"欧洲犹太人问题最终解决框架"拟定的。通过同战争管理委员会委员、当地军管政府代表马克斯·默滕博士密切合作，他们很快建立了通常的犹太委员会，首席拉比科雷茨任主席。维斯利策尼作为萨洛尼卡犹太事务特遣队队长，引进了黄色大卫星，要求犹太人无一例外必须佩戴，并迅速推而广之。默滕博士把整个犹太人口迁移至隔都，因为地理位置距离火车站很近，方便转移犹太人。 188
唯一拥有特权的是持有国外护照的犹太人，而且如同以往的情况，还有犹太委员会的成员。最后这几百人被运至伯根—贝尔森中转营。除了飞到南方，他们无路可逃。那里的意大利人跟别处一样，拒绝把犹太人交给德国人，而意占区也只能提供短暂的安稳。希腊人充其量只是不闻不问，甚至一些游击队还“赞成”对犹太人的解决行动。两个月之内，整个犹太社区的人都已被遣送出去。期间几乎每天都有列车开往奥斯维辛，每一列货运列车都装载着两千到两千五百名犹太人。同年秋天，意军溃散，大约一万三千名犹太人从希腊南部，包括雅典和希腊群岛地区，被迅速遣送完毕。

在奥斯维辛，许多希腊籍犹太人受雇参与所谓的死亡行动队，也就是执行毒气杀人和火葬工作。他们活到了 1944 年。到那个时候，匈牙利犹太人也被赶尽杀绝，罗兹的隔都被清理殆尽。那个夏天快要结束之际，有传闻说马上要撤除毒气装置。这时候爆发了罕见的反抗行动。死亡行动队很清楚，如今自己也难逃一死。反抗演变成彻底的灾难，最后只留下一个幸存者，活着讲出了这个故事。

希腊人对本国犹太人命运的冷漠态度，似乎直到这个国家被解放以后依然没有改变。默滕博士，作为艾希曼审判的辩方证人之一，如今有些自相矛盾地声称，他对一切毫不知情，却在不经意间救过许多犹太人的命。战后，他作为一家旅行社的代表平安无事地返回希腊；后来被捕，不过很快就被释放并准许回到德国。他的案例大概比较特殊，因为在德国以外的其他国家，对战争罪行的审判总是以酷刑告终。他在柏林当着控辩双方代表的面所提供的辩护词
189 当然很奇怪。他说艾希曼曾协助营救约两万名萨洛尼卡的妇女儿童，而一切的罪魁祸首是维斯利策尼。可是最后他又说，在他作证

前，艾希曼在林茨当律师的哥哥找过他，还有一个由前党卫军成员组成的德国组织也找过他。艾希曼本人对这一切予以否认——他从未到过萨洛尼卡，也从没见过这位对他很热心的默滕博士。

艾希曼不止一次说，他的组织天赋、他的部门对撤离和遣送的协调，实际是在帮助他的受害者，让他们好过些。他辩称，假如这件事非做不可，那么最好是在良好的秩序下进行。审判期间没有人，就连辩护团中也没有人注意到这条陈述。这句话显然包含着跟他说自己通过“强制移民”救过千万条犹太人的命是同等的愚蠢和顽固。然而，看到发生在**罗马尼亚**的事，人们却开始思考和怀疑。在这里，一切同样乱七八糟，但跟丹麦有所不同——那里的盖世太保都开始违抗柏林的命令；在罗马尼亚，连党卫军也目瞪口呆，有时甚至为这种大规模的、古老的自发式机制的恐怖所震慑；他们经常插上一手，把犹太人从赤裸裸的屠刀下救出来，好让屠杀可以——按他们的说法——以一种文明的方式进行。

要说罗马尼亚是战前欧洲最反犹的国家，不算言过其实。甚至在十九世纪，罗马尼亚存在反犹主义就是一个公认的事实了。1878年，各大强国已经尝试出面干涉，要通过《柏林条约》让罗马尼亚政府承认犹太居民的罗马尼亚国籍；但就算是承认，也是维持犹太人的二等公民身份。它们的努力没有成功。第一次世界大战结束时，除了几百个塞法迪犹太人家庭以及一些德裔犹太人之外，罗马尼亚的所有犹太人仍然是常住外侨。同盟国动用全部势力，在磋商和平条约期间“说服”罗马尼亚政府接受一项少数民族条约，准许犹太

190 少数民族拥有公民权。1937 和 1938 年，罗马尼亚撤销了这个受世界舆论所迫而作的妥协条约。当时，出于对希特勒德国势力的信任，罗马尼亚人冒天下之大不韪，宣布少数民族条约是对其“主权”的侵犯，从而剥夺了数十万名犹太人的公民权。这个数字大概是犹太总人口的四分之一。两年后，1940 年 8 月，罗马尼亚加入希特勒德国一方参战，新任铁卫团独裁领袖扬·安东内斯库元帅宣布所有罗马尼亚犹太人(除几百个在合约之前取得罗马尼亚国籍的犹太家庭之外)全部为无国籍者；当月，他还颁布了反犹法令，在苛刻的程度上堪比德国。受保护的人群包括退伍老兵以及 1918 年之前取得罗马尼亚国籍的犹太人，人数不足一万，几乎还不到其犹太总人口的百分之一。希特勒本人十分清楚，德国正面临被罗马尼亚超越的危险。1941 年 8 月，最终解决令下达几个星期后，希特勒跟戈培尔抱怨道:“安东内斯库这种人，在狠劲上胜过我们所有人迄今所为。”

罗马尼亚于 1941 年 2 月参战。罗马尼亚军团成了未来进犯苏联的一支军事力量。单是在敖德萨一地，罗马尼亚士兵就实施了对六万人的大屠杀。与其他巴尔干国家的政府相比，罗马尼亚政府从一开始对东部屠杀犹太人就了解得一清二楚；而 1941 年夏，即便在政府把铁卫团扫地出门之后，罗马尼亚士兵还是执行了一项屠杀和遣送计划。这次行动令同年 1 月爆发的“布加勒斯特铁卫团行动都相形见绌”。这是一次纯粹的恐怖行动，人类有史以来无能出其右者(希尔伯格)。罗马尼亚式的遣送，是把五千人转移到货运车厢。列车漫无目标地翻山越岭几天几夜，等待车厢里的人窒息而亡；屠杀行动后，尸体通常被挂在犹太人的肉铺展示。罗马尼亚集中营的

恐怖现象，比我们所知的发生在德国的情况更为复杂，也更加凶残。 191
罗马尼亚集中营是由于向东部的遣送不可行而由罗马尼亚人自行建立并运营的。当艾希曼把犹太事务常务顾问古斯塔夫·里希特上尉派到布加勒斯特时，后者向他汇报说，安东内斯库现在想要把十一万犹太人运到“布格河对岸的两片森林”，也就是运到德占苏联领土上去剿杀。这可把德国人吓坏了，各方都要站出来说话：国防军司令部、罗森贝格在东部被占领土的总部、柏林的外交部、布加勒斯特的特派员曼弗雷德·冯·基林格男爵等。这位男爵乃前冲锋队高级军官，罗姆的故交，当然也就是党卫军眼中的可疑分子，很可能受到了里希特的监视，后者曾向他“咨询”过犹太事务。无论如何，在这件事上，他们取得了一致。艾希曼在1942年4月的一封信中亲自恳求外交部停止罗马尼亚人现阶段无组织且不成熟的“对犹太人赶尽杀绝”行动。必须得让罗马尼亚人明白，“对德国犹太人的撤离工作正如火如荼”，须以德国犹太人为先。最后，他还放话说，“将动用安全警察”。

原计划在巴尔干所有国家进行的最终解决，如今不管德国人多么不情愿，只要他们不希望局势恶化成血腥杀戮，那么就不得不在最终解决问题上给罗马尼亚人以更高的优先权。而且，就算艾希曼也许很享受扬言动用安全警察一事，可营救犹太人终归不是他们的任务。到8月中旬，几乎在没有德国人协助的情况下，罗马尼亚人已经屠杀了国内约三十万犹太人。此时，外交部同安东内斯库就“由德国部队执行撤离罗马尼亚犹太人”一事达成协定，艾希曼开始跟德国铁路部门磋商，以确保有足够的列车把二十万犹太人运到

卢布林死亡营。然而现在一切准备就绪，各种大幅让步也已谈妥，罗马尼亚人却突然翻脸，内线里希特先生的一封信如晴天霹
192 雳急降柏林——安东内斯库元帅改主意了。基林格大使汇报说，元帅现在想要“以一种舒服的方式”摆脱犹太人。德国人没有预料到的是，罗马尼亚不仅是一个充斥着杀人犯的国度，而且还是巴尔干地区最腐败的国家。他们一边进行着大屠杀，另一边，用钱买命的交易正如火如荼地进行着；各个官僚部门，无论是国家还是地方，都忙得不亦乐乎。政府一方则擅长向某些犹太群体或整个犹太社区征收巨额税款。罗马尼亚人自从发现可以通过犹太人赚取硬通货——每人一千三百美金——之后，便成了犹太人移民的热切支持者。就是出于这样的原因，罗马尼亚成为犹太人在战争期间移民到巴勒斯坦的为数不多的通道之一。当红军迫近之时，安东内斯库变得甚至更加“温和”；现在，他愿意让犹太人不付任何赔偿直接移民。

奇怪的是，安东内斯库从头到尾都并不像希特勒以为的那样比纳粹还要“冷酷”，只是永远比德国人先行一步而已。他最早剥夺了全部犹太人国籍。当纳粹仍忙于检验首批实验成果之际，他已毫无廉耻地公开发动大规模屠杀；他拿犹太人作交易的想法，比希姆莱提出的“以命换车”还要早一年；最后，他也像希姆莱一样对整个事件突然叫停，当这一切只是一场玩笑。1944 年 8 月，罗马尼亚向红军投降，艾希曼这位遣送问题专家被紧急派到当地营救“德意志少数民族”，结果无功而返。八十五万罗马尼亚犹太人中，大约有一半幸存下来，其中大多数（几十万人）去了以色列。没有人知道有

多少犹太人至今还留在这个国家。罗马尼亚刽子手们按例都被处死，基林格在苏联人到来之前自杀。只有里希特上尉确实在行动中一直没有机会下手。他在德国一直平安无事地活到了1961年。这一年，他成了艾希曼审判中姗姗来迟的受害者。 193

十二　中欧国家的遣送：匈牙利、斯洛伐克

前文说到艾希曼的良知问题是如何令人头疼时，我们就提到过**匈牙利**这个国家，一个从组织结构上看没有国王的王国。这个国家尽管不靠海，既没有海军也没有商船队，却被一个海军上将、摄政官尼古劳斯·冯·霍尔蒂统治，或者毋宁说是托管给这个无冕之王。唯一可见的王权标志是，尽管这里并不存在宫廷，但宫廷大臣的数量却十分庞大。许久以前，神圣罗马帝国皇帝曾是匈牙利国王；1806 年以后，多瑙河上的帝制政权被哈布斯堡松散地统合划一。哈布斯堡家族一度是奥地利皇帝和匈牙利国王。1918 年，哈布斯堡王朝被拆解成继承国，奥地利如今成了共和国，期待与德国交好、融合。奥托·冯·哈布斯堡流亡，凶狠的民族主义者马扎尔人永远不再承认他是匈牙利国王。而另一方面，匈牙利人的王室甚至都没有被写入历史记忆。于是，从现在公认的政府形式看，匈牙利究竟属于哪一类，只有霍尔蒂上将自己清楚。

王权假象的背后，是世袭的封建制结构；失去土地的农民每况

愈下，少数贵族地主家庭，这个国家实际上的主人，愈发骄奢淫逸。
这个穷困潦倒的国家的贫富差距程度非任何一个东欧或南欧国家
可比。正是大量悬置的社会问题以及普遍的落后状态，营造出布达
佩斯独特的社会风气；匈牙利人好像是一群幻想狂，如此长期而彻
底地沉浸于自欺欺人，乃至丧失了任何忤逆反抗之念。二十世纪三 194
十年代早期，受意大利法西斯影响，他们发动了强大的名为箭十字
党人的法西斯运动，并于 1938 年紧随意大利的脚步颁布了自己的
反犹法案。尽管这是一个深受天主教影响的国家，但这些法案还是
针对了 1919 年之后改宗的犹太人；三年后，1919 年之前改宗的犹太
人也不再能够幸免。尽管建立在种族基础上的全面反犹主义已经
成了政府的官方政策，依然有十一个犹太人继续留在议会的上议
院。匈牙利是轴心国里唯一一个把十三万犹太人——着匈牙利军
装——作为辅助部队派到东部战线的。之所以有这么多自相矛盾
是因为，纵然匈牙利人有官方政策，但他们甚至比其他国家更重视
在本土犹太人与东部犹太人、“《特里亚农条约》规定的匈牙利”（跟
其他继承国一样，按照《特里亚农条约》建立起来的部分）“马扎尔
化的”犹太人与那些新近吞并地区的犹太人之间作出区分。1944
年 3 月前，纳粹政府还一直尊重匈牙利的主权。所以，对犹太人而
言，这个国家成了这片“死亡之海”里的一个安全岛。当红军穿过
喀尔巴阡山脉时，匈牙利政府公然尝试效仿意大利并且制定了一份
单独的休战书，于是也就不难理解为什么德国政府此时决定占领这
个国家了。几乎难以置信的是，游戏到了这个阶段，“从各方原因来
看，彻底解决犹太问题成了当务之急”，如维森迈尔在 1943 年 12 月

向外交部提交的报告所言,“清算”这个问题是“把匈牙利卷入战事的前提条件”。因为这个“问题”的“清算”包括对八十万名犹太人外加大约十到十五万名改宗犹太人的遣送。

尽管如此,事情还是如我之前所言:由于任务艰巨并且紧急,艾希曼召集全部人马于 1944 年 3 月抵达布达佩斯。由于其他各地的工作均已完成,他可以轻易调兵遣将。他把维斯利策尼和布伦纳分别从
195 斯洛伐克和希腊、把阿布罗梅特从南斯拉夫、把丹内克尔从巴黎和保加利亚、把已经是指挥官的西格弗里德·塞德尔从特莱西恩施塔特、把后来成为其在匈牙利代理人的赫尔曼·克鲁迈从维也纳调派过来。他把所有更为重要的手下成员,如已经是其首席代表的罗尔夫·金特、遣送官弗朗茨·诺瓦克、法律专家奥托·洪舍一同从柏林调来。这样一来,艾希曼的特种突击队(Sondereinsatzkommando)由大约十人组成,外加一些文职人员,总部设在布达佩斯。他们抵达的当天夜里,艾希曼及其随从便邀请犹太人领袖参加一个会议,劝说他们建立犹太委员会。因为一旦有了这个委员会,艾希曼他们就可以对其下达命令,反过来还可以通过这个委员会对匈牙利所有犹太人拥有绝对司法权。此举在彼时彼地绝非易事。如教宗特使所言,当时“整个世界都明白了遣送的实际含义”;而且,卡斯特纳博士在纽伦堡作证时说,布达佩斯的犹太人“有一个特殊机会步欧洲犹太人之后尘,我们很清楚特别行动队在干什么,我们早已对奥斯维辛的事了如指掌”。显然,艾希曼自称的“催眠力量”,已不足以说服每个人相信纳粹将会承认“马扎尔化的”犹太人和东部犹太人之间的严肃划分。自欺欺人不得不被提到一个很高的程度,才能令匈牙利犹

太人领袖到这个时候还相信“在这里不可能发生”——“他们怎么可能把匈牙利犹太人送到匈牙利国外?”甚至当现实日复一日地冲击他们的信念时,他们依然执迷不悟。从证人口中嘟囔出的一句不算结论然而又极不寻常的话中,人们才明白这一切如何成为可能:犹太中央委员会(犹太委员会在匈牙利的名字)未来的成员已经从邻国斯洛伐克那里听说,正在与他们谈判的维斯利策尼很乐意收取贿赂;他们还知道,尽管存在贿赂行为,他还是“遣送了所有斯洛伐克犹太人……”对此弗罗伊迪格总结道:“我理解的是,应该想尽一切办法跟维斯利策尼打通关系。”

艾希曼在这些棘手的磋商中最绝的一招,就是务必让他及其手下看似被犹太人收买。犹太社群主席、同为霍尔蒂私人幕僚成员之 196
一的枢密官萨穆埃尔·施特恩,受到了精心款待,并获准成为犹太委员会领袖。当他们被要求奉上打字机、镜子、女士内衣、古龙水、画家让—安东尼·华托的真迹、八架钢琴时,施特恩以及犹太委员会的其他成员备感安心,尽管其中七架被诺瓦克上尉客客气气地还了回来,他说:“不过先生们,我可不想开钢琴店,我只是想弹钢琴而已。”艾希曼本人则参观了犹太图书馆和犹太博物馆,并向每个人保证,目前所有措施都是暂时性的。收受贿赂首先是个幌子,但很快就假戏真做,尽管并没有达到犹太人的期望。在世界上的任何地方,犹太人都从来没有花过这么多钱去做一笔毫无希望的生意,用奇怪的卡斯特纳先生的话来说就是,“一个为保全自己和家人性命而胆战心惊的犹太人,对金钱已经完全没有任何概念了”。菲利普·冯·弗罗伊迪格的供词,以及曾作为匈牙利犹太抵抗组织犹太复国主义救济与救援委员会(Zionist Relief and Rescue Committee)代表的约埃尔·布兰德的证词,都证实了卡斯特纳的说法。克鲁迈于1944年4月从弗罗伊迪格那里收到了不下二十五万美金,而单是为了获得面见维斯利策尼以及党卫军反间谍组织人员的特权,救援委员会就支付了两万美金。在这次会面中,所有与会者都额外获得了一千美金的小费。维斯利策尼再次提出所谓的欧洲计划。他在1942年就提出过,后来不了了之。据称,希姆莱原计划除波兰外,其他犹太人都可以花两百万至三百万美金来赎命。凭借这份被搁浅已久的计划,犹太人如今开始向维斯利策尼分期付款。就连艾希曼的"理想主义"也在这个富得流油的国家里土崩瓦解。尽管不能证明艾希曼借工作之便填满了自己的腰包,控方还是公正地揭示了他在布达佩斯的优越生活。在那里,他可以住最好的酒店;他后来的政敌库尔特·贝歇尔送给他一辆水陆两用车,司机带他四处游
197 览;他打过猎,骑过马,在匈牙利政府的新朋友们陪同指导下,享受到一切前所未闻的奢侈生活。

无论如何,在这个国家里还是有那么一群犹太人,至少他们的领袖没有完全沉浸在自欺欺人之中。复国主义运动在匈牙利曾经势头很猛,现在又在新成立的救济与救援委员会拥有自己的一席之地。这个委员会同巴勒斯坦当局保持密切联系,帮助难民从波兰、斯洛伐克、南斯拉夫、罗马尼亚逃出来。该委员会还同美国犹太人联合分配委员会一直有联系,后者为他们的工作提供资助,以保障一些犹太人以合法或非法方式来到巴勒斯坦。眼下灾难已经蔓延到他们自己的国家,他们开始伪造"基督徒证件"、改宗凭证,其持

有者发现这样更方便“隐身”。无论他们如何变换身份，复国主义领导者们始终知道，他们是法外之人，并且以此种方式行事。约埃尔·布兰德是位不走运的特使，战争期间，他须将希姆莱用一百万条犹太人命交换一万辆卡车的计划传达给盟军。他属于救济与救援委员会的领导层，还到耶路撒冷来证实他同艾希曼的交易，步其之前在匈牙利的对手菲利普·冯·弗罗伊迪格之后尘。被艾希曼不巧忘了的弗罗伊迪格回忆说，自己在会面过程中遭到粗暴对待，而布兰德的证词实际在很大程度上印证了艾希曼本人就他与复国主义者谈判的描述。布兰德被告知，“一位理想主义的德国人”要跟他这位“理想主义的犹太人”谈谈——两位可敬的敌人在战争间歇期要平等相见。艾希曼对他说：“明天我们也许会再赴战场。”当然，这是一个可怕的笑话，但它的确证明了艾希曼并未为应付耶路撒冷审判而专门编造那些没有实际意义的慷慨陈词。更有意思的是，人们无疑能通过与这次复国主义者的会面发现，无论是艾希曼还是特种突击队的其他成员，都没有像从前利诱犹太委员会的先生们时那样采取说谎策略。就连“语言规则”也被束之高阁，大多数 198
时候改为有话直说。此外，若谈到严肃问题，如购买通行证所需金额、欧洲计划、人命换卡车等，不仅艾希曼，每个相关人员（维斯利策尼、贝歇尔、约埃尔·布兰德每天早晨在咖啡屋碰面的那些反间谍组织成员们）无疑都要求助于复国主义者。原因在于，救济与救援委员会拥有必要的国外关系，并且可以更轻而易举地弄来外汇；而犹太委员会的成员们，除了那个并不可靠的执政官霍尔蒂之外，便再没有别的靠山。另一个日益浮出水面的事实是，匈牙利的复国主义高层人物得到了比颁给犹太委员会成员（针对逮捕与遣送）的普通临时豁免权更高级别的特权。复国主义者们可以随心所欲地自由通行，可以不必佩戴大卫星。他们获准参观匈牙利集中营。后来，救济与救援委员会创始人卡斯特纳博士甚至不必出示证明他犹太身份的证件就可以往返纳粹德国。

艾希曼有了在维也纳、布拉格、柏林的经验，不到两个星期就轻车熟路地建立起了犹太委员会。现在的问题是，他本人能否在如此重要的行动上指望匈牙利官方的援助。这对他本人是个全新的尝试。从常规程序来看，外交部及其代表应该为他作好协调；这一次则是新任的帝国特使埃德蒙·维森迈尔博士。艾希曼本应向此人派遣一位“犹太顾问”，他自己显然没有兴趣当这个顾问，因为这个职务顶多官至上尉，而他则已是中校，官高两级。他在匈牙利的最大成就是建立起了自己的关系网。主要成员有三个人。拉斯洛·安德烈，他的反犹主义令霍尔蒂称他为“疯子”。此人最近被任命
199 为内政部主管政治（犹太）事务的副部长。拉斯洛·鲍基同为内政部副部长，执掌匈牙利警察。警察中校费伦齐直接负责遣送事务。在他们的协助下，艾希曼能够确信，无论是签发紧急指令还是在边省建立犹太集中营，都将于“转瞬之间”完成。由于此事关系到大约五十万人的遣送，他们同德国国家铁路官员在维也纳召开了一次特别会议。奥斯维辛的赫斯从他的直属上司、经济管理总局的里夏德·格吕克斯将军那里得到计划，命令新建一条铁路线，好把车厢直接开到焚尸炉几十米开外的地方。配备给毒气室的死亡突击队人数从二百二十四人增加到八百六十人，以便每日对六千至一万两

千人实施屠杀。1944 年 5 月，火车抵达之时，只有极少数“有劳动能力者”被挑出来当苦工，被分配至克虏伯位于奥斯维辛的熔炼厂。（克虏伯新建的贝尔塔工厂位于布雷斯劳附近，他们用尽一切办法聚敛犹太劳动力，而这些人的工作条件较之于死亡营有过之而无不及。）

匈牙利的整个行动持续了不到两个月，7 月初戛然而止。首先得感谢犹太复国主义者让这段故事比犹太人所受的任何一笔灾难都更加广为人知。霍尔蒂一度被中立国和梵蒂冈的抗议声吞没。然而，罗马教廷大使认为应该澄清，梵蒂冈的抗议并非来自“错误的恻隐之心”——这个词如同永久纪念碑，矗立在最德高望重的教会人士头脑中；他们眼睁睁看着“冷酷到底”这道福音被那些常年辗转于妥协状态的人四处传颂，最终又落得何等下场。瑞典再次采取了有效措施，签发入境许可；瑞士、西班牙、葡萄牙紧随其后，最终有三万三千名犹太人在布达佩斯住进特殊的房屋，处于中立国保护之下。盟军收到一份包括七十名主要罪犯的名单并公之于众。罗斯 200
福在最后通牒中威胁道：“匈牙利的战后待遇将有别于任何一个文明国家……除非那里停止遣送行动。”7 月 2 日，布达佩斯遭遇了一场严重空袭，警告变成了现实。鉴于来自各方面的压力，霍尔蒂下令停止遣送。针对艾希曼的证据里，最有可能定罪的一条却是这样一个显而易见的事实：他没有遵守“那个老傻瓜”的命令，而是在 7 月中旬再次遣送了布达佩斯附近一个集中营里的一千五百名犹太人。为阻止犹太官员通知霍尔蒂，他把两个代表处的成员带到自己的办公室；洪舍博士以各种名义将他们扣押，直到他听说火车已经驶出匈牙利领土才予以释放。艾希曼不记得这段故事了。在耶路撒冷，尽管法官们“确信被告清楚记得他对霍尔蒂的胜利”，但这一点很可疑，因为霍尔蒂在艾希曼眼里算不上大人物。

这似乎是从匈牙利开往奥斯维辛的最后一列火车。1944 年 8 月，红军已进驻罗马尼亚，艾希曼被派过去，怎奈无力回天。他回来时，霍尔蒂政权攒足了勇气，要求艾希曼的突击队撤离。艾希曼本人请求柏林让他和手下撤回来，因为他们“已成多余”。但是柏林并未遂他的愿，事实证明，这样做是对的，因为 10 月中旬局势再次骤变。苏军距离布达佩斯不过一百英里，纳粹成功推翻了霍尔蒂政权，任命箭十字领袖费伦茨·萨拉希为国家元首。不再有列车开往奥斯维辛，因为灭绝装置将被拆除；与此同时，德国劳动力匮乏的现象已到了令人绝望的地步。这次是德国特使维森迈尔同匈牙利内政部谈判，申请向德国遣送五万名十六到六十岁的男性和四十岁以
201 下的女性犹太人。他在报告中提到，艾希曼希望再增加五万人。由于铁路设施已不复存在，1944 年 11 月决定采取步行撤离；希姆莱只用一个命令就暂停了步行方案。步行队伍里的犹太人遭到匈牙利警察随意拘捕，后者无视任何例外情况，也不问某些条令中规定的年龄限制。箭十字的人一路“护送”，抢夺他们的财物，以极其残忍的方式对待他们。这就是故事的结局。在原本的八十万犹太人口中，还剩下约十六万仍然留在布达佩斯的隔都里——郊区已经没有犹太人了——而这其中有几万人又沦为肆意屠杀的牺牲品。1945 年 2 月 13 日，这个国家向红军投降。

匈牙利国内主要的集体屠杀犯都被推上了审判庭，被宣判并执行了死刑。但除了艾希曼，那些德国肇事者所获的刑罚，最多不过

是坐几年牢。

同对付克罗地亚一样，对**斯洛伐克**政策也是德国外交部的一项发明。早在1939年3月德国占领捷克斯洛伐克之前，斯洛伐克人就已经来柏林商议他们的“独立问题”；当时他们向戈林承诺，他们会忠诚地追随德国的脚步处理犹太问题。不过那是在1938/1939年的冬天，尚无人知晓诸如“最终解决”之事。这个拥有大约二百五十万农业人口以及九万犹太人的弹丸之国，原始，落后，笃信天主教。当时它由天主教神父约瑟夫·蒂索统治。就连这里的法西斯运动赫林卡卫队（Hlinka Guard），也裹藏在天主教的外衣之下。这些穿着长袍的法西斯分子或者叫法西斯式神职人员，无论在处世风格还是行动内容上，都不同于他们的德国主子所奉行的最新式种族主义。在斯洛伐克政府里，只有一个现代反犹主义者，那就是艾希曼的好朋友、内政部长萨诺·马赫。其他所有人都是基督徒，或者自认为是基督徒；而纳粹，从原则上讲，当然像反犹一样反对基督教。在斯洛伐克，作为基督徒不仅意味着他们认为有必要强调在改 202
宗与未改宗犹太人之间进行区分（这一点已被纳粹视为“过时”），还意味着他们还在以中古的思维方式思考整个事态。对他们来说，“解决方案”包括驱逐犹太人、没收他们的财产，但并不包括实施系统“灭绝”，尽管他们不介意偶尔为之的杀戮。犹太人最大的“罪孽”并不是他们属于一个异类“种族”，而是因为他们富有。斯洛伐克犹太人按照西方标准算不上富有，但当五万两千名犹太人因身家超过两百美元必须公布财产时，全部财产累计就达到了一亿美元。

在斯洛伐克人眼里，犹太人个个都是大富翁。

在斯洛伐克刚刚获得“独立”的头一年半里，斯洛伐克人忙着按照自己的想法去解决犹太问题。他们把稍大规模的犹太企业变成非犹太的，制定了一些反犹法令。用德国人的眼光来看，这一法令具有“根本性缺陷”，因为它豁免了1918年之前改宗的犹太人。他们还计划“遵循波兰总督府的模式”建立隔都，并且动员犹太人参加强制劳动。很早的时候，1940年9月，迪特尔·维斯利策尼上尉被指派为他们的犹太问题专家，被安排在布拉迪斯拉发的德国使馆。艾希曼一度极为仰慕这位保安局的上司兼朋友（艾希曼的长子就取名迪特尔），如今两人官阶同等。维斯利策尼因未婚无法得到提拔，因此一年后，艾希曼就后来者居上，成了他的上级。艾希曼认为，一定是这件事令维斯利策尼耿耿于怀，从而也就解释了为什么后者在纽伦堡审判上作出了对艾希曼如此具有毁灭性的证词，甚至还主动汇报艾希曼的藏身之所。不过，这个说法也值得怀疑。维斯利策尼很可能只关心如何救自己的命。他跟艾希曼完全不一样，他属于党卫军里受教育层次比较高的那类人，一生与读书写字为伴；他让匈牙利犹太人称其为“男爵”，而且放眼看去，跟自己的事业相比，他更在意的是钱。最后，他还是党卫军里面最早推行“温和”政
203 策的人之一。

斯洛伐克前期一度风平浪静。1942年3月，艾希曼出现在布拉迪斯拉发，就两万“青壮年犹太劳动力”的遣送问题展开磋商。四个星期后，海德里希亲自会见总理沃伊泰克·图卡，并劝说他把包括一直因改宗而得到豁免的全部犹太人安置到东部。这个由天主

教神父担任领袖的政府，在听说“德国人除了要求每个犹太人支付五百帝国马克外并未对犹太人的财产提出任何要求”之后，便对于纠正依照宗教信仰对天主教徒与犹太教徒作出截然区分这个“根本缺陷”毫不介意了。相反，这个政府还要求德国外交部作出额外保证，“从斯洛伐克撤离（并被德国人接管）的犹太人将永远留在东部地区，永远没有机会回到斯洛伐克”。为了以最高水准兑现协议，艾希曼再访布拉迪斯拉发。恰好在这次出访期间发生了海德里希遇刺事件。到 1942 年 6 月，五万两千名犹太人被斯洛伐克警察遣送到波兰的屠杀中心。

此时，斯洛伐克境内仍有大约三万五千名犹太人，而且他们全都属于本应得到豁免的范畴之列——改宗的犹太人及其父母、某些行业协会成员、强制劳动营的年轻劳动力和部分商人。这时，大多数犹太人已经得到“重新安置”，布拉迪斯拉发的救济与救援委员会作为匈牙利犹太复国主义团体的姐妹组织，成功收买了维斯利策尼；后者承诺会协助放缓遣送速度，并提出所谓的欧洲计划。这个计划后来又在布达佩斯提出过。除了读书听音乐，当然还有伸手接住他能得到的一切好处，这个人不可能做过任何事。不过恰在此时，梵蒂冈告知天主教神父“重新安置”的真实意义。从那一刻起，德国大使汉斯·埃拉德·卢丁向柏林的外交部汇报称，遣送变得非常不受欢迎，斯洛伐克政府开始以“安置”中心的参观许可为由向德国人施压。无论维斯利策尼还是艾希曼当然都不会应允，因为被 204
“安置”的犹太人早已不在人世。1943 年 12 月，埃德蒙·维森迈尔博士来到布拉迪斯拉发面见蒂索主教。他受希特勒指派前来，任务是跟蒂索“打开天窗说亮话”。蒂索承诺将一万六千至一万八千名未改宗犹太人投入集中营，并且为大约一万名改宗犹太人建立一个特殊营，但他拒绝遣送犹太人。1944 年 6 月，时任德国驻匈牙利特使的维森迈尔再度出面，要求这个国家仅存的犹太人也被囊括进匈牙利行动中。蒂索再次表示拒绝。

1944 年 8 月，红军大举压境，一场酝酿成熟的起义在斯洛伐克爆发了。德国人占领了这个国家。此时维斯利策尼在匈牙利，很可能已经不再可靠。帝国保安总局派遣阿洛伊斯·布伦纳到布拉迪斯拉发逮捕并遣送余下的犹太人。布伦纳首先逮捕并遣送了救济与救援委员会的官员，然后——这一次是在德国党卫军武装部队的协助下——遣送了另外一万两千到一万四千人。1945 年 4 月 4 日，当苏联人抵达布拉迪斯拉发时，那里大概还有两万名犹太人在这场
205 灾难中得以幸存。

十三　东部屠杀中心

纳粹所说的东部，指的是包括波兰、波罗的海沿岸国家以及被占苏联领土在内的一片巨大区域。那里在行政区划上分为四个部分：瓦尔特高，由波兰西部已并入德国的领土组成，领导人是阿图尔·格赖泽尔；奥斯特兰[1]，包括立陶宛、拉脱维亚、爱沙尼亚以及白俄罗斯尚未定义归属的领土，占领政权中心位于里加；波兰中部的总督府，领导人为汉斯·弗兰克；乌克兰，归阿尔弗雷德·罗森贝格领导的东占领土部管辖。这些都是控方公诉词里最先列出的国家，而在判决书里却到了最后才露面。

尽管控方与法官作出了相反的决定，却无疑各有精彩的理由。东部乃犹太人受苦受难的正中心，所有遣送活动的恐怖终结地。几乎没人能活着从这里出来，幸存下来的人大概不足百分之五。然而，东部也是战前欧洲犹太人口的聚集中心。三百多万犹太人生活在波兰，二十六万在波罗的海国家；而在大约三百万苏联犹太人中，

① 德语 Ostland 字面意思就是东部国家/国土。——译注

一半以上居住在乌克兰、白俄罗斯、克里米亚。鉴于控方最感兴趣的是犹太人民所受的苦难及其遭遇“大屠杀的规模”，从东部开始控诉很合逻辑；接下来看看，凭借这场不可挽回的灭顶之灾，该给被告冠以何种特殊罪名。麻烦在于，有关艾希曼在东部活动的证据“不足”，盖世太保档案，尤其是艾希曼所在部门的档案都已被纳粹
206 销毁。书面证据的匮乏，反倒令控方有足够的借口没完没了地传唤证人出庭为东部发生的事件作证，尽管他们讲述的事情背后恐怕还有许多别的原因。以色列幸存者给控方施加了很大压力，他们目前占全国总人口的五分之一。关于这一点，审判期间已经有了足够多的暗示，但直到 1962 年 4 月，大屠杀纪念馆发行的《公告》才进行了充分报道。幸存者们自发聚集到司法部门和大屠杀纪念馆。这个纪念馆已获得官方授权，向外界提供书面证据，并为幸存者提供作证机会。那些“过于异想天开”者、声称“在艾希曼此生从未踏足的各种地方见到过他”的人，均被筛除出去；但到最后，审判高层所谓的“犹太人民苦难经历”的见证者还是多达六十五位，而不是此前计划的十五到二十名“背景证人”。这六十五人被带上了法庭。在总计一百二十一次开庭中，有二十三次完全聚焦于“背景”，也就是说，跟案件并没有直接关系。尽管控方证人基本上没有受到辩方及法官的任何交叉讯问，然而，除非有进一步的证据，判决书不会采纳他们对艾希曼所作的证词。于是出现了一连串的驳回。（法官拒绝因匈牙利一名犹太男孩被杀事件治罪于艾希曼，也未把德奥煽动水晶之夜的罪名加在他头上，因为艾希曼对这些事的了解程度，无论是在当时还是今天的耶路撒冷，都还不及一个熟悉那段岁月的学

生。法官还驳回了杀害九十三名利迪策男孩的指控，在海德里希遇
刺之后，孩子们被遣送到罗兹。驳回的理由是，“根据现有证据，并
非所有疑点都已得到证实，也无法证明他们是被谋杀”。面对艾希
曼应对 1005 部队骇人听闻的行动负责的指控，那是“控方提供的所
有恐怖证据中最为骇人的情节”，法官也不予支持。这个行动的任
务是在东部打开万人坑，并对尸体进行处理，以销毁屠杀的痕迹；行
动的指挥官是保罗·布洛贝尔，根据此人在纽伦堡的证词，他受命
于帝国保安总局四分局局长米勒。另外，战争结束前的几个月，生 207
活条件恶劣的灭绝营幸存者被送到了德国集中营，特别是伯根—贝
尔森集中营，法庭同样驳回了针对艾希曼的这条控诉。）背景证人证
词关于波兰隔都里的生活条件、各个死亡营的执行程序、强制劳动
以及消灭劳动力的企图等等要点不容置疑，然而，他们讲述的事情
都已人尽皆知。即便是提到艾希曼之名，也很明显是在捕风捉影，
不是道听途说就是散布谣言，因此不具备法律效力。一旦被问及一
个具体问题，所有证人——那些“亲眼见过他的人”——的证词便
不攻自破；而判决书认定，“他的活动中心在德国境内，在保护国、西
欧、北欧、南欧、东南欧以及中欧国家”，即是说，他哪里都到过，除了
东部。那么法庭为何不叫停这些持续数周乃至数月的听证呢？说
到这个问题，判决书的口吻多少有些歉意，并最终给出了一个前后
矛盾的怪异解释：“因为……被告拒绝判决书中的一切指控”，法官
们无法驳回“有关事实背景的证词”。不过，被告否认的从来就不
是起诉书提到的那些事实，他只是拒绝“以被起诉的形式”对那些
事件负责。

事实上，法官们处在一个十分尴尬的两难境地。在审判最初阶段，塞尔瓦蒂乌斯博士怀疑法官的公平性；在他看来，没有一个犹太人有资格坐在这里对“最终解决”的执行者作出审判。主审法官回应道：“我们是资深法官，按照惯例对摆在我们面前的证据进行评估，并且把我们的工作置于公众监督之下，听取公众批评……当一个法庭开庭的时候，参与审判的法官都是人，都有血有肉，有情有义；但是，法律要求他们务必把这些感情和感受埋藏起来。不然，没有一个法官能在审理刑事案件时不心生厌恶。……不容否认的是，
208 有关纳粹大屠杀的记忆令每个犹太人深感不安；不过，只要我们审判一起案件，我们就有控制自己情感的职责，而且将绝对恪守这个职责。”这些话语开诚布公，足以回击塞尔瓦蒂乌斯博士的抗议；除非塞尔瓦蒂乌斯博士真正要说的是，犹太人无法正确理解他们的存在在各个民族中间引发的问题，因此法官们无法评判犹太问题的“最终解决方案”。不过讽刺的是，这个观点本来很好反驳——按艾希曼本人重复多次的说法，他从犹太复国主义作家那里，从特奥多尔·赫茨尔和阿道夫·伯姆的“入门书籍”中，学到了关于犹太问题的一切知识。那么，还有谁能比眼前这三个人更有资格审判他呢？他们三个从青少年时代起就已经是犹太复国主义者了。

法官是犹太人，而且生活在每五个人里就有一个是大屠杀幸存者的国度；这让情况变得严重而麻烦，不是从被告，而是从背景证人的角度而言。豪斯纳先生搜集了受害者的“悲情录”，他们中的每个人都不想错过这个绝无仅有的机会，每个人都认为自己有权出庭申诉。至于利用这个机会“塑造完整形象”的做法是否正确且明

智,法官们同检控官之间可能展开过争辩。但是,一旦证人站在证人席上,即便法官考虑到了证词应当从简,也不忍心打断他们,正如兰道法官所言,“因为证人的荣誉,还因为他们讲述之事”。从人道角度讲,当这些人“站在证人席上吐露心声的时候”,谁能否认他们中任何一位的申诉权?谁又敢质问细节的真实性?即便他们所说的只能“被当作审判的附属产品”。

困难还不止这一个。在以色列跟在大多数国家一样,每个被告
人在宣判前都被默认为无罪。但是在艾希曼这个案子上,这种待遇
简直是白日做梦。如果以色列人在他到耶路撒冷之前未能确凿无
疑地证明他有罪,是不敢也不想抓捕他的。本—古里安总理在给阿
根廷总统的一封信(1960 年 6 月 3 日)里解释说,以色列虽然“形式 209
上触犯了阿根廷法律”,但只因此案关乎一个人,“正是这个人,艾
希曼,在整个欧洲组织了[对我们六百万同胞的]空前规模的大屠
杀”。在普通刑事案件的正常抓捕中,不必待到证据确凿,只要具备
合理的怀疑即可执行,彻底证明其有罪则是庭审的事。然而,对艾
希曼的非法拘捕若要做到正当合理、让全世界心服口服,就只能通
过可以稳妥预见的审判结果了。现在我们知道,他在“最终解决”
中的角色被肆无忌惮地夸大了。这个最终被带到耶路撒冷的人,并
不是一系列恐怖事件的幕后操手,而只是执行机关的一个下属人
员;这个人不是海德里希,而是艾希曼。[①] 结果之所以是这个样子,
部分是由于艾希曼本人爱说大话,部分是由于纽伦堡以及战后其他

① 此句译自德语版。——译注

审判中的被告们试图往他身上泼脏水，好为自己开罪；而更主要的原因在于，他曾经跟犹太高层有过密切交往。鉴于他是德国官员里唯一一个“犹太事务专家”，所以在犹太人当中有一定知名度；除此之外，他什么也不是。① 控方以苦难为依据进行控诉倒也罢了，可夸大的程度不是一星半点，而是完全不着边际，乃至上诉法院的判决里写道：“事实上，上诉人（艾希曼）根本没有得到上级命令，他就是自己的上级，下达所有涉及犹太事务的命令。”这无疑一直是控方的论调，所幸地方法院的法官并未采纳；但是荒谬且危险的是，上诉法庭对此竟然完全支持！（主要依据是迈克尔·安格罗·穆斯曼诺法官的证词。穆斯曼诺为《死前十日》[*Ten Days to Die*，1950]一书的作者。他曾是纽伦堡审判的法官之一，从美国赶来为控方作证。穆斯曼诺先生曾参与过针对集中营头目以及东部机动杀人部队成员的审判。虽然艾希曼的名字在诉讼过程中出现过，可在他的众多审判书中只提到过一次。不过，他曾在监狱面见过纽伦堡的被告们。当时，里宾特洛甫告诉他，希特勒若不是受到艾希曼的影响就不会有什么问题。穆斯曼诺并不相信自己听到的话，但是他的确认为艾
210 希曼由希特勒本人直接指派，权力由“希姆莱和海德里希下放”。几次庭审过后，长岛大学心理学教授、《纽伦堡日记》[*Nuremberg Diary*，1947，德语版 1962]的作者古斯塔夫·M. 吉尔伯特先生以控方证人身份现身。他比穆斯曼诺法官更加谨慎，也正是他把后者引荐给了纽伦堡的被告们。吉尔伯特证实“当时……纳粹主要战犯根

① 这两句话参照德语版补充。——译注

本没瞧得起艾希曼”，还说吉尔伯特和穆斯曼诺都以为艾希曼已经死了，因此在讨论定罪的时候根本就没有提到过这个人。）由于看穿了控方的夸大其词，由于不想把艾希曼称作希姆莱的上司和希特勒的启明星，地方法院的法官们不得不为被告辩护。这项任务除了不讨人喜欢之外，并不会给审判和执行带来任何实际影响，因为“按我们的观点看，同那些亲手杀死受害者的人相比，送受害者赴死的人所负的法律与道德责任并不会减少半分，甚至反而更大”。

法官们用妥协克服了所有诸如此类的困境。审判分为两部分，占绝大部分的是对公诉书的改写。法官们表示，他们采用了完全不同的方法：从德国开始，到东部结束。这意味着他们想要聚焦的问题是到底发生了什么，而不是犹太人受了什么样的苦。他们非常明确地说，苦难的规模如此之大，“超出人类理解范围”，描述它的任务应留给“伟大的诗人和作家”，而不属于这个审判庭；不过，苦难的具体事实和诱因却既非超出理解亦非无法公正裁决。这给了控方漂亮的一击。法官们甚至说，他们让事实材料自己说话，再下判断；而且的确，假如没有大量挖掘材料的内涵，他们早已经迷失方向。他们紧紧扣住了纳粹杀人机器背后复杂的官僚体制，从而能够理解被告的角色。判决书不同于已经付梓出版的豪斯纳先生的开庭陈词。若能仔细研读判决书，那么对这段历史感兴趣的学者将受益匪浅。尽管判决书抛弃廉价辞令的做法令人欣慰，但是，假如法 211
官们在艾希曼承认的主要罪行——在完全知情的情况下把人送上死路——之外找不到别的理由就发生在东部的罪行起诉艾希曼，那么在控方看来，整个案子就毁了。

争论主要集中在四点上。首先,艾希曼是否参与了特别行动队在东部进行的集体屠杀。海德里希在1941年3月的一次会议上宣布了成立特别行动队的命令,当时艾希曼也在场。然而,由于特别行动队的指挥官们都是党卫军的知识精英,而他们的部队成员因为没人自愿加入,所以不是罪犯就是受罚的普通士兵。艾希曼同"最终解决"这一重要阶段之间的关联仅仅在于,他接到杀手的报告,汇总之后交给他的上级。这些报告虽是"绝密",却还是被复制分发给德国的五十至七十个部局单位;当然,每个部门里都坐着一些资深顾问,为上司汇总信息。此外,根据穆斯曼诺法官的证词,瓦尔特·舍伦贝格(为海德里希和瓦尔特·冯·布劳希奇将军起草协定的军方指挥官,协定专门指出,特别行动队有充分自由"执行他们的平民计划",也就是说,杀戮平民)在纽伦堡的一次面谈中告诉穆斯曼诺法官,艾希曼"掌控这些行动",甚至"亲自督办"。"谨慎起见",法官们不愿采纳舍伦贝格未经证实的说法,弃用了这条证据。舍伦贝格对纽伦堡法官们的印象一定很差,对他们能否理清第三帝国错综复杂的行政机构并不抱希望。于是,剩下的证据就只够证明艾希曼是否十分清楚在东部发生的事了,而这一点从未引发过争议。可是判决书却令人大吃一惊,称上述证据足够证实艾希曼的确参与了行动。

第二点更加意味深长,即艾希曼是否把波兰隔都里的犹太人转
212 移到了附近的死亡营。假定这位遣送专家在波兰总督府辖区内十分活跃,倒也的确"符合逻辑"。然而我们从许多别的途径得知,负责整个区域的是高级党卫军军官及警察头目团。这成了总督汉

斯·弗兰克的一大心病。他在日记中时常埋怨有人横插一手，却从未提及艾希曼这个名字。艾希曼的遣送官弗朗茨·诺瓦克作为辩方证人，确认了艾希曼的话，说他们的确动辄被迫同东部铁路的经理会谈；因为，若要把人从西欧运过来，就必须同当地运营部门协调。（维斯利策尼在纽伦堡把这些业务交代得很清楚。诺瓦克曾经联络过交通运输部，一旦列车开进战区，必须得到军方许可。军方可以下达禁运令。维斯利策尼没有说的，或许也是更有意思的情节是，军方只在战争初期启动过禁运令，当时德军还在进攻阶段；而到了 1944 年，来自匈牙利的遣送任务已经妨碍到整个德军的撤退，却并未见到任何禁运令。）不过华沙隔都在 1942 年以每天五千人的速度被清理之际，希姆莱曾亲自同铁路高层会晤，而艾希曼及其党羽与此事毫不相干。判决最终回到了赫斯审判中一个证人的证词上来。证词表明，一些从总督府地区来的犹太人跟来自比亚韦斯托克的犹太人一起运抵奥斯维辛。比亚韦斯托克是波兰城市，后被并入德国的东普鲁士省，从而落入艾希曼的管辖范围。可是，即便在属于德国领土的瓦尔特高，执掌灭绝与遣送任务的也不是帝国保安总局，而是省党部主席格赖泽尔。罗兹隔离区是东部最大，也是最后一个被清理的集中营。尽管艾希曼于 1944 年 1 月参观过那里，可希姆莱在一个月后还是亲自面见格赖泽尔并指挥罗兹的清理工作。仅凭艾希曼把犹太人运到奥斯维辛这一点，并不能证明所有运抵奥斯维辛的犹太人都是经他之手；除非你接受控方的荒唐指控，说艾希曼有能力鼓动希姆莱下达命令。即便艾希曼死不承认，也根本没 213
有铁证，然而不幸的是，法官在这一点上似乎走了疑罪从有的路线。

第三点,艾希曼是否需要对死亡营里面发生的事情负责。检控官认为艾希曼就是那个大权在握的人。法官们抛出卷帙浩繁的证人证词,这体现了他们在司法上的高度独立和公正精神。他们的论证无懈可击,说明他们对全局有正确的理解。他们一开始便指出,集中营里存在两类犹太人,即所谓的“被遣送者”与“被监禁者”。前者占大多数,就连纳粹也认为他们从不为非作歹;后者则由于作奸犯科被送进德国集中营,虽然他们是因为德国集中营要实现无犹化才被运往东部,但就算是在对“无辜者”实施全面恐怖的极权主义大行其道之际,这些人的待遇也远远胜过其他人。(用来自奥斯维辛的一位出色的证人拉娅·卡甘女士的话来说,“那些被捕的罪犯反而比其他人过得优越,这是奥斯维辛的一大悖论”。他们不必经过挑选,而且基本上都能幸存下来。)艾希曼跟被监禁的犹太人没什么联系,他只同被遣送的犹太人打交道。这些人当中,除了四分之一特别强壮者可能被挑选到某些集中营做劳动力,其他人从第一天起就等于被判了死刑。而在判决书给出的版本里,这个问题根本不在讨论之列。艾希曼当然知道绝大多数受害者难逃一死,不过由于挑选劳动力一事由当地党卫军医生负责,而遣送名单通常是来源国的犹太委员会或治安警察而绝非艾希曼本人或其下属拟定的,所以
214 真相是,他没有权力决定杀谁或留谁,他甚至对此一无所知。问题在于,当艾希曼说“我从没杀过一个犹太人,或者说,我从没杀过一个非犹太人……我从未下令处死一个犹太或非犹太人”时,他是否在说谎。检控官无法理解一个从没杀过人的集体屠杀犯(在这个特殊例子中,恐怕他连杀人的胆量都没有),所以总是努力去证明他杀

过人。

这就把我们引向了第四点，也是最后一个问题：艾希曼在东部占领区是否拥有广泛权威，即对隔都生存条件、对生活在那里的人所受的难言之苦是否负有责任，对针对他们的最终清剿——大多数证人的证词都涉及这个主题——是否负有责任。这些事艾希曼也都知道，但这些却与他的工作毫无关系。检控官费尽九牛二虎之力去反驳，理由是，艾希曼已经坦白承认，由于命令一直在变来变去，他时常得去决定如何处置那些被运到波兰的外籍犹太人。用他的话讲，此举“事关国家”，牵扯到外交部，而且不在当地掌权者的势力范围之内。至于如何处置这些犹太人，在所有德国政府机关里存在两个不同派别：“激进派”和“温和派”。前者无视一切差别——犹太人就是犹太人，少废话；后者认为最好先把这些犹太人搁置不管，以备他日用来交易。(用犹太人做交易的主意似乎是希姆莱想出来的。美国参战以后，他于 1942 年 12 月致信米勒说，“所有在美国有权贵亲戚的犹太人，要放到一个特殊的集中营，并保证他们的生命安全”，还说“这些犹太人是我们的重要人质。我知道的就有一万人”。)毋庸置疑，艾希曼属于“激进派”，他反对任何形式的网开一面；这既是出于行政工作的考虑，也是源于自身的“理想主义”。不过 1942 年 4 月，他致信外交部，称“未来的外国人也将受控于华沙隔都安全警察”，此前那里持有外国护照的犹太人都还是受保护的，在这件事情上，艾希曼几乎不能算是“代表帝国保安总局的决策者”。在那里，他当然没有“决策权”。就算他的确被海德里希和希 215
姆莱频频用来传达东部行动命令，也证明不了他拥有多大权力和职能。

从某种程度上看,事情真相甚至比耶路撒冷法庭料想的更加糟糕。法官认为,既然海德里希在"最终解决"的执行上被赋予了核心权威,不受任何地域限制,那么作为副手的艾希曼在这一领域的主要职责也是不分地域、在哪里都一样的。就"最终解决"的框架而言,的确如此。可是,就算海德里希秉承协同合作精神,把汉斯·弗兰克的总督府代表、副总理约瑟夫·比勒博士召到万湖会议上来,"最终解决"也不适用于东部占领区。理由很简单,东部犹太人的命运很早之前就已经定下来了。屠杀波兰犹太人这一决定并不是希特勒于1941年5月或6月(最终解决令的日期)作出的,而是在1939年9月——法官从德国反间谍组织成员埃尔温·拉豪森的纽伦堡证词中获知:"早在1939年9月,希特勒就已下定决心屠杀波兰犹太人。"(因此,1939年11月,波兰总督府刚一建立就开始推行犹太大卫星,而德国境内则是1941年颁布最终解决令时才开始要求佩戴大卫星的。)法官面前还摆着战争初期两次会议的备忘录。一次是海德里希于1939年9月21日召开的"部长以及机动杀人部队指挥官"会议,当时艾希曼还只是上尉,代表柏林犹太移民中心出席。另一次是1940年1月30日,解决"遣送与安置问题"。两次会议都讨论了占领区本土人口的命运问题,也就是波兰人以及"犹太人问题"的解决方案。

即便是在早期,"波兰人问题的解决方案"也进展得很顺利:据报道,在"政治领导层"只保留了不超过百分之三的人员;为了"让
216 这百分之三变得无害","不得不把他们运到集中营去"。波兰知识

分子中的中产阶层被登记、逮捕，包括“教师、神职人员、贵族、军团士兵、退伍军官等等”；同时“低等波兰人”要作为“流动劳动力”充入德军，并且被“撤离”到他们家乡以外的地方。“目标是，务必使波兰人成为持续的季节性和流动性劳动力，永久居住在克拉科夫地区。”犹太人将被聚集到市区的集合点，并被“统一带往隔都，以便控制以及日后的撤离工作”。那些被并入德意志帝国的东部领土——所谓的瓦尔特高、西普鲁士、但泽、波茨南省、上西里西亚——必须迅速清除所有犹太人；他们同三万吉普赛人一起被载货火车运到了总督府地带。最终，希姆莱代表“强化德意志民族性国家委员会”，下令对这些新并入德国占领区的波兰人口进行撤离。判决书上所谓的“对各族人民的有组织移民”交由帝国保安总局IV-D-4科科长艾希曼执行，任务就是“移民、撤离”。（这种“负面的人口政策”绝非德国在东部频频告捷之后的临时起意。要记住，早在1937年11月，从希特勒对德军高级指挥官的秘密讲话中就已见端倪——参见所谓的赫斯巴赫笔录。希特勒指出，他并不是要征服异族，他想要的是在东部为德国移民准备一块“无人之地”（volkloser Raum）。他的听众——布隆贝格、弗里奇、雷德等——很清楚，根本就不存在这样一块“无人之地”，所以他们一定知道，德国在东部取得胜利的直接结果便是对整个当地人口的“撤离”。针对东部犹太人的措施不仅仅是反犹主义的结果，而且还是一个广泛性人口政策的主要部分；在这个过程中，假如德国人赢得了战争，波兰人将遭受跟犹太人相同的命运，也就是集体屠杀。这不仅仅是个猜想：德国的波兰人已经被迫佩戴胸章，只是以字母“P”取代了犹 217

太大卫星。而这一举措，如我们已经看到的，永远是警方在毁灭行动中迈出的第一步。）

9月会议之后，机动杀人部队的指挥官们收到一封急电。这封信也在审判证据之中，具有特殊含义。信中只提到“占领区内的犹太人问题”，并且对（必须严格保密的）“最终目标”以及达到该目标的“先行措施”作出区分。针对后者，这封信明确提出犹太人在铁路周边的集中情况。值得一提的是，“犹太人问题的最终解决”这一措辞并未出现；“最终目标”很有可能指的是毁灭波兰犹太人。对与会者而言这倒没什么新鲜的，新鲜的只是，那些居住在新近并入德国领土的犹太人将被转移到波兰；因为这实际上是德国实现无犹化的第一步，接下来才是“最终解决”。

据档案资料表明，就算到了这个阶段，艾希曼依旧与东部发生的事情毫无瓜葛。即便是在这里，他的角色也依旧是“运输”与“移民”问题专家；东部不需要“犹太专家”，不需要特别“指示”，也不存在得到特殊照顾的人群。当清除隔都的最后时刻来临时，就连犹太委员会成员也在劫难逃。这里没有网开一面。那些被征作劳动力的犹太人的命运，不过是另一种形式的慢性死亡。因此，在这些有组织的集体杀戮中扮演如此重要角色的犹太官员们（他们迅速成立了“犹太元老会”），在逮捕和集中这里的犹太人的过程中未尽任何力量。整个这一章，标志着军队后方原先的野蛮屠杀告一段落。似乎军方指挥官们已经抗议过屠杀平民，于是海德里希同德军最高指挥部达成协议，建立一个彻底的“一次性根除”原则，目标是犹太
218 人、波兰知识分子、天主教神职人员、贵族等。不过，鉴于两百万犹

太人规模太大，还是得先把他们投入隔都集中起来。

就算法官们能在出庭证人一次又一次讲述的骇人听闻的故事中彻底澄清艾希曼的作用，也不会为他们的审判结果带来任何改变。艾希曼依然难逃一死，结局亦不会有异。可是那样一来，他们就能彻底推翻控方所描绘的案件版本，不留任何余地。 219

十四　证据与证人

战争接近尾声的那几个星期，党卫军办公室充斥着各种伪造的身份证件。可以证明六年间系统屠杀的文件资料一度堆积如山，如今全部销毁。艾希曼的部门比其他部门做得更成功，他们把所有文件付之一炬；不过那当然也没有多大用处，因为信函都寄到了别的行政和党务部门，而那里的资料最后都落到了盟军手里。关于"最终解决"的故事，还有足够丰富的档案材料存世，其中大多已借由纽伦堡审判以及后续审判而公之于众。故事通过某些经宣誓或未经宣誓的证词得到了印证。证词的提供者有之前审判中的证人及被告，甚至还有已经离世者。（所有这一切，以及一定数量的传闻证词，都按照第十五条法令被纳为证据。这条法令规定，法庭"可以偏离证据原则"，前提是法庭能够"指出造成这种偏离的理由"。艾希曼受审时就采用了这条法案。）来自德国、奥地利、意大利的法庭证词以及十六位证人证词对书面证据作了补充。这十六人因为主控官宣布"准备以谋害犹太人民的罪名起诉他们"而无法亲临耶路撒冷。尽管在第一次开庭之时他就声明，"如果辩方有人愿意前来出庭作证，我不会挡道。我不应该制造任何障碍”，但后来他拒绝承认对这些人提供豁免。（诸如此类的豁免，完全取决于政府方面是否有足够的善意，依照《纳粹与勾结纳粹（惩罚）法》的起诉并非必须。）那十六位证人中，七位在坐牢，无论如何也不可能来到以色列。这 220
下就成了技术问题，不过，它的存在却非常重要，因为它给了以色列当头一棒，后者声称以色列法庭至少在技术层面“最适合审判最终解决的刽子手们”。以色列政府认为，在“最终解决”问题上，他们的书面资料和证人比“其他任何国家都丰富”。关于书面资料的声明无论如何是站不住脚的，因为以色列的犹太大屠杀纪念馆很晚才成立，在档案资料方面并不具备优势。事实很快证明，以色列成了世界上唯一一个听不到辩方声音的国家；还是在这个国家里，辩方无法对在之前审判中作过证的某些控方证人进行盘问。更为严重的是，被告及其律师实际上“根本没办法获得他们自己的辩护资料”。（塞尔瓦蒂乌斯博士提交的材料是一百一十份，而控方则有一千五百份；前者手中只有大约十几份是由辩方首先提供的，而且大多是波利亚科夫或赖特林格等专家的著作节选。其余的，除了艾希曼画的十七个结构图，全部都是从控方以及以色列警察的海量资料中拣选搜集而来。显然，辩方拿到手的只是富豪们的残羹冷炙。）事实上，辩方无权支配“全世界的档案和政府文件”，可谓“既没时间也没渠道”，无法正常应对庭审。纽伦堡审判也因同样的问题备受诟病。在那里，控辩双方的力量对比更加悬殊。无论在纽伦堡还是在耶路撒冷，辩护方的主要短板均在于，缺乏训练有素的调查人员去浏览海量资料并发现对案情有价值的东西。即便在战争结束十八年后的今天，我们对纳粹政府的庞大档案材料的认知，很大程度上仍然由控方的取舍决定。

对于这个决定性的不利因素，没有人比塞尔瓦蒂乌斯博士更加清楚。他是纽伦堡审判中的辩护律师团成员之一。显然，有了这一
221 背景，他申请做艾希曼的辩护律师就变得更加有看点。他声称只把这“当作一份工作”，而且“跟其他接刑事案的同事没什么两样，只为能赚到钱”；但他一定也知道，从他在纽伦堡的经验来看，以色列政府支付的金额（他自己估算是两万美金），就算加上艾希曼在林茨的家人付给他的一万五千马克，数目也还是少得可怜。差不多从开庭第一天起，他就抱怨薪酬过低；之后不久，他公开表明希望将来把艾希曼在狱中“为所有后来人”所写的“回忆录”拿来出售。暂且不论这笔买卖是否正当，他的希望也注定会打水漂。因为以色列政府没收了艾希曼在狱中写过的每一张纸。（它们目前陈放在国家档案馆。）在 8 月开始休庭到 12 月最终宣判的这段时间里，艾希曼曾写了一本“书”；辩方在复审环节要将之作为“新的事实证据”呈交上诉法院，法院当然没有采纳。[①]

谈到被告的立场，法庭可以借助他对以色列警官的供述以及他在庭审筹备的十一个月里的手写记录。这些无疑都是在非受迫情况下所作，其中大部分内容乃不问自答。艾希曼曾经面对一千六百份文件资料，其中的某些他早前在阿根廷接受萨森访谈时就看到过。所以，豪斯纳先生称那次访谈是一个“彩排”，也不无道理。不

---

① 这些文字汇集成书稿，取名《我的回忆录》，但并未对媒体公开。见德文版（333 页）。——译注

过直到抵达耶路撒冷之后，他才开始认真对待那些文件资料；当他被带上法庭的时候，明眼人很快就可以看出，他的努力没有白费：现在他懂得如何解读那些文件，而且比律师做得还到位；而在警官问讯期间，他还不懂得这些。艾希曼的出庭证词最终成为案件中最具分量的证据。6 月 20 日，第 75 次开庭，他的律师传他出庭，几乎不间断地审问了十四场。辩方询问一直持续到 7 月 7 日。同一天， 222
控方开始了多达十七场、长达十四天的交叉询问。其间有几个突发事件：艾希曼有次扬言，他要依照莫斯科风格“承认一切罪行”；还有一次他抱怨说：“我觉得，不把我彻底折磨死，你们是不会放过我的。”不过通常情况下他都十分安静，当他表示拒绝再回答问题时，口气也并不是很硬。他对哈拉维法官说：“这场交叉询问环节能够如此旷日持久，我甚至为此感到高兴。至少，我有机会从这十五年间加在我头上的那些流言蜚语中理出真相。”他的律师回问他的时间还不到一次庭审的时长。在那之后，讯问他的是三位法官。在两场半的庭审中，法官们从他口中问到的东西，要比检控官在十七场庭审中问出的全部内容还要多。

从 6 月 20 日到 7 月 24 日，艾希曼总共出庭 33.5 场。在差不多两倍于这个数字的庭审场次中（即 121 场中的 62 场），上百名控方证人悉数登场。他们来自不同国家，倾诉各自的恐怖经历。他们出庭作证的日期从 4 月 24 日持续到 6 月 12 日。此间，出示文件资料占据了所有法庭时间。首席检控官对其中的大部分进行宣读，以便法庭记入庭审记录——庭审记录每天都会见诸报端。除了少数例外，几乎所有证人都是以色列公民，这些以色列证人还是从成百上千个报名者中挑选出来的。（其中九十人是真正的幸存者，他们以不同方式在纳粹占领区活了下来。）从始至终没有一个“潜在证人”被传唤出庭。“潜在证人”一词出自昆丁·雷诺兹在1960年基于两位以色列记者调查材料撰写的《死亡部长》一书。能够完全（而不仅仅是部分地）排除这种压力，并且去寻找那些并非主动出庭的人，才是明智之举啊！那样一来，我们就不用惊动那位红遍大西洋两岸、化名K—蔡特尼克[①]的作家了。他笔下的奥斯维辛，充斥着妓院、同
223 性恋及其他“人性化的故事”。跟在许多其他公共场合亮相时一样，他开篇就要解释为什么用这个名字。他说：“这不是笔名。只要世界还不知道这个民族曾被钉在十字架上，我就会一直用这个名字写下去……就像人类曾在某个人被钉上十字架的时候奋起反抗一样。”他接下来话题一转，谈起了占星学：“奥斯维辛灰烬上空的星以同样的方式影响着我们的命运。这颗星，现在也面向我们的星球发光发热。”最后，他得出结论，一直支撑他的是“高于自然的非自然力量”。他第一次长出了一口气，就连豪斯纳先生都觉得坐不住了，十分谦卑且客气地打断他：“假如您愿意的话，可否容我提几个问题？”这时候主审法官也觉得是该说句话了：“迪诺尔先生，**请**，**请**，听听豪斯纳先生和我的话。”可是证人却很失望，大概深感受伤，所以脸色苍白，顿时倒地不省人事，没法再回答任何问题。

从大部分证人的普遍表现来看，这当然只是个例外；不过这并

---

① K-Zetnik，在意第绪语中意为“集中营囚犯”。——译注

不等于说，把已经发生的事情复述出来，也是人人皆有的天分，更不能说一般人都具有把十六甚或二十年前确实发生过的事跟目前为止所读、所听、所想之事区别开来的罕见能力了。这些难题没人帮得上忙，也无法因主控官对某些声誉显赫的证人——他们当中许多人出版过关于自身经历的书籍，而如今要把此前写过或者讲过、一再讲过多次的东西再拿出来讲——有偏爱而得到缓解。诉讼尝试按照编年顺序展开，却收效甚微。八名来自德国的证人出庭，每个人都冷静得很，但他们并非“幸存者”。他们曾是德国犹太官员中的高层，都在战争爆发之前离开了德国；如今，他们在以色列的公共生活中德高望重。后面按时间顺序分别是五名来自布拉格的证人，还有唯一一名来自奥地利的证人。控方提交了后来勒文赫斯博士在战争期间以及战后不久撰写的关于奥地利的珍贵报告。后续证人包括法国、荷兰、丹麦、挪威、卢森堡、意大利、希腊和苏联各一人， 224
南斯拉夫两人，罗马尼亚和斯洛伐克各三人，匈牙利十三人。有大量证人来自波兰和立陶宛，共五十三名。可是艾希曼在那两个国家基本没发挥过什么作用。（只有比利时和保加利亚两国没有证人出庭。）这些人都是“背景证人”，还有十六名跟法庭讲述奥斯维辛（十名）和特里布林卡（四名）以及海乌姆诺和迈丹尼克的证人。他们跟那些为特莱西恩施塔特作证的人不同。特莱西恩施塔特是德意志帝国境内的“老人营”，艾希曼的势力发挥过实际影响的唯一一座集中营。有四名证人为特莱西恩施塔特作证，一人为伯根—贝尔森交换营作证。

这些证人悉数登场后，大屠杀纪念馆在《公告》中总结道，“证人有权跑题”已经成了不争事实；于是，豪斯纳先生在七十三次庭审中，按照惯例，请求法庭允许他“塑造完整形象”。在大约五十次庭审之前，兰道法官曾严正抗议过这种“形象塑造”法，如今他立即同意传一名前犹太军团成员出庭。犹太军团是巴勒斯坦犹太军事战斗力量，战争期间附属于英国第八军。这是这批证人方阵中的最后一位。阿隆·霍特尔—伊沙伊曾受命不惜一切代价寻找欧洲的犹太幸存者，而今他是以色列的一位律师；当年资助他的是阿利亚·贝特，一个负责向巴勒斯坦移民的非法组织。幸存的犹太人分散在大约八百万流离失所的欧洲人口当中，盟军想要尽快遣返一大批流动人口；当时的危险在于，连犹太人也要被送还到他们之前的家园。霍特尔—伊沙伊先生说，当他和他的同志们介绍自己是“犹太战斗民族”成员时，他们受到了怎样的欢迎；对于那些已经饿到就快对生命失去热情的人，“用墨水在一张布单上画一颗大卫星钉在扫把上”，就足以令其为之一振。他还说，他们当中的一些人“从流散人口集中营徒步回家”，可能只是回到了另一座集中营。“家”，以一座
225 波兰小城为例，这座小城原住的六千犹太人口中只有十五个人活下来，幸存者中有四个人一回来就被波兰人杀害了。他最后还描述了他和其他人如何努力预防盟军遣返犹太人，可他们总是晚来一步：“特莱西恩施塔特有三万两千名幸存者。几周后，我们发现只剩下四千人。大约两万八千人已经返回，或者被送返。我们找到那四千人，当然没有一个人回到他们的原住地，因为与此同时，路已经指给了他们。”这条出路就是当时的巴勒斯坦，后来的以色列。这段证词也许比人们此前听到的任何话都更具有鼓动性，而在呈现事实方面

则漏洞百出。1944年11月，在最后一次把人从特莱西恩施塔特运到奥斯维辛之后，那里只剩下大约一万原住人口。1945年2月，新增的六千到八千名与非犹太人结婚的犹太人被纳粹送到特莱西恩施塔特。而此时，整个德国的运输系统已经陷于瘫痪。1945年4月，在集中营被红十字会接管之后，剩下总计约一万五千人涌进露天卡车或者徒步离开。这些人是奥斯维辛的幸存者，在那里当过劳工。他们主要来自波兰和匈牙利。当苏联人于1945年5月9日解放集中营的时候，许多从一开始就在特莱西恩施塔特的捷克犹太人立即开始了返乡之旅。他们当时就身处自己的祖国。当苏联人由于传染病肆虐下达隔离令时，大部分人早已自行离开。结果，那些被巴勒斯坦使者发现的残留人员，很可能出于各种理由无法返乡或无法被送返，这些人疾病缠身，人老体衰，或作为家里唯一的幸存者而不知该身归何处。还是霍特尔—伊沙伊先生讲出了那个简单的真相：对于那些在隔都和集中营中幸存下来的人，那些从一场彻底无依无靠、遭人抛弃的梦魇里活着走出来的人来说，整个世界仿佛是一片丛林，他们只是其中的一个猎物。他们只有一个愿望，那就是到一个再也不会见到任何非犹太人的地方去。他们需要从巴勒
斯坦来的犹太使者，好告诉他们可以去那里，无论合法或非法，无论 226
采用什么手段；他们确信自己在那里将受到欢迎，无须借助宣传口号被说服。

于是，每隔一段时间，人们就会喜闻乐见于兰道法官输了一役；而早在战役打响之前，这样的时刻甚至已经出现过了。因为豪斯纳先生的第一位背景证人看似并非自愿出庭。那是一位老人，头戴传

统的犹太无檐便帽，稀疏的白发，脸上有胡茬，个子不高，非常瘦弱，站得十分笔直。在某种程度上，他“出名了”，人们也明白为什么检控官要从他开始“塑造形象”。他是青德尔·格林斯潘，赫舍尔·格林斯潘的父亲。1938 年 11 月 7 日，十七岁的赫舍尔走进德国驻巴黎使馆，枪杀了使馆的三秘、年轻的参赞恩斯特·冯姆·拉特。这起刺杀事件在德国和奥地利引发了大迫害，即 11 月 9 日所谓的水晶之夜——实际上是“最终解决”的序曲。但是，那些准备活动与艾希曼并无干系。格林斯潘的行为动机一直未得查明，而他的兄弟在被控方传唤出庭时显然不愿谈及此事。法庭想当然地认为这是一起复仇行为，因为在 1938 年 10 月的最后几天，大约一万七千名波兰犹太人被驱逐出德国国境，格林斯潘一家也在其中。不过众所周知，这个解释的可信度不高。赫舍尔·格林斯潘是个精神病患者，未能完成学业，在巴黎和布鲁塞尔街头流浪多年，先后在两地遭到驱逐。巴黎开庭时，他的律师讲述了一段复杂的同性恋关系；后来德国将其引渡，并未再对其进行起诉。（有传闻说他活到了战后——似乎证明了“奥斯维辛悖论”，即犯过罪的犹太人都得以幸存。）冯姆·拉特是唯一一个不该牺牲的人。他因公开反对纳粹的观点、同情犹太人而曾受到盖世太保跟踪。关于他是同性恋的事，很可能是盖世太保的捏造。格林斯潘也许成了盖世太保当局在巴黎误打误撞的工具，后者本想一石二鸟——为德国的迫害行动制造
227 借口，同时除掉纳粹政权里的一名反对者——却未曾意识到他们无法一举两得，即，不能够一边污蔑冯姆·拉特与犹太男孩之间存在非法恋情，同时又使他成为“世界犹太人”的一个受难者和牺牲品。

无论结果可能会怎样，事实上波兰政府在1938年秋就下令，所有定居德国的波兰犹太人都将自10月29日起失去国籍；他们很可能得到了消息，知道德国政府要把犹太人驱逐到波兰，于是想先发制人。要说像青德尔·格林斯潘先生这样的人也会知道这项法令的存在，再没有比这更不足信的了。他1911年来德国时还是个二十五岁的青年，在汉诺威开了个杂货店，生过八个孩子。1938年，大难临头之时，他在德国已经生活了二十七个年头，而且跟大多数同类人一样，他一直没有考虑更换证件，也没有申请加入德国国籍。现在，他在法庭上讲起了他的故事，小心应对检控官的提问。他吐字清晰，语气坚决，不加粉饰，言简意赅。

"1938年10月27日，星期四晚八点，一名警察让我们到十一区警局。他说：'你们马上就能回来，什么都不用带，带上护照就行。'"格林斯潘跟他的妻子和一双儿女同去。他们到警局时看到"一大群人，有的坐有的站，人们在哭。他们[警察]叫嚷着：'签名，签名，签名。'……我不得不签上名字，所有人都得签。有一个人没签，他的名字叫，我想是叫格申·西尔伯。结果他被罚站了二十四小时的墙角。他们把我们带到音乐大厅……集合了全城各处约六百人。我们在那里一直待到了周五晚。……接下来，他们把我们赶上警察的卡车，押解犯人的车，每车约二十人，然后开到火车站。街上满是黑压压乱嚷嚷的人群，喊着：'把犹太人打回巴勒斯坦！'……他们用火车把我们运到了位于德波边境的诺伊本申。我们在安息日的早上六点抵达。那里有从各个方向开来的火车，莱比 228
锡、科隆、杜塞尔多夫、埃森、比勒菲尔德、不来梅。我们总共有一万两千人……那一天是安息日,10 月 29 日……抵达边境时,我们每个人都要被搜身,看是否有钱。假如谁身上的钱超过十马克,得上交多出来的部分。当时的德国法律就是这么规定的,出境时携带金额不得超过十马克。德国人说:‘你们来的时候什么都没带,走时也什么都不许带。’”因为德国人想把他们偷偷运进波兰领土,所以他们不得不继续赶将近两公里的路才到波兰边境。“党卫军的人用鞭子抽我们。那些行动迟缓的人会挨打,公路上满是血迹。他们扯走我们的手提箱,用最粗暴的方式对待我们。这是我有生以来第一次看到德国人也有如此残暴的一面。他们对我们大喊:‘跑! 跑啊!’我被打了,摔进路边的沟里。我儿子帮我站起来,说:‘爸,跑啊! 快跑,不然就完了!’当我们跑到开放边境时……女人们在前面。波兰人什么都不知道。他们向一个波兰将军报告,来了些军官检查我们的证件,看到我们是波兰公民,有特殊护照,终于决定放我们入境。他们把我们带到一个大约有六千人的村庄,而我们有一万两千人。雨越下越大,有人开始昏厥——举目四望净是老人。我们受尽了折磨,没有食物,从周四到现在粒米未进……”他们被带到军营,“因为没别的地方了”而被安置在“马厩……我想,那是我们[到波兰]的第二天。第一天有一辆装着面包的卡车从波兹南开来,那是周日。接着,我往法国写了封信……给我的儿子:‘别再往德国去信了。我们现在在兹邦申城。’”

这个故事不到十分钟就讲完了。当它讲完的时候——不到二十四小时就毫不留情也毫无益处地毁灭二十七年——你愚蠢地以为:每个人,每一个人都会轮到上法庭的那一天。结果你只会发现，在接下来无休止的庭审中，讲故事——至少在不做任何文学加工的前提下讲——有多么困难；讲故事需要心底无私，一种未经折射与反射的心灵与头脑的纯洁无瑕；而这，只有正直的人才会拥有。229
没有人，无论之前还是以后，拥有比青德尔·格林斯潘更加可贵的诚实品质。

没人会把格林斯潘的证词同“戏剧性的高潮”扯上半点关系。不过，几周后，高潮还是来了，而且来得出乎意料。当时，兰道法官孤注一掷地要把审判程序拉回到普通刑事法庭程序的框架之下。出庭者为阿巴·科夫纳，这位“诗人、作家”并未提供多少证词，而是把更多时间花在了对观众的演说上。他带着一个演说家惯有的从容，憎恶被任何人打断。主审法官请他言简意赅，可他明显并不乐意。豪斯纳先生一向爱帮证人说话，眼下也被提醒不能“抱怨法庭缺乏耐心”。这话他也不爱听。在气氛略显紧张的时刻，证人恰巧提到了安东·施密特，一名德军中士。这个名字对在场观众来说并不完全陌生，因为大屠杀纪念馆几年前在希伯来文的《公报》上刊登了施密特的故事，故事还被一批美国的意第绪语报纸转载。安东·施密特曾负责波兰的一个巡逻队，专拣被德军开除的散兵游勇。在这个过程中，他遭遇了犹太地下组织成员，包括著名的科夫纳先生。施密特还曾帮助犹太游击队员，给他们提供伪造的证件和军用卡车。最重要的是，“他这么做并非为了钱”。此举持续了五个月，从 1941 年 10 月直到 1942 年 3 月安东·施密特被捕、被处决。（控方之所以诱导出这个故事，是因为科夫纳宣称，他第一次听到艾希曼这个名字就是从施密特那里，后者跟他讲，军中传说，是艾希曼“安排了一切”。)

这不是第一次提到来自非犹太世界的外部援助。哈拉维法官问证人:“犹太人可曾得到过任何帮助?”这就像控方一再追问:“你们为什么不反抗?”得到的回答五花八门——“跟我们作对的,是整
230 整一个国家的人”,藏在基督教家庭的犹太人“用一只手就数得过来”,也许总共一万三千个人里面能有五六个——不过令人惊讶的是,从整体来看,波兰的情况比其他东欧国家都要好。(如我前文所言,没有关于保加利亚的证词。)一个娶了波兰女人、现居以色列的犹太人,作证说他的妻子如何把他和其他十二个犹太人藏到了战争结束。另一名从集中营逃到了战前的基督徒朋友那里,后者后来却因此被处决。有名证人说,波兰地下组织曾经给许多犹太人提供武器,并通过把犹太儿童藏在波兰人家里而救了几千个孩子的命。冒这种风险的代价很高。曾有一个波兰家庭因为收养一个六岁犹太女童而以最残忍的方式遭到灭门。不过,施密特的故事还是第一次,也是唯一一次谈到德国人的援助,因为另外一起牵涉到德国人的事件仅在一份文件中有所提及:一名军官曾间接协助破坏某些警方命令;他并未因此受到什么惩罚,不过这件事的性质却被认为足够严重,所以才会出现在希姆莱和鲍曼的通信内容里。

短短几分钟,科夫纳讲完了这名德国军士伸出援手的故事。审判庭顿时鸦雀无声。似乎人群自发决定静默两分钟,用以纪念这位叫作安东·施密特的人。在那两分钟里,像是突然射出的一道光,冲破莫测的黑暗,只有一个想法赫然矗立在那里,不容置疑、毫无疑问——假如能有更多这样的故事,那么在今天的法庭上,在以色列、

德国、全欧洲甚至可能全世界所有国家，一切都将会变得截然不同！

这是一个灾难性的缺憾。当然，对此的解释一直存在，而且被人反复提起。只需在德国出版的为数不多的几本自以为十分忠实的回忆录里挑出一本，摘引其中的只言片语，即可对这些解释管中窥豹。彼得·巴姆，一位曾在苏联前线工作的德国医生，在《看不见的旗帜》（*Die unsichtbare Flagge*，1952）中讲到了在塞瓦斯托波尔杀 231
害犹太人的故事。巴姆称党卫军机动杀人部队为“别人”，以此区别普通的士兵。这本书对后者的正派持称颂态度。犹太人首先被“别人”集合到这里。然后，他们被带到原先作为苏联国家政治安全保卫局（GPU）监狱的密闭房间，紧靠军官宿舍。巴姆自己的部队就驻扎在那里。然后有人命令他们上了一辆流动毒气车，几分钟后他们就死在了里面。接着，司机把车开到城外，把尸体卸进了坦克壕。“这事儿我们都知道。我们什么也没做。任何人只要正式抗议或做出什么违抗杀人部队的事，二十四小时内就会被抓起来，然后就永远消失。他们不允许他们的反对者为信仰英勇献身，这是我们这个世纪极权政府的净化措施之一。我们中间有相当一部分人会接受这样一种死亡。极权国家让它的反对者消失于无名。当然，如果有人情愿这样受死也不要默默忍耐罪行，那么他只会白白断送性命。我并不是说这种死法没有任何道德意义，只是说没有现实意义。我们本可以毅然决然地，只为一个更高的道德含义做无谓牺牲，然而我们之中无人深信于此。”更不必说，作者一直未察觉到的是：他所强调的“高贵”，在缺乏所谓“更高的道德含义”的前提下，是多么空洞。

但是这种空洞的体面——在这种情形下，高贵不过是有体面罢了——并非安东·施密特军士故事中那显而易见的东西。其致命缺点毋宁说在论证本身，起初听上去可信得令人感到绝望。的确，极权统治试图建立这些遗忘的洞穴；在里面，一切行为，无论善恶，终将遁于无形。但是，正如纳粹从1942年6月起为抹掉一切大屠杀痕迹所作的不懈努力——通过焚烧炉、露天深井焚烧、炸药、火焰喷射器、碎骨机——注定会失败一样，一切令其反对者“遁于无形”
232 的努力也都是枉然。并不存在遗忘的洞穴。人间没有那样完美之事，只不过世界上有太多人把遗忘变成了可能。最后总会有一个活下来，讲述发生过的一切。如此看来，没什么事情会“毫无现实意义”，至少从长远看不会。假如能讲述更多诸如此类的故事，对今天的德国将大有裨益。这不仅有益于德国的海外声誉，也有助于纾解其悲凉迷乱的政局。因为，此类故事中的教训都很简单，每个人都理解。从政治角度说，正是处在恐怖条件下，大部分人才会顺从；但是**有一些人不愿顺从**，就像那些进行“最终解决”的国家提供的教训——实际上，它“可能发生在”大多数国家，但是**它并非在一切地方发生**。从人性角度讲，为了让这个星球继续作为人类的居住地，
233 我们不再需要什么，也不必再过问什么。

十五　判决、上诉、执行

战争的最后几个月里，艾希曼在柏林无所事事，坐冷板凳。帝国保安总局的其他部门头目把他排除在圈子之外，他们每天都在他的办公楼里吃午餐，却从来没有邀请过他共进。他忙活着自行设计的防御工事，好为柏林的“最后一役”做足准备。而且，为履行他的唯一一项公务，他时不时去一趟特莱西恩施塔特陪同红十字会代表参观。他对那些人吐露他对希姆莱向犹太人实施的新“人道路线”（包括打算“下一次按英国模式”建造集中营）的真实看法。1945 年 4 月，艾希曼最后一次同希姆莱谈话。希姆莱命令他“在特莱西恩施塔特挑选一百到两百个知名犹太人”送往奥地利，安置在宾馆，以便他近期利用这些“人质”同艾森豪威尔谈判。艾希曼似乎尚未觉察到这项使命的荒谬之处。他去了，“再一次满腹忧伤，因为我费尽心思弄起来的防御工事，这下又得泡汤了”。然而，他未能抵达特莱西恩施塔特，因为所有道路都被迫进的苏军封锁了。他最后落脚在奥地利的阿尔陶塞。那也是卡尔滕布伦纳的避难所。卡尔滕布伦纳对希姆莱的“知名犹太人”不感兴趣，他让艾希曼去奥地利山区组织一支游击武装突击队。艾希曼的反应很热烈:“这事值得一做,我喜欢这个任务。”然而,他刚召集了上百名不甚可靠的人(其中大部分都没见过步枪)、拥有了一个充斥着各种报废武器的兵工厂,希
234 姆莱的最新指示就来了:“不准向英美开炮。”一切到此为止了。他把手下的人打发回家,把一只装着纸钞和金币的小保险箱交给他信赖的法律顾问洪舍:“因为我心想,他是高级公务员,由他来管理资金十分合适,而且我以为他自己的花销他会自负……因为我仍然相信,总有一天会用到这些钱。”

艾希曼用这些话结束了他向警官主动提交的那份自传。过程只持续了几天,在磁带录音转成的 3 564 页纸中只占了 315 页。他很想接着说,而且显然也的确把余下的故事讲给警察了,但是审判当局出于各种原因决定不采纳任何涉及战后内容的证词。从纽伦堡的宣誓书看,更重要的是,从一位叫莫舍·珀尔曼的前以色列公务员的鲁莽之举来看(开庭四周前,珀尔曼在伦敦出版了《抓捕阿道夫·艾希曼》一书,引发热议),要把这个故事讲完整还是有可能的。珀尔曼先生的叙述显然以六局的档案材料为基础。六局是负责审判筹备工作的警务部门。(珀尔曼本人的说法是,既然他在艾希曼逮捕前三周已经从政府公务部门退休,他写这本书就只是作为“私人作者”。这个说法当然站不住脚,因为以色列警方肯定在此人退休前几个月就已经对艾希曼开始实施抓捕。)这本书在以色列引发了一场尴尬,不仅因为珀尔曼先生提前泄露了重要的控方证据,说法院已经决定对艾希曼的证词不予采信;而且还因为,在布宜诺斯艾利斯抓捕艾希曼的来龙去脉当然是他们最不愿公之于众之事。

与之前各种谣传相比，珀尔曼先生讲的故事在精彩度上大打折扣。艾希曼从未到过近东或中东，他跟阿拉伯国家没有来往，从未从阿根廷回德国，也没到过其他拉美国家，未曾在战后的纳粹活动或团体中担任任何职务。 235 战争结束之际，他曾试图同卡尔滕布伦纳再谈一次。可是他的老上司当时在阿尔陶塞玩纸牌，没有心情接见他，理由是他“在这个人身上看不到什么前途”。（卡尔滕布伦纳本人的前途也没光明到哪里去：他被绞死在纽伦堡。）几乎紧随其后，艾希曼就被美国士兵逮捕并被关进了关押党卫军的监狱。那里进行过无数次审问，也没能揭穿他的身份，尽管当时有些狱友是知道他的身份的。他很谨慎，不给家人写信，让他们以为他已经死了。他的妻子想得到一份死亡证明，但唯一的“见证人”是她丈夫的弟弟。她已身无分文，不过艾希曼在林茨的家人一直供养着她和三个孩子。

1945 年 11 月，针对主要罪犯的一系列审判在纽伦堡拉开序幕，艾希曼的名字方才以令人心烦的频率屡屡见光。1946 年 1 月，维斯利策尼作为控方证人出庭，他的证词足以置艾希曼于死地。于是在这个时候，艾希曼决定，他最好永远消失。在狱友的协助下，他从狱中逃出来，逃到了吕讷堡的荒原。那是汉堡以南大约五十英里的一片荒地。一位狱友的哥哥给了他一份伐木工的差事。他化名奥托·黑宁格，在那里待了四年，不过无聊得要命。1950 年初，他成功地联系上由前党卫军成员构成的一个地下组织——奥德萨（ODESSA）[①]。同年 5 月，他被人从奥地利带到了意大利。在那里，

---

① 巧合的是，敖德萨（ODESSA）既是乌克兰一个海岸城市，也是一个以色列特工组织的名字；尤其为了同后者作出区分，故此处译作奥德萨。——译注

一个方济会神父在完全清楚他真实身份的前提下为他弄好了一份难民护照，上面的名字是里夏德·克莱门特，还把他转移到布宜诺斯艾利斯。艾希曼于 7 月中旬抵达布宜诺斯艾利斯，不费吹灰之力就获得了身份证件和工作许可。他现在的名字是里卡多·克莱门特，天主教徒，单身，无国籍，三十七岁——比他的真实年龄小七岁。

他依然处处留心，不过他现在开始用自己的笔迹给妻子写信，告诉她“她孩子们的叔叔”还活着。他干过许多奇怪的活计——销
236 售代表、洗衣工、兔子养殖场工人——全部收入微薄。但是到了 1952 年夏天，他把妻子和孩子弄到了身边。（当时艾希曼的夫人为奥地利居民，却在瑞士苏黎世得到了一份德国护照。名字还是她自己的，不过身份是某位艾希曼先生的“前妻”。这一切是如何做到的，至今还是个谜。她的申请材料也从苏黎世的德国领事馆不翼而飞。）她一到阿根廷，艾希曼就获得了他的第一份稳定工作：布宜诺斯艾利斯郊区苏亚雷斯的梅赛德斯—奔驰汽车厂。他先是当修理工，后来做到了工段长。第四个孩子出生以后，据说他以克莱门特这个名字与妻子二度成婚。这个说法不大可信，因为婴儿登记户口时用的是里卡多·弗朗西斯科（大概是为了感谢那位意大利神父）·克莱门特·**艾希曼**这个名字。诸多迹象表明，艾希曼多年来都舍不掉自己的真实身份，这件事只是其中之一。不过，似乎他的确告诉过自己的孩子们，他是阿道夫·艾希曼的弟弟，尽管孩子们十分熟悉林茨的祖父母和伯父，一定不会傻到去相信他的话；至少他的长子在最后一次见到父亲的时候已经九岁，在七年后的阿根廷完全能够认出他来。另外，艾希曼夫人在阿根廷的身份证从未更换

过，上面写的是薇罗妮卡·利布尔·德·艾希曼。1959年，艾希曼的继母去世，一年后，父亲也去世。林茨当地报纸的讣告启事上把艾希曼夫人列入家族幸存者名单，令所有关于离婚与再婚的幌子不攻自破。1960年初，艾希曼被捕的几个月前，他和儿子们在布宜诺斯艾利斯郊区的某块废弃土地上盖好了一栋粗坯砖房；没电，没自来水，一家人刚刚搬进去。他们当时一定非常贫穷，艾希曼一定过得特别没有动力，孩子也没带给他多少安慰，因为这些孩子"对于接受教育与锻造自身所谓的能力都没有任何兴趣"。

艾希曼唯一的调剂来自他同许多前纳粹成员无止境的交谈。他已经准备向他们坦陈自己的身份。那些交谈最终促成他在1955年与一位前武装党卫军成员、现荷兰记者威廉·S. 萨森的访谈。萨森在战争期间把自己的荷兰国籍换成了德国护照，后来，比利时以战犯身份缺席宣判他死刑。艾希曼为这次访谈做了大量笔记，都被萨森录音并转成文字，当中没少添油加醋。艾希曼亲手写的笔记后来被发现并作为呈堂证供（而不是萨森的报告），尽管并没有全部被采用。萨森的访谈首先以缩减版刊登在1960年7月的《明星》杂志上，同年11月和12月又以连载文章的形式刊登在《生活》上。可是，萨森早在四年前就已经把这个故事兜售给《时代—生活》在布宜诺斯艾利斯的通讯员，而且显然得到了艾希曼的首肯。即便当时没有透露艾希曼的名字，从材料的内容看，信息源的真实性亦不容置疑。事实真相是，艾希曼多次尝试打破匿名身份。难以置信的是，以色列情报组织竟花了那么多年时间，直到1959年8月才得知阿道夫·艾希曼化名里卡多·克莱门特居住在阿根廷。以色列从 237

未透露他们的情报来源，如今，至少有六个人声称他们发现了艾希曼；而欧洲的“消息灵通人士”则坚持认为，是苏联情报部门走漏了风声。不论是以怎样的方式，谜题并不是怎么可能找到艾希曼的藏身之处，而是，假如以色列的确多年前就开始了搜寻，怎么可能这么晚才发现他。从事实来看，这很值得怀疑。

无论怎样，抓捕者的身份是不存在任何疑问的。所有关于“公报私仇”的言论，都被本—古里安在1960年5月23日的讲话驳了回去。那天，他对沉浸在欢庆气氛中的以色列国会宣布，艾希曼已经由“以色列情报部门”找到。塞尔瓦蒂乌斯博士不遗余力地尝试让地方法院以及上诉法庭传唤兹维·托哈尔（把艾希曼带出阿根廷的以色列航空公司的机长），以及本—古里安声明中提到的雅德·
238 希莫尼（阿根廷航空公司的一位官员）出庭作证，皆是白忙一场。主控官的回应是，总理已经“承认艾希曼是被情报部门**找到**的，仅此而已”，并未提及被政府特工绑架。实际情况似乎恰恰相反：情报部门在对已获情报的真实性进行初步测定之后并未“找到”他，而只是把他控制住；而且，就连这一点做得也不是很专业，因为艾希曼很清楚自己被盯梢了：“几个月以前我就已经回答过这个问题，我究竟知不知道我会被带到这儿来、被人包围；那时我就可以明确地回答［这涉及警方调查的部分，媒体无法获悉］……我听说有人在我家附近打听买地，又说要建什么缝纫机厂——总之在我看来根本就是些无稽之谈，因为那里既没有电也没有水。还有人告诉我，这些人是北美犹太人。我要是想要消失很容易办到，但是我并没有那么做，而是继续照常过日子，等待命运对我的安排。我本可以拿着我的证明和文件……轻易找到另一份工作。可是我拒绝那样做。”

耶路撒冷并未完全披露艾希曼自愿到以色列受审的证据。辩护律师当然会强调这个事实——将被告绑架之后“带到以色列是违反国际法的”。这足以让辩方挑战法庭起诉的资格。尽管检控官与法官均未承认过绑架乃“国家行为”，但也并未否认。他们的理由是，违背国际法这一条只涉及阿根廷国和以色列国，并没牵涉到辩方权利；而且，这种“违背”已经通过两国政府于 1960 年 8 月 3 日发表的联合声明而得到“修复”；他们“认定这宗唤起以色列国民行动的事件已经得到解决，纵然这个国家冒犯了阿根廷国的权利”。法庭决定不管这些以色列人究竟是政府特工还是一般公民都无关紧 239
要。还有一点辩方和法庭都没有提及：假如艾希曼是阿根廷公民的话，阿根廷肯定不会如此配合地放弃权利。他在那里用的是假名，于是也就失去了政府对他的保护权，至少作为里卡多·克莱门特（他在阿根廷的身份证上写的是，于 1913 年 5 月 23 日出生在南蒂罗尔的波尔扎诺）是无权的，虽然他已经宣称自己是“德国国籍”。他从未申请过政治避难，其实难民身份也帮不了他什么，因为阿根廷纵然收容了许多著名的纳粹战犯，但这个国家签署了一份国际公约，其中声明犯反人类罪的潜入者“将不被视为政治犯”。这一切都没能把艾希曼变成无国籍者，也没有从法律上剥夺他的德国国籍，但却给了联邦德国一个很好的借口来拒绝对其实施对海外公民的一般性保护。换句话说，尽管有长篇累牍的论证，有那么多先例让人相信绑架不过是抓捕的众多常见形式之一，而实际上，正是艾希曼的无国籍身份使耶路撒冷法庭有资格对他开庭。即便艾希曼不是法律专家,他也应该明白;因为是他所从事的事让他知道,只有对无国籍者,你才能随心所欲。犹太人在被灭绝之前,先被剥夺了国籍。不过,他并无兴致去思索这类细枝末节的问题。因为,若说他是自愿来到以色列受审,纯属编造;若说他制造的麻烦比预期的要少,这倒是千真万确。事实上,他就没闹过任何麻烦。

1960 年 5 月 11 日,傍晚六点半,艾希曼像往常一样乘公共汽车从工作单位回家。下车时他忽然被三个男人抓起来,不到一分钟就被塞进一辆停在一旁的轿车里。这辆车把他带到布宜诺斯艾利斯远郊的一所事前租好的房子。没下药,没用绳子,没上手铐。艾希曼很快看出,这是职业人员所为:非必要不用暴力。他毫发未伤。
240 问他是谁时,他立即回答:"我是阿道夫·艾希曼。"而且他还补充道:"我知道我落到以色列人手里了。"(他之后解释道,他曾在报纸上看到过本—古里安抓捕他的命令。)以色列人要等待本国航空公司派出的飞机来接他们和犯人,一等就是八天;于是,艾希曼就在床上被绑了八天。这是整件事中唯一让艾希曼不满的地方。在被捕的第二天,他被要求写下声明,称不反对被带到以色列法庭审判。这个声明当然是事先备好的,他要做的只是手抄一遍。然而令每个人大吃一惊的是,艾希曼坚持要写他自己的版本,从以下几行可见,他很可能用了草稿版声明的开头:"我,签名人阿道夫·艾希曼,自愿声明,在我的真实身份曝光之后,我明白继续试图逃脱审判已经没有意义。我在此宣布已作好准备去以色列,在那里接受法庭审判。毋庸置疑,我将会得到法律建议[到此,应该是他直接抄写的]。我会尽量一五一十地交代我离开德国前最后几年里的所作所为，让后世知道事情的真相。此声明出于自由意志，既不是为了兑现承诺，也没有受到外界胁迫。我只想得到内心的安宁。若是我没法记起所有细节，在某些地方混淆或颠倒了事实，那么我请求外界施以援手，借助档案资料或口供，帮助我找出真相。”签名：“阿道夫·艾希曼，1960 年 5 月。”（尽管这份文件的真实性不容置疑，但有一点很奇怪：落款日期里没有具体到哪一天。这个缺省更令人怀疑这封信不是在阿根廷，而是在艾希曼于 5 月 22 日抵达以色列后，在耶路撒冷写的。这封信对审判意义不大。尽管控方把它作为证据提交给法庭，但并未得到特别重视，只在给阿根廷政府出具以色列首份官方备忘录时用过一次。塞尔瓦蒂乌斯在法庭上向艾希
曼问起这封声明信的时候，没有指出信上缺少具体日期，艾希曼本 241
人也未提到这点。当律师问他时，他咬定那的确是在胁迫之下所写，语气有些不情愿，因为当时他被绑在布宜诺斯艾利斯郊外的一张床上。检控官对此显然更加清楚，他在交叉询问时对此只字未提。显然，关于这件事，还是少说为妙。）艾希曼夫人曾报警说丈夫失踪，但并未暴露他的身份。于是火车站、汽车站、飞机场都没有设检。以色列人很幸运。假如阿根廷警方有所戒备，他们就不会在抓到艾希曼十天后还能把他带出境了。

艾希曼的配合令人惊讶，对此他给出了两个理由。（即便有法官坚称艾希曼是骗子，也不得不承认，他们不知道下面这个问题该如何解答：“被告为什么向莱斯警官承认了大量除他本人口供之外再无其他佐证的细节，尤其是他去东部出差、亲眼看见人们受苦的一幕？”）被捕的数年前，他就曾在阿根廷写下他有多么厌倦隐姓埋名

的生活。他看到的有关自己的报道越多,就越厌倦眼下的生活。他在以色列给出的第二个解释更加戏剧化:"大约一年半以前[即1959年春天],一个刚从德国回来的熟人告诉我,一部分德国青少年感到背负罪责……这件事对我来说,就像听到人类首次登月的消息一样,是个里程碑。它也成了我内心世界的一个关节点,四周弥集了许多想法。出于这些想法、这种认识,当我确信我在某种程度上已经被间谍、被追捕令或搜索令所包围的时候,我拒绝通过逃亡或类似手段逃脱制裁……我拒绝一逃再逃,因为我心想,现在不能消失,特别是在被有关德国青少年负罪感的谈话震撼过之后。这也是为什么我这么快、一到这儿就写下书面声明的原因。我在其中明确地说,假如一定要最彻底的赎罪行动,那么我愿意公开被绞死……这是我最大的心愿,因为我也要做一些力所能及之事去减轻德国青少年的罪责负担;毕竟,对于已经发生的事以及父辈在上次
242 战争中的行为,他们无能为力。"①然而,之前他总是说"这是强加给德意志帝国的战争"。当然,这一切纯属假大空。谁阻止他回国自首了?被问到这个问题时,他的回答是,他认为德国法庭尚且缺乏处理他这类人所需的"客观性"。可是如果他真的更乐意有一个以色列法庭来审判他——如他间或暗示的那样,当然这是不大可能的——那么他本可以为以色列政府省去许多时间和麻烦。之前我们已经看到,这样的谈话让他情绪高昂,让他在以色列监狱这么久以来总算有了点提神醒脑的事,甚至能让他怀着出奇的平静看待死

① 此段引言参考德语版第358页。——译注

亡——警官问讯之初，他就曾说："我知道，等待我的是死刑。"

空谈之余，总可以剥离出些许真相；当辩方律师向他提问时，真相忽然变得清晰起来。出于显而易见的理由，以色列政府准许聘用一位外籍律师。1960年7月14日，警方审讯开始的六周后，艾希曼的欣喜之情溢于言表，因为他被告知，可以在三个备选中挑一个辩护律师：罗伯特·塞尔瓦蒂乌斯博士（此人是家人推荐的，还曾给艾希曼在林茨的同父异母的弟弟打长途电话毛遂自荐）；另一位德国律师如今住在智利；最后一个是美国纽约的一家律师事务所，曾联系过审判高层。（三人中，只有罗伯特·塞尔瓦蒂乌斯博士的名字被泄露。）当然，艾希曼有资格去等待其他合适的人选，也被一再告知，他可以慢慢来。可是他并没有那么做。一时冲动之下，他说愿意选塞尔瓦蒂乌斯博士，因为此人似乎跟他弟弟认识，而且还为其他战犯做过辩护。他坚持要马上签署辩护所需的合同文件。半小时后，他意识到这个审判可能会具有"国际高度"，也许会变成一个"魔鬼诉讼"。控方有多位律师，而塞尔瓦蒂乌斯一个人无法"消化所有材料"。有人提醒艾希曼，塞尔瓦蒂乌斯在被问及律师实力时说他"将领导一个律师团"，可这根本是子虚乌有之事。警官补充 243
说："必须保证塞尔瓦蒂乌斯博士不是一个人出庭，因为一个人根本坚持不下来。"然而结果却是，绝大多数时间里，塞尔瓦蒂乌斯博士都是单枪匹马，艾希曼本人则成了自己律师身边最重要的助手。而且，除了"为后世著书立说"的时间之外，整个审判过程中，艾希曼都相当卖力地为塞尔瓦蒂乌斯工作。

1961年6月29日，继4月11日开庭的十周后，控方停止举证，塞尔瓦蒂乌斯博士开始进行辩护。8月14日，开庭一百一十四次之后，主要诉讼程序结束。法庭随即休庭四个月，于12月11日重新开庭，宣布判决结果。两天开庭五次，三位法官宣读了二百四十四条判决。他们并未判艾希曼犯有密谋策划罪，而控方的这项指控若成立，足以令被告成为“主要战犯”。这一条也会自动令他跟一切关乎“最终解决”之事扯上干系。不过，法官们宣判他犯下控方指控的所有十五条罪名，但均为有条件的治罪。艾希曼被判“伙同他人对犹太人民犯下罪行”，即是说，“蓄意毁灭犹太民族”，主要体现在四点上：1. 造成数百万犹太人被杀；2. “把数百万犹太人置于恶劣境况下，导致其生理灭亡”；3. 给他们造成严重身体及精神伤害；4. “组织对特莱西恩施塔特犹太妇女绝育或迫其堕胎”。不过，法庭判决涉及1941年8月以前（他那时才知道元首令）的罪名不成立，因为他在柏林、维也纳、布拉格的活动并无“消灭犹太民族”的意图。这是起诉书中的前四条，五至十二条涉及“反人类罪”，这是以色列法律中的一个奇特概念，因为它包含了对犹太以外其他民族（如吉普赛人、波兰人）的种族屠杀，以及所有其他罪行，包括不以种族灭绝为目的的谋杀，无论是针对犹太人还是非犹太
244 人。于是，艾希曼在元首令之前的所有活动，以及对非犹太人所做的事情，也一并被算成反人类罪。在此基础上，又加上他后来针对犹太人犯下的一切罪行，因为这些也是一般刑事犯罪。结果，第五条中提到的罪行与一、二条重复，第六条指控他“出于种族、宗教、政治等原因迫害犹太人”，第七条“抢夺财产并屠害犹太人”，第八条

把所有行为再次汇总为“战争罪行”，因为其中大多数乃战争期间所为。九至十二条涉及对非犹太人犯下的罪行：第九条指控他“驱逐数十万波兰人远离故土”，第十条“将一万四千名斯洛文尼亚人驱逐出”南斯拉夫，第十一条“把上百万吉普赛人驱逐到”奥斯维辛。然而，判决书却认为，“并无证据向我们证明，被告清楚吉普赛人要被运去送死”——这也就意味着除了“对犹太人的罪行”指控之外，再无针对其他种族屠杀的控罪。这点颇令人费解，事实上，灭绝吉普赛人乃人尽皆知的事；此外，艾希曼在警方审讯时承认他知道此事：他恍惚记得这是希姆莱的命令，而针对吉普赛人并无像针对犹太人那样的“命令”，而且，也没有人就“吉普赛问题”做过调研，比如“起源、传统、习俗、组织……民间传说……经济状况”。他的部门受命负责将三万吉普赛人从占领区“撤离”出去，细节他记不清了，因为没有来自任何方面的干预；而吉普赛人就像犹太人一样被运去送死，对此他从来都心知肚明。他在灭绝吉普赛人的过程中所犯的罪，同灭绝犹太人时如出一辙。第十二条提到从捷克村庄利迪策驱逐九十三个孩子的事。那里的居民在海德里希遇刺后全部被杀害。公正地讲，对于这些孩子的死，他当然无须负责。最后 245
三条指控他参与四个被纽伦堡审判划定为“犯罪性质”组织的其中之三，分别是党卫军、保安局、国家秘密警察即盖世太保。（第四个此类性质的组织未被提及，即国家社会主义工人党的警察头目团，因为艾希曼显然不属于高层人士。）他是 1940 年 5 月之前加入这些组织的，作为非重罪，已经过了二十年的追诉时效。（1950 年的法律，也就是审判艾希曼的依据，特别指出，对于重刑犯不存在追诉时效一说，既判力准则亦无效——一个人“即便在国外，无论是国际法庭还是某个国家的法庭，针对同一罪行已经被宣判过”，依然可以被以色列审判。）一至十二条中列举的所有罪行，均判处被告死刑。

不要忘记，对于被指控的罪行，艾希曼一直坚称他只“协助并教唆”犯罪，并未亲手杀过人。令人深感欣慰的是，判决书在某种程度上承认，控方没能成功证明被告的这个说法有误。这非常重要，因为它触及罪行的本原（这不是普通的犯罪）和犯人的本性（他也不是普通罪犯）。判决还委婉道出了那个不可思议的事实：在死亡营里，囚犯和受害者才是真正“用双手操纵杀人工具”的人。判决书指出的正是症结所在，这才是事实真相：“一旦我们用刑法典第二十三条的原话来描述他的行为，那么一切从本质上说就变成向他人提供建议、施以援助或者为他人的［犯罪］行为开绿灯了。然而，在这桩罪恶滔天、枝蔓丛生的罪行，也就是我们正在处理的这桩罪行里面，很多人被卷入不同层面、不同行动模式之中，这些人包括隶属不同等级的策划者、组织者、执行者。若采用常见的煽动者与帮凶等
246 概念给他们治罪并不可行。这些具体罪行都属于集体屠杀，不只是受害者的人数，就连从犯的数量也十分庞大，乃至许多罪犯同那些实际杀人者之间的距离远近根本无碍究责的尺度。相反，普遍看来，**我们同刽子手之间的实际距离越远，责任程度反而会越大**。”

判决书宣读完毕，接下来的事都是按部就班。控方在此发表长篇大论，要求判处被告死刑；由于不具备符合缓刑的条件，当强制执行。而塞尔瓦蒂乌斯博士的回应比此前更加简短：被告执行的是“国家行为”，他经历过的事，今后可能发生在任何一个人身上，整

个文明世界都会面临这样的问题；艾希曼是一头“替罪羊”，如今的西德政府为撇清自身责任把他丢给了耶路撒冷，这有违国际法。塞尔瓦蒂乌斯博士从未承认法院的管辖权，认为其按照德国检控官的说法顶多“具有一种代表性的管辖权”；塞尔瓦蒂乌斯博士此前曾要求法庭必须宣告被告无罪，因为根据阿根廷的法律状况，所有受到指控罪行的刑事惩处都在诉讼时效之外。他在 1960 年 5 月 7 日就已经到了追诉期限，“就在他被绑前不久”。如今，他主张以同样的理由不判死刑，因为德国早已废除极刑。

接下来是艾希曼的最后陈词：他等待的公正落空了；法庭没有相信他说的话，尽管他一直在竭尽全力道出真相；法庭不能理解他，即便他从来就不是仇恨犹太种族之人，也从未想成为人类的谋杀犯。他的罪过在于服从，而服从曾经是备受称颂的美德。他的美德被纳粹头目滥用，但他并非首脑人物，而是受害者，只有头目们才应受到惩罚。（他并没有像许多其他底层战犯那样过分。那些人抱怨 247
说有人告诉他们永远不必担心“责任”问题，而他们现在也无法对那些“有责任”的人问责，因为这些人不是自杀就是被绞死，“都逃了，弃他们而去”。）“我不是禽兽，没有变成他们想要把我变成的样子。我成了一个谬论的牺牲品，”他强调说。他没用“替罪羊”一词，却肯定了塞尔瓦蒂乌斯博士所说的——“定是要在这里代替他人受审”。两天后，1961 年 12 月 15 日，星期五，早上九点，艾希曼被判处死刑。

又过了三个月，1962 年 3 月 22 日，上诉法院，即以色列最高法院开启复审程序。主审法官伊扎克·奥尔珊携四位法官出庭。豪斯纳先生以检控官身份带着四位助手再度现身。塞尔瓦蒂乌斯博士作为辩护律师,还是一个人。辩方又一次宣读了此前针对以色列法庭审判资格的所有论点。既然此前劝说德国政府启动引渡程序的所有努力都付诸东流,那么现在,他要求以色列政府**主动提供**引渡。他交上了一份新的证人名单,可是其中没有一个人能提供任何哪怕类似“新证据”的东西。名单上包括汉斯·格洛布克,但艾希曼从未见过他,而且还是到了耶路撒冷才第一次听说这个名字。更令人瞠目的是,名单上还有哈伊姆·魏茨曼博士。这个人十年前就已经死了。辩护词简直就是一锅令人难以下咽的大杂烩,漏洞百出。(有一次,辩方律师把已被控方呈上的原件的法文译本当成了新证据,还有两回读错了文件。诸如此类的失误不胜枚举。)辩方的粗心大意与控方向法庭陈述案情时的字斟句酌形成鲜明对比:毒气杀人再次成为一起“医疗事件”;犹太法庭无权就利迪策儿童的命运开庭审判,因为他们不是犹太人;以色列法律程序与大陆法体系相抵触,而艾希曼,因其原国籍,应该在大陆法的框架下受审;以色列要求被告提
248 供辩护证据,然而被告实在无法做到,因为无论人证还是物证都不在以色列。简而言之,这场审判不公平,判决结果不公正。

上诉法院的诉讼只持续了一周,继而宣布休庭两个月。直到1962 年 5 月 29 日,二审判决才出来——比第一次篇幅略短,但在单倍行距下,还是有 51 页标准纸那么长。判决书表面确认了此前所有指控,可是如果只是确认,法官不需要花两个月之久、占用 51 页的篇幅。上诉法院的判决实际是对下级法院裁决的复审,这点就算

不明说也人所共知。与初审判决截然不同的是，复审判决认定："上诉人未得到任何'上级命令'。他就是自己的上级，他为一切与犹太事务相关的事情下达命令。"此外，他的"重要性胜过所有上司，包括米勒"。针对辩方最突出的论点——假如没有艾希曼的存在，犹太人不会过得更好——法官们的回应是："假如不是被告及其党羽狂热的嗜血欲，'最终解决'不可能造成上百万犹太人遭遇皮肉之苦和血光之灾。"以色列最高法院不仅采纳了控方的主张，而且还继承了他们的措辞风格。

同一天，5 月 29 日，以色列总统伊扎克·本—兹维收到艾希曼的赦免申请："在我的律师指导下"的四页手写申请，还有他妻子以及林茨家人的信件。总统还收到了来自世界各地的信件和电报，请求宽恕被告。寄信人中，最惹眼的是美国拉比中央大会、美国犹太教改革派的代表，还有以马丁·布伯为首的一群耶路撒冷希伯来大学的教授。马丁·布伯在审判伊始就露过面，现在，他试图劝说本—古里安对赦免进行干预。5 月 31 日，最高法院作出判决的两天后，本—兹维先生拒绝了所有赦免请求。那天是星期四。当天晚些时候，午夜钟声敲响之前，艾希曼被绞死，尸体被火化，骨灰撒进地 249
中海以色列海域之外的部分。

周四夜将是下周之前的最后行刑机会——在这个国家的三大宗教中，周五、周六、周日都是宗教节日，不是这个教的就是那个教的。即便如此，行刑的速度也还是太快了。执行死刑时，距离艾希曼得知赦免请求被驳回还不到两个小时。他甚至都没有时间吃上路前的最后一餐。也许，看到塞尔瓦蒂乌斯博士为当事人的最后两搏，你就会明白行刑速度为何如此之快了。他向西德的一个法院提请强迫政府引渡艾希曼，并威胁将援引《保护人权与基本自由公约》第二十五条。当艾希曼的请求被驳回时，塞尔瓦蒂乌斯博士及其助手都不在以色列，而以色列政府很可能想要在辩护方申请前往以色列观摩行刑前，就把这个持续两年之久的案子了结了。

死刑判决在意料之中，对此几乎无人提出异议。不过当消息传来，说以色列人已经执行完死刑，事情全变了。抗议并未持续多久，但传播范围很远，声势显赫的人都有发声。最常见的论调是，艾希曼的行为突破了人类惩罚的所有可能，对如此规模的罪行，用死刑毫无意义——当然，这个说法在一定程度上行得通，只是那并不意味着他在杀过数百万人之后只因这个理由就可以逃脱惩罚。在一个相当低的层次上，有人批评死刑判决“缺乏想象力”，并提出了极富想象力的备选方案——艾希曼“应该终其后半生在内盖夫贫瘠的土地上做重体力活，用他的汗水浇灌犹太人的家园”。这样的惩罚
250 估计艾希曼连一天都经受不住，更不必说以色列南部沙漠基本就是一个苦刑流放地；或者，按照麦迪逊大道广告牌的风格，以色列本应达到“神圣的高度”，高出“可以理解的、法律的、政治的甚至人道的考虑”之上，由政府“举办一个公审大会，让艾希曼戴着镣铐站在中间，周围是所有参与抓捕、审讯、判决的人。让电视摄录机、收音机把这些人打造成民族英雄”。

马丁·布伯称这次判决是一个“历史性的错误”，因为它本应“为德国许多年轻人的负疚感赎罪”——这个观点奇怪地契合了艾希曼本人关于这件事的看法，尽管布伯几乎不知道艾希曼为了卸下

压在德国年轻人肩上的负罪感曾想过公开被绞死。(怪哉！布伯这样一个人，声名卓著，满腹经纶，竟然看不出这些四散传播的负疚感是多么虚伪！假如你什么错事都没做过，很乐于拥有负疚感，这是多么高贵啊！然而，要承认罪责并且悔过却非常艰难，而且必然十分压抑。德国年轻人的周围、四面八方，甚至贯穿一生所见，都是些身居高位、肩负公职、罪责累累的人，他们却丝毫没有负罪感。对于这种情况，一个青年的正常反应应该是愤怒。然而，愤怒无疑伴随着某种风险——不是冒着失去性命或断手断脚的风险，而是事业中的折损。那些年轻的男男女女在面对《安妮日记》热和艾希曼审判时，用一发不可收拾的负罪感胁迫我们。他们并没有被过去的负担和父辈的罪责挤压得步履蹒跚，实际上他们在努力逃脱当下的压力、现实问题带来的压力，逃进廉价的伤感之中。)布伯教授接着说，他对艾希曼"丝毫不感到同情"，因为他只能"对那些我可以理解其做法的人"感到同情，他强调说，多年前他就在德国说过，他"只在形式意义上和那些参与第三帝国行动的人有相同的人性"。这种高傲姿态当然比那些必须审判艾希曼的人所能提供的东西更加奢侈，因为法律精确地预判出我们与那些被我们控告、审判、制裁的人有 251
同样的人性。据我所知，布伯是唯一一位就艾希曼被处决一事公开发表意见的哲学家(在审判开始前不久，卡尔·雅斯佩尔斯接受巴塞尔广播电台的采访，采访内容后来发表在《月刊》上，他主张由一个国际法庭来审理此案)；令人失望的是，在艾希曼及其行为抛出的真正问题上，他做了最大程度的闪躲。

最微弱的声音，来自那些从根本上无条件反对死刑的人。他们的主张本可以一直有效合理,因为他们的主张所针对的并非只这一个案子。他们似乎感觉到——我觉得很有道理——要想宣扬自己的理念,这并不是一个有利的机会。

艾希曼趾高气扬地走上了绞刑架。他要了一瓶红酒,喝掉了一半。新教牧师威廉·赫尔主动提出跟他一起诵读《圣经》,他拒绝了:他只剩两个多小时了,所以"没有时间去浪费"。他手背在身后,冷静笔挺地走完了从监狱到行刑室之间的五十码。警卫绑他的脚踝和膝盖时,他请求他们系松一点,好让他能够站直。"我不需要那个",他指的是头罩。他完全是自己的主人,不,还不止于此,他完全在做他自己。除了他在临终遗言中莫名犯傻,没有什么可以更加有力地表明这点了。他开始了。他强调自己是个信仰上帝的人,用一般的纳粹流行语来表述,意为他不是基督徒,不相信死后有来生。他接着说:"过不了多久,先生们,**我们都会重逢**。这是所有人共同的命运。德国万岁,阿根廷万岁,奥地利万岁。**我永远忘不了她们**。"死期将至,他满嘴是葬礼演说上的陈词滥调。站在绞刑架下,他的记忆力跟他开了最后一次玩笑:他"志得意满",他忘了,这是他自己的葬礼。

在那最后的几分钟里,他好似在总结这堂关于人类弱点的漫长一课带给我们的教训——那令人毛骨悚然的、漠视语言与思考的**平**
252 **庸的恶**。

结　语

耶路撒冷审判中的不合常规与违背常理之处比比皆是。反常的情形不一而足，涉及的法律问题盘根错节。于是，无论在审判期间，还是在审判之后少得可怜的文献中，审判本应凸显的道德、政治甚至法律层面的核心问题全部被那些反常情况所覆盖。本一古里安总理在审判之前的讲话以及检察官起诉的方式，加上列举审判预期达到的大量目标（从法律和法庭审判程序角度看，这些目标全都是别有用心），让以色列自身进一步混淆了问题。审判的目的是且只是伸张正义，除此之外，哪怕是最崇高的潜在目的——如纽伦堡审判出庭检察官罗伯特·盖哈特·斯托里所言，纽伦堡审判的高级目标旨在"为希特勒政权制造一份经得起历史考验的完整记录"——也只会偏离法律的主要任务：审核指控，公正裁决，审慎量刑。

按照法庭内外给出的解释，艾希曼一案判决书的前两部分是对更高期望论的回应。从这个方面看，这份判决书明白无误地切中要害：所有试图扩大审判范围的做法皆应受到抵制，因为法庭不能"允许自身被诱出职责权限之外……司法程序自成一统，依法制定，

不容更改，无论具体审判什么”。而且，法庭一旦越界将不得不以
“全面失败”而告终。法律不仅无权任意支配“用于调查一般问题
253 的工具”，相反，法律的权威恰恰有赖于其职责范围有限这个事实。
对于法律领域以外的问题，“没人当我们是法官”，而且“跟随便哪
个深入研究和思考这些问题的人相比，我们的意见都未见得更重
要”。于是，就艾希曼审判被问得最多的那个问题——审判有什么
用？——而言，答案可能只有一个：匡扶正义。

针对艾希曼审判的异议有三类。首先，艾希曼是按一部溯及既往的法律被起诉，并且是在战胜国的法庭上受审的。这一点当年的纽伦堡审判就已引发过质疑，如今是旧事重提。其次，是那些专门针对耶路撒冷法庭的异议。矛头指向的不是法庭的审判资格，就是法庭避而不谈绑架行为。最后，也是最为重要的，针对指控本身——艾希曼“对犹太民族”犯有罪行，而不是“对全人类”；于是，一同被质疑的还有审判的法律依据。这项质疑导致了一个合理的推论，即唯一有资格审判这些罪行的，是一个国际法庭。

法庭对第一类声音的回应很简单：纽伦堡审判一直作为有效的先例被援引，鉴于1950年的《纳粹与勾结纳粹（惩罚）法》本身就建立在这一先例的基础之上，在国内法的框架下，法官们基本上别无选择。“这项特殊的立法，”判决书指出，“与普通刑法存在根本性区别：这部法律既具有可追溯性，又拥有治外法权。”肇因在于它所处理的罪行的性质。人们可以补充说，它的可追溯性仅仅从形式上而非实质上违背了罪行法定原则，因为这项原则只有在诉诸立法者熟悉的行为时才有意义；假如突然发生一桩迄今为止不为人知的罪

行，比如种族屠杀，那么正义就要求根据一项新法作出判决；在纽伦堡审判中，新法是《国际军事法庭宪章》(《伦敦协定》1945)，在以色列一案中，新法指的是1950年的《纳粹与勾结纳粹(惩罚)法》。问题不在于这些法案是否具有可追溯性——当然，它们必须具有——而在于它们是否正当，也就是说，它们是否只适用于前所未知的罪行。可追溯性立法的这个先决条件在《宪章》中遭到了严重破坏， 254
而《宪章》是组建纽伦堡国际军事法庭的基础。也许正是出于这一原因，对此类事情的讨论在某种程度上一直混乱不清。

《宪章》对三种罪行给予司法审判权："反和平罪"，法庭称之为"最高级别的国际犯罪……它是全人类所有罪恶的总和"；"战争罪"；"反人类罪"。在这三种罪行中，只有最后一种反人类罪是新鲜事物，史无前例。侵略战争至少跟有记载的历史一样悠久，而且此前也一再被谴责为"有罪的"，但从未被正式认定为犯罪。(眼下，即便纽伦堡法庭对侵略战争作出了裁决，其正当性亦无法令人苟同。的确，第一次世界大战之后，威廉二世曾经被协约国的法庭传唤，但是这位前德国皇帝的罪名不是发动战争，而是破坏协定，特别是侵犯了中立国比利时；而且，1928年8月的《凯洛格—白里安公约》尽管禁止将战争作为国家政策工具，但既不规定侵略标准，也不提及制裁问题，更不用说，《公约》意图建立起来的安全保障体系，实际上早在第一次世界大战爆发前就已经分崩离析。)此外，作为审判国之一的苏联，理应受到"你亦如此"(tu-quoque)这条论点的指责：难道苏联不是在1939年入侵芬兰、瓜分波兰，却逍遥法外吗？另一方面，"战争罪"尽管跟"反和平罪"同样无先例可循，却包含在国际法当中。《海牙国际公约》和《日内瓦公约》将其定义为“破坏战争法规与惯例”，主要是指虐待战俘和以战争手段对待平民。这里不需要一部具有追溯力的新法，因为纽伦堡审判的最大困难又回到了那个无可争议的事实，即“你亦如此”论点的适用问题：苏联从未加入《海牙国际公约》（顺便提一下，意大利也没加入），被怀疑在虐待战俘问题上有过之而无不及；另外，根据最近的调查，在卡廷森林
255 （位于苏联境内斯摩棱斯克附近）发现了一万五千具波兰军官的尸体，苏联在这件事上似乎难脱干系。对不设防城市的地毯式轰炸，首先是在广岛和长崎投放原子弹，按照《海牙国际公约》显然已经构成战争罪。尽管是德国轰炸伦敦、考文垂、鹿特丹在先，引发敌方对德国城市的轰炸，但是在使用全新的、具有摧毁性力量的武器方面，二者却不可同日而语。要证明这种武器的存在，本可以有许多别的方式。纵然盟军侵犯了《海牙国际公约》，可是在法律层面并未对之展开讨论，其中最明显的原因在于，所谓的国际军事法庭只是名义上的而已，实际不过是胜利者的法庭。而且，用更早前奥托·基希海默尔的话说，“纽伦堡审判书墨迹未干”，这个在赢得战争后启动共同事业的国际联合体就已四分五裂。国际军事法庭的审判权威本就不令人信服，这样一来更是大打折扣。按照《海牙国际公约》，盟军犯有战争罪行，但是这些罪行未被提及或起诉。对此，那个最明显的原因既不能构成唯一的，大概也无法构成最有力的理由。此外可以公平地说，纽伦堡法庭在对德国战犯进行宣判时，小心翼翼地避开可能涉及“你亦如此”的指控。事实上，第二次世界大战临近尾声时，人人都已知道，随着侵略武器技术的发展，接

受"犯罪性"作战已在所难免。《海牙国际公约》对战争罪的定义是基于对士兵和平民、军队和后方家园、军事目标和不设防城市的区分,而今,恰恰是这些区别不再有效。于是,在新形势下,仿佛只有能够证明不含任何军事必要性,且故意以非人道为目的的行为,才被宣布为战争罪。

目前情况下,要对构成战争罪的事实下定义,无正当理由而实施的暴行是一条法定有效的标准。对于唯一一种全新的罪行,即 256
"反人类罪",这个标准是不合适的;然而不幸的是,人们在尝试对"反人类罪"下定义时,却还是借用了这一标准。《宪章》(第六条c款)恰恰将其定义为"非人道行为"——似乎连这种罪行也是一种为追求战争和胜利而不得不为的过激行为。无论如何,并不是因为这类众所周知的违法行为,同盟国才去宣布,用丘吉尔的话说,"惩罚战争罪犯[是]战争的主要目的之一";相反,是那些关于闻所未闻的战争暴行的报道,包括对整个民族的屠杀,对生活在某些地区的全部人口进行"清洗",也就是说,不仅仅是"毫无军事必要性",而且还有那些事实上与战争毫无干系的行为,以及宣布在和平时期继续推行系统谋杀政策的做法。实际上,无论国际法还是国内法都没有涵盖这一罪行,不仅如此,战争罪还是唯一一项不适用于"你亦如此"论点的罪行。何况,在面对任何一种犯罪时,没有哪一种比战争罪更能让纽伦堡的法官们感到如此心烦、如此进退维谷。纽伦堡审判中的法国法官多纳迪厄·德·瓦布莱曾对审判做过最精准的解析(*Le Procès de Nuremberg*,1947)。他说过:"《宪章》把反人类这项罪名通过一道窄门引进来,如今纽伦堡审判庭一纸判决书便让其人间蒸发。"然而,法官们也跟《宪章》本身一样有始无终。因为,他们即便倾向于判定"战争罪包含了所有传统常见的犯罪形式,但却对反人类罪尽可能地轻描淡写"(基希海默尔语);到了宣判的时候,法官们才流露出真情实感,将最严酷的惩罚,死刑,只判给那些被证实做过异常残暴的行为、构成"反人类罪"的人。或者,正如法国检察官弗朗索瓦·德·芒东以更准确的方式所说的,那些人犯有"破坏人类生存状态罪"。当一批从未被判"阴谋"破坏和平之人被判死刑时,侵略是"最高级别的国际犯罪"这一观点被悄悄抹去了。

257 在对艾希曼审判的正当性进行辩护时,经常提到的一点是,尽管在最近一次战争中最大的罪行是反犹,可犹太人在纽伦堡审判中只是旁观者;而耶路撒冷法庭的判决突出的特征是,犹太人的灾难第一次成为"审判程序的核心,这一事实使这场审判不同于以往任何审判",无论是在纽伦堡还是其他什么地方。但是,这充其量也就只说对了一半。事实上,在纽伦堡审判中,正是犹太人的灾难引发同盟国首先构思"反人类罪"。因为,朱利叶斯·斯通在《国际冲突的法律调控》(*Legal Controls of International Conflikt*,1954)中写道:"如果遭到集体屠杀的犹太人都是德国国民的话,那么就只能从人道的立场来思考了。"而且,纽伦堡国际法庭之所以没有能够在反人类罪的问题上充分伸张正义,并不是因为这项罪行的受害者是犹太人,而是因为《宪章》要求,处理反人类罪时须连同其他战争罪行共同考虑,哪怕该罪行本身和战争几乎没有关系,乃至在事实上与战争行为相冲突甚至拖了战争的后腿。纽伦堡的法官们对反犹暴行究竟有多么深刻的认识,也许可以从下面的事实中得到最好的反映：被告中唯一以反人类罪被判处死刑的一个，是尤利乌斯·施特赖歇尔，因为他的专长是对犹太人极尽猥亵之能事。在这一案中，法官们排除了所有其他因素。

耶路撒冷审判之所以有别于之前其他审判，并不在于这次是犹太民族占据了核心位置。相反，在这一点上，耶路撒冷审判跟战后在波兰、匈牙利、南斯拉夫、希腊、苏联、法国，简言之，即在所有纳粹占领国所进行的审判没什么不同。纽伦堡国际军事法庭是为那些罪行不受地域限制的战犯而设的，而所有其他罪犯则被遣送到其当时实施犯罪的国家进行审判。只有"主要战犯"当年可以在行动上不受地域限制，而艾希曼当然不在此列（他之所以没有被纽伦堡法庭起诉，也是出于这一原因，并非通常以为的失踪之故；而马丁·鲍曼虽则缺席，却同样被起诉、审理并判为死刑）。即便说艾希曼的行踪遍布全部被德国占领的欧洲领土，也并不是因为他已经重要到可 258
以不受地域所限，而是由于他工作的性质决定的：为了收纳并遣送所有犹太人，他和他的手下必须得在欧洲大陆上到处游走。按照纽伦堡宪章规定的狭义的、法律的意思来理解，是犹太人的散居局面导致反犹罪行都带有"国际"性。一旦犹太人拥有他们自己的领地，在以色列建国，那么他们显然就有权审判针对本民族实施的犯罪，就像波兰人审判在波兰实施的犯罪一样。所有基于属地原则对耶路撒冷审判进行的抗议，全部有法可依；尽管法庭也曾不惜数次开庭，就这些抗议展开讨论，然而并没有多大意义。毫无疑问，许多犹太人之所以被杀，唯一的理由就是，他们是犹太人，与他们是哪国人无关。许多犹太人否认自己的民族属性，宁愿被当作法国人或德国人,可还是遭到纳粹杀害。即便在这类案件中,也只有将罪犯的动机和意图一并纳入考虑,才能做到伸张正义。

我认为,那些更常见的、用来指责犹太法官可能偏袒的说法——说他们,尤其是那些作为犹太国家公民的法官在自诉自审——同样缺少根据。在这一点上,很难看出犹太法官跟他们在其他后继审判中的同事们有何不同。波兰法官就以反波兰人民罪作出判决,捷克法官也审理过发生在布拉格和布拉迪斯拉发的罪行。(豪斯纳先生在《星期六晚报》上发表的系列文章的最末,无意中又对这个问题火上浇油:他说公诉方当即意识到,不能由一位以色列律师为艾希曼提供辩护,因为那样的话,"职责所需"会同"民族情感"发生冲突。这种冲突成为针对犹太法官的一切置疑的核心所在。而豪斯纳先生对他们的辩护是,一个法官可以在憎恨犯罪的同时对犯人秉公执法,可这种说法对辩方律师同样适用:为杀人犯辩
259 护的律师,并不是在为杀人行为辩护。事实真相是,从法庭外部的压力看,说得温和些,指派一名以色列公民为艾希曼辩护是行不通的。)最终,以犯罪发生时以色列尚未建国为论据,显然过于形式化,既不符合实际,也不符合一切伸张正义的诉求,于是我们只需将这个问题留与专家去深入讨论了。因着正义之名(重视正义与重视某些程序不是一回事。尽管程序本身也很重要,但它永远不能凌驾于正义之上。正义才是法律的第一要义),法庭既无须援引消极属人管辖原则——既然受害者是犹太人,那么就只有以色列有资格为其代言——也无须援引普遍管辖权原则——既然艾希曼是全人类的敌人,那么针对海盗的古老法条也适用于他——来论证自己的审判

资格。耶路撒冷法庭内外对上述两种理论展开了充分讨论,可是这些讨论实际上不仅让问题变得更加混乱,而且还令耶路撒冷审判同此前在其他国家进行的审判之间本来显而易见的相似之处变得模糊不清。这些国家已经正式通过类似的特别立法为惩罚纳粹及其同谋提供法律保障。

耶路撒冷的被动属人管辖原则,以 P. N. 德罗斯特在《国家犯罪》(*Crime of State*,1959)中提出的学术观点为依据,即在某些情况下,“被害者的祖国的法庭可以拥有审判案件的资格”;遗憾的是,这意味着可以由政府代表受害者提起刑事诉讼,即是说受害者有权进行报复。这事实上就是控方的立场。豪斯纳先生以下面的话开始作开庭陈词:“我现在站在以色列的法官面前。我并不是一个人站在这里。在这一时刻,有六百万起诉者同我一起站在这里。然而他们再也无法提出控诉。他们无法用手指逼向那个玻璃间,无法朝坐在里面的那个人大声疾呼:‘我要控诉!’……他们用鲜血泣诉,他们已经发不出声音。因此,我要成为他们的嘴:我要以他们的名义提出这骇人的控诉。”凭借此番辞令,公诉方倒是为审判质疑者的主要观点提供了支持,即开庭审判的目的不是为了伸张正义,而依然是为了满足受害者的复仇欲,或者,复仇权。在刑事诉讼中,即使 260
受害者宁愿选择宽恕或忘记,也必须强制启动。刑事诉讼所依据的法律,其“本质”是——正如特尔福德·泰勒在《纽约时代杂志》上所说的——“犯罪的对象不仅是受害者,而且首先是共同体,因为罪行触犯了这个共同体的法律”。将作恶者绳之以法,原因在于其行为扰乱或严重损害了作为一个整体的共同体。这有别于民事案件。

在民事案件中，伤害涉及的是个体利益，后者有权要求赔偿。刑事案件中的赔偿具有完全不同的性质；要求进行“赔偿”的是政治实体本身，是普遍的公共秩序遭破坏失灵，因而必须得到修复。换言之，刑事案件首先事关法律，而非原告。

较之公诉方试图按消极属人原则审理此案，法庭倾向于以普遍管辖权之名申明拥有审判资格的做法更缺乏公正性，因为普遍管辖权同审理过程以及审判艾希曼所依据的法律之间的矛盾昭然若揭。据说，普遍管辖权原则之所以适用此案，是因为反人类罪与古老的海盗犯罪相似，犯了反人类罪的人就跟传统国际法中的海盗一样，无论罪案在何处实施，他都成了人类的敌人。然而，起诉艾希曼主要是因为他对犹太民族的犯罪，逮捕他则以普遍管辖权理论为借口；他之所以被捕，当然不是因为他也犯了反人类罪，而仅仅缘于他在对犹太人问题的最终解决中所扮演的角色。

就算以色列绑架艾希曼仅仅因为他是人类的敌人，而并非因为他是犹太人的敌人，也很难证明这次逮捕行动的正当性。审理海盗行为之所以不受属地主义原则——在缺少一部国际刑法典的情况下，属地主义是唯一有效的法律准则——所限，并不是因为海盗是全民公敌，因而全民皆可审判之，而是因为，犯罪是在公海上实施的，而公海是没有主权的。另外，海盗“抗拒所有法律，不对任何国
261 旗宣誓效忠”（H. Zeisel, *Britannica Book of the Year*,1962），从定义上看，海盗活动的所有目的都是为了他自己；他之所以无法无天，是因为他选择置身于所有有组织的共同体之外，也正是这个原因导致他成了“全民公敌”。可以确定，没有人会说艾希曼的所作所为是

为他自己,或者说他不效忠任何国旗。据此看来,海盗理论规避了一个问题,而且还是由类似犯罪所引发的一系列根本性问题之一,即,此类犯罪是且只能是在一部具有犯罪性质的法律之下、被一个具有犯罪性质的**国家**所实施。

将种族屠杀类比作海盗行为的做法并非首创,因此,有必要明确以下事实:《反种族灭绝公约》(1948 年 12 月 9 日联合国通过公约各项规章)清楚地驳回了对普遍管辖权的要求,转而确定"被控犯有种族屠杀罪者……应提交给犯罪行为实施地所在国的有审判资格的法庭,或者有审判同类案件资格的国际刑事法庭审判"。既然以色列也是签字国之一,那么按照公约,耶路撒冷法庭应该要么设法组建一个国际特别法庭,要么努力重新修订出一个适用于以色列的属地主义原则。两种选择无疑都是可行的,也都在法庭的能力范围之内。成立国际特别法庭的可能性被法庭轻易否决,个中原因我们稍后再谈。而人们之所以没有尝试对属地原则重新进行严肃定义——结果法庭最终声称其司法权基于所有三条原则之上,即属地原则、消极属地原则、普遍管辖权原则,似乎仅仅把这三种完全不同的法学原则熔于一炉,便会产生出一种有效的主张——自然同他们对一切破旧立新的思路采取极度排斥的态度密不可分。假如以色列政府只把"领土"解释为一种政治和法律概念(就像法律对这个词的理解那样),而不只是个地理概念,那么它本可以轻而易举地宣称拥有属地管辖权。此处的领土概念与地理含义的关系不大,它首先指的并不是一块土地,而是指一个族群成员之间所必需的空间。与此同时,群体成员借助建立在共同的语言、宗教,共同的历 262

史、习俗以及法律基础上的种种关系，既相互依存，同时又彼此独立、彼此保护。通过为群体中的不同成员提供建立联系、产生互动的空间，上述的种种关系在空间层面变得清晰可见。假如犹太人在漫长的流散史中没能克服地理距离创造出并一直维系着属于自己的特殊的隔离空间，那么也就不会诞生以色列国。也就是说，拥有特殊空间要比夺回古老的土地更重要。然而，法庭却始终没有挺身直面这一史无前例的案件所提出的挑战，甚至罔顾以色列建国的渊源本身具有的独一无二的性质——这层思考本来最能够体现法庭的核心关怀。相反，在第一个星期的庭审（判决书前五十三条据此而生）中，法庭就把诉讼程序埋葬在洪水般的先例之中。而这些先例，至少在一般人听来，大多不过是精致的诡辩之词。

于是，艾希曼审判事实上不过是继纽伦堡审判之后无数同类审判中的一个，只是在时间上最靠后罢了。公诉书的一个附录里收录了当时的司法部长品哈斯·罗森对 1950 年法案作出的清楚无误的官方解释："其他民族在战争刚结束，甚至有一些早在战争结束前就已颁布专门法律，以惩罚纳粹及其帮凶，而犹太民族……则只有等到国家成立之后，才拥有将纳粹及其帮凶绳之以法的政治权利。"因此，艾希曼审判与众多后继审判只在一点上有所差别：被告并不是正常被捕并被引渡到以色列；相反，为了让他出庭受审，以色列公然违反国际法。前文已经提到过，艾希曼事实上没有国籍，这是唯一可以为以色列绑架行动开脱的理由。不难理解，耶路撒冷纵然援引大量先例为绑架正名，可对于唯一适用于本案的先例，即 1935 年发生在瑞士的盖世太保绑架左翼德裔犹太记者巴尔特哈德·雅克布

事件，却只字未提。（其他先例之所以全不适用，是因为在这些案例 263
中，逃犯不仅无一例外地被带回犯罪实施地，而且还被送上一个曾经下达，或本可以下达合法逮捕令的法庭——而上述条件，以色列是不可能满足的。）这一次以色列确实违反了属地原则。属地原则之所以意义重大，是基于这样一个事实：地球上居住着许多民族，他们受制于不同的法律，所以，任何一部国家法一旦越出其权限，就会与其他地区的法律发生直接冲突。

遗憾的是，绑架一直是整个艾希曼审判中唯一几乎毫无先例可循之处，当然也是这个案子最没资格为后世提供先例之处。（如果明天非洲某个国家将其特工派到密西西比绑架一位民族分裂运动领袖，我们会怎么说呢？如果加纳或刚果的某个法庭援引艾希曼案作为先例，我们又该作何反应？）人们可以通过下面两点为绑架行为辩护：该罪行乃史无前例，犹太建国在历史上乃独一无二。此外，如果你的确想要让艾希曼出庭受审，那么除了绑架他几乎没有别的选择；这一点对于缓解人们对绑架行动的指责很重要，因为照此看来，绑架行为纵然违法，却实属不得已而为之。阿根廷拒绝引渡纳粹战犯的记录可谓惊人。所以，倘若以色列和阿根廷两国间真有引渡条约，一旦以方提请引渡，阿方也不大可能同意。再者，如果把艾希曼经由阿根廷警方引渡回西德，肯定也无济于事。因为，波恩政府此前曾试图从阿根廷引渡诸如卡尔·克林根富斯以及约瑟夫·门格勒博士等臭名昭著的纳粹战犯（后者曾参与奥斯维辛骇人听闻的医学实验并负责“遴选”实验对象），但都以失败告终。对于艾希曼这个案子，引渡则是难上加难。因为依照阿根廷法律，对所有与最近一次战争有关的罪行的诉讼时效为自战争结束起的十五年;于是,到1960年5月7日,艾希曼就再不可能被依法引渡了。简而言之,绑架乃别无选择,依法拘捕是不可能的事。

264 那些坚信唯有正义才是法律之终极目的的人,也许会倾向于宽恕绑架行动——并非因为法律上有先例可循,而是正相反,恰恰是国际法的漏洞百出,才导致了这次不择手段的、既空前又绝后的行动。从这个角度看,真正能够替代以色列迄今所为的就只有一种做法:以色列特工完全可以在布宜诺斯艾利斯街头当场击毙艾希曼,而不必把他逮捕,再空运回以色列。在绑架行动引发的争论中,有人动辄提及这一方案;颇为吊诡的是,他们恰恰是对绑架行动最为惊诧的人。他们的观点并非毫无可取之处,毕竟,案件在事实层面不存在争议;但是他们忘记了,手握法律大权者如果想要匡扶正义,就必须做好准备改变现状,恢复法律的权威,并确保执法者今天的做法在后世看来依旧无可厚非。我忽然想起过去不久发生的两起先例。第一件是沙洛姆·施瓦茨巴德案。此人于1926年5月25日在巴黎枪杀了西蒙·彼得留拉,后者原是乌克兰军队司令官,对1917—1920年俄国内战期间的大屠杀负有责任。约十万人死于那场屠杀。第二件是亚美尼亚人泰利里安案。此人于1921年在柏林市中心枪杀了塔拉特贝依,1915年亚美尼亚大屠杀中的头号刽子手。在这场屠杀中,约六十万居住在土耳其境内的亚美尼亚人遇难,占该国亚美尼亚裔人口总数的三分之一。问题的关键在于,两名暗杀者都不满足于杀死“他的”罪犯,而是不约而同地立即向警方自首,并坚持开庭受审。两人都利用审判之机,借助庭审过程告诉全世界，曾有人对他们的民族犯下何等的罪行，却至今逍遥法外。特别是施瓦茨巴德一案，在审判方式上与艾希曼一案十分相似。两起案子都很重视与犯罪相关的海量档案资料，不同的是，那一次却是为了给被告辩护而准备的（当年在主席莱奥·莫茨金博士领导下，犹太元老会花了一年半的时间搜集材料，并于1927年以《乌克兰政府于1917—1920年在乌克兰境内实施的大屠杀》[*Les Pogromes en Ukraine sous les gouvernements ukrainiens, 1917—1920*]为名出版）。就是在那次审判中，被告及其律师声称在为受害者代言；巧的是，“说犹太人从不为自己辩护”的，还是他们。（参见 265
亨利·托雷斯在1928年出版的《大屠杀审判》[*Le Procès des Pogromes*]中的辩护词）两人都被无罪释放。两个案子都令人感受到——正如乔治·苏亚雷斯在谈到沙洛姆·施瓦茨巴德一案时的赞叹之词——这两人的姿态“表明他们的种族终于决定自卫，决定扔掉道德虚荣，不再逆来顺受”。

这种方式在解决合法性与正义性的冲突问题上，有明显的优势。诚然，这场审判同时也是一场“庭审秀”，甚至干脆就是一场“秀”；不过这场戏的“主角”，站在舞台中心、万众瞩目的那个角色，现在成了一位真正的英雄。而与此同时，整个过程一直保持着审判的性质，因为它并非“一场预先安排好结果的表演”，相反，它包含着“不能低估的风险”——在基希海默尔看来，此乃一切刑事审判中最不可或缺的因素。另外，我控诉——从受害人的角度看，这是不可或缺的——这三个字，如果是从一个被迫拿起法律武器的人口中发出来，当然远比由政府指定、不担任何个人风险的代理人的声音听起来更有说服力。然而,暂不说出于实用的考虑,比如,六十年代的布宜诺斯艾利斯几乎不会像二十年代的巴黎和柏林那样为被告提供人证物证或相似的透明度;更不要以为这种解决方案能够通过艾希曼一案被正当化,而且很显然,假如这种方案是由政府机构实施的,那么它肯定是不正当的。支持施瓦茨巴德和泰利里安的一点是,两人分别隶属于一个既没有自己的国家也没有自己的法律系统的族群;而世界上不存在一个特别法庭,能够让任何一个族群的受害者都可以到那里去申诉。施瓦茨巴德死于 1938 年,距犹太人宣布建国还有十多年时间。他不是一个犹太复国主义者,也不是任何形式的民族主义者;但是可以肯定,他一定会热烈欢迎以色列建国,因为只有以色列国才能成立一个特别法庭,来处罚频频逍遥法
266 外的罪犯。他的正义感将得到满足。当我们读到他从巴黎监狱写给敖德萨诸位兄弟姐妹的信——“巴尔塔、普洛斯洛克、切尔卡萨、乌曼、杰特米尔村的乡亲们……请你们传播神的旨意: 愤怒的犹太人要复仇了! 凶手彼得留拉的血已经喷溅在世界之都巴黎……这将提醒人们想起他对流离失所的贫苦犹太人犯下的残暴罪行”——我们恐怕不会马上听出这正是豪斯纳先生在庭审时说过的话(沙洛姆·施瓦茨巴德的话无疑更庄严也更感人),但肯定会第一时间看出这番话诉诸的对象——全世界各地犹太人的情感和思绪。

我坚持认为 1927 年巴黎的施瓦茨巴德案同 1961 年耶路撒冷的艾希曼案之间存在相似性,是因为两案都显示出,无论是以色列国还是通常所说的犹太人,在指控艾希曼时,对于他所犯的罪行乃

史无前例这一事实几乎都没有意识到;两个案子也都准确地表明,要让犹太人认识到上述事实,有多么困难。由于犹太人只考虑自身的历史语境,于是,希特勒统治时期犹太人所罹受的灾难(三分之一同胞被害),在他们看来并不是最近才有的犯罪,也不是前所未有的种族屠杀,恰恰相反,乃是他们早已熟悉和铭记的最古老的犯罪。这一误解——如果我们不仅将犹太历史中的各种史实,更重要的,也将当代犹太人在历史中形成的自我理解也一并纳入考虑便会发现——几乎是不可避免的,而且,它实际上是耶路撒冷审判中所有败笔以及缺憾的根源所在。参加审判的人里面,没有一个人真正明白奥斯维辛在事实层面究竟有多么恐怖。奥斯维辛恐怖的本质有别于迄今所有暴虐行为,却只被公诉方和法官当作犹太历史上最恐怖的种族屠杀而已。他们由此认为,从纳粹党早期的反犹主义到《纽伦堡法案》,再到德国排犹运动,直到最后的毒气室,贯穿着一条直线。然而,从政治和法律角度看,这些"犯罪"无论在量的层面还是在质的层面,都不可同日而语。 267

1935 年的《纽伦堡法案》将此前作为多数人口的德意志人对作为少数民族的犹太人的种族歧视合法化了。根据国际法,掌权的德意志民族可以自行将其人口中的任何一部分宣布为少数民族,只要其少数族裔法遵守国际通行的少数族裔条约及协定所规定的权利与保障条款。于是,国际犹太人组织马上试图为这个新近形成的少数族裔争取与《日内瓦公约》赋予东欧与东南欧少数族裔的同等的权利和保障。然而,就算这项保护措施没能实现,《纽伦堡法案》还是作为德国法律的一部分而得到其他国家广泛认可;比方说,一个德国公民就绝不可能在荷兰缔结一桩“跨族婚姻”。违反《纽伦堡法案》属于国内犯罪，侵犯的是宪法规定的公民权利及自由，并不触及睦邻友好。然而，1938 年以后演变为官方政策的“强制移民”或者驱逐运动，却的确触及了国际社会；理由很简单，被驱逐者出现在了其他国家的边境线上，而那些国家被迫要么接收这些不速之客，要么将他们偷运到另一个国家，而后者同样不愿意接收他们。换言之，假如我们所理解的“人道”不外乎睦邻友好的话，那么种族驱逐就已经构成反人道（类）罪了。将种族歧视合法化是一种国内犯罪，它相当于采用法律手段实施迫害。而驱逐异族是一种国际犯罪。即便在近现代，这两种犯罪都并非毫无先例可循。合法化的种族歧视早已在巴尔干诸国上演，而许多革命的后果便是大规模的种族驱逐。不过，一直到纳粹政权宣称，德意志民族不仅不能容忍德国境内有犹太人存在，而且希望整个犹太民族从地球上消失时，才出现了这种新的罪，即真正意义上的反人类罪，一种“反人类生存状况”、反对人类本性的罪。种族驱逐和种族灭绝尽管都是跨越国界的犯罪，但必须严加区分；前者侵犯的是邻邦的领土主权，后者攻击
268 的则是人类的多样性，是“人类生存状况”的特性。如果没有了这种多样性，那么像“人类”或“人道”这样的词将变得毫无意义。

耶路撒冷法庭如果知道种族歧视、驱逐异族、种族灭绝并不是一回事，马上就会明白，面前这宗最高级别的犯罪，即从肉体上灭绝犹太民族，是一种反人类罪，受害的是犹太人的身体。单从受害者的选择上看，的确可以追溯至漫长的仇犹和反犹历史；然而，若论犯罪的性质，就不可同日而语了。就受害者是犹太人这一点，由犹太

人来主持审判乃理所应当；然而，就罪行是反人类罪这一点，又需要一个国际法庭来主持公道（尽管以色列前司法部长罗森先生明确提出二者有别，然而以色列法庭还是将其混为一谈，这实在是令人瞠目。罗森先生曾于 1950 年坚决主张“要把这笔账［对犹太民族的罪］同预防及惩罚种族屠杀的法律区别开来”，以色列议会尽管对这项提议进行过讨论，但并未通过。显然，法院认为自己无权超越国内法的界限；既然种族屠杀并不在以色列法律框架内，也就不适合纳入议程。）反对耶路撒冷法庭、主张成立国际法庭的人不计其数，其中也并不乏知名人士，但只有一个人清晰而坚定地宣称：“对犹太人的犯罪也是一宗对全人类的犯罪”，“因此裁判权只能交付一个代表全人类的法庭”。这个人就是卡尔·雅斯贝尔斯。在审判开始前，雅斯贝尔斯在接受一家电台采访时表达了上述观点，后来登在了《月刊》上。在聆听过事实证据之后，雅斯贝尔斯认为，耶路撒冷法庭之所以应“放弃”审判权，宣布自身“不够资格”这么做。因为一则，这一罪行在法律上尚未定性；二则，究竟谁有资格审判一种由政府命令实施的犯罪，至今有待解答。雅斯贝尔斯进一步认为，只有一件事确定无疑：“这一罪行既重于一般性的谋杀，又不及 269
一般性的谋杀”，而且，尽管它不是“战争罪”，但毫无疑问的是，“假如国家都允许此类犯罪发生，人类必将被毁灭”。

以色列甚至都没有一个人肯讨论一下雅斯贝尔斯的提议。单从纯技术层面看，他的提议就很难以这种形式实现。法庭的权限问题必须在审判开始之前就得到明确，而一旦某个法庭被宣布具备审判资格，它也就必须作出判决。无论如何，这些纯粹形式上的异议本可以轻松应对——假如判决结果一出来,雅斯贝尔斯不是呼吁法庭,而是呼吁以色列政府(鉴于该审判乃史无前例)放弃其审判权的话。那样一来,以色列可能就会求助于联合国,凭借手中掌握的所有证据证明,成立一个国际刑事法庭乃势在必行,因为新的罪行所针对的是整个人类;那样一来,以色列就有能力制造麻烦,“制造一场有益的混乱”,方式就是不厌其烦地提出那个问题——该如何处置这名阶下囚;而一次又一次地重复,必然会让世界舆论觉得有必要建立一个永久性的国际刑事法庭。唯有以这种方式制造出一种让世界各国代表都感同身受的“尴尬境遇”,才有可能防止“人类的头脑一劳永逸”,防止“对犹太人的屠杀……演变成未来犯罪的模板;同未来的种族屠杀相比,这一次可能只是小巫见大巫,根本微不足道”。在只代表一个国家的法庭前,事件本身的邪恶性质被“低估”了。

遗憾的是,人们把这个成立国际法庭的观点同其他无关宏旨的建议混为一谈。许多以色列朋友,无论犹太人还是非犹太人,都担心审判有损以色列声誉,担心全世界犹太人成为众矢之的。有人认为,犹太人无权作为法官现身于自己的案件,而只能扮演控诉者的角色;于是,在联合国成立一个特别法庭审判艾希曼之前,以色列只
270 能对他实施监禁。在对艾希曼的审判中,以色列所做的并不比任何一个德国占领国早前所做的更多;在这里,危在旦夕的是正义,而不是以色列和犹太民族的声誉。就算以上事实都可以不顾,所有这些建议还有一个共同的瑕疵:它们会被以色列轻松击破。单从联合国大会曾“两次否决考虑建立一个永久性国际刑事法庭的提案”

（A. D. L. 公报）这一事实便可知，那些提议太不现实了。不过另一个较为可行的方案却不常被人提起，大概主要因为它太可行了。该方案的提出者是世界犹太人大会会长纳胡姆·戈尔德曼博士。戈尔德曼呼吁本—古里安在耶路撒冷成立一个国际法庭，法官来自每个曾被纳粹占领的国家。这还不够，还很可能只是一个放大版的后继审判，而战胜国法庭对正义造成的损害却并没有得到弥补。可这将会是朝着正确的方向迈出的第一步。

众所周知，以色列对所有这些方案表示了激烈反对。的确，正如约萨尔·罗加特在《艾希曼审判与法律准则》（*The Eichmann Trial and the Rule of Law*，1962）中指出的那样，当面对“为什么不让国际法庭对他进行审判”这一问题时，本—古里安总是“好似彻底误解了”。对于以色列来说，这次审判唯一史无前例的特征是，犹太人（从公元 70 年耶路撒冷被罗马人摧毁以来）第一次有能力审判对自己民族犯下的罪行，第一次不必向别人请求保护和评判，不必求助于“人权”或类似的折中性措辞。犹太人比任何人都更清楚，只有那些弱小得连“作为英国人的权利”都不能够捍卫、连自己的法律都不能够强制执行的人，才会诉诸“人权”。（早在艾希曼审判之前很久，罗森先生在以色列国会正式初读 1950 年法案时，就把以色列拥有了一部属于自己的、可以支撑这样一场审判的法律这一事实，称作“犹太人民政治地位上发生的革命性改变”。）正是以这些 271
鲜活的历史经验和政治抱负为背景，本—古里安才会说：“以色列不需要一个国际法庭来保护。”

此外，认为对犹太民族的罪首先是反人类罪，因此提议成立国际法庭的观点，与审判艾希曼所依据的法律明显水火不容。因此，那些提议以色列放弃其囚犯的人应该更进一步宣称：1950 年的《纳粹与勾结纳粹（惩罚）法》是错误的，它与实际情况相抵触，无法覆盖诸多事实。要是他们能这么做就太对了！因为，一个杀人犯之所以被起诉，不是因为他杀害了张三李四家的丈夫、父亲或某个主要劳动力，而是因为他违犯共同体的法律；同理，起诉这些受雇于国家的现代杀人犯，也必须以其危害人类秩序，而不是杀害成千上万人为由。没有什么比这样一种常见的错觉——认为杀人罪和种族屠杀罪本质相同，因此后者“根本不是什么新型犯罪”——更加毒害至深、更能阻挠一部国际刑法典的出台。种族屠杀罪的关键在于，它破坏了一种完全有别的秩序，侵犯了一个完全有别的共同体。事实上，由于本—古里安非常清楚所有这些讨论实际直指以色列法律的有效性，所以最后他不仅用粗暴的态度，而且干脆用脏话回应那些针对以色列审判程序的指责：无论这些“所谓专家”说什么，他们的观点全是“陈词滥调”，不是受到反犹主义的鼓动，就是受到犹太人（假如他们是犹太人的话）自卑情结的影响。“让全世界明白：我们不会交出我们的囚犯。”

公允地讲，耶路撒冷审判并没有采用这一基调。不过我认为完全有理由预测，这场审判作为最新一起“后继审判”，在给未来同类
272 审判提供先例方面，它非但没有进步，反倒退步了。假如这场审判没有让人意识到，未来有可能——这种可能性令人不安又无法回避——还会发生类似的犯罪，那么，就算审判的主要目的——对艾希曼进行控诉、辩护、审判、惩罚——已然实现，也没多大意义。之

所以说未来凶多吉少，原因既是普遍的又是特殊的。人类的真正本性是：任何行为一旦发生并且被人类历史记载下来，它就会一直潜伏下来，哪怕时过境迁。没有哪种惩罚具备阻止犯罪行凶的威慑力量。相反，无论惩罚的力度有多大，只要一种特定的罪行出现过一次，重现的机会就远大于首次出现的概率。说到纳粹罪行有可能重演，还有更具说服力的特殊原因。现代社会的人口爆炸与新技术手段的发明碰巧并肩而行：一方面，大部分人口被迫成为“过剩”劳动力；另一方面，原子能的发明促成了这样一种局面——人们随时都可以通过毁灭来解决“问题”。相形之下，希特勒的毒气设备顶多算是淘气孩子摆弄的粗笨玩具。这种巧合，足以令人战栗。

根本原因在于：史无前例的事一旦出现，就可能成为未来之事的一个先例；于是所有涉及“反人类罪”的审判，都必须要按照一个迄今仍是“理想化的”标准判决。假如未来的确发生了种族屠杀，那么地球上将没有人——至少于犹太人而言，无论他身在以色列还是别处——能够真正相信，在没有国际法保护的情况下还能活下去。审理无先例案件的成败只在于，在多大程度上能够为国际刑法提供有效先例。而这一要求，对于参与此类审判的法官来说，既不过分也没超出合理预期。正如杰克逊法官在纽伦堡所说的，国际法“是从不同国家的条约与协定以及公认的习俗中产生出来的。每一
种习俗固然都源于特殊的行为……我们的时代有权规范习俗、缔结 273
条约，这些习俗和条约本身将为催生和巩固一部国际法提供资源”。杰克逊法官疏忽了一点，他没有指出一部完整的国际法迟迟未出台会导致的后果：在没有有效的实证法或超出现有实证法界限的情

况下,伸张正义的重任就落到了审判普通案件的法官头上。法官们可能会进退维谷,他们很可能提出抗议,说这种加在他们头上的“特殊案例”不该由他们负责,而应该是立法者的职责。

的确,在对耶路撒冷法庭的成败作出定论之前,我们必须强调的是,法官们坚信他们无权变成立法者。他们坚信,他们必须在以色列的法律框架内工作,与此同时,他们也不能突破公认的法律概念。此外必须承认的是,若论失败,无论是在性质上,还是在程度上,他们都不会超过纽伦堡审判以及其他欧洲国家的后继审判。相反,耶路撒冷法庭之所以失败,部分原因恰恰在于它太想以纽伦堡为先例,无论是否可行。

总而言之,耶路撒冷法庭之所以是个败笔,是因为它没有正确处理三个基本问题。这三个问题从纽伦堡法庭成立之日起就广为人知并引发众议——如何解决战胜国法庭妨害公正的问题,如何明确定义“反人类罪”,如何正确认识犯这种罪的新型暴力杀人犯。

关于第一个问题,由于耶路撒冷法庭不允许辩方证人出庭,所以比纽伦堡审判更加有失公允;考虑到法律程序的公平性和正当性乃传统审判之必备要素,这一点成为耶路撒冷审判的最大瑕疵。更何况,如果说在战争刚刚结束时由战胜国进行审判乃在所难免(按杰克逊法官在纽伦堡的说法:“要么必须由战胜国审判战败国,要么必须让战败国自己审判自己。”此外,盟军方面的感受——“宁可铤
274 而走险,也不要中立方”[瓦布莱语]——的确可以理解),那么十六年之后,早已今非昔比。因为此刻,反对中立国参与审判的观点已经站不住脚了。

关于第二个问题，耶路撒冷法庭的裁决远胜于纽伦堡。前文曾
提过，（作为纽伦堡审判产物的）《伦敦宪章》将“反人类罪”定义为
“非人道行为”，译成德语是 Verbrechen gegen die Menschlichkeit（针
对人性/类的犯罪）——似乎纳粹只不过是缺少人情味。这一说法
无疑是二十世纪通行的粉饰太平法。很显然，假如耶路撒冷审判完
全受公诉方摆布，将会导致比纽伦堡更严重的根本性误解。但是，
法官们不允许洪水般的残暴故事淹没（纳粹）罪行的基本性质，也
并未掉入将该罪行与普通战争画等号的陷阱。纽伦堡审判只是偶
尔或附带提及的问题——“证据表明……大规模屠杀和恐怖行动不
仅旨在消灭敌对方”，而且还是“消灭全部土著人口计划的组成部
分之一”——在耶路撒冷审判中占据了中心位置，理由显而易见，艾
希曼是因对犹太民族犯罪而被告上法庭的，而这种罪行无法以功利
目的来解释；屠犹行动遍及整个欧洲，而不仅限于东部，灭绝犹太人
也与拓展生存空间、占领无主之地以留作“德国殖民之用”没有关
系。这场聚焦反犹太民族罪行的审判，不仅对战争罪行（如扫射游
击队、杀害人质等）与“非人道行为”（如侵略者为殖民而“驱逐和灭
绝”土著人口之类的）作出了足够清晰的划分，从而为未来的国际
刑法典添砖加瓦，而且还澄清了“非人道行为”（尽管目的众所周知
却具有犯罪性质，如通过殖民进行扩张）与（目的和意图都史无前
例的）“反人类罪”之间的区别。这些都是耶路撒冷审判的巨大成
果。不过，种族灭绝——无论对象是犹太人、波兰人还是吉普赛 275
人——的可能性依然存在，而且这是比反犹太人罪、反波兰人罪或
反吉普赛人罪更严重的罪；一旦发生，必将重创国际秩序，威胁人类

整体。而以上内容,无论是在庭审中还是在判决书中,竟都只字未提。

这个漏洞的背后是法官们的无助——理解罪犯本是法官义不容辞的责任,而耶路撒冷的法官们彼时则明显体会到一种无助感。公诉方将被告描述成一个“邪恶的虐待狂”,这显然是个错误。可是,即便法官们在这一点上做到了不对公诉方亦步亦趋,或者就算再进一步,指出公诉方的自相矛盾之处——豪斯纳一方面想要审判他所见过的世上头号变态恶魔,另一方面又要审判这个恶魔身上潜藏的“众多跟他一样的人”,甚至还要审判“整个纳粹运动和反犹主义”——对于理解罪犯也都无济于事。法官们心知肚明的是:若相信艾希曼是个恶魔,那么也就高枕无忧了;尽管那样一来,以色列的审判工程即便不会土崩瓦解,至少也会魅力尽失。毕竟,你不可能把全世界的眼球和来自四面八方的记者都吸引到这里,却只给人家看看被告席上的杀人狂魔。艾希曼令人不安的原因恰恰在于:有如此多的人跟他一样,既不心理变态,也不暴虐成性,无论过去还是现在,他们都太正常了,甚至正常得可怕。从我们的法律制度和我们的道德准绳来看,这种正常比所有残暴加在一起更加可怕,因为它意味着,这类新的罪犯,这些实实在在犯了反人类罪的罪犯,是在不知情或非故意的情况下行凶作恶的,这也是纽伦堡审判中被告及其律师反复强调的。在这一点上,艾希曼案的证据甚至比审判主要战犯时的呈堂证供更具说服力;这些主要战犯为良心辩白,轻易就遭到了驳回。他们一面说,职责使然不得违抗“上级命令”;一面又吹嘘说,偶尔会拒绝服从。这些被告明显在撒谎,唯有一项证据尚能证明他们是有罪责意识的——在战争结束前的几个月，纳粹，尤其是艾希曼隶属过的那些犯罪组织，一直忙着销毁他们的犯罪证据。可这个证据更是靠不住。它顶多能证明这样一个共识：大屠杀的法令刚刚颁布，还没有得到其他国家认可；或者用纳粹的话来说，在把人们从“次等人的束缚”，尤其是“犹太长老”的统治中“解放”的战争中，他们输了。简言之，它无非证明他们承认战败。假如胜利了，他们中间还会有哪一个受到负罪感的折磨吗？ 276

如今，这个罪责意识的问题无疑成了艾希曼案抛出的诸多问题中的重中之重，因为所有现代法律体系都将主观故意视作犯罪的必要条件。将主观因素纳入考虑，文明法学(civilized jurisprudence)最引以为豪的事莫过于此。无论在何处、出于何种原因，哪怕是因悖德症(moral insanity)而无法辨别善恶是非，只要没有主观故意，我们就不认为是犯罪。有人提出：“自然遭遇暴行，大地遂发出复仇的怒吼；恶侵犯了天然的和谐，唯有惩戒可使之修复；一个集体蒙受了不公，便有义务惩罚罪人，以捍卫道德秩序。”(约萨尔·罗加特语)这一切在我们看来都是陈腐过时甚至野蛮粗暴的论点，我们拒绝接受。然而不容否认，正是基于这些已经久被遗忘的论点，艾希曼才被带上了法庭；而且事实上，单凭这一点就足以作出死刑判决。既然他曾经卷入到一项公开以把某个特定“种族”清除出地球表面为目的的事业并在其中发挥了核心作用，那么他本人也必须被清除出地球表面。“正义不但必须得到伸张，而且必须光明正大地伸张”，若此话当真，那么只有法官们敢于直面被告作出类似如下表述，在耶路撒冷所发生的一切才算是光明正大地伸张了正义——

“您承认战争期间对犹太民族的犯罪是有史以来最严重的罪
277 行，您也承认自己在其中所扮演的角色。但是您说，您从未怀有卑劣动机，也没有杀死谁的故意，说您从没恨过犹太人，甚至还说您别无选择，所以认为自己无罪。尽管这些可能是实情，但我们还是很难相信；在一些证据（尽管不是很多）面前，您所陈述的犯罪动机、良知、罪责意识等问题不攻自破。您还说，您在‘最终解决’中扮演的角色纯属偶然，几乎换成谁来演都行，因此，几乎每一个德国人都可能是有罪的。您是想说，既然人人（或者几乎人人）有罪，那么具体到每个人头上，无人有罪。这个看法的确相当普遍，但我们却不能够同意。如果您不理解我们因何反对，那么请您想想索多玛和蛾摩拉的故事。《圣经》中这两座毗邻的城市被天火烧毁，就因为那里所有人都犯了同样的罪行。然而，这种惩罚与当下所定义的‘集体罪责’不可同日而语。按照‘集体罪责’，人们须为以其之名，却非身体力行之事——既没有亲身参与也没有从中渔利——承担罪责或怀有负罪感。换言之，法律意义上的有罪和无辜必须是客观的，即使八千万德国人都跟您犯了相同的罪，您也不能借此为自己开脱。

“幸好我们无须走到那一步。您认为，既然一个国家的主要政治目的已经演变成一桩闻所未闻的罪行，那么这个国家的所有人皆应犯有同等罪行；但这仅仅是一种可能性，您本人无法给出实证。无论将您推上犯罪道路的事件在主客观层面具有怎样的偶然性，都不能把您的实际所为与他人的可能行为相提并论。我们在此探讨的只是您实际做过什么，而不是您从内心和动机层面是否根本无意

犯罪,或者您所有周围的人是否可能犯罪。在您讲述的人生经历
中,您成了一个倒霉的人。我们了解您当时的境况,在某种程度上
也愿意相信,若非生不逢时,您很可能根本就不会站在这里或任何 278
一个刑事法庭上。为了便于说理,我们暂且认定,您之所以变成大
屠杀组织里一枚任人摆布的工具,纯粹是时运不济;不过,您执行
了,从而也支持了一个大屠杀的政策,却是不争的事实。政治不是
儿戏。论及政治问题,服从就等于支持。您支持并执行了不与犹太
民族以及诸多其他民族共享地球这项政治意愿,似乎您和您的上级
有权决定,谁应该或谁不该居住在地球上;同理,我们认为没有人,
也就是说,整个人类中没有任何一个成员,愿冒天下之大不韪与您
共享地球。正是这个原因,这个独一无二的原因,决定了您必须被
判处绞刑。” 279

附　言

本书内容为一份**审判报告**，主要资料来源是分发给在耶路撒冷的媒体记者的庭审记录副本。除公诉方的起诉书以及辩护方的一般性抗辩请求外，审判记录没有公开出版，也很难看到。法庭用语为希伯来语，发给媒体的材料已被申明“是未经校正修改的同声传译现场记录”，因此“不应苛求行文无可挑剔、语言精确无误”。我自始至终使用的都是英文文献，除非涉及庭审（以德语进行）；当庭审中使用德语时，我自己就可以译成英文。

除检察长的开庭报告以及最后宣判（并非同声传译的现场笔录，而是庭外备好的）之外，这些记录中没有哪一则是绝对可靠的。唯一权威版本是官方的希伯来语版，但我没有采用。无论如何，所有这些材料都是由官方提供给记者自由使用的；就我所知，在官方的希伯来语版和译本之间还没有发现重大出入。德语的同声传译质量很差，但据说英语和法语翻译比较可靠。

以下庭审材料的可靠性——只有一件除外——均无可置疑，由耶路撒冷官方一并提供给媒体记者：

（1）警方提审艾希曼的德文笔录。是根据录音带转成的文字版,艾希曼本人不但看过,还亲手做过改动。这份笔录和审判记录构成最重要的档案。

(2) 公诉方提交的档案材料,以及公诉方设法提供的“合法材料”。

(3) 十六名证人的宣誓证词。这些证人最初由辩方提供,后来公诉方也部分地采纳了他们的证词。这十六名证人是:埃里希·冯·德姆·巴赫—策莱维斯基、里夏德·贝尔、库尔特·贝歇尔、霍斯特·格雷尔、威廉·霍特尔博士、瓦尔特·胡彭科滕、汉斯·于特纳、赫伯特·卡普勒、赫尔曼·克鲁迈、弗朗茨·诺瓦克、阿尔弗雷德·约瑟夫·斯拉维克、马克斯·默滕博士、阿尔弗雷德·西克斯教授、埃伯哈德·冯·塔登博士、埃德蒙·维森迈尔博士、奥托·温克尔曼。

(4) 最后,我还可以使用由艾希曼本人写的七十页手稿。检察机关将其作为证据提交给法院,法院予以采纳,但并没有提供给媒体。手稿标题译为:“回复:我对‘犹太问题以及1933—1945年纳粹德国政府对这一问题的解决办法’的说明”。这份手稿包含艾希曼在阿根廷期间为接受荷兰记者萨森采访所做的笔记(见参考文献)。

参考文献中只列出了我确实使用过的材料,而不包括从艾希曼被绑架到被处决这两年间我阅读或收集的海量书籍、文章以及新闻报道。唯一令我感到惋惜的是,德国、瑞士、法国、英国以及美国记者们的报道中,有一些水平远在一般书报里惺惺作态的文章之上,可惜没能列进参考书目。不过,要弥补这一缺憾却是个过分艰巨的任务。聊以自慰的是,在这个修订版的参考文献中,我有选择地增加了一些在我的书初版之后问世的著作或杂志文章。这些著作或文章绝非简单地站在公诉方一边人云亦云。有两篇关于本次审判的报道,屡屡得出与我一致的结论(真令人吃惊啊!),还有一个针对第三帝国显赫人物的研究,都被我当作背
281 景材料加入参考文献。它们是:罗伯特·彭道夫的《谋杀犯与被杀者:艾希曼与第三帝国的犹太政策》,同样分析了犹太委员会在“最终解决”中所扮演的角色;荷兰记者哈里·穆利什的《刑事案件 40/61》(我用的是德语译本),该作者几乎是唯一一个以被告为报道核心对象的人,而且,在一些关键问题上,他对艾希曼的评价与我的不谋而合;最后是新近出版的、刻画纳粹首脑人物肖像的精彩之作《第三帝国的面孔》(*Das Gesicht des Dritten Reiches*),作者是 T. C. 费斯特;费斯特学识相当渊博,见解十分高超。

撰写新闻报道时需要面临的问题,与写作历史专著好有一比。两种写作都要求对第一手材料和第二手材料作出明确区分。在本书中,第一手材料只能被用于处理特殊主题——此书中就是审判本身——而第二手材料则可用于一切构成历史背景的东西。因此,凡是我所征引的文献材料,除了极个别的例外,都是法庭上出示过的证据(在这种情况下,它们组成了我的第一手材料),或者是探讨相关历史时期的权威著作。从全书的行文可以看出,我引用了格拉尔德·赖特林格的《最终解决》,还有更多参考来自劳尔·希尔伯格的《欧洲犹太人的毁灭》。该书出版于审判结束之后,是对第三帝

国犹太政策最为完整准确的记录。

本书尚未付梓，就已经成为一场争论的焦点、一场有组织的征战的攻击对象。这场征战启用一切人尽皆知的手段刺激想象、操控舆论，它自然比争论本身更引人注目；于是，后者几乎被前者刻意制造的噪声所侵吞、所湮没。这种情况变得尤其显而易见，当人们近乎异口同声地把争论和征战奇怪地混为一谈——似乎针对本书（当
然更多地针对作者）的所有文字都是“从复印机里冒出来的”（玛 282
丽·麦卡锡语）一样——当这种混淆从美国传到英国，再从英国传到欧洲大陆，传到它尚未踏足的所有地方之后。之所以会这样，也许是因为，这场喧嚣聚焦的是一本并不存在之书的“意象”，触及的又总是些不仅我从未提及，而且根本就没有想过的话题。

辩论——如果这就是一度的事态——绝非一无所获。对舆论的操控，只要是出于明确的利害考虑，其目标就比较有限；然而，一旦涉及真正重大的问题，影响却往往超出始作俑者之可控，轻易就会造成出乎意料、背离初衷的后果。现在的情形是，希特勒专政的时代，因其史无前例的滔天罪行，不仅对德国人以及全世界的犹太人来说构成了一种“无法克服的过去”，对世界其他地区的人，对那些同样没有忘记发生在欧洲心脏的这场巨大灾难的人来说，也是如此，他们也无法同这样的过去达成和解。此外——大概这一点更令人措手不及——我原本从未想到，普遍道德问题及其背后所有的眼花缭乱连同当代社会的错综复杂性，会幽灵般地萦绕在人们脑际，重压在人们心头；而今，这些突然成了公众领域最关心的问题。

争论从关注犹太人在“最终解决”年代中的所作所为开始，随之而来的问题是（以色列检察机关最先提出的），犹太人能不能或者应不应该为自己辩护。我认为这个问题既愚蠢又残忍，因为它证明论者忽视了当时的具体情况，而且这种忽视是致命性的。现在，人们已经讨论得精疲力竭，得出了最不可思议的结论。众所周知的历史—社会学合成词“隔都心态”（ghetto mentality，这一概念已经出现在以色列历史教科书里，在美国则得到心理学家布鲁诺·贝特尔海姆的支持，虽然有官方犹太教教会的激烈反对）被反复征引，用以解释那些并不仅限于犹太民族，因此也就不能专门用犹太因素加
283 以阐释的行为。接下来众说纷纭，不断滋生出各种念头，直到某天，某人发觉整个讨论过于乏味，于是灵机一动，把弗洛伊德的理论拉进来，认为整个犹太民族都有一种“向死之心”（death wish）——当然，是无意识的。对某些评论家而言，这个结论出乎意料，因为他们选择从“意象”出发作出结论。这个“意象”是特定群体按照自身利益对一本书——在该书中我曾宣称，是犹太人杀死了他们自己——捏造出来的。照此看来，我为什么会撒这么一个可怕的弥天大谎？当然是出于“自我憎恨”①呗。

既然犹太领导人的角色问题已经摆上了法庭，而且我也对之进行了报道和评述，那么，它无疑也应该被列入讨论之列。在我看来，这是一个严肃的问题，然而，争论并未使这个问题得到任何澄清。这一点从以色列新近的一桩审判可见一斑。有个名叫希尔施·贝

① 自我憎恨（self-hatred）是弗洛伊德对犹太性的看法。——译注

恩布拉特的人,当年曾在波兰一个小城的犹太警局担任警长,现在以色列歌剧院担任乐团指挥。一审中他被地方法院判处五年监禁,后被耶路撒冷最高法院宣判无罪;最高法院的一致意见间接宣布了犹太委员会整体无罪,犹太人团体在此事上产生了严重分歧。然而,争论中嚷得最凶的却是这样一群人:他们要么把犹太民族同其领袖混为一谈——与此形成鲜明对照的是,几乎所有关于幸存者的报道都将二者严格区分开来;概括言之,用特莱西恩施塔特集中营的一个幸存者的话说,就是"犹太人整体上表现得无可指摘,只是领导层不起作用"——要么引述犹太领袖在战前,尤其是"最终解决"年代到来之前的所有义举来为其辩解,就好像协助犹太人移民和协助纳粹遣送犹太人这二者没有区别一样。

这些问题固然被过度夸大,但确实和本书有某种关联;然而与此同时,还有一些别的问题,无论如何都与本书毫无关系。比如,一个引发热议的问题,即希特勒政权建立之初德国的抵抗运动,完全不在我的讨论范围,因为艾希曼的良知问题以及他的处境问题,都只关系到战争和"最终解决"时期。不过,还有更异想天开的问题。 284
相当一部分人开始争论诸如此类的问题:受害者是否可能并不总是比杀害他们的人更为"丑陋"?非当事人是否有资格对过去进行审判?审判舞台上的主角应该是被告还是受害者?按照后一种观点,会有人断言,不仅我对艾希曼是一个什么类型的人感兴趣是错误的,而且,根本就不应该允许艾希曼说话——也就是说,在他们看来,审判就应该不设立任何辩护环节。

这些讨论常常演变成一场盛大的情绪表演。某些特定群体(其兴奋点完全在事实性上，于是试图歪曲事实）的实际利益，便和知识分子（正相反，他们全然不关心事实，而只把它们当作“理念”的跳板）那天马行空的想法迅速黏合在一起，无可分离。不过，就算是在这些虚假的战斗中，甚至在那些号称从没读过本书，且发誓未来也不屑一读的人笔下，也可以探查出某种严肃性，或某种程度的切实关怀。

同这些漫无边际的辩论相比，本书只处理了一个有限的主题，简直少得可怜。作为对一场审判的报道，它只能讨论那些可以进入审判程序的问题，或者为伸张正义而理应面对的问题。假如审判所在国的国情碰巧对审判影响重大，当然也必须纳入考虑。而本书既不讨论犹太民族历史上最悲惨的一段，也不探讨极权主义问题，不追溯第三帝国时期的德意志民族历史，更不是一篇探讨恶之本质的理论文章。每个审判的焦点都是作为被告的那个人，他有血有肉，有自己的历史，总是有独特的品质、个性、行为方式和生活境遇。在
285 此之外的一切，诸如犹太民族离散史、反犹主义史、德意志民族以及其他民族的行为、当时的意识形态以及第三帝国的政府机构等，只有当这些构成被告犯罪的背景和条件时，才会影响到审判。所有被告并未接触到的事物，所有并未对被告产生影响的事物，都必须从审判程序中剔除出去，自然也不应出现在对审判的报告里。

或许有人会认为，刚一开始谈论这些事情就自动冒出来的一些常见问题——为什么一定是德国人？为什么一定是犹太人？极权统治的特征是什么？——远比罪犯应该以何种罪名接受审判、正义应以何种名义控诉被告来得重要，更加比我们现行的司法体系是否

有能力处理这种特殊类型的犯罪和罪犯(自第二次世界大战以来已经不止一次处理过此类问题)还要重要。可以说,这个问题关系到的已经不仅是某个特定的人、某个站在被告席上的绝无仅有的个体,它还关乎德意志民族整体,关乎形形色色的反犹主义,关乎整个当代历史,关乎人的本性以及原罪——因此归根结底,整个人类无形中全都和被告一起站在被告席上。所有这些都被反复提及,尤其是被那些非要找出“我们每个人身上的艾希曼”才肯罢休的人。但是,如果被告仅仅被当作一个象征,审判仅仅被当作一个借口——真实用意在于引出一些明显要比这个人有罪无罪更有意思的事情——的话,那么一致性原则要求我们,必须向艾希曼和他的律师声明低头:之所以治罪于艾希曼,只是因为需要一个替罪羊,不仅是德意志联邦共和国需要,而且所有既成之事以及促成这些事的原因——反犹主义、极权主义政府、全人类以及原罪——统统需要一个替罪羊。

无须赘言,倘若我认可这些观点,那么我就不会去耶路撒冷了。我认为这次审判必须以,且只能以伸张正义之名进行。我过去这样认为,现在依然这样认为。同时我还认为,法官们在判决书中所强调的——“以色列国已然建立并且作为犹太人的国家得到承认”, 286
因此这个国家有权对针对犹太民族的犯罪进行审判——是完全正确的。鉴于当前法律界关于惩罚的意义和作用的认识很混乱,我很欣慰地看到,判决书引用了格劳秀斯的话。格劳秀斯曾在自己的作品中征引先人名言来解释惩罚的必要性:“对于被侵犯行为所伤害的人,惩罚的必要性在于捍卫伤者的荣誉和尊严;所以,即便未能实施惩处，也无损于伤者的荣誉和尊严。”

毫无疑问，被告及其行为的性质加之审判本身所引发的普遍性问题，远远超出了耶路撒冷法庭考虑的范畴。我在结语中已经尝试深入其中一些问题，因此那篇结语并非一篇简单的报道而已。如果有人认为我的处理方式有失偏颇，我非但不会惊讶，而且还欢迎大家对事件整体的普遍意义进行讨论；这种讨论越是直涉具体事件，就越有意义。我也可以想见，真正严肃的讨论将会围绕本书的副标题展开；因为，当我说到平庸的恶，仅仅是站在严格的事实层面，我指的是直接反映在法庭上某个人脸上的一种现象。艾希曼不是伊阿古，也不是麦克白；在他的内心深处，也从来不曾像理查三世那样“一心想做个恶人”。他为获得个人提升而特别勤奋地工作，除此之外，他根本就没有任何动机。这种勤奋本身算不上是犯罪，他当然绝不可能谋杀上司以谋其位。他**只不过**，直白地说吧，**从未意识到自己在做什么**。就是因为缺少想象力，他才会一连数月坐在那里，对一个审讯他的德国犹太人滔滔不绝、挖心掏肝，一遍又一遍解释为什么他只是一个区区纳粹党卫军中校，说他没有得到晋升不能怪他。总的来说，他非常明白究竟发生过什么。在法庭上的最后陈述中，他说到了“重新评定[纳粹]政府制定的价值观”。他并不愚
287 蠢，他只不过不思考罢了——但这绝不等于愚蠢。是不思考，注定让他变成那个时代罪大恶极的人之一。如果这很“平庸”，甚至滑稽，如果你费尽全力也无法从艾希曼身上找到任何残忍的、恶魔般的深度；纵然如此，也远远不能把他的情形叫作常态。当一个人面对死亡，甚至站在绞刑架下时，他什么也不想，只想着他这辈子在葬

礼上听到过的悼词,想着这些“崇高的字眼”将完全掩盖他行将就死的现实——这当然不能叫正常。这种远离现实的做法、这种不思考所导致的灾难,比人类与生俱来的所有罪恶本能加在一起所做的还要可怕——事实上,这才是我们真正应该从耶路撒冷习得的教训。不过,也只是一个教训而已——既没有针对这一现象的解释,也没有针对这一现象的理论。

一个看似复杂实则简单——比探究无思想性与恶之间奇怪的
相互依存要简单得多——的问题是,我们讨论的究竟是一种什么样
的罪,既然它是一种公认的没有先例的罪。种族灭绝曾被专门用来
指称一种前所未知的罪,但这个概念的适用范围有限。原因很简
单:对整个民族实施的屠杀并非没有先例。在古代,种族屠杀乃日
常法则;在殖民主义和帝国主义统治的那几百年里,种族屠杀的例
子同样层出不穷,尽管屠杀的结果并非都像这一次成功。用“行政
性屠杀”概括这次屠杀比较合适。这个词是伴随着英国的帝国主义
出现的。英国人坚决拒绝用这种方法维持其对印度的统治。这个
词的妙处在于,它排除了这样一种偏见,即认为这种暴行只针对外
国人或异族。众所周知,希特勒在开始实施集体屠杀时,宣布对“患
有不治之症者”实施“安乐死”;他甚至处死那些“患有遗传性疾病”
的德国人(心脏病和肺病病人),以加速他的灭绝计划。暂且不看
以上事实,还有一点十分明显,屠杀的对象可以是任何一个特定群
体,也就是说,究竟哪一个群体被选中只取决于环境因素。不难想 288
象,在即将到来的自动化经济时代,人们可能会把智商在某个水平
线以下的人全部清除掉。

耶路撒冷没能对这个问题展开充分的讨论,因为的确很难从法理上把握它。我们曾听到辩护方的抗议,说艾希曼毕竟只是“最终解决”这部机器上的一个“小齿轮”而已;我们也听到公诉方的抗议,说他们在艾希曼身上找到了那部机器的马达。我本人对这两种理论的看法同耶路撒冷法院一样,那就是不予重视;因为,既然整个“齿轮”理论在法律上毫无意义,那么这个叫作艾希曼的“齿轮”究竟是什么型号也完全不重要。法院当然在判决书中承认,只有一个动用政府资源的庞大官僚机制才可能实施这种犯罪。不过,只要是犯罪——当然,这是审判的前提——那么这部机器上的所有齿轮,不论其作用大小,在法庭上马上就变回行凶者,也就是说,还原成人。为了开脱罪责,被告说他并不是作为一个“人”,而只是出于职责所需行事,说任何处在这个职位上的人都会轻易就犯;这就好比一个罪犯指着犯罪统计表——从这个统计表可见,每天有形形色色的人在各种各样的地方犯罪——说,他只是做了人们预期的事情而已;换言之,既然毕竟得有人犯罪,那么只不过碰巧是他而不是别的什么人罢了。

对政治学和社会学来说,有一点无疑非常重要:极权政府的本质,抑或每一种官僚(科层)制的本性,在于把人完全变成职员,变成行政机器上的小齿轮,从而令他们丧失人性。当然,人们可以对“无人统治”(the rule of Nobody)——它被认为是官僚制这种政治形式的真实面貌——进行深入而持久的讨论;但有一点必须清楚,司法管理层面只将这些因素作为犯罪的外因而酌情考量——就像在一个盗窃案中,法官固然会考虑盗窃犯经济上的困窘,但不会因

此为盗窃行为开脱,更不可能撤销起诉。诚然,我们——借助于现 289
代心理学和社会学,更不必说,还有现代科层制——已经非常习惯于用这样或那样的决定论来为某人的行为开脱责任。这些对人类行为貌似高深的解释,对错与否尚存在争议;不过有一点是毋庸置疑的:若是以这样的理论为基础,那么没有哪种司法活动能够得以进行;以这些理论为标准的司法管理制度,不仅是过时的,而且还是彻底反现代的。希特勒曾经说过,总有一天,在德国,人们会以当一名法学家为“羞耻”。希特勒矢志不渝地道出了他完美的科层制之梦。

据我所知,法学层面只有两个范畴可以应对这类问题,即“国家行为”和“服从上级命令”;而我认为,在这件事面前两个范畴都有捉襟见肘之处。无论如何,此类审判中讨论这类问题时唯一涉及的就是这两个范畴,而且通常是被告方的动议。国家行为理论基于这样一个命题,即一个主权国家不可以审判另一个主权国家,par in parem non habet jurisdictionem,务实点讲,这个命题在纽伦堡就已经被解决了;这个命题从一开始就站不住脚,因为一旦接受这一命题,那么连希特勒,这个唯一真正该负责的人,也无须追究了——事若至此,最基本的正义感将遭践踏。然而,在实践中难以提上日程的命题,在理论层面却未必站不住脚。最常见的遁词——当时的第三帝国是由一群罪犯统治的,对他们来说,既谈不上什么主权,也谈不上什么公平——几乎没有任何说服力。一方面谁都知道,罪犯的类比,只在特定的范围内适用,用在此处显然不妥;另一方面不可否认,所有这些罪都发生在“法制”秩序之内。这才是这些罪最特别的地方。

如果我们能够认识到国家行为理论的背后其实是国家利益理论(raison d'etat),那么我们对问题的理解或许多多少少能够深入
290 一些。根据国家利益理论,国家的主要职责是维系国家的生存、保障其法律的运作,但国家行为遵循的准则却不同于该国公民的行为守则。这就好比,发明法律准则的初衷虽然是消除人与人之间的暴力和战争,可是法律本身却需要暴力机器以维持自身的存在;同理,一个政府也不得不采取一些通常被认为是犯罪的措施,以确保自身及其法制的存在。战争总是以这样的理由被合法化,然而国家犯罪行为并不仅仅发生在国际关系领域,文明国家的历史对此提供了许多例证:从拿破仑刺杀昂基安大公,到社会主义领导人马提奥第遇害——墨索里尼很可能是幕后真凶。

国家利益理论——正当与否,视情况而定——诉诸**紧迫性**:以国家名义实施的犯罪(按该国的宪法也是不折不扣的犯罪)被视为是紧急措施,是面对现实政治(Realpolitik)中的严峻形势而作的让步,目的是维护权力,从而确保整个现存法律秩序能够持续运转。在一个普通的政法体系中,此种犯罪属于例外情形,不受法律惩罚(用德语来说,是免于起诉的[gerichtsfrei]);因为当一个国家处于生死存亡之际,没有哪个外邦政权有权否定这个国家的存在,或者教它如何做才能起死回生。然而,从第三帝国犹太政策史可见,在一个根基上就具有犯罪性质的国家,情况实则正相反。在这里,无罪行为(比如,1944 年夏末,希姆莱下令停止驱逐犹太人)倒成了形势紧迫之际所作的让步——当时德国即将战败。于是问题来了:

这样一个政治实体在主权上有何特征？难道它不是践踏了国际法规定的“地位平等者彼此无管辖权原则”吗？难道“地位平等”只是主权的附属品，一个政治花瓶？抑或它意味的是本质上平等或相似？在一个统治机器里，犯罪和暴力属于例外和边缘事件，而在另 291
一个政治秩序下，犯罪是合法的，犯罪就是准则，那么，我们能把前者遵循的原则也付诸后者吗？

在构成所有此类审判核心问题的犯罪事实面前，法学概念已经捉襟见肘。这种情况也许在“依照上级命令行事”这个概念上更显突出。为反驳辩护方的观点，耶路撒冷法庭从文明国家，尤其从德国的刑法典和军事法典中引经据典；因为，在希特勒统治时期，相关法律并没有被废除。所有这些法律有一点是一致的：不得服从公然具有犯罪性质的命令。不仅如此，法庭还列举了多年前在以色列发生的一件事：一些士兵因为屠杀边境线上一个阿拉伯村庄的平民百姓而受审。那是在西奈战争前不久，这些村民被发现违反军事宵禁令外出；但事实证明，他们并不知道宵禁这回事。很遗憾，稍作推敲便会发现，这种比较在两方面存在缺陷。首先，我们必须再次考虑到，艾希曼的所作所为颠倒了规则和例外之间的关系，而这种关系对于辨别一个（由下级执行的）命令是否具有犯罪性质至关重要。从这一理论出发，你当然可以为艾希曼对希姆莱的某些命令没有服从或不够果断的服从辩护：因为这些命令明显是出离现行规则之外的情况。然而判决书却认为，这恰恰是艾希曼有罪之处。这种观点不难理解，不过逻辑上前后不一。从法官们所援引的以色列各个军事法庭的相关调查可见一斑。调查结论如下：被拒绝服从的命令必须是“明显不合法”的，不合法“应该像一面黑旗飘扬在（命令）上空，充当警示作用，上面写着‘禁止’”。换言之，被士兵认为“明显不合法”的命令，一定是以反常的面目触犯了士兵习以为常的法律制度。在这些问题上，以色列的法律体系同其他国家的完全一致。毋庸置疑，在制定这些条款时，立法者一定作过一些设想，
292 比如一个军官突然发疯，命令其手下杀死另一名军官。面对这样一起案件，任何一个普通审判都会第一时间给出评断，既不会要求这个士兵听从良心召唤，也不会诉诸“每人良心深处都有的对合法性的感知，更不会让他咨询那些不谙法律条文的人……前提是，这个士兵不是瞎子，不是铁石心肠，没有道德败坏”。相反，人们希望这个士兵能够在规则和明显有违规则的例外之间作出区分。至少，德国的《军事法》明确指出，良知不足以成为判定依据。该法第四十八条写道：“个人的良知或宗教戒律不得成为其履职或失职行为应否受到惩处的依据。”以色列法庭的论点有一个显著特征，即每个人内心深处的正义感，只是因为不了解法律而需要的一个代替品。这个推论的前提是，法律所传达的只是每个人的良知随意教给他们的事。

如果以一种合理的方式将上述整个推理拿到艾希曼一案中，那么我们不得不得出这样的结论，即艾希曼的行为完全在审判所要求的框架之内：他按照规矩行事，依据“明显的”合法性（亦即常规）检视下达给他的命令；他完全不必诉诸自己的“良知”，因为他不是不了解自己国家法律的那种人。相反，他太熟悉了。

前述比较的第二个缺陷与司法实践有关。在司法实践中，“执

行上级命令”往往被认定为减免罪责的理由，对此判决书也有明确提及。判决书引用了我前文提到过的那个案例，即发生在加西姆村的屠杀阿拉伯人事件，用以证明以色列司法机关不会因“执行上级命令”而免除被告的罪责。这些以色列士兵的确被控谋杀，然而“执行上级命令”构成了如此强有力的减刑情节，乃至最后他们只被判处监禁，而且服刑期很短。诚然，这个案件处理的是一个单独案件，而不是像艾希曼案那样持续数年、一次又一次的累计犯罪。不可否认的是，艾希曼当年一直在奉“上级命令”行事；假如依照以色列普通法律条例审理艾希曼一案，实际上很难对他处以极刑。事实真相在于，同其他国家的司法一样，以色列的法律无论在理论还 293
是实践层面都不得不承认：“上级命令”——即便其“不合法性”很“明显”——会严重干扰个人良知的正常运作。

要证明现行法律制度及司法概念在处理由国家机器组织的行政性屠杀时有多么力不从心，这只是诸多例子中的一个而已。如果对这个问题做进一步探究，我们将不难发现，在所有这类审判中，法官们仅仅依据行为的残暴程度作出判决。换言之，他们的判决是想当然，并没有真正依照多少能让他们的判决更有说服力的标准或法律先例。这一点在纽伦堡就已经昭然若揭。当时，法官一方面宣称“反和平罪”是他们处理的一切罪行中最严重的一桩，因为它包含了所有其他罪行；另一方面，他们却只是对那些参与最新一类犯罪（即行政性屠杀）的人判处死刑，而按照他们的说法，这种罪的破坏程度应该比反和平罪要轻。在如此重视一致性的法学领域追踪自相矛盾的案例,想必很有意思。不过,本书当然做不了这个事。

然而,还有一个根本性的问题一直悬而未决。这个问题暗含在所有战后审判当中,而且非提不可,因为它关乎各个时代的核心道德问题之一,具体而言,它关乎人类判断力的性质和功用问题。被告犯有"法律"罪行而受到审判,我们对这些审判的诉求是:人们可
294 以明辨是非,即使当他们只能依靠自己的判断力——甚至当个人的判断力碰巧与周围所有公众意见完全相左的时候——指导自己的行动。正如我们所知,当少数人"高傲自大"到坚信他们的判断与那些奉行老式价值标准或者遵从某种宗教信仰的人截然不同时,问题将变得尤为严重。自从整个体面社会以这样或那样的方式臣服希特勒以来,那些曾经用以规范社会行为的道德准则、那些用以引导良知的宗教律令——"不得杀戮!"——消失不见了。尚能明辨是非的少数人只能依靠自己的判断力,而且完全听由自己;在绝无仅有的情境下。面对随时出现的所有问题,他们没有任何规律可资参考。他们必须自行作出判断,因为对于没有先例的事情来说,不可能有规可循。

至于我们这个时代被这道判断题(或者如常说的那样,被胆敢"以法官自居"者)搞得多么困惑不安,从围绕本书以及围绕霍赫胡特的《代理人》所展开的论战(两场论战具有诸多相似性)中可见一斑。你可能会以为论战充斥着虚无主义或愤世嫉俗的腔调,实则不然。这场论战呈现出的是,人们对道德基本问题的认知极其混乱——仿佛我们的时代最不能视作天经地义的就是人类在这类事情中的本能。论战过程中迸发的一些离奇观点似乎尤其发人深省。

比如美国的一些学者天真地以为，诱惑和强迫实际上是一回事，认为不能要求任何人抵御诱惑。（如果有人用手枪抵住你的脑袋逼迫你向你最好的朋友开枪，你当然**必须**开枪；还有人以几年前的一次丑闻——当时有一名大学老师在一个智力竞赛节目中舞弊欺骗了公众——为例：这么一大笔钱，得失就在一念之间，谁能抵住诱惑?）有人指出，不在现场且不是当事人者无权评判。这个观点看似可以说服任何人，放之四海皆准；尽管果真如此的话，那么无论是司 295
法审判活动还是历史书写工作，显然都没法进行了。与这些混乱形成反差的是，谴责司法人员自以为义的做法由来已久，却并无成效。刚刚惩处一名杀人犯的法官，回到家后依然可以说："喏，是上帝的恩典，我才那么做。"[①]所有德国犹太人都异口同声地谴责德国人在1933 年跟纳粹同流合污，从而令犹太人一夜之间沦为贱民。难道他们中间从来没有一个人扪心自问，假如条件允许，他们中间又会有多少人会作出同样的选择? 如今，他们的谴责会因同样的理由（不在场且不是当事人者无权评判）而站不住脚吗?

反观自身——面对同样情形你也可能犯错——也许会激发一种宽恕精神；但是今天，那些搬出基督教之宽容慈爱的人，似乎把这个问题也搞乱了。不妨读一读德国福音教派，即新教教会发表的战后声明："我们面对仁慈的主坦然承认，当国人对犹太人施暴的时候，我们袖手旁观、保持沉默，因而我们同样有罪。"在我看来，如果一个基督徒以恶报恶，那么他在仁慈的主面前就是有罪的；由此，假

① 引自对霍赫胡特剧作的批评文集中 Aurel v. Jüchen 的话，见 *Summa Iniuria*, Rowohl Verlag, p. 195。

如把杀害上百万犹太人视作对他们曾经作恶的惩罚，那么教会在仁慈的主面前同样有罪。但是，若像教会自称的那样，他们要分担的罪责是一桩赤裸裸的暴行，那么这件事仍需诉诸**正义**的主来解决。

此处看似一时失言，实非偶然。审判关乎正义，而非仁慈。而今，世界各地的公众不仅对于“谁也无权审判他人”这一说法表现出从未有过的赞同，而且还享受着这份共识带来的无与伦比的愉悦。公共舆论允许我们审判甚至谴责的是趋势或作为整体的人——范围越大越好——简言之，就是一些普遍到不再能具体界定
296 的、不再能被指名道姓的人或事。无须赘言，一旦问及政要名流的言行，禁忌等级便要加倍。眼下有人故弄玄虚地说，纠缠细节、直指个人是“肤浅的”，而发言时遵循诸如“所有的猫都是灰色的”、“人人皆有罪”等笼统原则才够深谋远虑——说的就是这个意思。因此，当霍赫胡特在作品中对某一位主教提起诉讼时——该主教有名有姓，很容易对号入座——立即遭到整个基督教会的反诉。对拥有两千多年历史的整个基督教会的指控，是不能得到证实的；一旦可以被证实，后果将不堪设想。只要不诉诸个人，也就无人提及此事；我们完全可以更进一步指出：“完全有理由提起更为严重的指控，不过被告是作为整体的**人类**。”（罗伯特·威尔驰语，参前引 *Summa Iniuria* 一书，粗体部分为本书作者所加。）

逃离确凿事实和个体责任的另一条路径，是基于各种笼统的、抽象的、假设性推定的不计其数的理论——从时代精神直到俄狄浦斯情结，不一而足。这些理论无所不包，足以为一切事件、一切行为提供解释和辩白：甚至没考虑过当初事情发生时人们是否还有别

的选择,没有人可以对已经发生的行为撤销重来。在这个通过模糊所有细节来“解释”一切的概念丛林中,我们发现了诸如欧洲犹太人的“隔都心态”、通过对德国历史的特色阐释推导出的德国人的集体罪责,以及(同样荒诞不经地)断言犹太人有一种集体无辜的观念。所有这些陈词滥调有一个共同点,它们全都不作判断,因而随便怎么说都无伤大雅。尽管我们可以理解为什么那些被灾难震惊的人——其中既有德国人也有犹太人——不愿意过深地检视那些看似或本应不被道德的全面崩溃所腐蚀的团体或个人的行为,比如基督教会的行为、犹太领导人的行为、谋反希特勒者在 1944 年 7 月 20 日的行为等。这种拒绝的姿态尽管可以理解,但不足以解释为什么到处都公然拒绝从个人道德责任感出发作出判断。

而今许多人都一致认为,不存在集体罪责这种东西,而且也不 297
存在集体无辜。因为一旦承认它们的存在,那么对任何一个人都无从谈及有罪或无辜。这当然不是要否认诸如**政治责任**这样的东西。政治责任完全不同于集体中个体成员已经实施的行为,因此既不能放在道德语境中评判,也无法诉诸刑事法庭。每一个政府都要继承前任政府的政治责任,无论这个前任是功还是过;每一个民族都要继承该民族过去的政治责任,无论这个过去是功还是过。拿破仑在大革命之后夺取了法兰西政权,当时他曾说:我将对法兰西从圣路易到公安委员会时代做过的一切负责。但他强调的只是所有政治生活中最基本的事实之一。总而言之,他的意思无非是:每一代人生来就处在一个绵延不断的历史过程中,他们既分担父辈的罪孽,也受惠于历代祖先的功绩。但是我们这里讨论的并不是这种责任,这种责任不关乎个体，而且当一个人说对父辈或同胞曾经的所作所为感到有罪，只能是个比喻的说法。（无论是对自己没有做过的行为怀有负罪感，还是对某件事情的确应承担罪责却毫无负罪感，从道德层面看都是错误的。）总有一天会有一个国际法庭来仲裁国家之间特定的政治责任，这一点完全可以想象；而无法想象的是，这样一个法庭会成为一个宣判个人有罪还是无辜的刑事法庭。

刑事法庭上唯一重要的事情是，如何判定个人有罪还是无辜，如何对被告和受害者双方都给予正义的判决。艾希曼案也不例外，尽管法庭在这里遭遇的是一种在任何法律书籍中都找不到的罪，一种在任何法庭上（至少在纽伦堡审判之前）都没有见到过的罪犯。这份报告探讨的，只是耶路撒冷法庭在何种范围之内满足了伸张正
298 义的要求。

参考文献

Adler. H. G., *Theresienstadt 1941—1945*. Tübingen. 1955

——, *Die verheimlichte Wahrheit. Theresienstädter Dokumente*, Tübingen, 1958

American Jewish Committee, *The Eichmann Case in the American Press*, New York, n.d.

Anti-Defamation League, *Bulletin*, March, 1961

Baade, Hans W., "Some Legal Aspects of the Eichmann Trial" in *Duke Law Journal*, 1961

Bamm, Peter, *Die unsichtbare Flagge*, Munich, 1952

Barkai, Meyer, *The Fighting Ghettos*, New York, 1962

Baumann, Jürgen, "Gedanken zum Eichmann-Urteil" in *Juristenzeitung*, 1963, Nr. 4

Benton, Wilbourn E., and Grimm, Georg, eds., *Nuremberg: German Views of the War Trials*, Dallas, 1955

Bertelsen, Aage, *October '43*, New York, 1954. (About Denmark)

Bondy, François, "Karl Jaspers zum Eichmann-Prozess," *Der Monat*, May, 1961

Buchheim, Hans, "Die SS in der Verfassung des Dritten Reichs," *Vierteljahrshefte für Zeitgeschichte*, April, 1955

Centre de Documentation Juive Contemporaine, *Le Dossier Eichmann*, Paris, 1960

de Jong, Louis, "Jews and Non-Jews in Nazi-occupied Holland" in *On the Track of Tyranny*, ed. M. Beloff, Wiener Library, London

Dicey, Albert Venn, *Introduction to the Study of the Law of the Constitution*, 9th edition, New York, 1939

Drost, Peiter N., *The Crime of State*, 2 vols., Leyden, 1959

"Eichmann Tells His Own Damning Story," *Life*, November 28 and December 5, 1960

Einstein, Siegfried, *Eichmann, Chefbuchhalter des Todes*, Frankfurt, 1961

Fest, T. C., *Das Gesicht des Dritten Reiches*, Munich, 1963

Finch, George A., "The Nuremberg Trials and International Law," *American*

Journal for International Law, vol. XLI, 1947
Flender, Harold, *Rescue in Denmark*, New York, 1963
Frank, Hans, *Die Technik des Staates*, Munich, 1942
Globke, Hans, *Kommentare zur deutschen Rassegesetzgebung*, Munich-Berlin, 1936
Green, L. C., "The Eichmann Case," *Modern Law Review*, vol. XXIII, London, 1960
Hausner, Gideon, "Eichmann and His Trial," *Saturday Evening Post*, November 3, 10, and 17, 1962
Heiber, Helmut, "Der Fall Grünspan," *Vierteljahrshefte für Zeitgeschichte*, April, 1957
Henk, Emil, *Die Tragödie des 20. Juli 1944*, 1946
Hesse, Fritz, *Das Spiel um Deutschland*, Munich, 1953
Hilberg, Raul, *The Destruction of the Europeon Jews*, Chicago, 1961
Höss, Rudolf, *Commandant of Auschwitz*, New York, 1960
Hofer, Walther, *Der Nationalsozialismus. Dokumente 1933—1945*, Frankfurt, 1957
Holborn, Louise, ed., *War and Peace Aims of the United Nations*, 2 vols., Boston, 1943, 1948
Jäger, Herbert, " Betrachtungen zum Eichmann-Prozess " in *Kriminologie und Strafrechtsreform*, Heft 3/4, 1962
Jaspers, Karl, " Beispiel für das Verhängnis des Vorrangs nationalpolitischen Denkens" in *Lebensfragen der deutschen Politik*, 1963
Kaltenbrunner, Ernst, *Spiegelbild einer Verschwörung*, Stuttgart, 1961
Kastner, Rudolf, *Der Kastner Bericht*, Munich, 1961
Kempner, Robert M. W., *Eichmann und Komplizen*, Zurich, 1961. (Contains the complete minutes of the Wannsee Conference)
Kimche, Jon and David, *The Secret Roads. The "Illegal" Migration of a People, 1938—1948*, London, 1954
Kirchheimer, Otto, *Political Justice*, Princeton, 1961
Kirchhoff, Hans, " What saved the Danish Jews?" in *Peace News*, London, November 8, 1963
Klein, Bernard, "The Judenrat" in *Jewish Social Studies*, vol. 22, January, 1960
Knierim, August von, *The Nuremberg Trials*, Chicago, 1959
Krug, Mark M., "Young Israelis and Jews Abroad — A Study of Selected History Textbooks" in *Comparative Education Review*, October, 1963
Lamm, Hans, *Über die Entwicklung des deutschen Judentums im Dritten Reich*, mimeographed dissertation, Erlangen, 1951
——, *Der Eichmannprozess in der deutschen öffentlichen Meinung*, Frankfurt, 1961
Lankin, Doris, *The Legal System*, "Israel Today" series, No. 19, Jerusalem, 1961
Lederer, Zdenek, *Ghetto Theresienstadt*, London, 1953
Lehnsdorff, Hans Graf von, *Ostpreussisches Tagebuch*, Munich, 1961

Lévai, Eugene, *Black Book on the Martyrdom of Hungarian Jews*, Zurich, 1948
Lösener, Bernhard, *Die Nürnberger Gesetze*, Sammlung Vahlen, vol. XXIII, Berlin, 1936
Maschmann, Melitta, *Fazit*, Stuttgart, 1963
Maunz, Theodor, *Gestalt und Recht der Polizei*, Hamburg, 1943
Monneray, Henri, *La Persécution des Juifs en France*, Paris, 1947
Motzkin, Leo, ed., *Les Pogromes en Ukraine sous les gouvernements ukrainiens 1917 – 1920*, Comité des Délégations Juives, Paris, 1927
Mulisch, Harry, *Strafsache 40/61*, Köln, 1963
Nazi Conspiracy and Aggression, 11 vols., Washington, 1946—1948
Oppenheim, L., and Lauterpacht, Sir Hersch, *International Law*, 7th ed., 1952
Paechter, Henry, "The Legend of the 20th of July, 1944" in *Social Research*, New York, Spring, 1962
Pearlman, Moshe, *The Capture of Adolf Eichmann*, London, 1961
Pendorf, Robert, *Mörder und Ermordete. Eichmann und die Judenpolitik des Dritten Reiches*, Hamburg, 1961
Poliakov, Léon, *Auschwitz*, Paris, 1964
Poliakov, Léon, and Wulf, Josef, *Das Dritte Reich und die Juden*, Berlin, 1955
Reck-Malleczewen, Friedrich P., *Tagebuch eines Verzweifelten*, Stuttgart, 1947
Reitlinger, Gerald, *The Final Solution*, New York, 1953; Perpetua ed., 1961
Reynolds, Quentin; Katz, Ephraim; and Aldouby, Zwy, *Minister of Death*, New York, 1960
Ritter, Gerhard, *The German Resistance: Carl Goerdeler's Struggle against Tyranny*, New York, 1958
Robinson, Jacob, "Eichmann and the Question of Jurisdiction," *Commentary*, July, 1960
Robinson, Jacob, and Friedman, Philip, *Guide to Jewish History under Nazi Impact*, a bibliography published jointly by YIVO Institute for Jewish Research and Yad Vashem, New York and Jerusalem, 1960
Rogat, Yosal, *The Eichmann Trial and the Rule of Law*, published by the Center for the Study of Democratic Institutions, Santa Barbara, California, 1961
Romoser, Georg K., *The Crisis of Political Direction in the German Resistance to Nazism*, University of Chicago dissertation, 1958
——, "The Politics of Uncertainty: The German Resistance Movement" in *Social Research*, Spring, 1964
Rothfels, Hans, *German Opposition to Hitler*, Chicago, 1948
Rotkirchen, Livia, *The Destruction of Slovak Jewry*, Jerusalem, 1961
Rousset, David, *Les Jours de notre mort*, Paris, 1947
Schneider, Hans, *Gerichtsfreie Hoheitsakte*, Tübingen, 1950
Schramm, Percy Ernst, "Adolf Hitler — Anatomie eines Diktators" in *Hitlers*

Tischgespräche, 1964
Servatius, Robert, *Verteidigung Adolf Eichmann*, *Plädoyer*, Bad Kreuznach, 1961
Silving, Helen, "In Re Eichmann: A Dilemma of Law and Morality," *American Journal of International Law*, vol. LV, 1961
Stone, Julius, *Legal Controls of International Conflict*, New York, 1954
Strauss, Walter, "Das Reichsministerium des Innern und die Judengesetzgebung. Aufzeichnungen von Bernhard Lösener, " *Vierteljahrshefte für Zeitgeschichte*, July, 1961
Strecker, Reinhard, ed., *Dr. Hans Globke*, Hamburg, n. d.
Taylor, Telford, "Large Questions in the Eichmann Case," *New York Times Magazine*, January 22, 1961
Torrès, Henri, *Le Procès des Pogromes*, Paris, 1928
Trial of the Major War Criminals, The, 42 vols., Nuremberg, 1947—1948
Trials of War Criminals before the Nuremberg Military Tribunals, 15 vols., Washington, 1949—1953
Vabres, Donnedieu de, *Le Procès de Nuremberg*, Paris 1947
Wade, E. C. S., "Act of State in English Law," *British Year Book of International Law*, 1934
Wechsler, Herbert, "The Issues of the Nuremberg Trials," *Principles, Politics, and Fundamental Law*, New York, 1961
Weisenborn, Günther, *Der lautlose Aufstand*, Hamburg, 1953
Wighton, Charles, *Eichmann, His Career and His Crimes*, London, 1961
Woetzel, Robert K., *The Nuremberg Trials in International Law*, New York, 1960
Wucher, Albert, *Eichmanns gab es Viele*, Munich-Zurich, 1961
Wulf, Josef, *Lodz. Das letzte Ghetto auf polnischem Boden*, Schriftenreihe der Bundeszentrale für Heimatdienst. vol. LIX, Bonn, 1962
——, *Vom Leben, Kampf und Tod im Ghetto Warschau*, op. cit., vol. XXXII, Bonn, 1960
Yad Vashem, *Bulletin*, Jerusalem, April, 1961 and April-May, 1962
Zaborowski, Jan, *Dr. Hans Globke, the Good Clerk*, Poznan, 1962
Zeisel, Hans, "Eichmann, Adolf," *Britannica Book of the Year*, 1962

索　引

（条目后数字为原书页码，见本书边码）

附录：汉娜·阿伦特与艾希曼审判

汉斯·蒙森

1960年5月23日，以色列政府为针对前党卫军中校阿道夫·艾希曼的刑事诉讼拉开了序幕，几天前以色列特工在阿根廷绑架了他并将其带到海法。消息一出，举世瞩目。焦点倒不是对艾希曼实施抓捕并非法挟持的来龙去脉，尽管后来这件事还是制造了一阵毫无结果的外交震荡。① 真正的焦点是那位阿道夫·艾希曼。较之他在执行犹太问题的"最终解决"中实际所负的责任，国际舆论更加关注的是他本人。他的被捕终于使得幕后的黑暗有机会彻底重见天日，那幕布之后掩盖的是对五百多万犹太人民实施的流水作业式的谋杀。在战后针对纳粹灭绝体系之代表人物所进行的审判中，艾希曼审判是继纽伦堡审判之后最受关注的一例。

1961年4月11日，针对艾希曼的刑事诉讼在耶路撒冷地方法院的一个特殊审判庭拉开帷幕。审判持续了数月之久。1961年12月11日，初审结果宣布；1962年5月29日，上诉法庭宣布维持原

① 见 Mosche Pearlman, *Die Festnahme des Adolf Eichmann*, Hamburg 1961, S. 1733 ff.。

判。检察机关递交的书面材料规模之广、其提供的时间证人数量之大，令艾希曼审判成为纽伦堡审判以来最大的一次审判。以色列以受害者的名义要求主导权，除阿根廷之外的任何国家，包括联邦德国，都没有提出引渡申请。此前大概考虑过要把艾希曼交给一个国际法庭来审判，只是缺少一个以种族屠杀罪名而提起诉讼的国际机关，于是以色列的地主司法权要求得到了国际认可。[①]

在莅临耶路撒冷的众多国际观察员当中，也包括汉娜·阿伦特。她受派于美国著名周刊《纽约客》。在为这场一拖再拖的审判撰写报道的过程中，她本想撰写一篇文章，结果一发不可收拾，写出了五篇连载，后来又在1963年被扩展成《艾希曼在耶路撒冷》一书。书稿一经问世，《纽约客》上刊登的文章引发的国际争议才算正式如火如荼起来。[②]

通过这场审判，汉娜·阿伦特接触到丰富的一手资料，使得她萌生这样一个念头：在报道之余，向原告对“最终解决”的阐释以及参与审判的机构所作的判决提出质疑，表达她的个人观点，从而探讨审判存在的理应批判的诸多问题。不过，这里并不是要对种族屠杀作系统介绍。

批评她的那些人指责她的书细节不足、叙述不够完整；而她则强调，她的初衷是写一篇庭审报道而不是别的什么，原本也不追求描述得系统全面。不过有一点显而易见：她深信这场刑事诉讼的

---

① 参见 Pearlman, *op. cit.*, S. 255 ff.；汉娜·阿伦特逐步向珀尔曼的论述靠拢。参见 Martin Buber, Eine Anmerking, in: *Die Kontroverse. Hannah Arendt, Eichmann und die Juden*, München 1964, S. 233 f.。

② 批评《艾希曼在耶路撒冷》一书的代表性观点和文章收录于 *Die Kontroverse*, *op. cit.*。

程序有误,她要以此为背景对大屠杀作一个全面阐释。

专业历史学者追求对一手材料作出准确全面的评价,从这一点看,汉娜·阿伦特的《艾希曼在耶路撒冷》的确存在欠缺。一系列论断均有待科学考证,一些结论暴露出,二十世纪六十年代初我们对可用材料的认识还非常有限。书中对历史事件的参考,除来自盖哈德·莱特灵格稍嫌过时的研究,主要依靠劳尔·希尔伯格于1961年出版的《欧洲犹太人的灭绝》一书①。对于希尔伯格给出的全景阐释,她毫不掩饰自己的批判态度,②尽管这种阐释与她个人见解中的某些重要论点并行不悖。同时,她还借记者身份利用了一些信息;这些信息是否准确,只有通过艰苦的历史分析,很多还要在获取档案资料之后,方可得到澄清。③ 不过话说回来,原封不动地再现历史,既不符合作者的主观愿望,也不在作者的专业能力范围内。

国际舆论对艾希曼审判的兴趣不难理解,但与诉讼就具体实施"最终解决"政策提供的信息资料无甚关联。尽管这场审判通过传唤幸存者再次揭露了谋杀欧洲犹太人的可怕景象,然而谁若想感受醍醐灌顶,他可要彻底失望了。这个情况正是阿伦特论述的核心。阿伦特描述了艾希曼的心理和性格,扣住那个简单又令人毛骨悚然

① Raul Hilberg, *The Destruction of the European Jews*, Chicago 1961; überarbeitete deutsche Ausgabe: *Die Vernichtung der europäischen Juden. Die Gesamtgeschichte des Holocaust*, München 1982.

② 参见 Hannah Arendt und Karl Jaspers, *Briefwechsel 1926—1969*, hrsg. von Lotte Köhler und Hans Saner, München 1985, S. 586(1964 年 4 月 20 日致雅斯贝尔斯的信)。阿伦特过于辛辣的评价是不可接受的。

③ 这里指的是本—古里安与康拉德·阿登纳之间有过正式协商以及阿登纳曾努力避免汉斯·格洛布克和弗里德里希·卡尔·维亚隆等要员卷入诉讼之中。见 Arendt, *Eichmann in Jerusalem*, in dieser Ausgabe S. 82, 87 ff.; 参见阿伦特 1965 年 3 月 14 日致雅斯贝尔斯的信(*Arendt-Jaspers-Briefwechsel*, S. 621 f., 821)。

的洞见：大屠杀并不基于一手遮天、体系森严的政治决策。那位被人们普遍看成灭绝欧洲犹太人之中枢刽子手的被告，结果被证明只是一个下级官僚，基本上没有开发出自己的自主性，也完全不具备人们强加给他的魔鬼性格和狂热的唯心主义。真相是，艾希曼要么记性特别差，要么就是故意对他要面对的那些事保持沉默。

此间，在所有关键问题上，艾希曼都做好了对事情的来龙去脉知无不言的准备。强迫他同意被带到以色列受审，包含了一个转折，即他要努力“把我在德国工作的最后几年里的事实不加粉饰地说出来，好留给后世一个真实形象”。[①] 同时他也意识到自己死罪难逃。因此，说被告艾希曼在费尽心机说谎或故意隐瞒事实，都缺乏动机。一切均证明，艾希曼说的是事实，还有虚荣心作祟，正如阿伦特指出的，他的良知总是阻碍着他。在所有对历史研究举足轻重的问题上，艾希曼的陈述都是有误的。这并非他故意为之，而是调查部门和检察机关的行事程序所致。他们把两千多份档案资料摆在他面前，其中还包括不尽可靠的证人证词，整个事件甚至还营造出一个固定形象；为了不让人们指责他的供述不可靠，这个形象反倒在许多方面都很适合他。由于艾希曼的陈述被镶嵌在预先设定的程序模式当中，审判错失了对历史进行启蒙的机会。

检察机关完全无法想象，纳粹专政的灭绝机制竟然不是统一组织，相反，窝里斗的情形不断，且并无明确的决策过程。汉娜·阿伦特正确地指出：对于指控艾希曼对被占苏俄领土和波兰总督府的

---

① Pearlman, *op. cit.*, S. 167 f. 参见 Jochen von Lang, *Das Eichmann-Protokoll*, Frankfurt 1984；此书中收录了艾希曼手写声明的副本。

遣送活动负责,法庭的支持是错误的。不过法官们还是没有采纳某些言过其实的话,比如穆斯曼诺的证词——按照他的说法,艾希曼直接受命于希特勒。控方从心理层面无法理解为什么许多重要事件就连艾希曼也是间接获知,并且还高估了他所在的第四局 B-4 科的势力范围。根据鲁道夫·赫斯的著名供述,很显然,希特勒是在 1941 年 7 月 1 日下达的灭绝令;尽管这与证人的说法并不相符,但艾希曼也给出了类似的说法。另一边,迪特尔·维斯利策尼在纽伦堡的供述以及后来对相关语境的调查却表明,有计划地过渡到系统大屠杀的日期是在 1942 年初。① 对此,艾希曼关于他在 1941 年 10 月造访明斯克和里加的供述很有启发意义,起诉书利用了这一点,令他在交叉询问环节陷入自相矛盾,被指控作伪证。因为他们认为,对欧洲犹太人进行系统灭绝是早已决定好的事。而这,与事实不符。

汉娜·阿伦特抓住了这一点,却由此出发,认为 1941 年 5 月或 6 月才是希特勒下令执行的准确时间——这与当时研究的结果相吻合。这个研究说明,海德里希委托戈林在 1941 年 7 月 31 日对犹太问题实施“最终解决”,是早有命令在先。阿伦特的怀疑是,1939 年已经作出过“最终解决”的决定,但彼时是 1939 年 9 月系统灭绝波兰犹太人的命令。② 她粗略提及的这个在波兰的移民政策,尽管已经导致部分犹太人被消灭,但实际上并非以系统消灭犹太人民为

---

① 参见 Pearlman, S. 23; *Prozess gegen die Hauptkriegsverbrecher vor dem Internationalen Militärgerichtshof*, Nürnberg 1947, Bd. IV, S. 395 ff.。参见 von Lang, *op. cit.*, S. 276,据此,阿夫纳·W. 莱斯曾尝试系统地证明,对犹太人的大屠杀计划在 1939 年 5 月就已确立。

② 参见 Arendt, *Eichmann in Jerusalem*, in dieser Ausgabe, S. 97 f., 110, 116 ff., 260。

目标。阿伦特的结论是，那些地方性的临时解决方案，本身就很荒谬，而且依然是针对犹太人进行生理灭绝，比如尼斯科计划和马达加斯加计划；就连党卫军上层决策者，也从一开始就认为这些计划纯属异想天开。

在对残缺不全的一手材料进行细致甄别之后，研究变得越发保守。一方面毫无疑问的是，特别行动队的活动在进军苏联之初就锁定为尽力彻底消灭当地犹太居民，尽管命令对此并未作出明示。在1941年10月，未经协调就发生了屠杀事件；之后，到1942年初，行动才过渡到系统灭绝德国占领区域内的犹太人阶段，阿道夫·艾希曼受托执行全面遣送计划。而万湖会议的作用是，为参与行动的各部门廓清技术前提。汉娜·阿伦特提及，1941年晚秋犹太人外迁的停止，也预示了这个转折的发生。一切都说明，希特勒根本就没有正式下令执行针对整个欧洲的“最终解决”计划。仍存争议的是，希姆莱和海德里希的行动是否以独裁者的口头指示为准，如大多数专业人士推测的那样；或者希特勒是否只是间接推动了这件事，而他自己却——抛开仍停留在意识形态幻象框架内，很可能作为敦促大屠杀的表述——还遵循着那套遣送犹太人的官方语言规则。[1] 第二个假设并不意味着卸掉希特勒的责任。即便他有可能不知道详情，可他毕竟是制定思想理念和政治条件的人。这些条件让“最终解决”好似一场（汉娜·阿伦特一语中的）自动化程序。这个程序既阻碍了来自道德领域的抗议，也封闭了政治层面的干预行动。不

---

① 参见笔者的文章：Die Realisierung des Utopischen. Die „Endlösung der Judenfrage“ im „Deitten Reich“, in：*Geschichte und Gesellschaft* 9 (1983), S. 412 f., 417 f.，以及该文所引的文献。

过值得研究的是,这个独裁者始终回避以倡议者身份示人,他可能十分清楚,根本不会让大屠杀这种不好听的字眼出现;不过,这并没有妨碍他对犹太人怀有莫须有的憎恨,并且让这份憎恨尽情流露。

奥斯维辛成为对犹太人种族屠杀措施的全部象征。然而,从单纯叙述奥斯维辛的来龙去脉来看,汉娜·阿伦特的阐释存在漏洞,有时还会因前后不一、来源存疑而显得无法自圆其说。不过她的研究还是不可或缺且具有挑战性:深入分析纳粹体系的内部气候,重视其独特的扩散性,正是这种性格令"最终解决"这类独一无二的犯罪得以发生却没有遭遇任何抵抗。在描述造就艾希曼的心态气质方面,直到今天看来,阿伦特依然是成功的。这也解释了为何她的那本引发如此多争议的《艾希曼在耶路撒冷》会再版。她对"大屠杀"的基础性分析,预言了二十年后新的种族屠杀。该书问世虽已有二十年,但如今,它却击中了现实。

汉娜·阿伦特在书中提出的一些问题,至今仍未得到充分阐析。其中就包括德国人明知故犯以及欧洲其他民族共同卷入遣送和灭绝过程的问题。汉娜·阿伦特针对极权制度驱使的恐怖行径、人们的道德麻木、对犯罪行为的狡辩等行为背后的心理效应作出的阐释,为我们提供了一把不可或缺的钥匙,帮助我们去理解这样一个事实,即许多德国人,其中不乏纳粹专制政府里的身居高位者,确实可以证明,他们并不知道系统消灭欧洲犹太人这回事,尽管保密工作绝非疏而不漏。汉娜·阿伦特假设,纳粹党高层早在1941年初就已有此意,并在此后公诸于众,而另一方面她又明确指出,整个事件的保密工作具有非常重要的功能,这种功能首先在于,常用的语言规则禁止人们诉诸基本的道德良知。对此，阿道夫·艾希曼提供了一个出色的范例。

对犹太人实施的工厂式大屠杀，其可怕之处首先在于这样一个事实：除了少数相对直接行凶的刽子手之外，大多数人存在对犯罪的系统性排斥；这种排斥似乎属于纳粹统治体系的固有性格，连最高统治者也概莫能外。犹太人通常是在大庭广众之下被集中遣送的，德国人无疑知道，等待这些犹太人的将会是怎样可怕的命运。关于灭绝的谣言一直都有，从前线回来休假的士兵也会道出细情。在评价卡廷惨案时，如安全警察的背景消息所言，我们一再听到这样的话，说对付犹太人别无他法。另一方面，系统性大屠杀的事实却一直不为人知。要想得到准确情报，并非毫无风险；有官方禁令在，高层人士并非总能了解到有关事件及责任的可靠消息。引人注目的是，持反对立场的国家保守主义者只是凤毛麟角，而且他们还是较晚获悉屠杀犹太人一事的。海尔穆特·冯·莫特科只是通过跟国防军的关系才获得准确消息。这种在政府内部官员之间发生的有组织的信息封锁现象，同时令可能发生的抗议得不到回应和支持。当汉斯·弗兰克由于波兰总督府犹太劳动力的问题质询希特勒时，后者竟告知他遵从权责程序应去找他的宿敌海因里希·希姆莱。

纳粹专政的左翼反对派相信希特勒无所不能，他们比那些一开始同情纳粹并支持其国家政治目标的人更容易掌握那些闻所未闻的罪行。街上一个简简单单的路人，也比公众领域的高层人士更容易相信那些早已在国外电台传得沸沸扬扬的消息。人们习惯性地认为“不可能”，虽深感惋惜，仍认为只是零星几个党卫军刽子手在行凶。而这些,都促使整件事的全部规模被掩盖下来。同时代的人只是在迫不得已的情况下才相信其中的某些事实。从心理层面可解释为特殊情况,估计是盟军的宣传在夸大其词。分阶段进行的分化行动以及系统性反犹教条,将每一个同犹太受害者团结起来的努力扼杀了。另一方面,汉娜·阿伦特正确地指出,尽管人们不知道集中营的存在,却还是广泛流传着一种虽不确定却又挥之不去的负疚感。而抵御负罪体验,不仅仅是一种个体心理现象。纳粹专政建立的基础,正是对不舒服的或罪恶的思想采取集体防御机制。所以早在1933年以前,政坛精英就已经表现出了道德冷漠。就连阿道夫·艾希曼也是这种机制的绝佳代表,把美德当作为屠杀行为辩护的工具。

汉娜·阿伦特利用《纽约客》委托给她的任务促成了一个机会:在她看来,纽伦堡审判当时并未得到足够认真的对待,而借由艾希曼审判正好可以直面纳粹犯罪的动机。首先是理论兴趣。研究"这场灾难中全部阴森可怖的、在现实中微不足道的小事,而不夹杂任何成文材料的干扰"。[1] 如此一来也就触及到了她后来在副标题"关于平庸的恶的报告"中涵盖的基本主题。在她而言,这并不算新鲜事物。她在1951年出版的《极权主义的起源》中已经给出证据,表明那套罕见的"最终解决"新方案,实际上是帝国主义殖民政策下"政府组织大屠杀"的雏形。这种新在于,它脱离了任何道德维度;同时,实现它不需要外界诱因,也并无可见的目的。在那本书中她

① 1960年12月2日致雅斯贝尔斯的信(*Arendt-Jaspers-Briefwechsel*, S. 446)。

指出，纳粹的灭绝体制趋向于在完全无外界刺激的条件下运转，并且把罪行变成了家常便饭。一旦有了这种习以为常，良知的呼唤就成了对牛弹琴。

除了想要借助艾希曼审判来检验这类泛泛之谈，她还对审判的历史意义从头到尾进行了审视，并认为审判将会表明，"在自我毁灭的道路上，犹太人的助纣为虐达到怎样惊人的程度"。[①] 这种说法纵然不乏夸张，但并非无凭无据。在对材料进行彻底研究之前，她就已经暗示过，犹太委员会和犹太人组织对执行"大屠杀"负有连带责任。实际上，所有针对她的书的尖锐批评，都是把上面这个观点当作了靶子；即便不是逐字逐句，许多批评者也还是指责她把犹太人写成受虐者，或如犹太宗教哲学家盖尔肖姆·肖勒姆[②]那样，说她对犹太人民缺乏热爱。

对汉娜·阿伦特来说，指出犹太人组织的领袖负有连带责任，不仅仅是个信念伦理（gesinnungsethisch）的问题。相反，她斩钉截铁地认为，只有承认他们对欧洲犹太人的灾难负有连带责任，才可以为实现犹太民族的政治重建创造前提条件。[③] 纳粹的种族灭绝在她看来达到了普遍人类社会的维度。在未来一个高度技术化和官僚化的世界里，无声无息地进行种族屠杀或铲除看似"多余"的民众群体同时又不引起公众的道德愤怒，可能会变得司空见惯。怀着此

---

① 1960 年 12 月 23 日致雅斯贝尔斯的信（*Arendt-Jaspers-Briefwechsel*, S. 446）。

② 见 Hannah Arendt：*The Jew as Pariah. Jewish Identity and Politics in the Modern Age*, hrsg. und eingel. von Ron H. Feldman, New York 1978, S. 240 ff. 中原先未准备发表的信件；肖勒姆的信的德文原版见 *Die Kontroverse*, *op. cit.*, S. 207 ff.。

③ 见 Hannah Arendt, *Elemente und Ursprünge totaler Herrschaft*, Frankfurt a. M. 1967, S. 9："在这一历史性的抓捕中，仅仅因为成为了不公正的牺牲品，是不足以让一个人不负上连带责任的。"

番预见，她坚决反对以下态度：认为对刽子手或者至少是那些已被捕人员进行审判之后，就从此无事、天下太平；或者如以色列当权的复国主义组织所为，把“大屠杀”经历有意炮制成这个国家存在的理据。

当汉娜·阿伦特接受撰写庭审报道的任务时，她认为以色列对艾希曼选定的审判方式是无法回避的，尽管她从原则上同意她的朋友卡尔·雅斯贝尔斯的要求，即艾希曼必须被提交给一个国际法庭来审判。对于雅斯贝尔斯所说的抓捕乃违法、犹太人的审判必将面临“尴尬”，她并没有直接反驳，却在自己的书中借助肖勒姆·施瓦茨巴德的例子进一步阐明，她更愿意在定罪问题上走一条更为客观的道路。此间她发现，以色列尽管不能代表犹太人全体，但却有资格为受害者代言；她批评溯及既往的司法权，认为情势不变原则并非迫不得已。她稍有不满的是，艾希曼的保证书，即宣称出于自愿被带到以色列，显然是在到了以色列以后才签的。[①] 这就加重了她的疑虑：这场审判应该是服务于某些特殊的政治目的的。

事实上她确有责备本—古里安总理有意将艾希曼审判当作政治交易，即巩固以色列与阿拉伯世界的对峙，迫使联邦德国在赔款到期之后继续实行财政妥协。她还控诉，“最终解决”的某些方面被起诉书有意过滤掉了。跟往常一样，这些控诉绝大部分只有在官方文件到手以后才能得到验证和评判，不过这些无关其论述的宏旨。在她批评审判的组织程序以及首席检控官吉德翁·豪斯纳的

① 这与 Pearlman 的报道相悖，见 *op. cit.*, S. 167 f.。

法庭表现时更是如此。她难掩对后者的某种反感，首先指责他对事件的来龙去脉缺乏认识。这一点不无道理。因为豪斯纳倾向于从对“最终解决”政策的既定想法出发，而单从当时已经曝光的档案资料和证人证词来看，这个既定想法就已经存疑。豪斯纳首先相信，艾希曼在灭绝过程中扮演了核心角色，乃幕后操手，系灭绝欧洲犹太人一事之真正主谋。豪斯纳想要证明，艾希曼直接参与了卑劣的谋杀行动，要把艾希曼当作一个变态罪犯。这些，在阿伦特看来都很荒谬。

汉娜·阿伦特看出，起诉从一开始就陷于一个无处立足的境地。控方不仅把艾希曼看成一个典型的行政屠杀犯，而且还当作“最终解决”的真正发动者，这与摆在眼前的事实完全不符。艾希曼纵然在杀害匈牙利犹太人一事中有过自作主张之举，那也只是纯粹官僚层面的。他没打算否认参与此事，但仅此而已。若孜孜不倦地去证明他没说实话，无异于歪曲事实。事实上，被告之所以说不出什么，或给人感觉不够自信，往往只是因为他记性不好。人们通过呈现海量档案资料，首先把他鼓吹成了一个可靠的见证人。控方把艾希曼同变态罪犯直接挂钩，并没有考虑到办公室杀人犯的典型事实，即这个人无须具备任何特定的不公正意识（Unrechtsbewusstsein）。她对上诉法庭也作出了类似评价。从某些方面看，上诉法庭退回到了原告的立场，而她则证实，耶路撒冷地方法院特别审判庭的法官们具有很高的情智和实事求是的正直。

以色列政客倾向于把“大屠杀”同反犹主义历史放在一条锁链上，这构成了她批评的焦点。因为她确信，他们要把“大屠杀”视作犹太人历史的必然阶段。在《极权主义的起源》中,她已经坚决抗拒"永恒的反犹主义"公式,并且认为之所以会走到"最终解决"的道路,首先不该追溯至反犹浪潮的持续性,而是极权主义的内在必然性要求发展出一个敌对形象;而犹太人作为从未被真正同化的人群,最适合这个形象。她因此强调,二十世纪之前的反犹主义从根本上具有不同的形态和功能。[①] 同时,她还特别指出,就算是被同化了的犹太人,在其相对占据经济优势的时期,也没有自己的权力基础,没有注意到自身可能产生的影响。对于二十世纪,有人说犹太人群和主流人群之间存在利益融合,她拒绝这种说法。而实际上,迟至第一次世界大战之后,犹太民众还在某些职业领域出现回流且明显占据相对优势。[②] 她继而说二十世纪出现了"史无前例的仇犹情绪",由此明确指出,反犹主义在现实中表现为"对犹太人的具体仇恨",并且转变成一个虚拟范畴。她将此同十九世纪以来变了形的反犹主义相对比,确信这种变形道出了种族屠杀的道德前提。被同化的犹太人不接受自己的"犹太身份",并且受了洗;恰恰有这样的犹太人存在,之前的"罪行"——身为犹太人——演变成一个新的罪过;对付这种罪过,不能用惩罚而只能用灭杀。[③] 假如追求同化之心同时引发变形的反犹主义,那么可以说,以上论述间接包含了某种自我批评。

---

① 也参见 Shulamit Volkov, Kontinuität und Diskontinuität im deutschen Antisemitismus 1878—1945, in: *Vierteljahrshefte für Zeitgeschichte* 33 (1985), S. 226 ff.。

② 见 Hans Mommsen, Zur Frage des Einflusses deutscher Juden auf die deutsche Wirtschaft in der Zeit der Weimarer Republik, in: *Gutachten des Instituts für Zeitgeschichte*, Bd. 2, Stuttgart 1996, S. 348—368。

③ Arendt, *Elemente und Ursprünge*, *op. cit.*, S. 143 ff.; 参见 S. 137。

在受制于纳粹统治的犹太人的命运里，汉娜·阿伦特看到的恰恰不是一个特例，并不排除其他相似的受压迫群体，而是彻底剥夺个人权利、彻底灭绝人性的典型案例。她着重指出，被纳粹迫害的犹太人根本没有出身之别，完全无辜地“被带进屠宰场”。毁灭犹太人的依据不再是有形的观点或出于某种反犹主义实用性，而仅仅是按照极权主义下的掌权者自顾建立的针对犹太人的敌对形象；这副形象已经脱离了现实关联，刽子手彼此间仅靠暗语交流。她低估了一个情况，在1939年之前对犹太人遭驱逐情况的研究中，中等阶层人群的利益政治动机对经济封锁的升级也产生过不小的影响。“最终解决”政策是在全面道德冷漠的气氛下进行的，阿伦特对这种气氛有着非同寻常的清醒认识。

她认为后来灭绝行动的前提条件在于，对受迫害人群从社会和法律层面采取了彻底的隔离。这个观点汉娜·阿伦特在《极权主义的起源》中就已经提到过：当彻底丧失法律权利成为一个完结的事实，那么生的权利也就悬空了。[①] 她使用“鸟的自由”（Vogelfreiheit）这一概念，变相解释了一个完全丧失权利的民族群体。她以此对比无公民权者与无国籍者一步步遭受的隔离，他们不仅丧失了国籍，而且还失去了法律含义下的人的属性乃至他们的家乡。而家乡，在她看来是人们生存不可或缺的基础。她认为这个过程并没有随第三帝国的覆灭而结束。“流散人口”这个社会阶层的形成，作为一个群体现象，是极权统治的一个后果，这在她看来恰好对战后时期起

① Arendt, *Elemente und Ursprünge*, S. 441 f.

了决定作用。“无国家”，是一种现代命运，它面临着重蹈种族屠杀覆辙的危险。对巴勒斯坦地区阿拉伯人的驱逐，在她看来正是一个凶兆，这个循环始于双方的势不两立，可能会继续下去。另一方面，她还从“无国家”这一点中看出人们对迄今为止的历史的否定，认为这是一个政治社会全新开端的标志。她以同样的方式在复国主义者面前为流散人口作出充满激情的辩护。那些复国主义立场背后的意图，是将以色列之外的犹太人排除在历史之外。[①] 复国主义认为反犹主义是历史的延续，要以此为依据在巴勒斯坦建立犹太人政体。对此她义愤填膺地予以驳斥。她预见到，这样一来就只有交换立场；她尤其坚信，宗教赋予犹太民族的特殊地位不再具有约束力。她担心对移民的安置问题，后迁入巴勒斯坦的犹太人同在那里长期生活的、先于以色列建国的犹太人共同建立的联盟，将会逼迫他们的阿拉伯邻居陷入一个剑拔弩张的态势，正如纳粹极权专政对犹太人所做的那样。她直言不讳地说，以色列的政治制度将染上法西斯的特征。

从这个角度出发，汉娜·阿伦特认为，耶路撒冷审判的控方又把反犹主义全部的历史重申了一遍，从而把“系统性大屠杀乃史无前例”置于审判中心，两种做法皆是大错特错。[②] 她所见的“大屠杀”之所以具有独一无二性，在于其缺乏任何道德维度，乃至完全成为了技术活。她用这个结论苛求法庭。若换作除此之外的任何法庭，这个要求都是合理的，因为就连她自己也解决不了那个疑难问

---

① 参见 Hannah Arendt, Zionism Reconsidered, in: dies. *The Jew as Pariah*, *op. cit.*, S. 135 ff. 及其德文版：Der Zionismus aus heutiger Sicht, in: dies., *Die Verborgene Tradition. Acht Essays*, Frankfurt 1976, S. 132, 135 f., 151 f.; 另见 Arendt, *Elemente und Ursprünge*, S. 443 f.。

② 1961 年 4 月 13 日致雅斯贝尔斯的信（*Arendt-Jaspers-Briefwechsel*, S. 471）。

题，也就是艾希曼一案要解决的事实问题。由于嫌疑人缺乏不公正意识，并非司法裁决得了的。她取代法庭所作的审判词，被批评者们普遍认为是对法庭作出的不当责备，尤其考虑到她将这则审判词同判决的合法性问题联系在一起。她所关心的其实是，正如她跟卡尔·雅斯贝尔斯的通信中已经强调过的，[①]澄清这不是一桩反“人道”的罪行，而是彻底的反“人类”之罪。她认为死刑乃必然结果，但死刑的依据不应是个人的罪责，而是个体之外的事实，也就是说，艾希曼由于积极协助种族屠杀而理应被抛出人类社会之外。

她指出以色列1950年颁发的针对纳粹以及纳粹帮凶（惩罚）的法案存在缺陷，从而触及了一个根本疑难，即“用法律概念描述政治问题”并且用司法手段解决第三帝国的遗留问题。[②] 西德的战犯审判先是迟迟不决，继而量刑程度之轻屡屡令人惊诧；她抨击那些审判遵循一般刑法的范畴，包括从杀人事实出发，而不是基于一部具有追溯效力的法律——这样一部法律应当允许对纳粹专政下合法的行为作出审判。正如艾希曼案一般，德国刑事法庭的两难在于，通常缺少“低级动机”，暂不说那些一再浮出水面的证据；那些事情尘封已久，本属于例外状况，却在混乱的现实中逐渐演变成范例。即便是一部对种族屠杀具有追溯效力的法律，对事实本身也无可变更。就此而言，她对联邦德国战犯审判的拖沓状态所作的不无正确的批评，无关艾希曼审判中被深入讨论的法律政策问题。[③]

---

① 1960年12月23日致雅斯贝尔斯的信（*op. cit.*, S. 452 f.）。
② 同上。
③ 参见 Adalbert Rückerl, *NS-Prozesse. Nach 25 Jahren Strafverfolgung. Möglichkeiten, Grenzen, Ergebnisse*, Karlsruhe 1971; ders., *NS-Vernichtungslager im Spiegel deutscher Strafprozesse*, München 1977。

然而并不是法律观点，而是对艾希曼角色的描述，在犹太人世界引发了一场暴怒。汉娜·阿伦特努力对被告的行为动机作出尽可能客观的评价，这与其他同时代的报道之间存在根本区别；后者紧紧抱住一些陈词滥调，像豪斯纳一样把艾希曼当作危险的幕后操手，想象成顽固不化的骗子。① 于是，她对法庭的批评、对尽可能客观再现被告的努力，全都被人们当成了偏袒。可是她绝不想对艾希曼表达任何形式的同情。相反，她的出发点是事实本身，即艾希曼的决定性动机除了想获得个人的飞黄腾达，还在于被误导的尽职观念以及官僚式的愚忠。由此，她预言西德自乌尔姆审判（针对特别行动队）以来紧锣密鼓组织的刑事审判个案研究和检控机关，会被用来对付"最终解决"的刽子手。在纳粹政府供事的初试失利——以艾希曼为例就是在1939年设立的帝国保安总局受挫——却丝毫没有削减他们的唯命是从之心。这种经历在某种程度上可谓塞翁失马，在纳粹战犯群体当中堪称典型。同样典型的还有以下事实：艾希曼首先并不怀反犹动机，他跟复国主义组织建立了联系，而且荒诞到试图以此为自己辩护，说他作为维也纳和布拉格移民处处长、后作为柏林帝国移民处处长，实际上间接降低了被遣送到灭绝营的犹太人的数量。

基于审判开始前就已经发表的来自阿根廷的录音②，汉娜·阿

① 一个典型的例子是 Dov B. Schmorak, *Der Prozess Eichmann, dargestellt an Hand der in Nürnberg und Jerusalem vorgelegten Dokumente und der Gerichtsprotokolle*, Wien 1964 一书中所作的描述。与之相反的是仍旧很有阅读价值的 Albert Wucher, *Eichmanns gab es viele*, München 1961 的研究，此书在审判材料公之于众之前就已出版，将艾希曼刻画为"丧尽天良行为的认真负责的工具"（S. 23）。

② Eichmann Tells His Own Damning Story, in: *Life* vom 28. 11. und 5. 12. 1960. 参见雅斯贝尔斯 1960 年 12 月 14 日致阿伦特的信（*Arendt-Jaspers-Briefwechsel*, S. 447 f.）。

伦特有充分理由相信，被告在人格和道德层面具有平庸性，从而得出“平庸的恶”这一结论，并用作全书的副标题。她越清楚地意识到艾希曼在本质上只是纳粹灭绝机制里的一个零件，就越发确信之前观察的正确性，即艾希曼的犯罪性格首先来自个人身上一系列平庸的肇因。依靠从印象出发作推断的方法，她关于极权统治的研究已经发现了纳粹体制中重要的基本元素；随着此类研究规模的扩大，这些基本元素已经大白于天下。其中包括这样一个观察，即独裁者并非都像希特勒一般具有魔鬼的意志力，而是内在必然性引发的目标和采取的暴力造成形势发生特殊的升级，这个内在必然性就是不惜任何代价也要保住“纳粹运动”的结构。于是她评论道，希特勒“仅仅是运动当中一个必不可少的机器”。[①] 她犀利地宣称，极权制度就是要让江湖骗子和傻子替代天才和精英。

汉娜·阿伦特在她的《极权主义的起源》一书中，还切中要害地强调指出，等级消失是第三帝国的特异结构；在关于艾希曼的研究中，她描述了下级官僚机器的补足作用，却并没有忽视这个辩证；它包含在艾希曼所描绘的职权之争中，又极大地促进了反犹措施的升级。她借此强化自己早前的分析。她曾经说，极权统治下有一种趋势，即通过口号教条和恐怖行径让所有民众团体严阵以待，让他们马上适应新的身份角色：不是刽子手就是受害者。她写道，该机制在于将恐怖不断升级，令人寸步难行，以为“他们及他们的自发行

---

① 参见 Arendt, *Elemente und Ursprünge*, *op. cit.*, S. 571. 最近的研究也接近于这样一个阐释；参见 Hans Mommsen, Die Stellung Hitlers im nationalsozialistischen Herrschaftssystem, in: *Der „Führerstaat“. Mythos und Realität*, hrsg. von Gerhard Hirschfeld und Lothar Kettenacker, Stuttgart 1981, S. 43—70。

动只会阻挡自然和历史运行的轨道”。[1] 她在分析刽子手和受害者之间的关系时,以斯大林的清洗运动为例追溯到上面这个观点,纵然某些方面不乏夸张之嫌。一般来看,批评她的那些人忽略了她之所以如此执着的初衷何在。她的目的在于,证明那样一种极端情况的确存在:对无辜人群的灭杀会无声无息地发生,且不经过任何良心的挣扎。

由汉娜·阿伦特首先提出的刽子手和受害者的心态同化现象,得到了一系列调查研究的证实。[2] 她讲到在集中营和灭绝营的极端条件下出现一种特殊的社会心理现象,它来源于一种必要性:即便在完全丧失法律和人权的极限条件下,也要维持社会关系网络。如此也就解释了受害者在濒临生存绝境之际为何还要被动走向死亡,同时也解释了监工与特别行动队之间的被迫合作,此外还包括看守与囚犯之间复杂的角色等级。另一个层面是强加给犹太社团和组织的规范机能(Ordnungsfunktion)。在主管此事的党卫军指挥机构和犹太委员会(他们背负着极度的心理压力)之间,无疑形成了一种有效分工。汉娜·阿伦特担心艾希曼援引这种合作来自卫,从而为反犹主义添一把新柴。[3] 通过对这件事进行充分的阐释和曝光,她才瞥见一个向未来反犹主义者曲解“大屠杀”回击的机会。

汉娜·阿伦特扼要指出,如果没有犹太委员会的合作,“最终解决”政策根本不可能达到如此的规模。她由此触及到一个禁区。直

---

① Arendt, *Elemente und Ursprünge*, *op. cit.*, S. 681;参见 S. 622, 648。

② 参见 Falk Pingel, *Häftlinge unter SS-Herrschaft. Widerstand, Selbstbehauptung und Vernichtung im Konyentrationslager*, Hamburg 1978, S. 157 f., 160 ff.。

③ 1960 年 12 月 23 日致雅斯贝尔斯的信(*Arendt-Jaspers-Briefwechsel*, S. 453)。

到今天，这个禁区依然没有完全见光。她对灾难幸存者的评论，被视作麻木、冷漠、妄自尊大。这都在情理之中。犹太委员会一方面同紧急成立的德国犹太人帝国联合会，另一方面同党卫军机关部门之间存在着广泛的合作，而且这给艾希曼曾发挥过头等作用的移民政策减轻了负担。这些都无可争议。[①] 原因之一在于，犹太人作为少数民族，在东欧国家被土生土长的反犹主义包围，这种反犹主义令任何形式的大规模逃亡从一开始就注定无望。不仅如此，一旦对警察部门以及负责东欧地区的党卫军当局的命令采取系统抵抗，就有可能引发可怕的杀戮行径。大规模屠杀倒是可以由此得到有力阻止，可是会有更多人被迫卷入其中。这就有可能为纳粹专政再次制造一个辩护借口。

同样不容置疑的是，积极反抗几乎仅仅来自左翼政治团体，而不关乎犹太长老阶层。一个流传甚广的说法是，东欧犹太人具有隔都心态。对此，汉娜·阿伦特予以激烈驳斥。同时遭到驳斥的还包括劳尔·希尔伯格的阐释方案。[②] 把犹太上层的被动姿态追溯到一种特殊的犹太心态上来，在她看来只是在为反犹主义永久化提供消极论据。事实上几乎没有证据表明，东欧犹太人的行为方式在本质上与其他民众团体有何不同。在《极权主义的起源》中，汉娜·阿伦特在解释受害者为什么会合作时就描述过那些条件。批评她的人当然不会疏于指出这里的矛盾之处。[③] 党卫军的人在隔都中难以想象的恐怖生存条件下，竟会服从某些犹太领导集团。这一点尽管

---

① 参见起初同样被犹太人方面所驳斥的阐述，见 Raul Hilberg, *op. cit.*, S. 700 ff.。

② 参见 *Arendt-Jaspers-Briefwechsel*, S. 453。

③ 例如见 *Die Kontroverse*, *op. cit.*, S. 77, 122。

匪夷所思，但并非不可理解。犹太民众对于灭绝措施，无论在道德还是政治层面，都没有做好准备。这些措施首先以一种发散性的态势进行，从而令灭绝命令之下一再萌生的幸存希望失去了根基。[①]

假如汉娜·阿伦特对犹太人组织同纳粹当权者的合作能够作出更有力度的区分，效果就更好了。[②] 1936 年以前，盖世太保同犹太复国主义组织就有过合作。同样不容争辩的事实是，无论对哪一方，这些目标都是消极性的。对犹太民众团体进行完整异化，无疑为推行纳粹反犹纲领创造了关键性的前提条件，同时又不会有优势人群采取有影响力的反抗行动。犹太复国主义团体起初间接促进了这个过程。不难证明的是，即便在复国主义运动中，也存在一种植根于普遍时代潮流的、亲近纳粹意识形态的倾向。纵然信仰犹太教的德国公民中心协会在 1933 年以前曾明确表态，反对纳粹对犹太人施加死亡威胁；可是到 1938 年，在德意志犹太人全国代表大会（即中心协会的后继组织）里，主流观点却成了暂且容忍专制政府。这并未从根本上影响事态的走向，因为犹太人外迁之所以受阻，首要原因在于外汇金额不足以及移民接收国的拒绝姿态。

德意志犹太人全国代表大会——这个机构从一开始就脚下无根——被迫同艾希曼的部门合作。同样的情况也适用于西欧国家类似的犹太人组织。汉娜·阿伦特本可以做得很好，指出社会救济领域的贡献；她在巴黎的时候，也参与过这方面的工作。她用她标

---

① 在这一点上，汉娜·阿伦特的批评指向了柏林的上层拉比、帝国联合会主席莱奥·贝克。本书英文版中使用的术语“犹太元首”（Jewish *Führer*，见 1963 年版第 105 页）引发了显而易见的情绪。阿伦特在德文版和英文第二版中修正了这一错误用法，但仍保留了对贝克隐瞒他所知的毒气屠杀真相的批评。

② 如她在后来对肖勒姆的回信中所做的（见注释 13）。

志性的夸张论述，批评这个犹太自治实体普遍的标签式定位是一条歧途；一旦做好了适应的准备，一旦囿于纯粹自我主张的姿态呼之欲出，就会阻碍犹太民众对日益逼近的灭绝行动及时采取应对措施，哪怕是以分量最重的受害者为代价。现在，这当然也是极端复国主义者的一个结论。

然而汉娜·阿伦特在这个关系中并非总是坚定不移。尽管她对早期的基布兹运动（Kibbuzim-Bewegung，即建设集体农庄运动——译注）明确表示同情，但她同时也指责这一运动格局太小，对巴勒斯坦犹太人定居问题没有给出一个面向未来的解决方案。相反，她认为那些提倡进攻甚至不惜武力和恐怖手段的复国主义团体退回到了纳粹当年的态度。战争的最后几年里，她一度赞成以跟盟军结盟为大前提，建立一个犹太人的军事社团。这当然不太现实。与此同时，她还批评巴勒斯坦的复国主义者片面利用战争进程中的阴暗面夯实自己的立场。在巴勒斯坦问题上，她没有提供一个清晰的视角。在战后时代，她有时候大张旗鼓地支持 Ichkud 党，赞成在国际监督之下，于巴勒斯坦建立一个犹太人—阿拉伯人联合政府。另一方面，她认为建立一个阿拉伯人和犹太人联邦政府简直不可思议。①

在研究艾希曼一案时，这些问题并未浮出水面。犹太人的抵抗问题并未得到系统论证。以色列的研究在最近几十年针对这个情节搜集了物证，这些物证告诉我们，不能一味地到处去讲不抵抗、不

① 总结性论述见 Elisabeth Young-Bruehl, *Hannah Arendt. For Love of the World*, New Haven-London 1982, S. 173 ff., 177 ff., 182 ff.；参见 Arendt, *Der Zionismus aus heutiger Sicht*, S. 127 ff.。

作为；抵抗只限于零星团体，就像华沙抵抗运动那样，发动者主要是政治左翼代表人物，少数情况下是青年复国主义组织。[①] 对于豪斯纳那个关于不抵抗的例行问题，汉娜·阿伦特依然认为“残酷”且“愚蠢”。她对犹太群众和犹太上层分而视之。事过境迁后，她说后者当年应该拒绝任何合作。从隔都的具体情况来看，这个要求当然不现实。控方一直谈及的特莱西恩施塔特集中营，情况有别于一般隔都。这里，就连法官们也组合出这样一个事实，即人们对此进行的研究当时并未得到重视；而汉娜·阿伦特则正确地指出，恰恰是这些研究突出地表明，犹太上层同党卫军的合作非常顺利，他们在挑选幸存者方面产生过深远影响。[②]

即便是纳粹统治地区之外的犹太领导层，由于愿意同纳粹进行有条件的合作，也遭到了她的激烈批评；在对德国人反抗希特勒的批评中，这种激烈找到了一个参照物。她有充分理由提出，大部分民族保守主义者的抵抗在犹太人问题上存在矛盾，当然彼时她一定还没听说海尔穆特·詹姆斯·冯·莫特科和索尔茨的亚当·冯·特罗特以及克莱索圈子里的立场。她评价克莱索计划是“异想天开”，视卡尔·哥尔德勒的改革措施“愚蠢且可笑”；她还不忘指出在加拿大建立一个犹太家园的设想漏洞百出，并且宣布市民—保守主义抵抗普遍拥有既定的国家社会主义目标。[③] 她此番话依据的是

---

① 参见 Lucien Steinberg, *The Jews Against Hitler. Not as a Lamb*, 2. Aufl., London 1978; Konrad Kwiet und Helmut Eschwege, *Selbstbehauptung und Widerstand. Deutsche Juden um Kampf um Existenz und Menschenwürde 1933—1945*, Hamburg 1984。

② Hans-Georg Adler, *Theresienstadt 1941—1945. Das Antlitz einer Zwangsgemeinschaft*, 2. Aufl., Tübingen 1960; ders., *Die unheimliche Wahrheit. Theresienstädter Dokumente*, Tübingen 1959.

③ 参见 1965 年 2 月 19 日和 1964 年 1 月 29 日致雅斯贝尔斯的信（*Arendt-Jaspers-Briefwechsel*, S. 618, 580 f.; 也参见 S. 548 ff.），以及 Arendt, *Eichmann in Jerusalem*, in dieser Ausgabe S. 91 ff.。

亨利·派迟特和乔治·K. 罗默泽出版的理论文献。[①] 在德语版中，她做了一些改动，加入了个人意见，也包括埃米尔·汉克斯的见解。但是她说共产主义者大规模加入纳粹，这是一个明显的误判；与此同时，共产主义方面的抵抗也不公正地被她低估了。[②]

实际上，较之此前一边倒式地把抵抗者塑造成英雄形象，西德在六十年代初期的研究塑造了更具批判性的抵抗者形象。[③] 汉娜·阿伦特的论战极具个人风格，在雅斯贝尔斯那里也碰过壁。尽管她指出民族保守主义者的抵抗在行动条件和政治立场上存在特殊的问题，但是她并没有发掘出人们缺乏抵抗意志的深层原因。相反，就像研究大量犹太领导层协同纳粹的活动一样，她把判断标准放在个人缺乏自我牺牲精神上。这个观点缺乏政治考量。她对犹太权威人士、德国抵抗战士或第三帝国当权阶层中的非纳粹人士等遭遇不幸者不分青红皂白，一概批评其缺乏政治现实性。这种看法同样缺乏政治关照。

无论私人间的交谈还是公众场合的唇枪舌战，汉娜·阿伦特都出奇地尖锐，极尽挖苦之能事。她对艾希曼一案的研究恰恰招致人们对她的指责，说她狂妄傲慢、只会伶牙俐齿，说她对受害者表现得

---

① 阿伦特所见到的 George K. Romoser 的博士论文以摘要形式以“The Politics of Uncertainty. The German Resistance Movement”为题发表于 *Social Research* 31（1964），S. 73—93。Henry Paecht, Germany Looks in the Mirror of History, in：*World Politics* 13（1961），S. 633 ff.

② Arendt, *Eichmann in Jerusalem*, in dieser Ausgabe S. 86.

③ 转变由 Karl Schmitthenner 和 Hans Buchheim 主编的 *Der deutsche Widerstand gegen Hitler. Vier historisch Kritische Studien* von Hermann Graml, Hans Mommsen, Hans-Joachim Reichhardt und Ernst Wolf, Köln 1966 开始，本书部分收录于 *Widerstand im Dritten Reich. Probleme, Ereignisse, Gestalten*, hrsg. von Hermann Graml, Frankfurt a. M. 1984。关于最近的研究发展的综述见 *Der Widerstand gegen den Nationalsozialismus. Die deutsche Gesellschaft und der Widerstand gegen Hitler*, hrsg. von Jürgen Schmädecke und Peter Steinbach, München 1985。

有失分寸、冷酷无情。[1] 她以全歼战的姿态毫不留情地打破人们早已乐于遵守的禁忌。这种秋风扫落叶的架势被许多同时代的人视作一种颠覆。鉴于研究对象遭受的悲惨程度之深,她在做这一切时表现出的强硬和不留情面,似乎有欠妥当。极少数人认为,假如她不想在道德敏感中窒息而亡,假如她不想或以恐怖的方式罗列人类受到的最深重压迫从而引发逃避的本能,那么在对赤裸裸的暴行进行描述之后,讽刺挖苦必然成为她最后别无他选的避风港。这些描述的背后,掩藏着最深的震惊。

仍须说明的是,汉娜·阿伦特在发表艾希曼系列文章之后惹火上身。外界对她口诛笔伐的尺度和深度令她始料未及。她不必对她的对手们吹毛求疵,这一点她很清楚;她还很清楚,提出犹太人"协助"大屠杀这个观点,也就抛出了一个极度敏感复杂的时代问题。与此同时,她正面攻击了以色列政府高层,尤其是本—古里安和果尔达·梅厄。尽管如此,她还是惊讶于外界对这本书的普遍排斥。她刚刚从一次出国旅行归来,扑面而来的便是洪水般的邮件;紧随其后,抬眼便是杂志上讨伐她的文章,以及人们在各种公共场合对她的抨击。后来她在艾希曼一书德文版前言中谈到,这件事很大程度上来自犹太人组织的鼓动,其目的——在她看来那些人粗暴地歪曲了她的本意、颠倒了她的话——旨在让她闭嘴。这种看法不无道理。事实上,她公开发表的见解受到了来自各个不同方面的压力,结果导致少数支持她的人在许多情况下也无法张嘴,而阿伦特

① 这些论点中最尖锐的见 Norman Podhoretz, Hannah Arendt über Eichmann. Eine Studie über die Perversität der Brillanz, in: *Die Kontroverse*, *op. cit.*, S. 120, 130 f.。

本人只有在极少见的情况下才有机会给予回应。她同时还被要求停止出版、收回图书。还有人尝试抵制德语版发行。[①]

我们很快就看到，批判艾希曼一书的人不止于亲复国主义团体。汉娜·阿伦特发现自己面前有一堵墙，她不得不经历令人难过的一幕——就连那些犹太老朋友也拒她于千里之外。其中还包括库尔特·布鲁门菲尔德。那是她从三十年代早期就结交的思想密友，正是他把她带进了柏林的犹太复国主义组织，通过这个组织，她又在巴黎继续活动。同纽约莱奥·贝克研究所的合作也因此戛然而止。这个研究所曾在1958年为她出版《拉结·范哈根》。只有很少数朋友公开支持她。令她深感震惊的是，盖尔肖姆·肖勒姆——她曾经编辑过他的书——也不再与她来往，原因就像她以为的那样，艾希曼一书的内容里有误导性信息。[②] 尽管外界让她闭嘴的尝试没有成功，但是她发现自己如今被所有犹太人组织孤立了。那些组织跟她有过多年的合作，如果没有它们的帮助，无论是精神上还是物质上，她几乎都不可能度过艰苦的流亡之路，无法到巴黎，再到纽约。

尽管震惊不断，汉娜·阿伦特还是足够勇敢执着，对外界没有表现出一丝一毫的情绪波动。[③] 假如你看到她观察人类困境的极端形式恰恰秉承了"孤独"这个概念，而这个孤独不是说形单影只，而是说被人拒绝对话，那么你可以判断出，就像这场极其偏激的出版

---

① 见 Young-Bruehl, *op. cit.*, S. 348 ff.。

② 参见 Young-Bruehl, S. 332，以及与肖勒姆的信（见注释13）。关于私人信件的公开出版见1963年10月20日致雅斯贝尔斯的信（*Arendt-Jaspers-Briefwechsel*, S. 559）。

③ 她面对这些敌意有多么坚强，可以从她与雅斯贝尔斯的书信中看出来；参见1963年7月20日的信（*Arendt-Jaspers-Briefwechsel*, S. 546 f.）。

攻势被即刻贴上的标签一样，尽管艾希曼之争，尽管那本有争议的书在许多方面是对之前思考的必然推进，并且使之前已经得到广泛认可的基本观点更加具体，尽管它是她事业上一个特别成功的案例，但它也是她生命中一道深深的伤痕。即便是在联邦德国，拒绝姿态也占据主流；而就算听到赞成的声音，也大多是带着错误的出发点。许多出现在艾希曼一书中的洞见和挑战，对于广大公众来说还为时过早，令他们措手不及。在她对“最终解决”政策的阐释引起足够重视和讨论之前，受极权主义理论影响而对纳粹体制产生的呆板僵化印象(汉娜·阿伦特不假思索地纵容这个印象，尽管她的《极权主义的起源》在一些根本问题上是不同于当时的僵化体制阐释理论的[①])，必然会失去其在科学层面的前沿地位。

只有少数思想上的同路人明白，“关于平庸的恶的报告”包含着一丝隐蔽的自我批评；从根本上讲，这个特点无疑对汉娜·阿伦特迄今所有作品都适用。这深深扎根于德国—犹太身份问题，她认为这是自己一再要面对的问题。要评价这一点，你必须洞悉她的自我理解和她的生活轨迹。一个受人尊敬的犹太市民家庭的女儿，自知同德国文化有着最为紧密的联系，这条生活轨迹把她的求学时光从马尔堡、海德堡、弗赖堡引向法兰克福、柏林，之后通过巴黎中转，抵达美利坚；在那里她经历了更为艰辛的流亡年代，之后成长为一名声名卓著的女作家。在马尔堡和海德堡的哲学学习、对马丁·海

---

① 参见关于讨论形势的概述：*Totalitarismus. Ein Studien-Reader zur Herrschaftsanalyse moderner Diktaturen*, hrsg. von Manfred Funke, Düsseldorff 1978；*Totalitarianism Reconsidered*, hrsg. von Ernest A. Menyel, London 1981, insbes. S. 44, 152 ff.。

德格尔从未彻底熄灭的青春爱恋、同本诺·冯·魏泽亲密的友情、和卡尔·雅斯贝尔斯一生的情谊，这些对她有着经久不衰的意义。那些年里对德国哲学的深入研究，为她的思想打上了深深的烙印；虽然她的书主要在英语国家出版，却无法掩藏这些思想烙印。[①]

汉娜·阿伦特具有的标志性的论辩形式，要追溯到她同早期存在主义哲学的频繁碰撞上来。[②] 其基本特征是反历史的，这一立场不仅仅在海德格尔和雅斯贝尔斯那里被当作对象（表现为反价值相对论），而且还贯穿汉娜·阿伦特的全部哲学著作和公开发表物之中。她因而能够破除传统的实证专家主义，把不同的时代经验糅进启蒙思想；这使得她对万事万物的洞察引人入胜，尽管其中不乏简单粗暴的勾勒。从根本上讲，她没有什么方法，只是用印象—通感式的联想把不同对象置于一个具有本体论范畴特征的全景当中。她倾向于从极端情况出发去思考问题，这种倾向——正如大卫·里斯曼不乏善意地指出的——促使她高估了极权独裁的内聚性质。[③] 从某种程度上看，她自己也是她所谓"演绎思维的自我强迫症"[④]的受害者。她还认为这种强迫受制于极权独裁。这种看法失之偏颇。

人们之所以津津乐道于她智慧的吸引力，也许还基于她标志性的努力，即把看似无关的现象辩证地结合在一起，把一个从根源上

---

① 见她对肖勒姆的评论，载于 *The Jew as Pariah*, *op. cit.*, S. 246。

② 遗憾的是，无论 Elisabeth Young-Bruehl（*op. cit.*）还是 Friedrich Georg Friedmann（*Hannah Arendt. Eine deutsche Jüdin im Zeitalter des Totalitarismus*, München 1985）都未对阿伦特在德意志存在主义哲学中的根源作初步的研究，尽管这对于理解她的情智特征是不可或缺的。（Friedmann 的传记以一种对阿伦特的重要著作加以改写、对 Young-Bruehl 的作品加以总结的形式写成，并没有自己的补充，虽然有些地方加入了作者自己有保留的评论）。

③ 见 David Riesman 对 *The Origins of Totalitarianism*（New York 1951）的评论，载于 *Commentary*, April 1951, S. 392 ff.；参见 Young-Bruehl, *op. cit.*, S. 252。

④ Arendt, *Elemente und Ursprünge*, *op. cit.*, S. 691.

悲观的世界观(二十世纪二十年代的文化批评对之持续产生影响)同人的境况(vita activa)、同公开行动的原则相结合。这尤其适合解释那种介于她主观感受到的“犹太性”同她对(一向以理想主义和浪漫主义为标志的)德国文化传统无法撤销的纽带二者之间的紧张。在海德堡的塑型期她就萌生了这样一个念头,试图通过研究拉结·范哈根·冯·恩泽来认清自我。对于这个被同化的犹太女人,一个被潜在的反犹思想包围的人,这同时也意味着,确立犹太人在欧洲市民社会中处于何种地位。

1933年,汉娜·阿伦特离开德国时,尚未完成拉结·范哈根的手稿。1956年,若不是纽约莱奥贝克研究所鼓励她把久已束之高阁的手稿列入出版计划,这本书恐怕永远也不会问世。她的思考方式指向的是塑造未来,而并非回溯过去;这种思考方式的典型表现是,她把付梓的任务看成了累赘,把刚刚整理好的书稿交付洛特·科勒编辑。在接下来的岁月里,此人成了她的密友之一。担心过于私密,或许可以解释为什么对一部书稿处理得近乎商业行为。尽管她后来的旨趣已经偏离此书的写作对象,但它却见证了她思想定位的过程,成为理解她的全部历史政治著作的一把钥匙。

阿伦特描述了拉结·范哈根的生活轨迹,确切地说,是一个格外有天赋、决心义无反顾同普鲁士社会融合的犹太女人屡遭失败的故事。在此过程中她遇到了一个问题:同化是否可行,在多大程度上可行?它又会造成怎样的心理后果?这个研究原本的目的应该是刻画女性知识分子的角色。然而她却以一种明显自传风格的方式来阐释拉结·范哈根。该书富含浪漫色彩,并无哲学意味,其措辞风格明显受到弗里德里希·贡多夫的影响。阿伦特曾在海德堡上过贡多夫的课。这本书散发出的诗意,不仅来自于它塑造的对象。这种诗意的风格暗示出,作者同她的主人公产生了多么深刻的身份认同。阿伦特以“一个抛头露面却被动不安的人生”来勾勒拉结的命运,她预见到自己的生存状态,就好像怀着对她具有决定作用的那个意图,在书中与她的女主人公保持理性的距离,以避免根本错误。正是那个错误阻碍拉结“把她个人的不幸纳入普遍的社会关系之中。”①

在这部紧紧依托于浪漫诗性语言的发展小说中,汉娜·阿伦特描绘了对她自己而言也不甚明了的体验：被同化犹太人中的局外人身份。这种体验给犹太人只留下两个选择：贱民或暴发户。她偏向于前者,从看似不经意的评注中清晰可见,“真正现实”的意义、人类生存的模棱两可性只面向贱民敞开。这一点从为拉结的理性辩护中亦可见一斑。她说后者一直都是犹太女人兼贱民,“只因为她这两个身份都牢不可破,她才在欧洲人的历史上拥有一个属于自己的位置。”拉结的“叛逆之心”恰恰因此释放出夺目的天赋,冲破她周围贵族—大资本家环境下的市侩氛围。被同化的犹太人身上“无法剥离的犹太性”,强加给她暴发户的角色;而她则从中解救出贱民素质,从而视野大开。这样一来,“贱民,由于被排斥,其一生可以一眼望穿”。这是一条“与‘对自由的伟大热爱之路’相似的道路。”②

当然,这种知识层面的天份并不能终结德犹身份危机,这也是汉娜·阿伦特和许多她那个时代的德国犹太人要克服的问题。她

---

① Hannah Arendt, *Rahel Varnhagen. Lebensgeschichte einer deutschen Jüdin aus der Romantik*, München 1962, S. 167.

② Arendt, *Rahel Varnhagen*, S. 200, 210.

逃进了婚姻。同君特·施特恩的婚姻(也是她的第一段婚姻)迈出了积极承认犹太身份的第一步,并且间接宣告,她同马丁·海德格尔以及本诺·冯·魏泽的亲密关系告一段落。直到她在柏林为犹太人福利社工作时,她才亲历犹太委员会组织的真实面貌;而那个时候她还并不知道,这将是自己奔向巴黎的前奏。

在此期间,她在道德和理性层面皆下定决心,绝不摇身一变成为暴发户并从此放弃她张力十足的身份。这个身份找不到任何安稳的社会归属。在《拉结》一书中,她表达了这样的观点:想把犹太问题当成"个人问题"来解决从而拒绝承认那些未被同化、不属于中上层相反还处在无产者边缘的犹太人的存在,都是异想天开。这些犹太人的存在不但把抹去个人出身变成了贯穿一生的谎言,而且还导致他们被斩钉截铁地同化进了反犹主义的阵营。①

汉娜·阿伦特乐观地想要成为贱民,让局外人发挥积极正面的功能并且由此保持内心抵抗的可能性,保持"自由之心"。在巴黎期间,她跟君特·施特恩分道扬镳,同欧洲左翼代表人物(其中包括贝尔托·布莱希特、瓦尔特·本雅明)往来频繁。她开始同海因里希·布吕歇尔缔结一生的纽带。后者尽管同斯大林的政策保持距离(他曾是海因里希·布兰德勒的追随者并加入了德国共产党),但是坚定地信仰共产主义。她曾研习过社会主义的立场,但思想并未深受触动。她依然是德国存在主义哲学的孩子,出类拔萃,坚守反政治的态度。对犹太人生活另一面的研究,同时还有对后工业社

① 参见 Arendt, *Rahel Varnhagen*, S. 205。无疑,这一结论基于对所引用的范哈根言论的错误解释,而这正是正统的底层犹太人所要远离的。参见 Rahel, Varnhagen, Ges. Werke, Bd. 2, Neudruck 1983, S. 537。

会中社会问题的研究，都没有展开。对卡尔·马克思的研究，对其具有黑格尔风格的早期作品以及其理论的人类学基础的研习，都只是流星一闪。[①] 她的理论著作，从狭义上说，围绕的是政治哲学范畴，完全在孟德斯鸠和本体论下古希腊哲学的传统范畴之内。这种界定明确排除了社会问题，她只是用缺乏经验支撑的一个公式"暴民"来处理社会问题，把"暴民"称作超越阶级的现象。尽管她经历过最贫困的生活条件（从五十年代开始有所好转），可她从表到里都是一个彻头彻尾的资产阶级市民。她感受到了这一根本矛盾。这或许可以解释，为什么她会抨击犹太福利社是走出社会压迫的错误出路，而且言辞激烈到失格。

承认自己是局外人，虽不意味着跟志同道合者隔绝往来，却还是同他们有意识地拉开了距离。坚决不服从的倾向越来越强烈。反对麦卡锡主义、支持1968年学生运动，令她的不服从主义向前更近了一步。尽管她抗议由小石城事件[②]引发的逆父母意愿强行进行种族融合之举，可是她的抗议清楚表明，不服从主义在社会为低阶层设置的障碍面前无能为力。她对精英—保守所持的民主和政治理解，是把权力概念与权威概念对立起来，并且让个体自由的概念以古希腊罗马为榜样。她的抗议对上述理解丝毫未作更改。从这层意义上说，她一直都是个价值保守主义者。她从伦理规范出发，评价她的政治环境，后来还结识了马克斯·韦伯的经济与社会学说。这种道德角度毕竟放弃了实践政治的有限性，同时解释了集尖

① 参见 Hannah Arendt, *Fragewürdige Traditionsbestände im politischen Denken der Gegenwart. Vier Essays*, Frankfurt a. M. 1957, S. 11 ff.。

② 见 Young-Bruehl, *op. cit.*, S. 309 ff.。

锐与荒诞的错误判断于一身的针对康拉德·阿登纳总理民主的缺陷;这些缺陷在艾希曼一书中也有表现,并且让她在德国蒙受不白之冤,被指同情政治左派。[①]

她被迫接受的局外人角色也许——想想海因里希·布吕歇尔吧,在他面前,她对妻子身份保持着一种十分古朴的理解,这与她一贯的思想解放不匹配——导致她拒绝在任何一所出色的美国大学担任固定教职,即便那些大学一再对她发出邀请。此外,她还没有勇气创立一所自己的学校。频繁穿梭于讲课、报告、出版事务,令她的生活并不稳定:起初很贫困,直到二十世纪五十年代初才稍微舒适些。纽约的生活方式并不排斥物质与审美享受,她在这里成了一个另类。这种动荡不安还导致她无法过渡到贱民身份。不管怎样,她都尽力避免过上一种地地道道的资产阶级市民生活;正如她形容卡夫卡的那样,不让"虚无的资产阶级"[②]挤进独立的思想领域。她只容许最为亲密的朋友接近自己。此外,她习惯同公众的喝彩声保持距离,更乐意游走于个人的羞涩与理智的出类拔萃之间。

无论如何,汉娜·阿伦特都视这种生活经历强加于她的个人的"抛头露面"为一个良机。这种抛头露面也是现代社会知识分子的功能所在。局外人身份,来源于对魏玛后期恶化的反犹主义的认知。这个身份由于知识分子无国籍的生存状态——直到1951年她才取得美国国籍——而被强化,并且反映在同美国犹太委员会之间

---

① 参见 *Arendt-Jaspers-Briefwechsel*, S. 622, 528 ff., 515, 407。

② 见 Arendt, *Die verborgene Tradition*, *op. cit.*, S. 25 f.; 参见 S. 105。以及 Wiebrecht Ries, Diese zu Staub gewordene Welt, in: *Hannah Arendt zum Gedenken*, hrsg. von Axel von Campenhausen u. a., Hannover 1977, S. 23。

的矛盾上。第二次世界大战刚结束那几年，她渐渐脱离了同复国主义组织的关联。她自认为是犹太流散者的自觉代表，一再宣称他们作出过巨大的文化贡献，他们来自古老宗教纽带的中间状态，又从未完全跳出被同化的犹太人身份。同样，她还一直对希伯来—犹太民族文化的发展持批判态度（其实她一直不会希伯来文）。她在这种文化中瞥见了一种倒退——倒退至十九世纪一度被战胜的民族主义之中。她是如此直言不讳，就像她从未停止将1935年的纽伦堡法案同以色列公民法相比较那样。[①]

一方面，汉娜·阿伦特直白地表明自己与犹太民族具有身份同一性，并且凸出自己的犹太身份；另一方面，由于她没有了同摩西教的宗教纽带，而且还跟海因里希·布吕歇尔这个非犹太人结了婚，她也就没有融进美国的犹太社会。返回德国对她并非完全不可能，不过由于一开始就受到布吕歇尔的激烈反对，她也只好做罢。汉娜·阿伦特就这样诠释了一个没有故土的个体，彰显了带有民主色彩的美国社会的优点。从这个格局出发，她的唇枪舌剑、矢志不渝，特别是一个兼顾自我审视与批评的知识分子的正直立场，也就变得很好理解。这同时还解释了为何她对以色列会持有矛盾态度。在答复盖尔肖姆·肖勒姆时，她说她的犹太身份是“我的人生不容争辩的事实”之一，然而她从中得出的结论并不是把以色列当作集体而必然发出一种特殊关系——特别是在最初的《圣经》传统被消解之后，会要求她去热爱。[②] 她激烈批评以色列政府在政治上具有毁

① 见 Arendt, *Eichmann in Jerusalem*, in dieser Ausgabe S. 30 f.。

② Arendt, Hannah Arendt an Gershon Scholem v. 20. 7. 1963, veröffentlicht u. a. in der *Neuen Zürcher Zeitung* am 19. 10. 1963.

灭倾向。这种激烈的背后,还隐藏着个人的忠诚与赤裸裸的震惊。以色列并不满足于作为万千民族国家中的普通一员,而是怀有强烈的要求,既要求严格与非犹太世界划清界线,又要犹太散居者为了他们国家的特殊利益而绝对服从于他们。她提醒指斥她的那些人,去想想复国主义运动的起源,它同样以排他性而著称。

艾希曼之争的背后,隐藏着一个根源性的思考,即对自身过去的克服问题。汉娜·阿伦特恰恰认为,作为犹太人,这个问题绝对必要。她不遗余力地驳斥将犹太历史假设为一个连续体、把受害者角色只留给犹太人、赋予他们一种特殊命运。这种命运间接地为反犹主义的存在作辩护。因此她在艾希曼一书中着力强调,大屠杀不仅仅关乎犹太人与非犹太人的关系,而且还是"一桩施加在犹太人民身上的反人类罪";这个罪行无论在实际层面还是理论层面,都涉及到吉普赛人、斯拉夫各民族、反社会的人群以及"多余"的民众群体。她同时还承认,她压根不会充分阐释没有发生公开抵抗的根源是什么。①

她本人的回答是,承认"反叛行为",承认个人出于伦理拒绝就范,所以她不惜笔墨去写那位以牺牲生命去反抗屠杀灭绝行动的安东·施密特军士。② 在历史决定论——这是她在一个发展完备的极权体制里看到的典型特征,认定其发生在1941—1942年的德国——与基于良知的个人责任之间存在张力。她试图通过从道德伦理层面呼吁一种严肃性来解决这种张力。在这种紧张关系中,可

① 见 Arendt, *The Jew als Pariah*, S. 248 f.。
② Arendt, *Eichmann in Jerusalem*, in dieser Ausgabe S. 275 ff.

以清楚无误地看出，她在对所谓“德意志的内在性”负责。[①] 至少她坚持实事求是讲明理由，并以此作为有责任的行动的出发点。而“最终解决”的实施恰恰与此有关。

她对每个个体的要求，也是她自己努力实践的目标：敢于实践存在主义哲学含义下的飞跃，跳入自由的国度，拆除那些勾连着过去、通向外露的利益局势及其意识形态外衣的桥梁，敢于真正重新开始。[②] 她明白，这对于民众是苛求，然而她要求的对象是那些以某种形式承担政治责任的人，哪怕他们只是作为犹太委员会的成员。此间，她还不遗余力地号召人们启用良知，呼吁后来人有机会挣脱久已生锈的历史枷锁。在生命的最后十年里，她将重心转向发展一种政治学说的理论基础。这种政治学说可把人的境况重新解放，并且重新肯定个人的自由与自主是相辅相成的筹码，重新拒绝强权思想和所谓的“现实政治”。在一个新世界里，会产生出这样的洞见，即无所不包的社会、生态、政治安定以及人口统计等问题，不再只是用纯粹现实政治和实用主义的行为方式来解决；在未来的这个新世界里，人们对这位思想上根植于“德意志哲学”的“犹太反叛者”会兴趣大增，而且，这种兴趣会收获日益重要的意义，尤其在面对年轻一代人时——她首先就是要对他们发声。即便她从未想过去解决贯穿她所有作品的那些疑难杂症。

---

① 参见她论卡夫卡的文章，载于 *Die verborgene Tradition*, *op. cit.*, S. 62 ff., 92 ff.。

② 见 Hannah Arendt, *Vita activa oder Vom tätigen Leben*, München 1960, S. 243.。开头部分的哲学显示出明显的借鉴自海德格尔《存在与时间》(1927)的痕迹以及与卡尔·雅斯贝尔斯类似的思想。